INGO SCHMIDT

Wettbewerbstheorie und -politik

Wettbewerbstheorie und -politik

Eine Einführung

Von

Dr. Ingo Schmidt

o. Professor an der Universität
Stuttgart-Hohenheim

Mit 6 Abbildungen und 4 Tabellen

SEMPER BONIS ARTIBUS

GUSTAV FISCHER VERLAG · STUTTGART
1981

Anschrift des Verfassers:

Professor Dr. Ingo Schmidt
Universität Hohenheim (520)
Schloß
D-7000 Stuttgart 70

CIP-Kurztitelaufnahme der Deutschen Bibliothek

Schmidt, Ingo:
Wettbewerbstheorie und -politik : E. Einf. /
von Ingo Schmidt. – Stuttgart : Fischer, 1981.

Satz: Bauer & Bökeler, Filmsatz GmbH, Denkendorf
Druck: Offsetdruckerei Karl Grammlich, Pliezhausen
Einband: Großbuchbinderei Clemens Maier, Leinfelden-Echterdingen
Printed in Germany

ISBN 3-437-40102-5

Inhalt

Teil 3

Teil 4

Verzeichnis der Abbildungen und Tabellen

Vorwort

Wenngleich in den letzten zehn bis fünfzehn Jahren eine Fülle von Einzelbeiträgen zu Fragen der Wettbewerbstheorie und Wettbewerbspolitik erschienen ist, fehlen doch – anders als im anglo-amerikanischen Sprachraum – zusammenfassende Darstellungen, die als Grundlage für Lehrveranstaltungen an den Universitäten und Hochschulen herangezogen werden können. Die vorliegende Einführung in die «Wettbewerbstheorie und -politik» soll diese Lücke schließen helfen, wobei im Hinblick auf eine Vertiefung einzelner Fragen die umfangreicheren Darstellungen in den amerikanischen Lehrbüchern über industrial organization (z. B. von Bain oder Scherer) herangezogen werden können.

Methodisch soll dabei so vorgegangen werden, daß in Teil 1 der wettbewerbstheoretische Ansatz dargestellt wird. Dabei wird von der freien Konkurrenz der Klassiker ausgegangen und die Weiterentwicklung über das Gleichgewichtsmodell der vollkommenen Konkurrenz sowie den unvollkommenen, monopolistischen Wettbewerb zum dynamischen, wirksamen Wettbewerb verfolgt.

In Teil 2 werden Probleme einer Umsetzung des in Teil 1 entwickelten Konzeptes eines wirksamen Wettbewerbs in die Wettbewerbspolitik behandelt. Dabei soll auf die Frage adäquater Wettbewerbstests, möglicher Zielkonflikte zwischen der Aufrechterhaltung wirksamen Wettbewerbs und anderen Zielsetzungen sowie die verschiedenen wettbewerbsbeeinträchtigenden Strategien und ihre Wirkungen eingegangen werden.

In Teil 3 sollen die wettbewerbspolitischen und -rechtlichen Ansätze zur Erfassung wettbewerbsbeeinträchtigender Strategien sowie das kartellrechtliche Instrumentarium in der BRD behandelt werden. In zwei Exkursen wird zudem ein Überblick über das US-amerikanische und europäische Kartellrecht gegeben.

In Teil 4 soll – aufbauend auf der in Teil 2 entwickelten Systematik wettbewerbsbeeinträchtigender Strategien – eine wettbewerbspolitische Untersuchung und Würdigung der verschiedenen Strategien, exemplifiziert an Fall-Entscheidungen der deutschen Kartellbehörden und Gerichte, vorgenommen werden; d. h., die zuvor herausgearbeiteten wettbewerbsbeeinträchtigenden Strategien sollen anhand von exemplarischen Fällen in ihrer ökonomischen und rechtlichen Relevanz verdeutlicht werden. Dabei soll im Hinblick auf das in Teil 1 entwickelte Leitbild eines wirksamen Wettbewerbs herausgearbeitet werden, ob das deutsche Kartellrecht dazu geeignet ist, die Verhandlungs-, Behinderungs- und Konzentrationsstrategie wettbewerbspolitisch adäquat zu erfassen und damit die Wirksamkeit des Wettbewerbs zu sichern.

Die vorliegende Einführung in die «Wettbewerbstheorie und -politik» ist maßgeblich durch eine fast elfjährige Tätigkeit als Mitarbeiter und späterer Leiter des Volkswirtschaftlichen Grundsatzreferats sowie des Referats für Internationale Wettbewerbsbeschränkungen des Bundeskartellamts in Berlin beeinflußt worden. Insofern wird sowohl bei der Entwicklung des wettbewerbstheoretischen Leitbildes als auch bei der wettbewerbspolitischen Umsetzung auf den Gesichtspunkt der Operationalität bzw. Justitiabilät großer Wert gelegt; damit soll der engen inderdisziplinären Verknüpfung zwischen Wettbewerbstheorie, Wettbewerbspolitik und Kartellrecht Rechnung getragen werden (Kartellrecht als institutionalisierte Wettbewerbspolitik).

Der Verfasser ist seinen Kollegen Hartmut Berg (Essen) und Werner Zohlnhöfer (Mainz) für kritische Durchsicht der Teile 1 und 2 sowie den Herren LRD Walter Pickel und LRD Kurt Stockmann im Bundeskartellamt für kritische Durchsicht des Teiles 3 zu Dank verpflichtet. Sein Dank gilt ferner seinen Mitarbeitern, den Herren Dipl.-Volkswirten Wolfgang Krüger und Wolfgang Ries, für ihre Unterstützung, insbesondere jedoch Herrn Dipl.-Handelslehrer Helmut Witkowski für zahlreiche kritische Anregungen und Verbesserungsvorschläge. Herr Witkowski hat auch die Übungsfragen und Literaturhinweise zu den einzelnen Abschnitten, das Verzeichnis der zitierten deutschen, amerikanischen und europäischen Entscheidungen sowie das Sachregister bearbeitet.

Stuttgart-Hohenheim, im Herbst 1980

Teil 1
Der wettbewerbstheoretische Ansatz Begriff und Konzept eines wirksamen Wettbewerbs

In diesem Teil soll ein Überblick über Entwicklung und jetzigen Stand des Konzepts eines wirksamen Wettbewerbs gegeben werden, um damit eine wettbewerbstheoretische Basis für die in Teil 2 erfolgende Umsetzung des wettbewerbstheoretischen Ansatzes in die Wettbewerbspolitik und die abschließend in Teil 4 erfolgende exemplarische Analyse der Rechtsprechung zu den verschiedenen wettbewerbsbeeinträchtigenden Strategien und ihre wettbewerbspolitische Beurteilung zu schaffen.

In Teil 1 wird einleitend ein historischer Abriß der Entwicklung des Wettbewerbsbegriffs vom freien Wettbewerb der Klassik über das Gleichgewichtsmodell der vollständigen Konkurrenz, den monopolistischen oder unvollkommenen Wettbewerb bis zum Begriff eines workable oder effective competition gegeben (Kap. 1). Nach diesem historischen Exkurs sollen drei in der Literatur kontroverse Problemkreise erörtert werden. Dazu gehören die Fragen, ob und welche Aufgaben der Wettbewerb zu erfüllen hat (Zielkatalog), ob Wettbewerb ein Instrument oder letztes Ziel ist und ob Zielkonflikte zwischen den Wettbewerbsfunktionen bestehen oder nicht (sog. Dilemmathese – Kap. 2). Abschließend sollen Inhalt und Aufbau des Konzepts eines wirksamen Wettbewerbs aufgezeigt werden (Kap. 3).

1. Kapitel: Die historische Entwicklung des wettbewerbspolitischen Leitbildes[1]

Bevor auf die historische Entwicklung des wettbewerbspolitischen Leitbildes eingegangen wird, soll versucht werden, den offensichtlich vielschichtigen Begriff des Wettbewerbs zumindest im Sinne einer Arbeitshypothese zu erfassen.

---

[1] Die hier skizzierte Entwicklung darf allerdings nicht so verstanden werden, als ob die einzelnen Entwicklungsstufen strikt aufeinander folgten, vielmehr haben sich die einzelnen Stufen teilweise überschnitten. Vgl. dazu Herdzina, Klaus, Zur historischen Entwicklung der Wettbewerbstheorie, in: Wettbewerbstheorie, hrsg. von Herdzina, Klaus, Köln 1975, S. 15 ff.

I. Der Begriff des Wettbewerbs

Der Begriff Wettbewerb (synonym Konkurrenz) wird in den Wirtschaftswissenschaften häufig verwendet, ohne ihn klar zu definieren. Der Versuch einer positiven Definition begegnet einerseits der Schwierigkeit, daß Wettbewerb ein sehr vielschichtiges Phänomen ist, das sich angesichts seiner Bedeutungsvielfalt nur unter Inkaufnahme eines hohen Abstraktionsgrades in allgemein gültiger Form erfassen läßt. Andererseits setzt rationale Wettbewerbspolitik eine klare und widerspruchsfreie Vorstellung von dem voraus, was Wettbewerb ist. Die Wettbewerbsdefinition sollte zudem die Feststellung eines «Mehr» oder «Weniger» an Wettbewerb erlauben, d. h., Wettbewerb sollte zumindest qualitativ (im Idealfall quantitativ) gemessen werden können.

Wir wollen Wettbewerb – im Sinne einer vorläufigen und im Einzelfall ergänzungsbedürftigen Arbeitshypothese – als das Streben von zwei oder mehr Personen bzw. Gruppen nach einem Ziel verstehen, wobei der höhere Zielerreichungsgrad des einen i. d. R. einen geringeren Zielerreichungsgrad des(r) anderen bedingt (z. B. sportlicher, kultureller oder wirtschaftlicher Wettkampf).[2]

Wettbewerb im wirtschaftlichen Sinne ist begrifflich durch folgende Merkmale charakterisiert:

– Existenz von Märkten mit
– mindestens zwei Anbietern oder Nachfragern,
– die sich antagonistisch (Gegenteil: synagonistisch bzw. kooperativ) verhalten, d. h., durch Einsatz eines oder mehrerer Aktionsparameter ihren Zielerreichungsgrad zu Lasten anderer Wirtschaftssubjekte verbessern wollen.[3]

II. Der dynamische Wettbewerb der Klassik

1. Zum Begriff des dynamischen Wettbewerbs der Klassik

Adam Smith und die klassische Schule der Nationalökonomie benutzten das Wettbewerbssystem vorwiegend zum «Angriff gegen die feudal-merkantilistischen Fesseln der Wirtschaftsfreiheit» (Machlup). Dieser Protest gegen die Fesseln des Merkantilismus, gegen altüberkommene Anschauungen, Normen und Institutionen wird heute als wirtschaftlicher Liberalismus bezeichnet.

Wenngleich Individualisierung im Wesen des Liberalismus liegt, darf Liberalismus nicht mit Individualismus gleichgesetzt werden. Denn der Individualismus französischer und der angelsächsischer Prägung unterscheiden sich im wesentlichen durch die Deu-

---

[2] Vgl. Schuster, Helmut, Wettbewerbspolitik, München 1973, S. 20. Von einer ähnlichen, häufig zitierten Wettbewerbsvorstellung sind bereits Borchardt, K., und W. Fikentscher, Wettbewerb, Wettbewerbsbeschränkungen, Marktbeherrschung, Stuttgart 1957, S. 15, ausgegangen: «Wirtschaftlicher Wettbewerb ist das selbständige Streben sich gegenseitig im Wirtschaftserfolg beeinflussender Anbieter oder Nachfrager (Mitbewerber) nach Geschäftsverbindung mit Dritten (Kunden) durch Inaussichtstellen möglichst günstiger Geschäftsbedingungen.»

[3] Damit ist eine Komplementarität von Anreiz- und Ordnungsfunktion gegeben, die im sog. sozialistischen Wettbewerb fehlt.

tung des Begriffs der Freiheit. Der Hauptunterschied zwischen den beiden Freiheitsansätzen, der implizit auch eine Rolle in der wettbewerbstheoretischen Diskussion spielt, kann darin gesehen werden, daß der rationalistische Individualismus französischer Prägung (Rousseau u. a.) auf die natürliche Gleichheit der Individuen abstellt, die in einem rationalen Staat zusammengefaßt sind, während der Individualismus angelsächsischer Prägung (Smith u. a.) die individuelle Freiheit gegenüber dem Staat vertritt. Die britische Vorstellung von Freiheit kann daher mit dem Begriff der spontanen Ordnung, die rationalistische, französische mit dem des «Konstruktivismus» (Hayek) verbunden werden.[4]

Das Ideal des freien Wettbewerbs der Klassik ist daher gekennzeichnet durch das weitgehende Fehlen staatlicher Eingriffe in den Wirtschaftsablauf und Sperren sonstiger Art, die die Betätigungsfreiheit der Wirtschaftssubjekte einengen (z. B. Zutrittssperren zum Markt, wettbewerbsbeschränkende Abreden). Die Aufgaben des Staates beschränken sich auf die Gewährleistung und Sicherung der Rahmenbedingungen. Jedem Individuum muß es freistehen, das auf einem bestimmten Markt angebotene Produkt ebenfalls zu produzieren und anzubieten, falls es dies nur will. Es muß also «perfect liberty» herrschen.

Das klassische «System der wirtschaftlichen Freiheit» läßt sich charakterisieren als die Freiheit zum Wettbewerb unter Konkurrenten, d. h. Freiheit für vorstoßende und nachahmende Wettbewerbshandlungen, sowie Wahlfreiheit der Konsumenten, unter den von der Marktgegenseite gebotenen Alternativen zu wählen. Der Wettbewerb, wie ihn die Klassiker verstanden haben, ist ein dynamischer Prozeß aus Aktion und Reaktion, der jedem Marktteilnehmer einen begrenzten Freiheitsbereich gibt. Das Ausnutzen der Wettbewerbsfreiheit unter Verfolgung des Eigeninteresses führt über den Marktmechanismus dazu, daß jedes Wirtschaftssubjekt das erhält, was ihm nach seiner Leistung für den Markt zusteht. Durch das freie Spiel der Kräfte entsteht wie durch eine «invisible hand» eine allgemeine Harmonie der Interessen, die durch den Eingriff des Staates nur gestört werden kann. Hoppmann[5] kennzeichnet daher die Bedeutung des klassischen Wettbewerbskonzeptes als eines Koordinierungsprozesses ohne staatliche Lenkung wie folgt:

«Das Prinzip des Wettbewerbs führt zu einem System nicht-autoritärer sozialer Kontrolle, dessen Sanktionen finanzieller Art sind. Die Klassiker haben also nicht nur das Problem der sozialen Kontrolle in seiner allgemeinen Form aufgeworfen, sondern als Lösung zugleich die Möglichkeit eines Systems nicht-autoritärer Art aufgewiesen. Darin bestand ihre eigentliche Kopernikus-Tat.»

Adam Smith hat den Begriff der Konkurrenz i. S. einer Wettkampfrivalität gebraucht, die von mehreren implizit oder explizit genannten Wettbewerbsbedingungen abhängt:[6]

- Unabhängiges Handeln der Wirtschaftssubjekte, d. h. keine Absprachen (Kartelle).
- Ausreichend große Zahl potentieller und tatsächlicher Wettbewerber, um außergewöhnliche Gewinne zu eliminieren.
- Ausreichendes Wissen über die Marktverhältnisse (Marktinformation).

---

[4] Vgl. Hayek, F. A. von, Grundsätze einer liberalen Gesellschaftsordnung, in: ORDO Bd. XVIII (1967), S. 11–33.

[5] Hoppmann, Erich, Zum Schutzobjekt des GWB – Die sogenannten volkswirtschaftlichen Erkenntnisse und ihre Bedeutung für die Schutzobjektdiskussion, in: Wettbewerb als Aufgabe nach 10 Jahren GWB, hrsg. von Mestmäcker, Ernst-Joachim, Bad Homburg v. d. H. 1968, S. 61 ff., 81 f.

[6] Vgl. Stigler, G. J., Die vollständige Konkurrenz im historischen Rückblick, in: Wettbewerbstheorie, hrsg. von Herdzina, op. cit., S. 30 ff., 31 f.

– Ausreichende Zeit für notwendige Anpassungsvorgänge bei der Faktorallokation.

Da die Klassiker es unterließen, die Bedingungen, unter denen der Wettbewerb die gewünschte Harmonie der Interessen herbeiführen kann, im einzelnen aufzuzeigen, wurde in der Folgezeit versucht herauszuarbeiten, wann der Wettbewerb totale Übereinstimmung von Einzel- und Gesamtinteressen hervorbringt. Das Ergebnis war das Gleichgewichtsmodell der vollständigen Konkurrenz. Die Bewegung auf einen Gleichgewichtszustand *hin*, die Adam Smith betonte, wurde zu dem Modell der vollständigen Konkurrenz, das die Bedingungen zum *Einhalten* dieses gegebenen Zustandes in den Vordergrund stellte, umgedeutet und damit verfälscht. Die ursprünglich dynamische Analyse wurde von der statischen Betrachtungsweise abgelöst.

Die wohlfahrtstheoretischen Folgerungen, die an das klassische Konzept des freien Wettbewerbs geknüpft wurden, führten so zur Erarbeitung der Voraussetzungen des stationären Gleichgewichtsmodells der vollständigen Konkurrenz und damit zu einer weitgehenden Preisgabe der ursprünglichen wirtschaftsphilosophischen Basis. «Die Idee des wirtschaftlichen Wohlstandes wurde von der Idee der Freiheit abgetrennt und auf diese Weise gewissermaßen verselbständigt. Das war die Geburtsstunde der reinen Ökonomie» (Hoppmann).

2. Die Werturteile des Wettbewerbs der Klassik

Das klassische Wettbewerbsprinzip geht von mehreren Wertungen aus, so daß der Wettbewerb nur insoweit als Leitbild der Wirtschaftspolitik fungieren kann, als diese Werturteile allgemein akzeptiert werden:

- Bei **Konsumentensouveränität** sind nur diejenigen Ziele anzustreben, die dem tatsächlichen Bedarf der einzelnen Wirtschaftssubjekte entsprechen. Mit dem Ziel der maximalen Bedürfnisbefriedigung sind z. B. eine aus Gründen des nationalen Prestiges betriebene Weltraumforschung oder ein maximales wirtschaftliches Wachstum auf Kosten der lebenden Generation nicht zu vereinbaren, wenn diese Zielsetzungen von den Mitgliedern der betreffenden Nation nicht erstrebt werden.
- Die Bedarfsbefriedigung soll mit Hilfe eines **dezentralen Lenkungsmechanismus** erreicht werden, d. h., die Steuerung soll durch die Summe der einzelnen Entscheidungen der Wirtschaftssubjekte über den Markt erfolgen (und nicht über andere wirtschaftspolitische Koordinationsmechanismen).
- Der marktwirtschaftliche Wettbewerb bringt eine Verteilung des Sozialproduktes nach dem **Leistungsprinzip** (funktionelle Einkommensverteilung gemäß der Grenzproduktivitätstheorie) hervor. Die Bewertung der Leistung erfolgt also über den Markt; sie wird allerdings durch Umverteilungsmaßnahmen des Staates korrigiert, die sich von anderen Vorstellungen als der Leistungsgerechtigkeit leiten lassen (z. B. Bedarfsgerechtigkeit).

III. Das neoklassische Gleichgewichtsmodell der vollständigen Konkurrenz und die Realisierung des sozial-ökonomischen Optimums

1. Vollständige Konkurrenz und Wohlfahrtsoptimum[7]

Die Klassiker hatten es unterlassen, die Wettbewerbsbedingungen im einzelnen aufzuzeigen, unter denen der Wettbewerb die gewünschte und behauptete Harmonie der Interessen herbeiführt. Daher wurde in der Folgezeit versucht herauszuarbeiten, wann der Wettbewerb eine Übereinstimmung von Einzel- und Gesamtinteressen hervorbringt. Das Ergebnis war das stationäre Gleichgewichtsmodell der vollständigen Konkurrenz (synonym vollständiger oder vollkommener Wettbewerb), das auf zwei Gruppen von Annahmen fußt: dem stationären Zustand der Wirtschaft und den Merkmalen der vollständigen Konkurrenz.

Die Voraussetzungen dieses Modells sollen im folgenden skizziert werden, da bei der Darstellung des Konzeptes eines wirksamen Wettbewerbs auf die dabei aufzulösenden Bedingungen Bezug genommen wird.

Stationärer Zustand der Wirtschaft

(1) Gegebene Technik und damit gegebene Produktions- und Ertragsfunktion.
(2) Gegebene Bevölkerung und Ausstattung mit Produktionsfaktoren.
(3) Gegebene Güterpalette, gegebene Bedürfnisstruktur und gegebenes Einkommen, damit gegebene Nachfrage.

Merkmale der vollständigen Konkurrenz

(1) Marktstruktur i. w. S.
- Unternehmer und Verbraucher verhalten sich rational i. S. der Gewinn- und Nutzenmaximierung; der Preisbildungsprozeß wird auch durch die «Macht des Herkommens» (traditionelle Verhaltensweisen) nicht gehemmt.
- Es bestehen keine sachlichen, persönlichen, räumlichen oder zeitlichen Präferenzen der Anbieter oder Nachfrager; die Güter sind daher homogen.
- Es bestehen keine Friktionen auf dem Markt, d. h. völlige Transparenz des Marktes, völlige Voraussicht der Marktteilnehmer, volle Teilbarkeit und Beweglichkeit der Produktionsfaktoren und produzierten Güter.
- Es fehlen rechtliche oder tatsächliche Zutrittsbeschränkungen für Anbieter und Nachfrager.
- Die Reaktionsgeschwindigkeit der Verhaltensänderung von Anbietern und Nachfragern auf Änderung der Marktdaten ist unendlich groß.
- Es erfolgen keine Eingriffe in den freien Preisbildungsprozeß durch den Staat (z. B. Preiskontrollen) oder die Wirtschaftssubjekte (z. B. Kartelle).
- Externe Ersparnisse oder Verluste (Pigou) sind ausgeklammert bzw. werden marktwirtschaftlich abgegolten.
- Die Zahl der Anbieter und Nachfrager ist sehr groß; es besteht ein atomistischer Markt.

---

[7] Vgl. z. B. Giersch, Herbert, Allgemeine Wirtschaftspolitik. Erster Band – Grundlagen, Wiesbaden 1961, S. 106 ff.

(2) Marktverhalten

Anbieter und Nachfrager können aufgrund ihres geringen Marktanteils durch ihr Verhalten den Preis nicht beeinflussen; sie verhalten sich daher als Mengenanpasser (Preis = Datum, Menge = Aktionsparameter).

(3) Marktergebnis

Im Modell des totalen Konkurrenzgleichgewichts determiniert die Marktstruktur im weitesten Sinne das Marktverhalten und zugleich das Marktergebnis:

- Der Preismechanismus bewirkt auf den Märkten für Endprodukte die Gleichheit des Verhältnisses der Grenznutzen der Konsumenten und der Grenzkosten der Produzenten; es gilt im Gleichgewicht $P = K' = DTK$.
  Die Angebotssteuerung erfolgt gemäß den Käuferpräferenzen, was nach vorherrschendem Werturteil als optimal angesehen wird.
- Der Preismechanismus bewirkt auf den Märkten für Produktionsfaktoren die Gleichheit des Verhältnisses der marginal disutilities der Faktoreinsätze (Grenzleid der Arbeit sowie Gegenwartspräferenzen in bezug auf Kapital) und der Grenzproduktivitäten der Produktionsfaktoren.
  Die funktionelle Einkommensverteilung erfolgt gemäß der Grenzproduktivität, was nach vorherrschendem Werturteil zumindest als bestmögliche Ausgangsbasis für staatliche Umverteilungsmaßnahmen angesehen wird.
- Die Allokation der Produktionsfaktoren sowohl innerhalb als auch zwischen den bestehenden Betrieben, die auf Faktormärkten nachfragen und auf Produktmärkten anbieten, ist optimal.

Unter den genannten Voraussetzungen führt die vollständige Konkurrenz also zu einer Angebotssteuerung gemäß den Käuferpräferenzen, einer marktleistungsgerechten Einkommensverteilung und einer optimalen Faktorallokation. Im Rahmen der «new welfare economics» wird das relative Optimum, das unter Ausschluß des Distributionsaspektes die Zweckmäßigkeit der Allokation konstatiert, als Pareto-Optimum bezeichnet. Darunter wird eine wirtschaftliche Situation verstanden, in der es nicht möglich ist, daß durch eine Veränderung der Tausch- und Produktionsverhältnisse wenigstens eine Person ein höheres Versorgungsniveau erreicht, ohne daß dadurch das Versorgungsniveau einer anderen Person niedriger wird. Das Pareto-Optimum ist also erreicht, wenn gleichzeitig das Tausch- und Produktionsoptimum erreicht sind. Dazu müssen:

(1) die subjektive Substitutionsrate für alle Individuen,
(2) die technische Transformationsrate in allen Betrieben und
(3) die subjektive Substitutionsrate der technischen Transformationsrate gleich sein.

Dieses derart charakterisierte Pareto-Optimum wird bei Vorliegen vollständiger Konkurrenz erfüllt, d. h., die vollständige Konkurrenz führt zu einem Zustand maximaler wirtschaftlicher Effizienz (i. S. der Allokation). In dieser Gleichsetzung lag die Begründung dafür, daß die vollständige Konkurrenz lange Zeit als Leitbild der Wettbewerbspolitik angesehen wurde; dieser Leitbildcharakter ist jedoch insbesondere nach dem 2. Weltkrieg zunehmend angezweifelt worden.

2. Kritik an der vollständigen Konkurrenz als Leitbild

Selbst wenn vollkommener Wettbewerb in allen Bereichen herstellbar (oder im Konkurrenzsozialismus simulierbar) wäre, kann das Pareto-Optimum aus einer Reihe von

Gründen nicht als Leitbild der Wettbewerbspolitik dienen; die wichtigsten Gründe dafür sind:

(1) Zielkonflikte zwischen atomistischer Konkurrenz und economies of scale.

(2) Zielkonflikte zwischen Vollständigkeit der Konkurrenz i. S. der Homogenitätsbedingung und Notwendigkeit einer gewissen Produktdifferenzierung, die im Interesse der Befriedigung differenzierter Verbraucherwünsche liegt.

(3) Mangelnde Anreizwirkung, da bei vollständigem Wettbewerb der Preis (Datum) und die Qualität (Homogenitätsbedingung) als Aktionsparameter ausscheiden. Im Modell des vollkommenen Wettbewerbs sind Marktverhalten und Marktergebnis determiniert, so daß keine Wettbewerbsfreiheit mehr herrscht, was John Maurice Clark zu folgender Feststellung veranlaßte:[8]

«This would reduce economic freedom to a paradox, since the meaning of freedom resides in a margin of discretion in choosing one's course of action.»

(4) Infolge des stationären Charakters der vollständigen Konkurrenz, der durch eine gegebene Zahl von Betrieben und Produkten sowie Produktionsverfahren und Arten von Produktionsfaktoren gekennzeichnet ist, wird nur ein relatives, aber kein absolutes Optimum gewährleistet. Daher sind wegen Nichterfüllung der sogenannten Totalbedingungen[9], wonach es

«im Optimum nicht möglich sein darf, den Wohlstand zu erhöhen, indem ein bisher nicht erzeugtes Gut produziert, ein Betrieb errichtet oder geschlossen, ein neuer Produktionsfaktor erstellt und verwendet oder ein bisher nur in einigen Betrieben verwendeter Faktor auch in anderen Betrieben eingesetzt wird»,

sowohl die Angebotssteuerung als auch die Faktorallokation nur beschränkt optimal. Eine vollständige Optimierung würde u. U. sowohl die Einführung neuer und den Verzicht auf alte Produkte als auch die Gründung neuer und Schließung bestehender Unternehmen erfordern.

Das Modell der vollständigen Konkurrenz vermag angesichts seines restriktiven Charakters keine Erklärung der evolutorischen Fortentwicklung der Wirtschaft zu geben. Röpke hat daher das Gleichgewichtsmodell der vollständigen Konkurrenz und seine Bedeutung für die Wettbewerbspolitik wie folgt kritisiert:[10]

«Die modernen Bemühungen, den Begriff einer möglichst ‹reinen› oder ‹vollkommenen› Konkurrenz zu entwickeln, haben nicht nur dazu geführt, ihn in einem theoretischen Perfektionismus von Bedingungen abhängig zu machen, von denen von vornherein feststeht, daß sie in der wirtschaftlichen Wirklichkeit kaum anzutreffen sind. Noch ernster ist vielmehr der Umstand, daß im Modell des ‹vollkommenen› Wettbewerbs das Wesen des Wettbewerbs als eines dynamischen Prozesses geradezu eliminiert wird, und gerade dieser ist es, auf den sich die Argumente zugunsten des Wettbewerbs und des Konkurrenzsystems stützen.»

Wenngleich in der Vergangenheit weitgehend Klarheit darüber bestand, daß zumindest ein Teil der Voraussetzungen dieses stationären Gleichgewichtsmodells in der Reali-

---

[8] Clark, J. M., Competition: Static Models and Dynamic Aspects, in: American Economic Review vol. 45 (1955), S. 450 ff., 456.

[9] Giersch, op. cit., S. 122.

[10] Röpke, Wilhelm, Art. Wettbewerb (II), in: HdSW 12. Bd., Stuttgart, Tübingen, Göttingen 1965, S. 29 ff., 33.

tät nicht gegeben ist, so wurde die diesem Konzept zugrundeliegende Marktstruktur dennoch als – soweit wie möglich anzustrebendes – wohlfahrtstheoretisches Leitbild der Wettbewerbspolitik angesehen.

Nachdem man im Interesse der Herausarbeitung der Voraussetzungen eines sozialökonomischen Optimums den freien Wettbewerb der Klassik in das Prokrustesbett einer Vielzahl von irrealen Voraussetzungen gepreßt hatte, bemühte man sich allerdings bereits in den 20er und 30er Jahren, ihn wieder aus diesen Fesseln zu befreien. Es entstand das Konzept eines unvollkommenen oder monopolistischen Wettbewerbs (Sraffa, Chamberlin, Robinson, von Stackelberg) als dritte Kategorie zwischen den beiden Grenzfällen der vollständigen Konkurrenz und des Monopols. Abweichungen von den Modellbedingungen wurden als Unvollkommenheitsfaktoren (market imperfections) oder Monopolelemente (monopolistic elements) angesehen. Es begann sich die Erkenntnis durchzusetzen, daß die vollständige Konkurrenz niemals realisiert werden könne. Gleichwohl blieb diese Leitbild der Wirtschaftspolitik, das tendenziell anzustreben sei[11]. Dabei war es Ziel der Wettbewerbspolitik, Anzahl und Ausmaß der Marktunvollkommenheiten zu minimieren. Je geringer die Unvollkommenheitsfaktoren, desto mehr glaubte man, sich dem Ideal zu nähern.

IV. workable competition als second best

Auch in der weiteren Entwicklung zu einem Konzept des funktionsfähigen Wettbewerbs, die durch den bahnbrechenden Aufsatz von John Maurice Clark «Towards A Concept of Workable Competition» gekennzeichnet ist, blieb die vollständige Konkurrenz noch anzustrebendes Leitbild. Clark selbst hat in seinem 1961 erschienenen Werk «Competition as a Dynamic Process» seinen Ansatz rückblickend als einen Versuch charakterisiert, einen Ausweg aus den negativen Schlußfolgerungen der Theorie des monopolistischen oder unvollkommenen Wettbewerbs zu finden. Er hielt damals workable competition für einen zwar tolerierbaren, jedoch inferioren Ersatz für den reinen und vollständigen Wettbewerb als dem normativen Ideal. Jedoch bahnte sich mit seiner «Gegengiftthese» (remedial imperfections) bereits der entscheidende Wandel in der wettbewerbspolitischen Beurteilung von Marktunvollkommenheiten an. Wenn auf einem Markt mehrere Unvollkommenheiten (im Sinne von Abweichungen von den Modellbedingungen) vorlägen, so könne unter bestimmten Konstellationen das Hinzutreten eines weiteren Unvollkommenheitsfaktors den Wettbewerb funktionsfähiger machen. Das folge aus der Überlegung, daß die Merkmale der vollständigen Konkurrenz einen geschlossenen Satz von Bedingungen darstellen, also logisch komplementär sind. Demnach könnten andere Bedingungen auch ihren Vollkommenheitscharakter verlieren, wenn nur eine Bedingung nicht mehr vollkommen ist. In der Theorie des Zweitbesten

[11] Vgl. z. B. Eucken, Walter, Die Grundlagen der Nationalökonomie, 8. Aufl., Berlin, Heidelberg, New York 1965, S. 96, für den vollständige Konkurrenz dann vorliegt, wenn der einzelne Anbieter oder Nachfrager damit **rechnet**, daß er den Preis nicht beeinflussen kann. Das impliziert u. a. eine sehr große Zahl von Anbietern oder Nachfragern weitgehend homogener Produkte auf einem transparenten Markt ohne Zutrittsschranken und Absprachen, die sich rational verhalten; diese Annahmen entsprechen weitgehend der Marktstruktur bei vollständiger Konkurrenz.

(Meade: second best) wird daher die Frage behandelt, ob und wie die für ein Optimum i. S. eines «besten» Ergebnisses notwendigen Bedingungen modifiziert werden müssen, wenn auch nur eine dieser Optimumbedingungen nicht erfüllbar ist und daher eine «zweitbeste» Lösung angestrebt wird.

Ein anschauliches Beispiel für die Richtigkeit der Theorie des Zweitbesten liefern die sogenannten Preismeldestellen (open price systems) auf oligopolistischen Märkten mit homogenen Gütern in den USA, England und Deutschland: die Einführung eines zusätzlichen Vollkommenheitsfaktors, das ist die Markttransparenz, vermindert die Wettbewerbsintensität. So kann z. B. der Preiswettbewerb auf oligopolistischen Märkten wirksamer sein, wenn die Güter nicht ganz homogen und/oder die Markttransparenz nicht vollkommen ist, da infolge der Produktheterogenität und der Ungewißheit über das Verhalten der Konkurrenten die Neigung zum friedlichen Parallelverhalten abnimmt.

Rückblickend können wir feststellen, daß Clarks Ansatz aus dem Jahre 1940 mit seiner positiven Bewertung gewisser Marktunvollkommenheiten der entscheidende Markstein für die Entwicklung einer dynamischen Wettbewerbstheorie in den folgenden Jahrzehnten gewesen ist.[11a]

V. effective competition als neues Leitbild

Die weitere Entwicklung des Konzepts eines workable competition zu einer neuen umfassenden dynamischen Wettbewerbstheorie ist dann stark durch die Schumpeterschen Thesen zur «Konkurrenz der neuen Ware, der neuen Technik, der neuen Versorgungsquelle, des neuen Organisationstyps» sowie durch die Forschungsrichtung «Industrial Organization» in den USA[12] beeinflußt worden. Unter dem Eindruck dieser Thesen begründete Clark 1961 in seinem Werk «Competition as a Dynamic Process» sein Abgehen von der Theorie des Zweitbesten, die workable competition 1940 noch für ihn war, damit, daß Unvollkommenheitsfaktoren für den technischen Fortschritt unabdingbar seien. Insofern versuchte er die Schumpetersche Theorie der Innovation in die allgemeine Wettbewerbstheorie zu integrieren. Während bis dahin die vollständige Konkurrenz als zwar wünschenswert, aber nicht realisierbar angesehen wurde, wird sie jetzt auch nicht länger als anzustrebendes Ziel betrachtet, da im Hinblick auf den wirtschaftlichen Fortschritt market imperfections grundsätzlich unabdingbar sind (z. B. Patente).

Rückblickend kritisiert Clark das Bestreben der herkömmlichen Theorie nach möglichst hoher Präzision, was zu der Beschränkung auf wenige Variable und den völlig unrealistischen Voraussetzungen des Gleichgewichtsmodells der vollständigen Konkurrenz geführt habe. Nicht zuletzt habe auch der Wunsch nach graphischer Darstellung im zweidimensionalen Koordinatensystem dazu beigetragen, daß die Gleichgewichtstheorie ungeeignet sei, die Wirklichkeit zu erfassen und zu erklären.

[11a] Vgl. auch Weizsäcker, C. C. von, Barriers to Entry. A Theoretical Treatment, Berlin, Heidelberg, New York 1980, der darauf hinweist, daß u. U. auch Marktzutrittsschranken als Marktunvollkommenheitsfaktoren wettbewerbsfördernd sein können.

[12] Vgl. dazu den Überblick bei Neumann, Manfred, Industrial Organization. Ein Überblick über die quantitative Forschung, in: Zeitschrift für Betriebswirtschaft 49. Jg. (1979), S. 655 ff.

Die Ergebnisse dieser Forschungsrichtung und die jeweils empfohlene Wettbewerbspolitik sind sehr heterogen, teilweise sogar entgegengesetzt; vgl. z. B. die sog. Chicago School (u. a. Adelmann, Posner, Stigler) und die sog. Harvard School (u. a. Mason, Bain, Kaysen, Caves). Ein kurzer Überblick über die unterschiedlichen Positionen der beiden Schulen findet sich bei Kallfass, Hermann H., Die Chicago School – Eine Skizze des «neuen» amerikanischen Ansatzes für die Wettbewerbspolitik, in: Wirtschaft und Wettbewerb (WuW) 30. Jg. (1980), S. 596 ff.

Die Theorie des wirksamen Wettbewerbs sieht den Wettbewerb als dynamischen Prozeß, der durch eine Folge nie abgeschlossener Vorstoß- und Verfolgungsphasen (Clark: «moves and responses») charakterisiert ist. Pioniergewinne aufgrund temporärer Vorzugsstellungen sind sowohl Folge als auch Voraussetzung für diese neue Wettbewerbsform; sie sollen nicht sofort wieder abgebaut werden, sondern nur allmählich verschwinden, was für den initiativ handelnden Unternehmer eine reaktionsfreie Zeit voraussetzt, um dem Unternehmen einen Anreiz zur Initiative zu geben. Die Geschwindigkeit, mit der Vorsprungsgewinne jeglicher Art aufgezehrt werden, wird als Ansatzpunkt für die Bestimmung der Intensität des Wettbewerbs benutzt.

Marktunvollkommenheiten in Form von Produktheterogenität, Intransparenz, mangelnder Voraussicht, time lags in der Anpassungsgeschwindigkeit etc. sind sowohl Folge initiativer als auch Voraussetzung für imitative Wettbewerbshandlungen; in der dynamischen Theorie eines wirksamen Wettbewerbs sind also market imperfections oder monopolistic elements für die Wirksamkeit des Wettbewerbs erforderlich. Zentrales Problem der Theorie des effective competition ist es, die wettbewerbspolitisch wünschenswerten von den unerwünschten Marktunvollkommenheiten zu unterscheiden, um damit zu einer oder mehreren Konstellationen von Unvollkommenheitsfaktoren zu kommen, die als notwendige und/oder hinreichende Bedingung für die Wirksamkeit des Wettbewerbs anzusehen wären.

In der unverändert aktuellen Kantzenbach/Hoppmann-Kontroverse[13] wird zwar einhellig Wettbewerb unter Berufung auf Schumpeter, John Maurice Clark und Helmut Arndt nicht im Sinne eines stationären Gleichgewichtszustandes, sondern eines dynamischen Prozesses verstanden, der durch eine Folge von Ungleichgewichten aufgrund von Vorstoß- und Verfolgungsphasen charakterisiert ist, die in der Realität häufig zu einem Prozeß des gegenseitigen Überflügelns zusammenwachsen. Jedoch werden Marktunvollkommenheiten von beiden Autoren aufgrund ihres unterschiedlichen methodischen Ansatzes völlig verschieden beurteilt.

(1) *Kantzenbach* verzichtet bei seinem Versuch, ein wettbewerbspolitisch praktikables Konzept des funktionsfähigen Wettbewerbs[14] zu entwickeln, auf eine vorgegebene Definition des Wettbewerbs und geht statt dessen von den Aufgaben des Wettbewerbs aus, die dieser zu erfüllen habe. Funktionsfähig ist danach ein Wettbewerb, der die fünf vorgegebenen ökonomischen Zielfunktionen der leistungsgerechten Einkommenverteilung, der Konsumentensouveränität, der optimalen Faktorallokation, der Anpassungsflexibilität an außerwirtschaftliche Daten sowie der Durchsetzung des technischen Fortschrittes bestmöglich erfüllt. Die Wettbewerbsintensität ist nach Auffassung von Kantzenbach optimal im Sinne einer bestmöglichen Realisierung der vorgegebenen konkurrierenden Zielfunktionen im Bereich weiter Oligopole mit mäßiger Produktheterogenität und begrenzter Transparenz. In dieser Marktform seien Gewinnchancen, Existenzrisiken und Finanzierungsmöglichkeiten besonders günstig kombiniert. Dagegen sei das enge Oligopol durch eine überoptimale Interdependenz gekennzeichnet, die entweder zu funktionslosen Machtkämpfen («oligopolistic war») oder zu einer faktischen Beschrän-

[13] Vgl. die Fundstellen der Diskussionsbeiträge zu dieser Kontroverse bei Hoppmann, Erich, Die Funktionsfähigkeit des Wettbewerbs. Bemerkungen zu Kantzenbachs Erwiderung, in: Jahrbücher für Nationalökonomie und Statistik Bd. 181 (1967), S. 251 ff.

[14] Funktionsfähiger und wirksamer Wettbewerb werden in der Literatur häufig synonym verwandt (so auch bei Kantzenbach).

kung des Wettbewerbs durch Parallelverhalten führe. Das Polypol sei dagegen durch eine unteroptimale Interdependenz charakterisiert, die mangels ausreichender Selbstfinanzierungsmöglichkeiten, geringer absoluter Unternehmensgröße und traditioneller Verhaltensweisen nicht die im Hinblick auf strukturelle Anpassungen und den technischen Fortschritt notwendigen Investitionen erlaube; im Polypol herrsche daher «ruinöser Wettbewerb».

Das Konzept von Kantzenbach ist unter verschiedenen Gesichtspunkten kritisiert worden:[15]

- Es handelt sich um einen relativ engen Marktstrukturansatz, der den Wettbewerbsprozeß als Funktion der Marktform begreift, obwohl Wettbewerbsprozesse ihrerseits bei dynamischer Betrachtung marktstrukturändernd wirken.
- Da die Unterscheidung zwischen engem und weitem Oligopol sowie Polypol nicht nur von der Zahl der Anbieter, sondern unter anderem auch vom Grad der Markttransparenz und Produkthomogenität abhängt, können die Unternehmen ihre Zuordnung zum optimalen, über- oder unteroptimalen Bereich selbst beeinflussen.
- Der Leitbildcharakter des sog. weiten Oligopols wird im Hinblick auf eine optimale Erfüllung der Wettbewerbsfunktionen bezweifelt, zumal der Marktstrukturansatz von Kantzenbach wichtige conditioning factors wie die Höhe der Marktschranken, den Unternehmenstypus oder die Marktphase nicht berücksichtigt.

  Die Kantzenbach/Hoppmann Kontroverse hat vielmehr nahezu einhellig ergeben, daß eine optimale Erfüllung der Wettbewerbsfunktionen in unterschiedlichen Marktformen möglich ist, die teilweise stärker im Bereich polypolistischer, teilweise stärker im Bereich oligopolistischer Marktstrukturen zu suchen sind. Eine generelle Aussage über eine bestimmte optimale Marktform scheint nach dem jetzigen Stand der theoretischen und empirischen Forschung nicht möglich. Weitestgehende Einigkeit hat dagegen die Diskussion im Hinblick auf die Abgrenzung von weitem und engem Oligopol erbracht, da im Regelfall der Wettbewerb im engen Oligopol wegen der sehr starken Interdependenz faktisch oder rechtlich beschränkt ist.
- Der Leitbildcharakter des weiten Oligopols impliziert zudem eine bestimmte Gewichtung der Wettbewerbsfunktionen; je nach Gewichtung kann sich ein anderes wettbewerbspolitisches Leitbild ergeben.

Der skizzierte Kantzenbachsche Ansatz ist also rein ökonomisch-instrumental. Ursprünglich hatte Kantzenbach es abgelehnt, in seine Wohlfahrtsfunktion als Ausdruck eines Bündels von fünf ökonomischen Zielfunktionen auch das Ziel der Wettbewerbsfreiheit einzubeziehen, da es sich dabei um eine wirtschaftspolitische Grundentscheidung zugunsten des Wettbewerbs als eines gesamtwirtschaftlichen Kontrollmechanismus handele und mögliche außerökonomische Ziele sich einer wirtschaftswissenschaftlichen Bewertung entziehen (Karl Schiller). Kantzenbachs Ausklammerung des Zieles wirtschaftliche Freiheit war einer der Hauptpunkte in der anschließenden Kontroverse mit Hoppmann.

(2) *Hoppmann* unterscheidet demgegenüber zwei große Zielkomplexe, die jedoch nicht voneinander unabhängig oder der eine dem anderen übergeordnet seien:[16]

---

[15] Vgl. zusammenfassend Müller, Udo, Art. Wettbewerbspolitik, in: Handwörterbuch der Volkswirtschaftslehre, Wiesbaden 1978, Spalte 1524 ff., 1527–1530, und Bartling, Hartwig, Leitbilder der Wettbewerbspolitik, München 1980, S. 36–40.

[16] Vgl. Hoppmann, Erich, Zum Problem einer wirtschaftspolitisch praktikablen Definition des Wettbewerbs, in: Grundlagen der Wettbewerbspolitik, hrsg. von Schneider, Hans K., Schriften des Vereins für Socialpolitik NF Bd. 48, Berlin 1968, S. 9 ff., 14 ff.

– Die Wettbewerbsfreiheit als Ziel in sich selbst, die sowohl die Freiheit der Konkurrenten zum Vorstoß oder zur Imitation als auch die Wahlfreiheit der anderen Marktseite beinhaltet. Die Wettbewerbsordnung ist dabei das ökonomische Äquivalent einer freiheitlichen Gesellschaftsordnung.
– Die ökonomische Vorteilhaftigkeit, bei der der Wettbewerb um seiner für uns alle nützlichen Wirkungen willen (z. B. niedrige Kosten, gute Qualitäten, technischer Fortschritt etc.) als ein Instrument gewünscht wird; er ist dabei nur Hilfsziel.

Ein Zielkonflikt zwischen diesen beiden Komplexen (sog. Dilemmathese) wird von Hoppmann verneint, worauf in Kap. 2 näher einzugehen sein wird.

(3) Aufgrund verschiedener Zielkomplexe gelangen Kantzenbach und Hoppmann zu völlig unterschiedlichen Antworten auf die **Frage nach den Marktunvollkommenheiten**. Kantzenbach will bestimmte, begrenzte Marktunvollkommenheiten in Form von Wettbewerbsbeschränkungen (z. B. gewisse Absprachen oder Fusionen) zulassen, um die Tendenz zu funktionslosen Machtkämpfen im engen Oligopol oder zu einer ruinösen Konkurrenz im Polypol zu reduzieren und damit den Bereich funktionsfähiger Marktformen zu erweitern.

Demgegenüber sind Art und Ausmaß der Marktunvollkommenheiten nach Ansicht Hoppmanns dafür ungeeignete Kriterien. In seinem neuklassischen Konzept sind vielmehr die Ursachen der Freiheitsbeschränkung entscheidend, d. h., ob es sich um künstliche oder um natürliche Wettbewerbshemmnisse handelt. Künstliche Wettbewerbshemmnisse beruhten auf unternehmerischen oder staatlichen Praktiken und könnten durch staatliche Gegenmaßnahmen (Wettbewerbspolitik bzw. Unterlassung der staatlichen wettbewerbsbeschränkenden Maßnahmen) beeinflußt, d. h., verhindert oder rückgängig gemacht werden. Natürliche Wettbewerbshemmnisse unterlägen fortlaufenden Änderungen im Marktprozeß; sie seien temporärer Natur und dürften nicht zementiert werden. Erst wenn die natürlichen Einschränkungen der Wettbewerbsfreiheit gravierend und wettbewerbspolitisch nicht mehr zu beseitigen seien (z. B. bei weitreichenden «economies of scale», «barriers to exit» in Landwirtschaft und Binnenschiffahrt oder Leitungsmonopolen) entstehe das Problem einer korrektiven Mißbrauchsaufsicht (regulation approach). In diesen Ausnahmebereichen sei Wettbewerb nicht möglich, weshalb auch kein Dilemma zwischen den beiden Zielkomplexen Wettbewerbsfreiheit und gute ökonomische Marktergebnisse auftreten könne.

Die Kontroverse zwischen Kantzenbach und Hoppmann hat eine ganze Reihe von unverändert aktuellen Fragen hinsichtlich der Zielkomplexe der Wettbewerbspolitik, des Charakters des Wettbewerbs als Instrument oder letztes Ziel sowie der Zielkonflikte zwischen den Wettbewerbsfunktionen (Dilemmathese) aufgeworfen, auf die in dem folgenden 2. Kap. näher eingegangen werden soll, um abschließend Aufbau und Inhalt des theoretischen Konzeptes eines wirksamen Wettbewerbs zu skizzieren (Kap. 3).

Übungsfragen zum 1. Kapitel:

1. Definieren Sie den Begriff ‹Wettbewerb›.
2. Welche Schwierigkeiten bereitet der Versuch einer Definition des Wettbewerbs?
3. Durch welche Merkmale ist der wirtschaftliche Wettbewerb charakterisiert?
4. Charakterisieren Sie die Auffassung von Wettbewerb in der klassischen Schule der Nationalökonomie.

5. Nennen Sie die Wettbewerbsbedingungen, die implizit oder explizit im Begriff des Wettbewerbs, wie er von den Klassikern verstanden wurde, enthalten sind.
6. Von welcher Auffassung der Freiheit gingen die Klassiker aus?
7. Welche Werturteile liegen dem Wettbewerbsbegriff der Klassik zugrunde?
8. Skizzieren Sie den Weg von der Wettbewerbsauffassung der Klassik zum stationären Gleichgewichtsmodell der vollständigen Konkurrenz.
9. Auf welchen Gruppen von Annahmen fußt das stationäre Gleichgewichtsmodell der vollständigen Konkurrenz?
10. Kennzeichnen Sie den stationären Zustand der Wirtschaft, von dem im Modell der vollständigen Konkurrenz ausgegangen wird.
11. Von welcher Marktstruktur im weiteren Sinne wird im Modell der vollständigen Konkurrenz ausgegangen?
12. Wodurch sind homogene Güter gekennzeichnet?
13. Wie verhalten sich die Anbieter und Nachfrager auf einem Markt, auf dem vollständige Konkurrenz herrscht?
14. Beschreiben Sie das Marktergebnis im Gleichgewichtsmodell der vollständigen Konkurrenz.
15. Was versteht man unter dem Pareto-Optimum?
16. Warum wurde die vollständige Konkurrenz lange Zeit als Leitbild der Wettbewerbspolitik angesehen?
17. Welche Kritik kann an der vollständigen Konkurrenz als Leitbild der Wettbewerbspolitik geübt werden?
18. Welches Wettbewerbskonzept entstand aus der Kritik am Modell der vollständigen Konkurrenz?
19. Inwiefern kann die Entwicklung zu einem Konzept des funktionsfähigen Wettbewerbs als ein Versuch charakterisiert werden, einen Ausweg aus den Schlußfolgerungen der Theorie des monopolistischen und des unvollkommenen Wettbewerbs zu finden?
20. Was versteht man unter der ‹Gegengiftthese›?
21. Beschreiben Sie die Theorie des Zweitbesten.
22. Schildern Sie die weitere Entwicklung des Konzepts eines ‹workable competition› zu den Ansätzen einer umfassenden dynamischen Wettbewerbstheorie.
23. Beschreiben Sie, wie ‹Wettbewerb› in der Theorie des wirksamen Wettbewerbs gesehen wird.
24. Was sind Marktunvollkommenheiten und welche Stellung haben sie in der dynamischen Theorie eines wirksamen Wettbewerbs?
25. Zeigen Sie Kantzenbachs Versuch auf, ein wettbewerbspolitisch praktikables Konzept des funktionsfähigen Wettbewerbs zu entwickeln.
26. Welche Kritik ist an Kantzenbachs Konzept eines funktionsfähigen Wettbewerbs geübt worden?
27. Skizzieren Sie die Zielkomplexe, von denen Hoppmann bei seiner Darstellung des Wettbewerbs ausgeht.
28. Wie beurteilen Hoppmann und Kantzenbach Marktunvollkommenheiten?
29. Was versteht Hoppmann unter Ausnahmebereichen?
30. Weshalb ist nach Hoppmann kein Dilemma zwischen den von ihm dargestellten Zielkomplexen möglich?

Weiterführende Literaturhinweise zum 1. Kapitel:

Barnikel, Hans-Heinrich (Hrsg.), Wettbewerb und Monopol, Darmstadt 1968.

Bartling, Hartwig, Leitbilder der Wettbewerbspolitik, München 1980.

Clark, John Maurice, Towards a Concept of Workable Competition, in: American Economic Review vol. 30 (1940), S. 241–256, wieder abgedruckt in: Herdzina, Klaus (Hrsg.), Wettbewerbstheorie, Köln 1975, S. 143–160.

ders., Competition as a Dynamic Process, Washington, D.C. 1961.
Herdzina, Klaus, Zur historischen Entwicklung der Wettbewerbstheorie, in: Herdzina, Klaus (Hrsg.), Wettbewerbstheorie, Köln 1975, S. 15–28.
Heuss, Ernst, Art. Wettbewerb, in: Handwörterbuch der Wirtschaftswissenschaften Bd. 8, Stuttgart, New York, Tübingen, Göttingen, Zürich 1980, S. 679 ff.
Kantzenbach, Erhard, Die Funktionsfähigkeit des Wettbewerbs, 2. Aufl., Göttingen 1967, S. 23–39.
Knöpfle, Robert, Der Rechtsbegriff ‹Wettbewerb› und die Realität des Wirtschaftslebens, Köln, Berlin, Bonn, München 1966, S. 97–143.
Krüsselberg, Hans-Günter, Marktwirtschaft und Ökonomische Theorie – Ein Beitrag zur Theorie der Wirtschaftspolitik, Freiburg im Breisgau 1969, S. 29–151.
Machlup, Fritz, Art. Wettbewerb (III): Wirtschaftstheoretische Betrachtung, in: Handwörterbuch der Sozialwissenschaften 12. Bd., Stuttgart, Tübingen, Göttingen 1965, S. 36 ff.
Poeche, J. (Hrsg.), Das Konzept der «Workable Competition» in der angelsächsischen Literatur (FIW-Dokumentation H. 1), Köln, Berlin, Bonn, München 1970.
Röpke, Wilhelm, Art. Wettbewerb (II): Ideengeschichte und ordnungspolitische Stellung, in: Handwörterbuch der Sozialwissenschaften 12. Bd., Stuttgart, Tübingen, Göttingen 1965, S. 29 ff.
Scherer, F. M., Industrial Market Structure and Economic Performance, 2nd. ed., Chicago 1980, ch. 2.
Schmidbauer, Herbert, Allokation, technischer Fortschritt und Wettbewerbspolitik, Tübingen 1974, S. 18–32.
Schumpeter, Joseph A., Kapitalismus, Sozialismus und Demokratie, 2. Aufl., München 1950, 7. Kapitel: Der Prozeß der schöpferischen Zerstörung, S. 134–142, wieder abgedruckt in: Herdzina, Klaus (Hrsg.), Wettbewerbstheorie, Köln 1975, S. 118–123.
Steinbrück, Klaus, Vom unvollkommenen Markt zur heterogenen Konkurrenz, 2. Aufl., Mainz 1954.

2. Kapitel: Die Wettbewerbsfunktionen

I. Der Zielkatalog

1. Notwendigkeit der Aufstellung eines wettbewerbspolitischen Zielkatalogs

Eine wirtschaftspolitisch relevante Wettbewerbskonzeption läßt sich nur im Hinblick auf bestimmte Ziele entwickeln, wie sie in der Verfassung, den Gesetzen oder Regierungsprogrammen zum Ausdruck kommen.

Die Aufstellung eines solchen wettbewerbspolitischen Zielkatalogs erscheint schon deshalb notwendig, um alle Wertungen über als wirtschaftspolitisch relevant empfundene Tatbestände explizit machen und zusammenfassend anordnen zu können (Vermeidung erschlichener Werturteile). Ein solcher Zielkatalog sollte zudem im Hinblick auf die dem Gesetz gegen Wettbewerbsbeschränkungen (Kartellgesetz) zugrundeliegenden Zielvorstellungen juristisch adäquat sein.

In der wettbewerbstheoretischen Literatur besteht im Hinblick auf die ökonomischen Ziele weitestgehende Einigkeit. Die ökonomischen Wettbewerbsfunktionen sollen hier anknüpfend an Kantzenbach formuliert werden:[1]

- Auf den Märkten der Produktionsfaktoren steuert der Wettbewerb die funktionelle Einkommensverteilung nach der Marktleistung, wodurch eine Ausbeutung aufgrund von Marktmacht verhindert wird (**leistungsgerechte Einkommensverteilung**).[2]
- Der Wettbewerbsprozeß steuert die Zusammensetzung des laufenden Angebots an Waren und Dienstleistungen gemäß den Käuferpräferenzen (**Konsumentensouveränität**), wodurch sich bei gegebener Einkommensverteilung und gegebenem Produktionsvolumen eine optimale Befriedigung der individuellen Bedürfnisse ergibt.
- Der Wettbewerb lenkt die Produktionsfaktoren in ihre produktivsten Einsatzmöglichkeiten (**optimale Faktorallokation**). Dadurch werden bei gegebenem Stand der Produktionstechnik die Gesamtkosten gegebener Produktionsvolumina gesenkt bzw. der Output bei gegebenen Faktoreinsatzmengen gesteigert.
- Der Wettbewerbsprozeß ermöglicht die laufende flexible Anpassung von Produkten und Produktionskapazität an außerwirtschaftliche Daten, insbesondere an die sich ständig ändernde Nachfragestruktur und Produktionstechnik (**Anpassungsflexibilität**). Dadurch wird das Ausmaß von Fehlinvestitionen verringert, und die durch Strukturwandlungen hervorgerufenen volkswirtschaftlichen Kosten werden gesenkt.
- Der Wettbewerb beschleunigt Entstehung, Einsatz und Verbreitung des technischen Fortschritts in Gestalt neuer Produkte und Produktionsmethoden (**technischer Fortschritt**); der durch Wettbewerb bewirkte Innovationsprozeß ist durch die Phasen Invention, Innovation und Diffusion gekennzeichnet.

Die ersten drei Wettbewerbsfunktionen bezeichnet Kantzenbach als statische Funk-

---

[1] Vgl. Kantzenbach, Erhard, Die Funktionsfähigkeit des Wettbewerbs, 2. Aufl., Göttingen 1967, S. 16–19.

[2] Eine derart leistungsgerechte Primärverteilung macht allerdings eine staatliche Umverteilungspolitik nicht überflüssig, stellt jedoch für diese die bestmögliche Ausgangsposition dar.

tionen, da sie vorwiegend in den Bereich der statischen Gleichgewichtsanalyse gehören; die beiden letzten Wettbewerbsfunktionen treten dagegen nur in einer evolutorischen Wirtschaft in Erscheinung und werden daher als dynamische Funktionen bezeichnet.

Die Funktionen 2, 3 und 4 lassen sich dabei zu einer Steuerungs- oder Ordnungsfunktion zusammenfassen und der Verteilungs- sowie Antriebs- bzw. Leistungsfunktion gegenüberstellen (Jöhr/Röpke).

Giersch[3] geht – abweichend von den meisten anderen Autoren – von den Funktionen des Wettbewerbs im Hinblick auf gesellschafts-, konjunktur- und strukturpolitische Zielsetzungen aus; er unterscheidet:

- die **gesellschaftspolitische Funktion,** bei der Wettbewerb ein System der Kontrolle wirtschaftlicher Macht darstellt, das die Ziele der Freiheit und der Leistungsgerechtigkeit gleichermaßen fördert;
- die **konjunkturpolitische Funktion,** bei der der Wettbewerb die Aufgabe hat, den Konflikt zu mildern, der bei freier Preis- und Lohnbildung zwischen Vollbeschäftigung und Geldwertstabilität[4] besteht, sowie
- die **strukturpolitische Funktion,** bei der der Wettbewerb ein Lenkungsinstrument ist, das die Unternehmer durch Gewinnanreize und durch Androhung von Verlusten dazu veranlaßt, die Möglichkeiten des kostensenkenden und güterschöpfenden technischen Fortschritts zu nutzen und die Produktion an die wachstumsbedingten Wandlungen der Erzeugungsbedingungen und der Nachfragestruktur anzupassen.

Bei der von Giersch vorgenommenen Systematisierung läßt sich nur die gesellschaftspolitische Funktion in etwa mit der Einkommensverteilungsfunktion vergleichen, während sowohl der konjunkturpolitischen als auch der strukturpolitischen Funktion jeweils die vier übrigen Wettbewerbsfunktionen – unter konjunktur- bzw. strukturpolitischem Aspekt – zuzuordnen sind. Die folgende Synopsis macht die verschiedenen Ansätze deutlich:

Abb. 1: Mögliche Gruppierung der Wettbewerbsfunktionen

<table>
<tr><th colspan="2">Kantzenbach</th><th>Jöhr/Röpke</th><th>Giersch</th></tr>
<tr><td>1. Einkommens-verteilung</td><td rowspan="3">statische Funktionen</td><td>Verteilungsfunktion</td><td>gesellschaftspolitische Funktion</td></tr>
<tr><td>2. Angebotszusammen-setzung</td><td rowspan="3">Steuerungs- oder Ordnungsfunktion</td><td rowspan="4">konjunktur- und strukturpolitische Funktion</td></tr>
<tr><td>3. Optimale Faktorallokation</td></tr>
<tr><td>4. Anpassungs-flexibilität</td><td rowspan="2">dynamische Funktionen</td></tr>
<tr><td>5. Technischer Fortschritt</td><td>Antriebs- bzw. Leistungsfunktion</td></tr>
</table>

---

[3] Vgl. Giersch, Herbert, Aufgaben der Strukturpolitik, in: Hamburger Jahrbuch für Wirtschafts- und Gesellschaftspolitik Bd. 9 (1964), S. 61 ff.

[4] Zum Zusammenhang von Wettbewerb und Inflation («administered prices») vgl. Scherer, F. M., Industrial Market Structure and Economic Performance, 2nd ed., Chicago 1980, ch. 13: Market structure, administered prices, and macroeconomic stability.

Weitestgehende Einigkeit dürfte auch darüber bestehen, daß im Hinblick auf die im Stabilitätsgesetz vom 8. Juni 1967 verankerten wichtigsten gesamtwirtschaftlichen Ziele – Stabilität des Preisniveaus, Vollbeschäftigung, außenwirtschaftliches Gleichgewicht sowie stetiges und angemessenes Wachstum – die Wettbewerbspolitik durch eine Globalsteuerung (Geld- und Währungs- sowie Finanzpolitik) makroökonomischer Größen ergänzt werden muß, da der Marktmechanismus zwar als eine notwendige, aber nicht als eine hinreichende Bedingung für die Realisierung dieser gesamtwirtschaftlichen Ziele anzusehen ist. Insbesondere müssen die für die Investitions-, Konsum- und Sparentscheidungen der Wirtschaftssubjekte wesentlichen subjektiven Erwartungen durch geld-, währungs- und finanzpolitische Mittel beeinflußt werden.

Die Globalsteuerung ist jedoch nicht nur eine Ergänzung des marktwirtschaftlichen Steuerungsmechanismus, sondern auch eine wesentliche Voraussetzung für seine Funktionsfähigkeit überhaupt. Stärkere Konjunkturschwankungen werden ohne Störungen des Wettbewerbsmechanismus ausgeglichen und ad hoc-Maßnahmen so vermieden. Da andererseits auch dem Wettbewerb konjunktur- und strukturpolitische Aufgaben zukommen, läßt sich sagen, daß mikroökonomische Ordnungspolitik und makroökonomische Prozeßpolitik sich wechselseitig bedingen (Karl Schiller: Versöhnung des Freiburger Imperativs mit der Keynesianischen Botschaft), wobei über die Art des prozeßpolitischen Instrumentariums unterschiedliche Meinungen bestehen (Monetaristen).

2. Die Berücksichtigung meta-ökonomischer Ziele

In der wettbewerbstheoretischen Literatur ist zum Teil strittig, ob der Zielkatalog auch die Wettbewerbsfreiheit umfassen soll, wobei bei der Diskussion des Zielkomplexes Wettbewerbsfreiheit zwei Aspekte unterschieden werden können:

- Eine relativ große Handlungsfreiheit der einzelnen Wirtschaftsubjekte (Unternehmer und Verbraucher) und
- eine relativ breite Streuung wirtschaftlicher Macht, worin das wirtschaftliche Äquivalent zu einer parlamentarischen Demokratie gesehen wird.

a) Gewährleistung der Handlungsfreiheit

Auf die Sicherung der Handlungsfreiheit der Wirtschaftssubjekte wird sowohl von vielen Ökonomen als auch insbesondere von Wirtschaftsjuristen hingewiesen. Von Juristen wird der Schutz der Handlungsfreiheit auf die Freiheitsgarantie und den Gleichheitsgrundsatz des Grundgesetzes (Art. 2 Abs. 1 und Art. 3 GG) zurückgeführt. So hat z. B. Biedenkopf bereits vor Inkrafttreten des deutschen Kartellgesetzes dessen letzten Zweck nicht in einem wirtschaftlichen Kalkül gesehen, sondern in der «Verwirklichung einer der Bindung durch Gleichheit unterworfenen Freiheit». Diese Rechtsposition kommt insbesondere im amerikanischen Antitrustrecht stark zum Ausdruck.

Im Hinblick auf den Schutz der Handlungsfreiheit der Wirtschaftssubjekte als einem Ziel der Wettbewerbspolitik muß zwischen den zwei Grundtypen einer formalen (Handlungs-) und einer materialen (Entschließungs-) Freiheit unterschieden werden. So stellt z. B. Giersch[5] die formale Freiheit, «die identisch ist mit der Gleichheit vor dem Gesetz

[5] Giersch, Herbert, Allgemeine Wirtschaftspolitik. Erster Band – Grundlagen, Wiesbaden 1961, S. 73f.

und dem Schutz vor staatlicher Willkür», der materialen Freiheit gegenüber, die er wie folgt definiert:

«Materiale Freiheit ist das Vermögen, im Rahmen der formalen Freiheit und der durch die Sitte gezogenen Grenzen selbst gesteckte Ziele zu verwirklichen. Wir können für unsere Zwecke alternativ auch den Begriff der *ökonomischen Macht* verwenden. Der Ohnmächtige ist unfrei trotz aller formalen Freiheiten, die ihm gegeben sein mögen; nur wer Macht hat, kann die Chance nutzen, die die formale Freiheit gewährt.»

Diese Unterscheidung von formaler Handlungs- und materialer Entschließungsfreiheit ist im Hinblick auf eine adäquate Erfassung wirtschaftlicher Macht von großer Bedeutung, da eine solche Differenzierung in vielen Fällen überhaupt erst eine wettbewerbspolitische Beurteilung von Tatbeständen des Behinderungswettbewerbs oder der Unternehmenskonzentration ermöglicht. Ihr entspricht wettbewerbsrechtlich der Schutz der Handlungsfreiheit vor vertraglichen Beschränkungen (z. B. durch die vertikale Preisbindung der zweiten Hand für Verlagserzeugnisse) oder der Schutz der Entschließungsfreiheit vor Diskriminierungen (z. B. durch Lieferverweigerung zur vertikalen Preisbeeinflussung).

Der Grundgedanke der Kooperation, kleineren und mittleren Unternehmen durch Ausgliederung von Unternehmensfunktionen einen Ausgleich für die durch ihre geringe wirtschaftliche und finanzielle Potenz bewirkte Wettbewerbsverfälschung zu gewährleisten, kann ebenfalls als ein Beispiel für die Überwindung von Konfliktsituationen zwischen formaler Handlungsfreiheit und materialer Entschließungsfreiheit verstanden werden.

b) Adäquanz von wirtschaftlicher und politischer Ordnung

Hinsichtlich der Adäquanz von wirtschaftlicher und politischer Ordnung wird eine relativ weite Streuung wirtschaftlicher Macht postuliert. Die Konzentration wirtschaftlicher Macht wird als nicht vereinbar mit einer funktionsfähigen parlamentarischen Demokratie angesehen, da sowohl Legislative als auch Exekutive durch wirtschaftlich und finanziell starke Gruppen ungebührlich beeinflußt oder gar kontrolliert werden können. Insofern wird die Bekämpfung wirtschaftlicher Macht durch wettbewerbspolitische Maßnahmen zu einem letzten Ziel:[6]

«The policy conclusion drawn from this line of theorizing is that concentration of the control of economic affairs, through concentrated big business or other similar concentrations, should be opposed per se as a matter of political principle. Its development should be limited, and existing concentration should be reduced as feasible. This is quite aside from the explicit impacts of various forms of industrial organization on the strictly material welfare of the populace. The preservation of (or reversion to) a situation in which economic units are very numerous, individually small, and relatively powerless, becomes an end in itself.»

Edwards formuliert diese Adäquanztheorie kurz wie folgt:[7]

«Thus competition is valued for its own sake, as the economic equivalent of political democracy, and also as a necessary aid in preserving that democracy by averting dangerous extension of the power of private organizations.»

[6] Bain, Joe S., Industrial Organization, 2nd ed., New York, London, Sydney 1968, S. 37.
[7] Edwards, Corwin D., Big Business and the Policy of Competition, Cleveland 1956, S. 4.

Allerdings läßt sich in einer pluralistischen Demokratie das Auftreten von Machtgruppen der verschiedensten Art beobachten, die häufig gerade aus Kollektiven wirtschaftlich Machtloser oder Benachteiligter bestehen (Konzentration von Verfügungsmacht); die Streuung wirtschaftlicher Macht würde also nur eine Quelle wirtschaftlicher Macht verändern.

Nach unserem Demokratieverständnis ist allerdings der Zusammenschluß wirtschaftlich Schwacher (z. B. Gewerkschaften, Bauernverband) und der damit einhergehende politische Einfluß auf Regierung und Parlament noch eher vertretbar als die bloße Ausnutzung wirtschaftlicher und finanzieller Macht einzelner Großunternehmen oder von Verbänden, die zwar eine große wirtschaftliche und finanzielle Potenz verkörpern, aber nur sehr wenige Wählerstimmen repräsentieren. Da der Einfluß dieser Quelle wirtschaftlicher Macht nach unseren Erfahrungen sehr groß ist, also zumindest eine starke Korrelation zwischen wirtschaftlich-finanzieller und politischer Macht gegeben ist, erscheint es notwendig, den Komplex Wettbewerbsfreiheit in den Zielkatalog ausdrücklich aufzunehmen.[8]

3. Der wettbewerbspolitische Zielkatalog

Im Hinblick auf die gesellschaftspolitische Bedeutung soll der Schutz der formalen Handlungs- und materialen Entschließungsfreiheit bzw. der Kontrolle wirtschaftlicher Macht ausdrücklich in den Zielkatalog des Wettbewerbs einbezogen werden.[9] Dies erscheint auch im Hinblick auf die Behandlung möglicher Zielkonflikte zwischen den ökonomischen Funktionen sowie der gesellschaftspolitischen Funktion geboten.

Unser Zielkatalog ist daher nunmehr Ausdruck der folgenden sechs Zielfunktionen:

1. Leistungsgerechte Einkommensverteilung 2. Konsumentensouveränität 3. Optimale Faktorallokation 4. Anpassungsflexibilität 5. Technischer Fortschritt	ökonomische Funktionen
6. Gewährleistung der wirtschaftlichen Handlungs- und Entschließungsfreiheit (Kontrolle wirtschaftlicher Macht)	gesellschaftspolitische Funktion[10]

Wie in Teil 3 bei der Darstellung des deutschen Kartellrechts zu zeigen sein wird, entspricht dieser Zielkatalog auch den Zielsetzungen des deutschen Kartellrechts; der wirtschafts- und gesellschaftspolitische Zielkatalog ist insofern dem deutschen Kartellrecht adäquat.

Im folgenden Abschnitt II soll untersucht werden, ob Wettbewerb ein letztes Ziel ist oder nur einen Beitrag zur Entfaltung der persönlichen Freiheit als letztem Ziel leistet, also Hilfsziel oder Mittel ist.

---

[8] So jetzt auch Kantzenbach, Erhard, Konzentration als Problem der Konkurrenzwirtschaft, in: Die Konzentration in der Wirtschaft, 1. Bd., hrsg. von Arndt, Helmut, 2. Aufl., Berlin 1971, S. 159 ff.

[9] So auch Zohlnhöfer, Werner, Wettbewerbspolitik im Oligopol, Basel, Tübingen 1968, S. 6 ff.

[10] Die gesellschaftspolitische Funktion wird hier – anders als bei Giersch – auf den Freiheitsaspekt beschränkt.

II. Wettbewerb als Instrument oder letztes Ziel?

1. Die Konsistenz von Ziel-Mittel-Systemen

Ausgangspunkt für die Untersuchung der Frage, ob der Wettbewerb Instrument oder letztes Ziel ist, soll die These der Theorie der Wirtschaftspolitik sein, daß Ziele und Mittel ein zusammenhängendes System bilden und daß eine Abwägung, welches Mittel zur Erreichung bestimmter Zwecke geeignet ist, nicht ohne Berücksichtigung der Nebenwirkungen auf konkurrierende und komplementäre Ziele möglich ist. Im Hinblick auf konkurrierende und komplementäre Ziele kommt den Mitteln daher ein gewisser Eigenwert zu. Ziele und Mittel können also nicht getrennt betrachtet werden, sondern Ziel-Mittel-Systeme müssen auf ihre Konsistenz hin geprüft werden.

Wendet man diese These der Theorie der Wirtschaftspolitik auf die wettbewerbstheoretische Kontroverse an, so zeigt sich, daß sich der Streit, ob der Wettbewerb Ziel oder Mittel ist, auflöst, wenn man der Frage der Konsistenz der Zielsetzungen nachgeht. Wenn man Wettbewerb im Hinblick auf gute Marktergebnisse als wirtschaftspolitisches Instrument und hinsichtlich bestimmter Eigenschaften (in ihm manifestiert sich Wettbewerbsfreiheit) als Ziel an sich sieht und dabei einräumt, daß auch Wettbewerb als Ziel sich auf übergeordnete oder umfassendere Werte zurückführen läßt,[11] so kann auch der Zielkomplex Wettbewerbsfreiheit Hilfsziel sein.

Damit besteht kaum ein großer Unterschied zu der Auffassung, daß Wettbewerb sowohl hinsichtlich der Marktergebnisse als auch der Wettbewerbsfreiheit nicht als letztes Ziel, sondern als Instrument in bezug auf die übergeordneten gesellschaftspolitischen Werte wirtschaftlicher Wohlstand und persönliche Freiheit anzusehen ist.[12] Im Hinblick auf die Konsistenz von Ziel-Mittel-Systemen ergibt sich also eine Beschränkung der möglichen Mittel zur Wohlfahrtssteigerung in bezug auf die Vereinbarkeit mit den klassischen Freiheitsrechten:[13]

«Given this main goal of economic policy (das ist die performance, Anm. des Verfassers), we must note that there is an essential restriction on the means by which it should be pursued. This restriction is that, so far as regulations affecting business firms are involved, it should be sought in the main through devices that foster and maintain impersonal market process as the main direct regulators of enterprise activity. The policy, in other words, should with a minimum of exceptions pre-

[11] Vgl. Hoppmann, Erich, Workable Competition als wettbewerbspolitisches Konzept, in: Theoretische und institutionelle Grundlagen der Wirtschaftspolitik – Theodor Wessels zum 65. Geburtstag, hrsg. von Besters, Hans, Berlin 1967, S. 145 ff., 149 f.

[12] Vgl. Kantzenbach, Erhard, Das Konzept der optimalen Wettbewerbsintensität. Eine Erwiderung auf den gleichnamigen Besprechungsaufsatz von Erich Hoppmann, in: JfNSt Bd. 181 (1967/68), S. 193 ff., 197.

[13] Bain, op. cit., S. 498; so auch Kaysen, Carl, und Donald F. Turner, Antitrust Policy. An Economic and Legal Analysis, Cambridge, Mass. 1959, S. 14 und 48 f. (zitiert als Kaysen/Turner). Vgl. dazu auch den abweichenden Ansatz von Schiller, Karl, Art. Wirtschaftspolitik, in: HdSW 12. Bd., Stuttgart, Tübingen, Göttingen 1965, S. 210 ff., 214 f., der von einer wirtschaftspolitischen Grundentscheidung für den Primat des Wettbewerbs im mikroökonomischen Bereich spricht. Hoppmann geht dagegen weiter und lehnt die Trennung in wirtschaftspolitische Grundentscheidung als einem außerökonomischen Datum und rein ökonomische Zielsetzungen ab, da dabei die Wettbewerbsfreiheit als selbständiger Zielkomplex und Ziel in sich selbst negiert werde.

serve a ‹workable› degree and form of competition that is sufficient to induce good performance by various firms and industries, rather than imposing direct governmental regulations on the performance of business.»

2. Die Konsistenz der Mittel mit der politischen Grundordnung

Da ein wissenschaftlich exakter Beweis für die wirtschaftliche Überlegenheit der einen oder anderen Wirtschaftsordnung nicht zu erbringen ist, folgt die Entscheidung zugunsten des Wettbewerbs als Mittel zur Erreichung bestimmter vorgegebener Zielfunktionen aus der notwendigen Konsistenz mit einer freiheitlichen Verfassung.

Interessant ist in diesem Zusammenhang, daß in allen wirtschaftspolitischen Diskussionen in den Ostblockstaaten diese Konsistenzfrage mit umgekehrtem Vorzeichen gestellt wird. Die im Interesse einer größeren Effizienz gewünschte Einführung von Wettbewerbselementen in eine sozialistische Wirtschaftsordnung mache eine größere Handlungsfreiheit der Wirtschaftsmanager notwendig, gefährde jedoch die politische Führungsrolle der kommunistischen Partei und sei insofern mit der politischen Grundordnung nicht vereinbar.[14]

Abschließend sei daher zu diesem Streit, Wettbewerb als Instrument oder als Ziel in sich selbst, so viel gesagt, daß u. E. der Wettbewerb sowohl im Hinblick auf seine gesellschaftspolitischen als auch seine ökonomischen Funktionen Mittelcharakter hat, wobei diese Mittel jedoch keineswegs wertmäßig indifferent sind (Hoppmann: «Wettbewerb wird als nützliches Instrument und wegen seiner besonderen Eigenschaften zugleich gewünscht»).

Wenn man die gesellschaftspolitische Funktion des Wettbewerbs ausdrücklich in den Zielkatalog mit einbezieht, stellt sich allerdings das Konsistenzproblem im Hinblick auf den Zielkomplex der Handlungsfreiheit beziehungsweise Kontrolle wirtschaftlicher Macht noch schärfer und klarer als im Hinblick auf den Zielkomplex wirtschaftlicher Wohlstand.

[14] Šik, Ota, Fakten der tschechoslowakischen Wirtschaft, Wien, München, Zürich 1969, S. 111, vergleicht die Zusammenhänge von wirtschaftlichem und politischem Bereich als «kommunizierende Gefäße»: «Wenn wir im Wirtschaftsbereich grundsätzliche Veränderungen durchsetzen, dann könnten wir ein System von Garantien schaffen, die unweigerlich auch das Leben im politischen Bereich beeinflussen werden. Im gegebenen Moment wollen wir den ganzen bisherigen dirigistischen Apparat zerschlagen, der so erfolglos unser Wirtschaftsleben regelte. Wir wollen es tun: nicht nur deshalb, weil die neuen Gedanken auch neue Leute und neue Institutionen ins Leben tragen sollen. Wenn es tatsächlich gelingt, den bürokratischen Koloß zu zerschlagen, die wirtschaftlichen Ministerien aufs äußerste Minimum zu beschränken, dann wird das traditionelle Kommandieren aufhören, welches alle Versuche um eine Belebung des Marktes behinderte. Und wenn der zentrale Plan ständig durch seinen Widersacher, den Markt, korrigiert wird, dann können wir uns auch im politischen Bereich eine dauerhafte Einwirkung der öffentlichen Meinung auf die Politik der Zentrale nicht wegdenken. Und so kann der Bereich der Wirtschaft selbst zu einem der wirksamsten Garanten des Demokratisierungsprozesses in der Tschechoslowakei werden.»

III. Zielkonflikte zwischen den Wettbewerbsfunktionen (Dilemmathese)?

In der wettbewerbstheoretischen Diskussion spielt – neben der Auseinandersetzung über den Zielkatalog des Wettbewerbs und das Verständnis des Wettbewerbs als Instrument oder letztes Ziel – die Frage eine Rolle, ob zwischen den Wettbewerbsfunktionen Zielkonflikte auftreten können oder nicht. Da dieser Streit für die Umsetzung des Konzeptes Bedeutung besitzt, muß hierbei auf Hoppmann, der einen solchen Zielkonflikt leugnet, näher eingegangen werden.

1. Die Unterscheidung von individuellen und überindividuellen ökonomischen Vorteilen

Während Hoppmann ursprünglich unter Berufung auf klassische Ansätze die Ansicht vertreten hat, daß es zwischen den beiden Zielkomplexen Wettbewerbsfreiheit und gute Marktergebnisse keine Zielkonflikte gibt, hat er diese sog. Harmoniethese später modifiziert, indem er zwischen individuellen und überindividuellen ökonomischen Vorteilen unterscheidet.

Danach erzielt jeder Marktteilnehmer einen individuellen ökonomischen Vorteil, wenn man sich auf der Martkgegenseite mittels besserer und billigerer Leistungen um seine Gunst bewirbt. Zwischen Wettbewerbsfreiheit und individuellen ökonomischen Vorteilen kann es daher keinen Konflikt geben:[15]

> «Wettbewerbsfreiheit und ökonomische Vorteilhaftigkeit sind zwei Aspekte desselben wettbewerblichen Prozesses, sie sind zwei Seiten derselben Medaille. Deshalb kann es keine Alternative, keinen Konflikt und kein Problem der Vorrangigkeit zwischen beiden Zielen geben . . . Die wirtschaftspolitische Zielsetzung, wettbewerbliche Marktprozesse zu realisieren, umfaßt beides zugleich, Wettbewerbsfreiheit und ökonomische Vorteilhaftigkeit, in dem Sinne, daß sie reziprok individuelle Vorteile liefern. Das Problem der Zielkompatibilität taucht nicht auf. Denn es handelt sich um zwei Aspekte einer Wertgesamtheit und nicht um verschiedene Ziele.»

Mit dem Hinweis auf die zwei Seiten einer Medaille und die Reziprozität zwischen Wettbewerbsfreiheit und individuellen ökonomischen Vorteilen wird allerdings ein mögliches Dilemma ex definitione ausgeschlossen; es handelt sich offenbar um den Versuch einer verbalen Konfliktharmonisierung (Säcker).

Die Thesen von Hoppmann zur Identität von Wettbewerbsfreiheit und individuellen ökonomischen Vorteilen sind maßgeblich durch sein Verständnis des Wettbewerbs als einer spontanen Ordnung im Sinne Hayeks bestimmt. Nach Hayek wird Wettbewerb «als ein Verfahren zur Entdeckung von Tatsachen betrachte(t), die ohne sein Bestehen entweder unbekannt bleiben oder doch zumindest nicht genutzt werden würden». Man bediene sich nur deswegen des Wettbewerbs, weil die wesentlichen Umstände *nicht* bekannt sind, «die das Handeln der im Wettbewerb Stehenden bestimmen». Hayek nennt als Beispiele den Sport oder Prüfungen, die auch sinnlos wären, wenn das Wettbewerbs-

[15] Hoppmann, Erich, Zum Problem einer wirtschaftspolitisch praktikablen Definition des Wettbewerbs, in: Grundlagen der Wettbewerbspolitik, hrsg. von Schneider, Hans K., Berlin 1968, S. 9 ff., 21.

ergebnis bereits bekannt wäre. Er zieht aus dieser Erkenntnis die Folgerung, «daß Wettbewerb *nur* deshalb und insoweit wichtig ist, als seine Ergebnisse unvoraussagbar und im ganzen verschieden von jenen sind, die irgend jemand hätte bewußt anstreben können».[16]

Folgt man diesem Ansatz Hayeks, dann kann a priori kein Dilemma festgestellt werden, weil ein Vergleich zwischen einem durch Wettbewerb erreichten Marktergebnis und einem Marktergebnis, das bewußt angestrebt wird, nicht möglich ist.

Hoppmann selbst modifiziert jedoch den Ansatz von Hayek mit dem Hinweis, daß es sogenannte natürliche, d. h. wirtschaftspolitisch nicht zu beseitigende Hemmnisse gebe, z. B. in Form von economies of scale, barriers to exit in der Landwirtschaft oder Leitungsmonopolen, in denen man die ökonomischen Vorteile nur erreichen könne, wenn man die Einschränkung der Wettbewerbsfreiheit (= Marktmacht) akzeptiere. In all diesen Fällen handele es sich jedoch um Bereiche nicht möglichen Wettbewerbs (sog. Ausnahmebereiche).[17]

Die Dilemmathese gilt nach Hoppmann dagegen für die überindividuellen ökonomischen Vorteile, wobei der Wettbewerb im Sinne einer ökonomischen Maschine aufgefaßt werde, die im Dienste einer «kommunistischen oder kollektivistischen Fiktion» stehe (Konstruktivismus):[18]

«Deutet man Wettbewerb als Instrument für überpersönliche ökonomische Zwecke, so widersprechen sich die den beiden Zielkomplexen Wettbewerbsfreiheit und ökonomische Vorteilhaftigkeit zugrundeliegenden Wertsetzungen. Man muß sich entscheiden, ob man Wettbewerbsfreiheit oder irgendwie definierte überpersönliche Vorteile wünscht.»

Hoppmann lehnt eine solche ethisch und politisch neutrale «instrumentalistische Ideologie» entschieden ab, da sie unterstelle, daß die Wirtschaft und die in ihr tätigen Wirtschaftssubjekte «Bestandteil eines zu konstruierenden und manipulierenden Instrumentes seien und der Zweck das Mittel heilige».

2. Kritik am neuklassischen Konzept

Das sog. neuklassische Konzept begegnet wissenschaftstheoretischen, wettbewerbstheoretischen und politischen sowie sozialen Bedenken:[19]

---

[16] Hayek, Friedrich August von, Der Wettbewerb als Entdeckungsverfahren, in: Kieler Vorträge NF 56, hrsg. von Schneider, Erich, Kiel 1968; wieder abgedruckt in: Freiburger Studien. Gesammelte Aufsätze, Tübingen 1969, S. 249 ff., 249 f.

[17] Vgl. Hoppmann, Zum Problem einer wirtschaftspolitisch praktikablen Definition des Wettbewerbs, op. cit., S. 11 Fußnote 3 und S. 22 unter Hinweis auf Kaysen/Turner, op. cit., S. 189 ff., die bei Vorliegen von natürlichen Monopolen oder economies of scale den Wettbewerb als «self-destructive» bezeichnen (welche Aussage nicht identisch ist mit der Hoppmannschen These, daß ein Wettbewerb «nicht möglich» sei!).

[18] Hoppmann, Zum Problem einer wirtschaftspolitisch praktikablen Definition des Wettbewerbs, op. cit., S. 23.

[19] Vgl. zusammenfassend Müller, Udo, Art. Wettbewerbspolitik, in: Handwörterbuch der Volkswirtschaftslehre, Wiesbaden 1978, Spalte 1524 ff., 1532 f.; ferner Tolksdorf, Michael, Hoppmanns neoklassische Wettbewerbstheorie als Grundlage der Wettbewerbspolitik, in: JfNSt Bd. 183 (1969/70), S. 61 ff., und Bartling, Hartwig, Leitbilder der Wettbewerbspolitik, München 1980, S. 49–57.

- Die Zulassung wettbewerbspolitischer Ausnahmebereiche, in denen Wettbewerb «nicht möglich» ist, immunisiert das Konzept gegen die Möglichkeit einer Widerlegung der neuklassischen Harmoniethese, wonach kein Widerspruch zwischen Wettbewerbsfreiheit und individuellen ökonomischen Vorteilen besteht; denn die Konstituierung von Ausnahmebereichen erfolgt gerade im Hinblick auf erwartete schlechte Marktergebnisse bei Wettbewerb.
- Wettbewerb ist in den sog. Ausnahmebereichen sehr wohl möglich, jedoch im Hinblick auf die sich dabei ergebenden mehr oder weniger schlechten Marktergebnisse nicht wünschenswert. Auch mit dem neuklassischen Ansatz erfolgt also die Unterscheidung zwischen Wettbewerbsbereichen und Ausnahmebereichen mit Hilfe von prognostizierbaren Wettbewerbsergebnissen.
- Die Identität der beiden Zielkomplexe Wettbewerbsfreiheit und gute Marktergebnisse ist solange nicht bewiesen, wie die sozialen und psychologischen Bedingungen für das Vorliegen bzw. die Bildung eines spirit of competition (Wettbewerbsgesinnung) theoretisch und empirisch nicht ausreichend erforscht sind.
- Die Forderung der liberalen Rechtsstaatslehre nach Aufstellung allgemeiner Regeln bedingt im Hinblick auf die erhoffte Gleichbehandlung aller Wirtschaftssubjekte deren annähernde soziologische Gleichheit. Da diese nicht vorhanden ist, bergen allgemeine Regeln die Gefahr in sich, daß Privilegien und Diskriminierungsmöglichkeiten der mit Übermacht ausgestatteten Wirtschaftssubjekte sanktioniert werden.

Zugunsten des neuklassischen Konzepts könnte jedoch angeführt werden, daß eine pragmatische (Wettbewerbs-)politik, die sich stärker an der Durchsetzbarkeit orientiert bzw. Wettbewerb als wirtschaftspolitisches Instrument begreift, im politischen Bereich leichter «überspielbar» ist – ein Gesichtspunkt, der manche Einseitigkeiten und Überspitzungen in der wettbewerbstheoretischen Kontroverse erklären dürfte.

3. Die Notwendigkeit der Berücksichtigung von Zielkonflikten

Im Einklang mit der zumindest weit überwiegenden Meinung muß daher davon ausgegangen werden, daß es prinzipiell Zielkonflikte zwischen den ökonomischen Funktionen und der gesellschaftlichen Funktion der Machtkontrolle gibt, eine Tatsache, die z. B. Giersch wie folgt kommentiert hat:[20]

> «Zielkonflikte zeigen sich allein schon, wenn wir an die wirtschaftliche Freiheit denken. Um möglichst vielen die unternehmerische Dispositionsfreiheit zu verschaffen und zu erhalten, muß man die Dispositionsfreiheit derer einengen, die Monopolmacht besitzen und ausnutzen oder durch unlautere Wettbewerbshandlungen, durch Zusammenschluß oder durch Koalitionsbildung zu erlangen trachten (Konflikt zwischen Vertrags- und Wettbewerbsfreiheit, Anm. des Verf.) . . . Weiterhin ist zu befürchten, daß es Fälle und ganze Bereiche gibt, in denen die wohlstandspolitischen Erfordernisse mit den gesellschaftspolitischen (maximale Freiheit und Gerechtigkeit) kollidieren. Wer der Freiheit größeres Gewicht gibt, wird wahrscheinlich zu einer strengeren Wettbewerbskonzeption neigen als jemand, der mehr das Wohlstands- und Fortschrittsziel im Auge hat.»

Jedoch ist keine a priori-Entscheidung darüber möglich, in welchem Umfang Zielkonflikte auftreten; hier liegt ein weites Feld für die empirische Forschung. Die Mög-

[20] Giersch, Aufgaben der Strukturpolitik, supra, S. 75 f.; vgl. Kaysen/Turner, op. cit., S. 18, die auf den teilweise konkurrierenden, teilweise komplementären Charakter ihrer vier Hauptziele hinweisen.

lichkeit von Konflikten zwischen der Aufrechterhaltung und Sicherung wirksamen Wettbewerbs und sonstigen Zielen muß jedoch bei der Umsetzung eines Konzepts des wirksamen Wettbewerbs in die Wettbewerbspolitik und bei der Erfassung wettbewerbsbeeinträchtigender Strategien berücksichtigt werden. Zielkonflikte zwischen Wettbewerbsfreiheit und guten Marktergebnissen können nur – wie überall in der Wirtschaftspolitik – durch eine Abwägung der Entscheidungsträger gelöst werden, die diesen zwangsläufig einen mehr oder minder großen Ermessensspielraum einräumt. Der Versuch einer Eingrenzung dieses Ermessensspielraumes ist zwar keine voll befriedigende Lösung, jedoch muß – mangels besserer Alternativen – die Konkretisierung des Beurteilungsspielraumes bei der Auslegung unbestimmter Rechtsbegriffe im Kartellrecht der Entwicklung der Rechtsprechung überlassen bleiben. Wettbewerbstheorie und -politik können hierbei allerdings wertvolle Entscheidungshilfe liefern, insbesondere dann, wenn nach US-amerikanischem Vorbild das Schwergewicht stärker auf die empirische Forschung gelegt wird.

Übungsfragen zum 2. Kapitel:

1. Welche ökonomischen Funktionen hat der Wettbewerb nach Kantzenbach? Welche Funktionen bezeichnet er als statisch und welche als dynamisch?
2. Von welchen Funktionen des Wettbewerbs geht Giersch aus?
3. Fassen Sie in einem Schema mögliche Gruppierungen der Wettbewerbsfunktionen zusammen.
4. Erläutern Sie, warum sich mikroökonomische Ordnungspolitik und makroökonomische Prozeßpolitik wechselseitig bedingen und ergänzen.
5. Welche beiden Aspekte des Zielkomplexes Wettbewerbsfreiheit können nach Hoppmann unterschieden werden?
6. Was verstehen Sie unter Freiheit der Wirtschaftssubjekte und welche beiden Grundtypen können unterschieden werden? Worin liegt die Bedeutung dieser Unterscheidung für die Wettbewerbspolitik?
7. Was verstehen Sie unter Adäquanz von wirtschaftlicher und politischer Ordnung?
8. Begründen Sie die Aufnahme des Komplexes der Handlungs- und Entschließungsfreiheit in den Zielkatalog des Wettbewerbs. Wie lautet der vollständige wettbewerbspolitische Zielkatalog in der Theorie des wirksamen Wettbewerbs?
9. Skizzieren Sie die Hoppmann-Kantzenbach-Kontroverse zu der Frage, ob der Wettbewerb Ziel oder Mittel ist.
10. Durch welche These aus der Theorie der Wirtschaftspolitik kann diese Kontroverse aufgelöst werden?
11. Warum ist ein exakter wissenschaftlicher Beweis für die wirtschaftliche Überlegenheit einer Wirtschaftsordnung nicht zu erbringen?
12. Welches Konsistenzproblem stellt sich, wenn die gesellschaftspolitische Funktion des Wettbewerbs ausdrücklich in den Zielkatalog einbezogen wird?
13. Wie wird die Frage von Zielkonflikten in der Kantzenbach-Hoppmann-Kontroverse beurteilt?
14. Was versteht man unter der sog. Harmoniethese von Hoppmann?
15. Nehmen Sie Stellung zu der Aussage, daß Wettbewerbsfreiheit und ökonomische Vorteilhaftigkeit zwei Aspekte desselben wettbewerblichen Prozesses sind.
16. Inwiefern beruht Hoppmanns Harmoniethese auf dem Verständnis des Wettbewerbs als spontaner Ordnung i.S. von Hayek? Inwieweit modifiziert Hoppmann diesen Ansatz?
17. Wie charakterisiert Hoppmann Ausnahmebereiche und welche Beispiele nennt er?

18. Welche Kritik ist am sog. neuklassischen Konzept des Wettbewerbs (Hoppmann) geübt worden?
19. Erläutern Sie die Position von Giersch zur Notwendigkeit der Berücksichtigung von Zielkonflikten.

Weiterführende Literaturhinweise zum 2. Kapitel:

Bartling, Hartwig, Leitbilder der Wettbewerbspolitik, München 1980.
Hoppmann, Erich, Das Konzept der optimalen Wettbewerbsintensität. Rivalität oder Freiheit des Wettbewerbs: Zum Problem eines wettbewerbspolitisch adäquaten Ansatzes der Wettbewerbstheorie, in: Jahrbücher für Nationalökonomie und Statistik Bd. 179 (1966), S. 286 ff.
ders., Die Funktionsfähigkeit des Wettbewerbs. Bemerkungen zu Kantzenbachs Erwiderung, in: Jahrbücher für Nationalökonomie und Statistik Bd. 181 (1967/68), S. 251 ff.
Kantzenbach, Erhard, Die Funktionsfähigkeit des Wettbewerbs, 2. Aufl., Göttingen 1967, S. 12–23.
ders., Das Konzept der optimalen Wettbewerbsintensität. Eine Erwiderung auf den gleichnamigen Besprechungsaufsatz von Erich Hoppmann, in: Jahrbücher für Nationalökonomie und Statistik Bd. 181 (1967/68), S. 193 ff.
Schmidbauer, Herbert, Allokation, technischer Fortschritt und Wettbewerbspolitik, Tübingen 1974, S. 32–73.
Schmidt, Ingo, Neuere Entwicklungen in der Wettbewerbstheorie unter Berücksichtigung wachstumspolitischer Zielsetzungen, in: Wirtschaft und Wettbewerb Jg. 16 (1966), S. 699 ff.
Schmidtchen, Dieter, Wider den Vorwurf, das neoklassische Wettbewerbskonzept sei tautologisch: Eine Antikritik aus wissenschaftslogischer und markttheoretischer Sicht, in: Jahrbücher für Nationalökonomie und Statistik Bd. 191 (1977), S. 428 ff.
Tolksdorf, Michael, Hoppmanns neoklassische Wettbewerbstheorie als Grundlage der Wettbewerbspolitik, in: Jahrbücher für Nationalökonomie und Statistik Bd. 183 (1969/70), S. 61 ff.

3. Kapitel: Aufbau und Inhalt des Konzepts eines wirksamen Wettbewerbs

Nachdem in den vorangegangenen Kapiteln die historische Entwicklung des Wettbewerbsbegriffes sowie die Kontroverse um: Zielbündel des Wettbewerbs, Wettbewerb als Instrument oder letztes Ziel und Zielkonflikte zwischen den Wettbewerbsfunktionen, behandelt worden sind, soll abschließend auf den formalen Aufbau und Inhalt des theoretischen Konzeptes eines wirksamen Wettbewerbs eingegangen werden. Einleitend sollen Fragen und Probleme der relevanten Marktabgrenzung behandelt werden.

I. Möglichkeiten und Probleme einer Bestimmung des für den Wettbewerbsprozeß relevanten Marktes

Der für den Wettbewerbsprozeß relevante Markt ist in sachlicher, räumlicher und zeitlicher Hinsicht abzugrenzen.[1] Probleme ergeben sich dabei in erster Linie bei der sachlichen Abgrenzung des relevanten Marktes, auf die im folgenden eingegangen werden soll. Dabei geht es darum, eine Gruppe von Anbietern bzw. Nachfragern so abzugrenzen, daß von den nicht zur Gruppe gehörenden Anbietern bzw. Nachfragern keine oder nur zu vernachlässigende Einflüsse auf das wettbewerbliche Verhalten innerhalb der Gruppe ausgehen.

Methodisch können mehrere Ansätze zur Abgrenzung einer derartigen Tauschgruppe unterschieden werden.

1. Das Industrie-Konzept von Alfred Marshall

Marshall wird allgemein als Hauptvertreter des physikalisch-technischen Industriekonzeptes angesehen, das auf einen physikalisch-technischen Gutsbegriff abstellt, wie er heute nur noch in Statistiken aus Praktikabilitätserwägungen verwandt wird (z. B. die Statistik über die Produktion in der Chemie- oder Stahlindustrie, die in Wirklichkeit eine Vielzahl verschiedener sachlich relevanter Märkte umfassen). Allerdings ist es bei ihm nicht ganz eindeutig, ob er seine «industry» nur physikalisch-technisch abgrenzen oder auch den Gesichtspunkt der Substituierbarkeit berücksichtigen will.[2]

Da für den Wettbewerbsprozeß nicht die technisch-physikalische, sondern die wirtschaftliche Homogenität bzw. die Kategorie der Substituierbarkeit relevant ist, kann dieses Konzept aus der weiteren Betrachtung ausgeschieden werden.

---

[1] Vgl. Schmidt, Ingo, Relevanter Markt, Marktbeherrschung und Mißbrauch in § 22 GWB und Art. 86 EWGV, in: Wirtschaft und Wettbewerb Jg. 15 (1965), S. 453 ff., 454–459, mit weiteren Literaturhinweisen. Vgl. auch Ott, Alfred E., Grundzüge der Preistheorie, 3. Aufl., Göttingen 1979, S. 43 – 52.

[2] Vgl. Marshall, Alfred, Principles of Economics, 8th. ed., London 1956, S. 84 f. Fn. 2.

2. Das Substitutions-Konzept und seine Ausprägungen

Im Rahmen dieses Konzeptes sind methodisch verschiedene Ansätze zu unterscheiden, um die Grenzen einer Tauschgruppe zu bestimmen:

(1) Die **Theorie der Substitutionslücke** (Robinson)[3] geht von der Überlegung aus, daß alle Konsumgüter in «totaler Konkurrenz» um die Kaufkraft der Konsumenten stehen. Alle Konsumgüter bilden demnach eine Kette von Substituten, die jedoch durch sog. Substitutionslücken unterbrochen wird.

So kann man z. B. alle Brotsorten, die zur Deckung des gesellschaftlichen Bedarfs an Brot dienen, zum Begriff des Bedarfsgutes zusammenfassen, das auf einem Bedarfsmarkt (Arndt) gehandelt wird. Zwischen diesem Bedarfsgut Brot und anderen Konsumgütern, z. B. Kartoffeln, Reis oder Nudeln, bestehen mehr oder minder starke Substitutionslücken, die zu eigenen relevanten Märkten führen und nur in Krisenzeiten verschwinden. Eine Gruppe von Anbietern bzw. Nachfragern wird demnach von den nicht zur Gruppe gehörenden Anbietern bzw. Nachfragern durch das Auftreten von Substitutionslücken abgegrenzt. Anders ausgedrückt: Die Substitutionsmöglichkeiten müssen innerhalb der Gruppe wesentlich stärker sein als zwischen der Gruppe und anderen Anbietern bzw. Nachfragern.

Die Substitutionslücke braucht nicht unbedingt auf ausgeprägten sachlichen Präferenzen zu beruhen (vgl. unser Brotbeispiel), sondern kann auch auf stark ausgeprägte persönliche (z. B. Kunden-Lieferantenbeziehung), räumliche (z. B. Autobahntankstellen) oder zeitliche Präferenzen (Messen oder Bahnhofskioske) zurückgehen.[4]

(2) Die **Theorie der Marktbeziehungen** (von Stackelberg)[5] geht von vollkommenen Elementarmärkten aus, die durch das Fehlen von sachlichen, persönlichen, räumlichen und zeitlichen Präferenzen (= Homogenitätsbedingung) gekennzeichnet sind. Der Elementarmarkt wird als kleinster vollkommener Teilmarkt eines unvollkommenen Gesamtmarktes angesehen. Aufgrund der Substitutionsbeziehungen, die zwischen vollkommenen Teilmärkten bestehen, entsteht ein unvollkommener Gesamtmarkt.

Die Existenz einer Substitutionslücke im Sinne von Robinson bedeutet, daß die Beziehungen zwischen vollkommenen Elementarmärkten so geringfügig sind, daß sie vernachlässigt werden können. Wir können also mit beiden Methoden die Grenzen eines relevanten Marktes abstecken.

(3) Das **Bedarfsmarktkonzept** von Abbott u. a. stellt auf Güter ab, die dazu geeignet sind, die gleichen Grundbedürfnisse zu befriedigen:[6]

> «Eine Gruppe heterogener Güter kann als eine Garnitur variabler Mittel zur Befriedigung einer Reihe von Bedürfnissen angesehen werden, die in einer bestimmten Konstellation von Grundbedürfnissen miteinander verbunden sind.»

Ähnlich definiert Bain[7] die Industrie als

[3] Vgl. Robinson, Joan, The Economics of Imperfect Competition, 2nd. ed., London, New York 1969, S. 17.

[4] Vgl. dazu den Abschnitt «4. Probleme der räumlichen und zeitlichen Marktabgrenzung.»

[5] Stackelberg, Heinrich von, Marktform und Gleichgewicht, Wien, Berlin 1934, S. 29 ff.

[6] Abbott, Lawrence, Qualität und Wettbewerb, München 1958, S. 96.

[7] Bain, Joe S., Industrial Organization, 2nd ed., New York, London, Sydney 1968, S. 6 und 224.

«a group of sellers or of close-substitute outputs who supply a common group of buyers»,

wobei

«(t) he close substitutability of the outputs of different sellers in the same industry generally results from the fact that they are all varieties of the same sort of good or service – of cigarettes, of farm tractors, of cement, of laundering – with similarity in form or function and fulfilling the same sort of specific want or need of buyers.»

Dieses Konzept spielt sowohl im deutschen Kartellrecht (Test der Gleichartigkeit von Gütern oder Leistungen) als auch im amerikanischen Antitrustrecht (Test der «reasonable interchangeability» bzw. der «peculiar characteristics and uses») eine große Rolle. Man geht dabei methodisch bewußt von dem zwar wissenschaftlich exakten, aber für Zwecke der Wettbewerbspolitik impraktikablen Konzept des Stackelbergschen Elementarmarktes ab und versucht, die substitutiven Angebots- und Nachfragebeziehungen, die zwischen den einzelnen Elementarmärkten als vollkommenen Teilmärkten eines unvollkommenen Gesamtmarktes bestehen, aufzuzeigen und durch Bezugnahme auf den Verwendungszweck der Abnehmer in den Griff zu bekommen. Zur Konkretisierung des Bedarfsmarktkonzeptes könnte man repräsentative, auf der Stichprobentheorie basierende Abnehmerbefragungen (Händler und/oder Verbraucher) heranziehen, wie dies u. a. in Warenzeichenprozessen bereits seit längerer Zeit üblich ist.

(4) In dem **Konzept der externen Interdependenz** von Triffin[8] werden alle Güter zu einem «Markt» zusammengefaßt, die durch gegenseitige Abhängigkeit beim Verkauf und damit hohe symmetrische Kreuzelastizitäten der Nachfrage, ausgedrückt durch die relative Veränderung der nachgefragten Menge bei irgendeinem Anbieter i und der sie bewirkenden relativen Veränderung des geforderten Preises eines bestimmten Unternehmens j, verbunden sind:

$$\tau = \frac{dq_i}{q_i} : \frac{dp_j}{p_j} = \frac{dq_i}{dp_j} \cdot \frac{p_j}{q_i}$$

Dementsprechend nimmt Bain[9] im Anschluß an seine Definition des Bedarfsmarktkonzeptes die sachliche Marktabgrenzung auf der Nachfragerseite wie folgt vor:

«In technical terms, the degree of substitutability of any two different outputs, whether in the same industry or different ones, should be measurable by the ‹cross-elasticity of demand› between the outputs. This cross-elasticity measures the responsiveness of the sales volume of one output to a small change in the price of the other.»

Auch diesem Konzept haftet eine Reihe von Mängeln an. Jedoch besagt die teilweise Verwendung dieses Konzepts in der amerikanischen und deutschen Antitrust-Rechtsprechung nicht, daß dabei numerische Werte ermittelt werden, sondern sie gibt nur die methodische Fragestellung bei der Faktenanalyse im Hinblick darauf wieder, ob bestimmte Güter in so engen Substitutionsbeziehungen stehen, daß sie sich in Konkurrenz befinden.

Problematisch ist dieser von der Nachfrageseite ausgehende Test insofern, als ein

[8] Vgl. Triffin, Robert, Monopolistic Competition and General Equilibrium Theory, Cambridge, Mass. 1940.

[9] Bain, op. cit., S. 224.

marktbeherrschendes Unternehmen durch Ausnutzung seiner Marktmacht bzw. durch Wohlverhalten die Preishöhe seines Produktes manipulieren und damit im Hinblick auf den Verwendungszweck unterschiedlichen Märkten zuordnen kann. Die Kreuzelastizität der Nachfrage ist daher u. U. eher Ergebnis als Determinante der Preispolitik.

(5) Das **Konzept der Wirtschaftspläne** geht davon aus, daß alle Unternehmen einem Markt zugehörig sind, die in ihrem Wirtschaftsplan die Entscheidungen anderer Unternehmen berücksichtigen. Nach Erich Schneider, der eine Synthese der entsprechenden Ansätze von Frisch, Eucken und Machlup versucht hat, liegt eine Konkurrenzbeziehung (und damit in unserem Sinne ein relevanter Markt) vor, wenn ein Anbieter in seinem Wirtschaftsplan damit rechnet oder weiß, daß sein Absatz nicht nur von den eigenen Aktionsparametern und dem Verhalten der Käufer, sondern auch noch von den Aktionsparametern anderer Anbieter abhängt.[10]

Eine derart subjektive Interpretation des Marktes aus der Sicht der Unternehmen umfaßt dann diejenigen Beziehungen konkurrenz-wirtschaftlicher Abhängigkeit, «die in der Angebots- und Nachfrageplanung der Wirtschaftssubjekte als wirksam empfunden und berücksichtigt werden.»[11]

(6) Bei einem **Vergleich der Substitutionskonzepte** zeigt sich, daß allen Konzepten als gemeinsame Wurzel die Substitutionsbeziehung der von einzelnen Unternehmen erzeugten Güter zugrunde liegt, so daß sich die verschiedenen Ansätze miteinander vereinbaren lassen.

Die Theorie der Substitutionslücke sowie der Marktbeziehungen stellen beide auf das Fehlen von Substitutionsbeziehungen (sog. Substitutionslücken) ab, um unvollkommene Gesamtmärkte, d. s. relevante Märkte in unserem Sinne, abzugrenzen. Das Bedarfsmarktkonzept und das Konzept der Kreuzelastizitäten der Nachfrage lassen sich insofern auf einen gemeinsamen Nenner bringen, als Produkte, die nicht die gleichen Bedürfnisse befriedigen, in der Regel keine Kreuzelastizitäten von hinreichend kompetitiver Bedeutung aufweisen.

Das Wirtschaftsplankonzept ist Ausdruck der «subjektiven Abschätzung einer gegebenen Marktverflechtung durch die Wirtschaftssubjekte» und kann «als subjektive Interpretation der entsprechenden Triffinschen Begriffe aufgefaßt werden.»[12]

Insofern lassen sich die verschiedenen methodischen Ansätze miteinander vereinbaren; denn es geht ihnen allen um das gleiche Anliegen: das Aufstellen von Kriterien für die Abgrenzung des für den Wettbewerbsprozeß relevanten Marktes. Sie müssen daher bei richtiger Anwendung – trotz unterschiedlicher methodischer Ansatzpunkte – grundsätzlich zu gleichen Ergebnissen führen. Welches Konzept man in einem konkreten Fall anwendet, ist daher lediglich eine Frage der Praktikabilität.

Dabei kann es zweckmäßig sein, mehrere Kriterien kumulativ anzuwenden, um den Fehlerbereich bei der sachlichen Abgrenzung des relevanten Marktes zu minimieren. Jedoch ist von vornherein klar, daß angesichts der geringeren Exaktheit der Sozialwissenschaften im Gegensatz zu den Naturwissenschaften ein gewisser Unschärfebereich und damit ein Beurteilungsspielraum für die zuständigen Verwaltungsbehörden und Gerich-

---

[10] Vgl. Schneider, Erich, Einführung in die Wirtschaftstheorie II. Teil, 13. Aufl., Tübingen 1972, S. 68.

[11] Willeke, Rainer J., Art. Marktformen, in: HdSW 7. Bd., Stuttgart, Tübingen, Göttingen 1961, S. 136 ff., 145.

[12] Willeke, op. cit., S. 144.

te verbleibt. Ungenauigkeiten und eventuelle Fehler bei der sachlichen Marktabgrenzung können jedoch im Rahmen des anschließenden Wettbewerbstests durch Rückschluß von Marktverhalten oder auch Marktergebnis auf den relevanten Markt korrigiert werden, da diese Tests – wie zu zeigen sein wird – in einer zirkularen kausalen Verknüpfung stehen.

3. Das Substitutions- und Produktionsflexibilitätskonzept

Eine Reihe von Autoren will das auf den Substitutionsbeziehungen aufbauende Marktkonzept um das Konzept der Produktionsflexibilität erweitern, die im wesentlichen von der Höhe der Marktschranken abhängig ist. So definieren Kaysen/Turner den relevanten Markt wie folgt:[13]

«(C)ompetition is defined to include both competition among different products and among alternative actual or potential sources of supply. The market is then defined in terms of the buyers' substitution of one product for another and in terms of producers' substitution of one product for another ... In order to define a market we attempt to obtain information on *cross-elasticities of both demand and supply.* Such information is rarely available directly, but must be approximated by evidence on consumer behavior (is poultry considered a substitution for meat?) and on the degree of specialisation of equipment (can cotton looms easily be shifted to rayon weaving?).»

Die Notwendigkeit einer solchen beiderseitigen Marktabgrenzung wird damit begründet, daß beide Marktseiten zusammen die Wettbewerbsintensität bedingen. Demgegenüber muß klargestellt werden, daß der Zweck der relevanten Marktabgrenzung lediglich darin besteht, die für den Marktstrukturtest nötigen relevanten Marktanteile und deren Verteilung zu liefern. Unmittelbare Rückschlüsse aus den so ermittelten Marktanteilen auf die Wettbewerbsintensität bzw. Marktmacht sind i. d. R. nicht möglich, da es dazu der Ermittlung und Würdigung weiterer conditioning factors bedarf. Daher soll in Übereinstimmung mit der wohl überwiegenden Meinung die Frage der Marktschranken und des potentiellen Wettbewerbs im Rahmen des Marktstrukturtests analysiert werden. Ein derartiger Ansatz ist auch dem deutschen Kartellrecht adäquat, wo in § 22 Abs. 1 Zi. 2 GWB – *nach* erfolgter Marktabgrenzung – die überragende Marktstellung gegenüber Wettbewerbern mit Hilfe des Marktzutrittskriteriums konkretisiert wird.

4. Probleme der räumlichen und zeitlichen Marktabgrenzung

Neben der sachlichen Abgrenzung des für den Wettbewerbsprozeß relevanten Marktes spielen auch die räumliche und zeitliche Dimension eine gewisse Rolle, wenngleich sie nicht die Bedeutung der sachlichen Marktabgrenzung erlangt haben und in der Regel nicht derartige Schwierigkeiten aufwerfen.

Die räumliche Marktabgrenzung ist insbesondere bei transportintensiven Gütern oder im Dienstleistungsgewerbe von Bedeutung; ihre Berücksichtigung führt häufig zu sog. Kettenoligopolen, d. h., jeder Anbieter steht unter Berücksichtigung der räumlichen

[13] Kaysen, Carl, und Donald F. Turner, Antitrust Policy. An Economic and Legal Analysis, Cambridge, Mass. 1959, S. 295 (Hervorhebung durch Verfasser).

Präferenzen mit anderen Anbietern in Konkurrenz. Diese Situation finden wir z. B. im gesamten Einzelhandel (jeder Bäcker konkurriert nur mit seinen «benachbarten» Mitbewerbern; damit hat jeder Bäcker jeweils andere Mitbewerber).

Die zeitliche Marktabgrenzung besagt, daß Anbieter und Nachfrager einem relevanten Markt angehören, wenn sie zu einem bestimmten Zeitpunkt zum Leistungsaustausch bereit sind. Die Ursachen für zeitliche Marktgrenzen können gesetzlicher (z. B. Ladenschlußgesetz), natürlicher (z. B. Saisonprodukte) oder technisch-wirtschaftlicher Art (z. B. Einführung neuer Produkte) sein.

In der amerikanischen Rechtsprechung wird hinsichtlich der sachlichen, räumlichen und zeitlichen Marktabgrenzung zu Recht darauf abgestellt, wo sich der «restraint of trade» auf den Wettbewerb auswirkt, was in dem Leitsatz zusammengefaßt wird: relevant is the market where competition takes place (Rückschluß vom Wettbewerb auf die Marktgrenzen).

5. Adäquanz des traditionellen Marktkonzeptes im Hinblick auf die Erfassung wirtschaftlicher Macht?

Die neuere Diskussion über die Erfassung wirtschaftlicher Macht von hochdiversifizierten Unternehmen hat gezeigt, daß das traditionalle Marktmachtkonzept im Hinblick auf die Erfassung wirtschaftlicher Macht konglomerater Unternehmen, die wesentlich auf deren absoluter Größe und dem Umfang ihrer Ressourcen beruht, nicht adäquat ist. Von dieser Erkenntnis ausgehend, hat Narver[14] ein Konzept des Angebotsraumes (supply space theory) entwickelt. Darin wird das Unternehmen als ein «Pool produktiver Ressourcen» (Edith Penrose) begriffen, der für die Herstellung sehr unterschiedlicher Güter verwendet werden kann, so daß der Angebotsraum eines Unternehmens alle Märkte umfaßt, auf denen es tatsächlich tätig ist bzw. in die es aufgrund der Verwendungsalternativen seiner Ressourcen eintreten könnte.

Der Versuch, das Konzept einer ressourcenorientierten Erfassung wirtschaftlicher Macht für wettbewerbspolitische Zwecke nutzbar zu machen, ist allerdings noch nicht gelungen. Daher bietet sich als Ausweg an, die Macht konglomerater Unternehmen mit Hilfe absoluter Kriterien zu erfassen, um so das Machtproblem wettbewerbspolitisch und -rechtlich in den Griff zu bekommen.

II. Der formale Aufbau des Konzepts eines wirksamen Wettbewerbs

Das Konzept eines wirksamen Wettbewerbs wird in seinem formalen Aufbau durch Merkmale der Marktstruktur (market structure), des Marktverhaltens (market conduct or behavior) und des Marktergebnisses (market result or performance) beschrieben. Eine solche Gruppierung entspricht auch der Richtung des Kausalprozesses: structure and

---

[14] Vgl. Narver, John C., Supply Space and Horizontality in Firms and Mergers, in: St. John's Law Review vol. 44 (1970), S. 316 ff.; ähnliche Ansätze sind in jüngster Zeit von Veltrup und Böhnke (Konzept der konglomeraten Interdependenz) entwickelt worden.

Abb. 2: Ansätze zur Bestimmung des relevanten Marktes

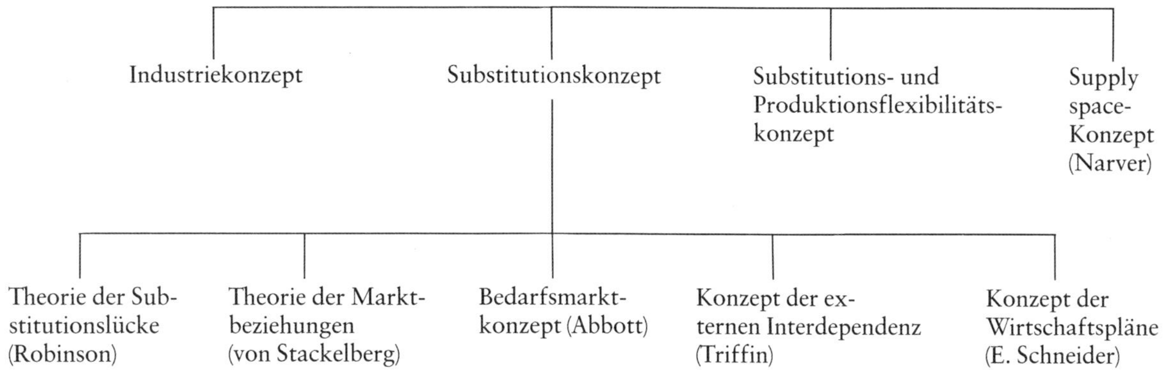

conduct sind die Ursachen, das Marktergebnis ist die Wirkung; allerdings besteht im dynamischen Prozeß eine zirkulare Verknüpfung der drei Merkmale.

(1) Unter **market structure** sollen in Anlehnung an Clark alle «conditioning factors» verstanden werden «that seem to exercise a strategic influence on the nature of competition and pricing within the market».[15] Kaysen/Turner und Bain[16] wollen darüber hinaus noch auf die relative Konstanz dieser Faktoren abstellen:

«‹Market structure› we use to mean those conditions external to the firm which are relatively permanent or which change only slowly, and which effect, if they do not determine, the way the firm operates.»

Die Marktstruktur umfaßt insbesondere folgende Merkmale:[17]

- Zahl der Anbieter und Nachfrager sowie ihre Marktanteile, die im Rahmen der relevanten Marktabgrenzung ermittelt werden;
- Grad der Produkthomogenität und Markttransparenz sowie Anpassungsgeschwindigkeit;
- Produktions- und Absatzflexibilität;
- konjunkturelle Lage und Grad der Kapazitätsauslastung;
- Marktphase und Unternehmertypus;[18]
- Höhe der Marktschranken;
- interne Unternehmensstruktur (Eigentümer oder Manager);[19]
- diversifizierte oder Einproduktunternehmen sowie
- personelle[20] und finanzielle Verflechtungen.

---

[15] Bain, op. cit., S. 7; vgl. auch S. 9.

[16] Kaysen/Turner, op. cit., S. 59; vgl. auch Bain, op. cit., S. 295.

[17] Vgl. Bain, op. cit., S. 7 und 9, der im Hinblick auf die Vergleichbarkeit von Märkten die Anzahl der Marktstrukturdimensionen auf 4 beschränken will, während Kaysen/Turner, op. cit., S. 71, fünf Hauptstrukturelemente unterscheiden.

Vgl. andererseits Bain, op. cit., S. 300: «Using ‹structure› in the broadest possible sense, every technological, institutional, geographical, legal, and psychological characteristics of the selling firms of an industry, its buyers and the framework within which both operate might be considered as dimensions of the market structure. And, in a sense, the complete ‹structure› of each industry, thus construed in its myriad dimensions, should in a sense fully ‹explain› conduct and performance in that industry.»

[18] Vgl. Heuss, Ernst, Allgemeine Markttheorie, Tübingen, Zürich 1965, der folgende vier Marktphasen unterscheidet:

- Experimentierphase,
- Expansionsphase,
- Ausreifungsphase und
- Stagnations- oder Rückbildungsphase.

In den ersten beiden Marktphasen herrschen initiative, in den letzten beiden konservative Unternehmertypen vor.

[19] Die Trennung von Eigentum und Management, die in nahezu allen Großunternehmen zu finden ist, bleibt nicht ohne Einfluß auf Zielsetzung und Verhalten der Unternehmen, wie die Theorie der Organisation der Unternehmen gezeigt hat. Vgl. dazu Zohlnhöfer, Werner, und Horst Greiffenberg, Neuere Entwicklungen in der Wettbewerbstheorie: Die Berücksichtigung organisationsstruktureller Aspekte, in: Handbuch des Wettbewerbs, hrsg. von Cox, Helmut, Uwe Jens und Kurt Markert, wird erscheinen München 1981.

[20] Vgl. sec. 8 Clayton Act, der interlocking directorates verbietet.

(2) Unter **market conduct** sind dagegen alle Verhaltensweisen zu verstehen, «that enterprises follow in adapting or adjusting to the markets in which they sell (or buy)».[21]

Nach Kaysen/Turner[22] umfaßt conduct

«aspects of a market which are the result of specific decisions of firms and which are, at least conceivably, alterable in relatively short periods of time. . . . Crudely put, conduct is subject to alteration by injunction; change in structure requires some more drastic reorganization measures of the dissolution, divestiture and divorcement type. But this is a crude distinction, and the line between what is called structure and what is called conduct is not always an easy one to draw.»

Beim Marktverhalten wird insbesondere untersucht, wie häufig und zu welchen Zeitpunkten die verschiedenen Aktionsparameter: Preise, Rabatte und Konditionen, Menge, Qualität, Service und Werbung, beim Kampf um Marktanteile im Zeitablauf eingesetzt worden sind (initiatorische und imitatorische Wettbewerbshandlungen). Dabei ist auch festzustellen, ob die einzelnen Aktionsparameter zu verschiedenen Zeitpunkten oder kollektiv aufgrund von Gruppendisziplin oder Preis- bzw. Marktführerschaft nahezu zum gleichen Zeitpunkt eingesetzt worden sind (Neigung zu Wettbewerbsbeschränkung bzw. Wettbewerbsgesinnung). Ferner ist zu untersuchen, ob sich im Zeitablauf als Folge des Einsatzes der Aktionsparameter Verschiebungen der Marktanteile ergeben und sich die Alternativen für die Abnehmer verändert haben.

(3) **Market performance** bezeichnet die Marktergebnisse des unternehmerischen Verhaltens. Die Marktergebnisse können dabei im Hinblick auf verschiedene Dimensionen betrachtet und analysiert werden, z. B. die Höhe der Preise und Gewinne, die Qualitäten, den Output, die Produktions- und Verkaufskosten, den technischen Fortschritt, die räumliche und zeitliche Verfügbarkeit von Gütern etc.

(4) Ein umfassender instruktiver Überblick über die von 18 amerikanischen Autoren vorgeschlagenen 26 structure-, conduct- und performance-Normen findet sich bei Sosnick[23]. Dieser Überblick zeigt, daß die Zuordnung der einzelnen Merkmale nicht zwingend ist und bei den einzelnen Autoren variiert.

Die hier vorgenommene Einteilung von structure-, conduct- und performance-Normen entspricht zwar der Richtung des Kausalverlaufs, ist jedoch nicht etwas Statisches; denn im dynamischen Wettbewerbsprozeß beeinflußt z. B. die performance von heute auch structure und conduct von morgen.

Für die Frage, an welche Normen die Wettbewerbspolitik anknüpfen soll, ist der **Zusammenhang von structure, conduct und performance** von großer Bedeutung. Der Senior der amerikanischen Wettbewerbstheorie, Mason, äußerte sich 1959 noch relativ selbstkritisch zu der Möglichkeit, Aussagen über derartige Zusammenhänge machen zu können, wenngleich wir auf anderen Gebieten der Wirtschaftspolitik (z. B. hinsichtlich der Zusammenhänge von Änderungen des Zinssatzes und des Unternehmensverhaltens) auch nicht viel weiter in unseren Erkenntnissen seien.

Diese Aussage wird verständlich, wenn man an die Zahl der möglichen Kombinationen der conditioning factors denkt. Geht man z. B. mit Bain von nur vier Hauptstrukturelementen aus (Angebots- bzw. Nachfragekonzentration, Zutrittsschranken sowie

[21] Bain, op. cit., S. 9.

[22] Kaysen/Turner, op. cit., S. 59 f.

[23] Vgl. Sosnick, Stephan H., A Critique of Concepts of Workable Competition, in: The Quarterly Journal of Economics vol. 72 (1958), S. 380 ff., 389 ff.

Grade der Produktdifferenzierung), die jedoch ihrerseits wieder in drei Ausprägungen auftreten (niedrig, mäßig und hoch), so ergeben sich 81 mögliche Kombinationen.[24]

In Wirklichkeit ist die Zahl der relevanten conditioning factors und damit die Zahl der möglichen Kombinationen oft noch erheblich größer, was die Schwierigkeiten einer Prognose über die Zusammenhänge von Marktstruktur und Marktergebnis erhellt.[25] Bain hält allerdings aufgrund eigener empirischer Untersuchungen zumindest gewisse vorläufige Aussagen über die Zusammenhänge von Marktstruktur und Marktergebnis für möglich.[26] So sind im Hinblick auf eine gute performance eine mäßige und geringe Angebotskonzentration, mäßige oder niedrige Zutrittsschranken und Grade der Produktdifferenzierung am besten geeignet.

Eine möglichst genaue Kenntnis dieser Zusammenhänge ist jedoch für die Wettbewerbspolitik von größter Bedeutung, da eine unmittelbare staatliche Beeinflussung der performance in einer Marktwirtschaft allgemein nicht als ein geeignetes Mittel angesehen wird, worauf in Teil 2 (4. Kap.) bei der Umsetzung des theoretischen Konzeptes eines wirksamen Wettbewerbs in die Wettbewerbspolitik noch einzugehen sein wird.

III. Inhalt und Funktionsweise des Konzepts eines wirksamen Wettbewerbs

1. Charakterisierung des Wettbewerbsprozesses

Wettbewerb wird nicht im Sinne des statischen Gleichgewichtsmodells der vollständigen Konkurrenz, sondern als dynamischer Prozeß verstanden, der durch eine Folge von Vorstoß- und Verfolgungsphasen gekennzeichnet ist, wobei Marktunvollkommenheiten Ergebnis initiativer Wettbewerbshandlungen und zugleich wieder Voraussetzung für imitatorische Wettbewerbshandlungen sind. Ein derart charakterisierter dynamischer Wettbewerbsprozeß ist als anonymer Kontroll- und Steuerungsmechanismus mit finanziellen Sanktionen zu verstehen, bei welchem Vorsprungsgewinne jeglicher Art dann aufgezehrt werden, wenn keine unangemessene (undue, unreasonable) Marktmacht besteht. Die Intensität des Wettbewerbs ist dabei um so stärker, je schneller die Vorsprungsgewinne aufgezehrt werden.

Maßgeblich für das Verständnis des Wettbewerbs als eines dynamischen Prozesses ist der durch den Wettbewerb ausgeübte, von den Beteiligten unkontrollierbare Druck auf

---

[24] Die mathematische Formel der möglichen Kombinationen bei n Hauptstrukturelementen und jeweils k Ausprägungen lautet:
$k^n = 3^4 = 81$

[25] Wenn man unterstellt, daß die Relevanz der einzelnen Marktstrukturfaktoren unterschiedlich ist, wird eine Prognose über die Zusammenhänge von Marktstruktur, Marktverhalten und Marktergebnis noch unsicherer.

[26] Vgl. Bain, op. cit., S. 464–468. Zu den Beziehungen von Marktstruktur und Gewinnrate als performance-Dimension vgl. den Überblick bei Böbel, Ingo, Industrial Organization. Eine Übersicht über vorliegende empirische Untersuchungen zur Beziehung zwischen Gewinn und verschiedenen Marktstrukturparametern sowie zur Messung der durch Marktmacht verursachten Wohlfahrtsverluste, Tübingen 1978, S. 19 ff., insbesd. S. 108 ff.

Abb. 3: Formaler Aufbau des Konzepts eines wirksamen Wettbewerbs

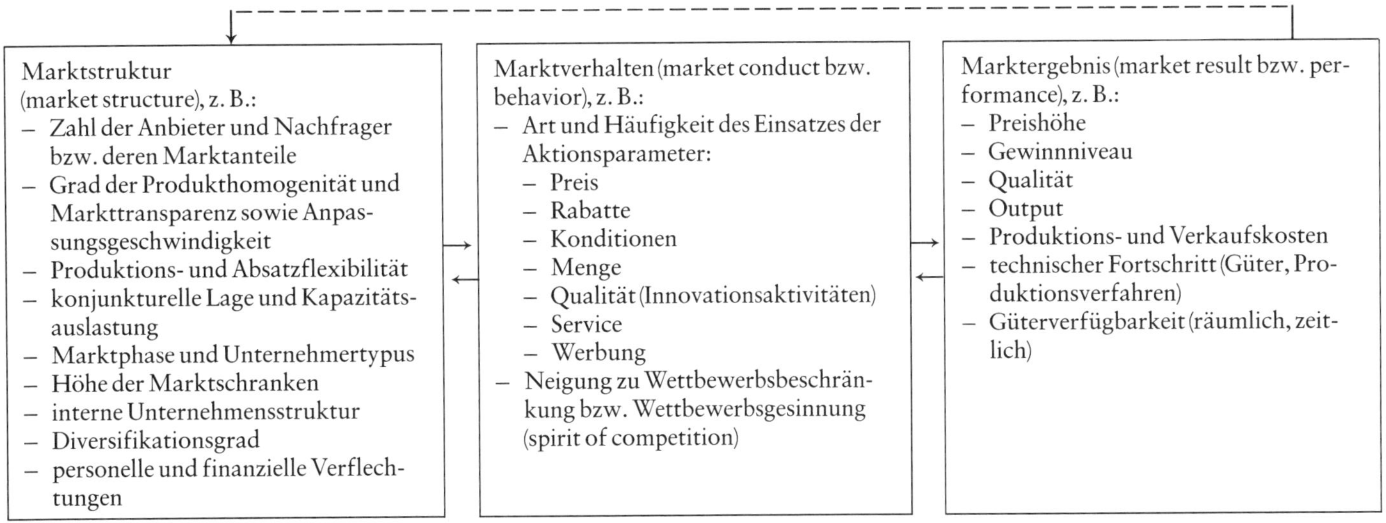

Preise und Kosten und damit auf die Gewinne, der durch das Gewinn- und Erfolgsstreben der Wirtschaftssubjekte ausgelöst wird.[27] Dieser Wettbewerbsdruck führt zu einer tendenziellen Realisierung des vorgegebenen Zielkatalogs, indem er die Wirtschaftssubjekte zu einem ökonomisch rationalen Verhalten zwingt, welches auf die Verwirklichung der kostengünstigsten Kombination der Produktionsfaktoren (optimale Faktorallokation), auf die flexible Anpassung von Produkten und Produktionskapazität an außerwirtschaftliche Daten (Anpassungsflexibilität) sowie auf die Entwicklung neuer Produkte und/oder Produktions- und Absatzmethoden (technischer Fortschritt) zielt. Die dabei im Wettbewerbsprozeß aufgrund temporärer Vorzugsstellungen entstehenden Pioniergewinne sollen im Interesse einer Stimulierung des technischen Fortschritts nicht sofort abgebaut werden, sondern nur allmählich verschwinden; d. h., der technische Fortschritt als Produkt- oder Prozeßinnovation setzt ein gewisses time-lag voraus, um die Innovation wirtschaftlich lohnend zu machen.[28] Damit ergibt sich zugleich eine als leistungsgerecht empfundene Entlohnung der Produktionsfaktoren (leistungsgerechte Einkommensverteilung).

2. Tatsächlicher Wettbewerb durch Einsatz verschiedener Aktionsparameter

Einem Unternehmen stehen für die Schaffung und Sicherung der Nachfrage nach seinen Produkten die Aktionsparameter zur Verfügung, die im Rahmen der Betriebswirtschaftslehre dem Instrumentarium der Vertriebs- bzw. Absatzpolitik zugeordnet werden. Dabei sind Art und Umfang des Einsatzes der Aktionsparameter u. a. abhängig vom Produkt, der Marktphase, der Marktform und den Marktschranken; diese bestimmen daher weitgehend das wettbewerbliche Verhalten der Unternehmen und damit den vom Einsatz der Aktionsparameter ausgehenden Wettbewerbsdruck. Einen Überblick über typische Zusammenhänge gibt das in Anlehnung an Heuss entwickelte nachstehende Schema:[29]

[27] Auf die Bedeutung eines solchen anonymen unkontrollierbaren Druckes weisen z. B. hin: Clark, John Maurice, Competition as a Dynamic Process, Washington, D. C. 1961, S. 11 u. a.; Kaysen/Turner, op. cit., S. 14 und 48, und Zohlnhöfer, Werner, Wettbewerbspolitik im Oligopol. Erfahrungen der amerikanischen Antitrustpolitik, Basel, Tübingen 1968, S. 7 f.

[28] Wenn man in diesem Zusammenhang an die Diskussion um den Patentschutz denkt, so geht es nicht um das Ob, sondern die Dauer der Schutzfrist. Mit der Möglichkeit der Erteilung von Zwangslizenzen wird die Leistung des Einzelnen prämiert, ohne daß der imitatorische Prozeß behindert wird.

[29] Vgl. Heuss, Ernst, op. cit., und neuerdings auch Kaufer, Erich, Industrieökonomik. Eine Einführung in die Wettbewerbstheorie, München 1980, S. 147–284, der den Marktprozeß in den einzelnen Marktphasen untersucht hat.

Tab. 1: **Übersicht über typische Zusammenhänge zwischen Marktphase, Marktform und Marktzutrittsschranken, Aktionsparametern und Gewinnrate**

Marktphase	Marktform und Marktzutrittsschranken	Aktionsparameter	Gewinnrate
Experimentierphase	Monopol eines Innovators mit hohen Marktzutrittsschranken	Produkt und informative Werbung	steigende Gewinnrate
Expansionsphase	weites Oligopol oder Polypol mit relativ niedrigen Marktzutrittsschranken	Preis, Produktqualität und informative Werbung	steigende Gewinnrate (Höhepunkt der Gewinnrate)
Ausreifungsphase	Oligopol mit hohen Marktzutrittsschranken	Preis, Produktqualität und Werbung	abnehmende Gewinnrate
Stagnations- bzw. Rückbildungsphase	enges Oligopol oder Monopol mit hohen Marktzutrittsschranken	Werbung	abnehmende Gewinnrate

Da Wettbewerb als Prozeß zu verstehen ist, können die jeweilige Kombination der Aktionsparameter nach Art und Umfang des Einsatzes, die von ihrem Einsatz abhängige Wettbewerbsintensität und das Ergebnis des Wettbewerbsprozesses im Zeitablauf nicht konstant sein.

Als wichtigste Wettbewerbsparameter werden in der Volkswirtschaftslehre üblicherweise der Preis, die Qualität und die Werbung angesehen. Der weitergehenden Differenzierung und Ergänzung in der Betriebswirtschaftslehre soll hier nicht gefolgt werden.

Die Trennung in die einzelnen Aktionsparameter des Wettbewerbs erfolgt aus praktischen Gründen, um eine gedankliche Isolierung der Wirkung einzelner Aktionsparameter auf den Wettbewerbsprozeß vornehmen zu können. Für die Unternehmen und den Wettbewerb ist dagegen der Erfolg des Gesamteinsatzes und der Kombination der Aktionsparameter im Hinblick auf das Unternehmensergebnis bzw. das Ergebnis des Wettbewerbs von Bedeutung.

a) Preiswettbewerb

Der Preiswettbewerb ist als die wichtigste Form des Wettbewerbs anzusehen. Er gewährleistet im Gegensatz zu anderen Formen des Wettbewerbs in weitem Maße die Ausrichtung aller wirtschaftlichen Tätigkeit nach dem ökonomischen Prinzip. Ein wirksamer Preiswettbewerb kann in der Regel als notwendige Voraussetzung zur Erreichung des Zielkatalogs des Wettbewerbs angesehen werden.

In der Realität besitzt der Preiswettbewerb häufig nicht die Bedeutung, die ihm in der Wettbewerbstheorie beigemessen wird. Das sei anhand der Betrachtung einzelner Marktformen näher erläutert. Dabei muß beachtet werden, daß der Einsatz des Aktionsparameters Preis außer von Produkt, Marktphase, Marktform und Marktzutrittsschranken u. a. auch von der Zielsetzung und der Verhaltensweise der Unternehmung abhängig ist,[30] so daß die aufgezeigten Zusammenhänge keinen stringenten Charakter haben.

Das Ergebnis des Preiswettbewerbs auf vollkommenen Märkten mit atomistischer und oligopolitischer Angebotsstruktur ist aus der Preistheorie bekannt. Auf unvollkommenen Märkten mit atomistischer Angebotsstruktur (heterogenes Polypol) folgen die Preise den durch den Wettbewerb erzwungenen Kostensenkungen; der preispolitische Spielraum der Wirtschaftssubjekte ist im Vergleich zum heterogenen Oligopol relativ gering.

Auf unvollkommenen oligopolistischen Märkten (heterogenen Oligopolen) hängt der Preiswettbewerb im wesentlichen von dem Grad der Interdependenz und damit dem preispolitischen Spielraum der Anbieter ab. Auf wachsenden Märkten (Expansionsphase), auf denen die Interdependenz der Unternehmen nur begrenzt ist, so daß ein großer Verhaltensspielraum besteht, kann ein wirksamer Preiswettbewerb unter Oligopolisten erwartet werden (vgl. Taschenrechner oder Mikroprozessoren), sofern es nicht bereits in dieser Phase zu einem Parallelverhalten mit gegenseitiger Respektierung der Marktanteile kommt.

Beim Übergang von der Expansions- zur Stagnationsphase, d. h. in der Ausreifungsphase, ist Preiswettbewerb angesichts unausgelasteter Kapazitäten am wahrscheinlichsten.

Auf Märkten in der Stagnationsphase ist der Verhaltensspielraum der Oligopolisten i. d. R. gering; denn bei hoher Interdependenz werden die Unternehmen aus Angst vor Reaktionen der Konkurrenten die Preise nicht senken. Es wird häufig zu einer kollektiven Preispolitik bei ausgeprägter Gruppendisziplin kommen.

Zusammenfassend kann gesagt werden, daß der Preiswettbewerb die ihm zustehende ökonomische Bedeutung erst dann wiedergewinnt, wenn die Existenz enger Oligopole, die durch eine sehr hohe parametrische Interdependenz gekennzeichnet sind, rückgängig gemacht und das Entstehen neuer enger Oligopole verhindert wird.

b) Qualitätswettbewerb

Der Einsatz des wettbewerblichen Aktionsparameters Qualität kann unter zwei Aspekten gesehen werden: Zum einen erfaßt er die Entwicklung und Einführung neuer Erzeugnisse, zum anderen die Veränderung (Verbesserung oder Verschlechterung[31]) bereits vorhandener Erzeugnisse. Dabei wird der Begriff der Qualität sehr weit gefaßt; er bezieht alle qualitativen Elemente des Produkts wie Größe, Aufmachung, Gestalt usw. mit ein.[32]

Wettbewerb wird als Prozeß von Vorstoß und Verfolgung verstanden. Dabei ist ein Vorstoß unter Einsatz des wettbewerblichen Aktionsparameters Qualität umso wahr-

---

[30] Vgl. die Abhängigkeit der Zielsetzung und Verhaltensweise der Unternehmung von ihrer internen Struktur (Eigentümer oder Manager).

[31] Zum Obsoleszenzproblem vgl. Schmidt, Ingo, Obsoleszenz und Mißbrauch wirtschaftlicher Macht, in: Wirtschaft und Wettbewerb Jg. 21 (1971), S. 868 ff., und Geplanter Verschleiß, in: Handbuch des Verbraucherrechts, hrsg. von Arbeitsgemeinschaft der Verbraucher und Deutscher Gewerkschaftsbund, Neuwied und Darmstadt 1976 (Loseblattsammlung), mit weiterführenden Literaturhinweisen.

[32] Grundlegend zum Qualitätswettbewerb Abbott, op. cit.

scheinlicher, je größer die preispolitische Interdependenz der Marktteilnehmer ist. Auf polypolistischen Märkten, die durch das Fehlen einer derartigen Interdependenz charakterisiert sind, ist daher der Qualitätswettbewerb im Vergleich zu oligopolistisch strukturierten Märkten relativ unbedeutend; zudem erschweren die vergleichsweise niedrigen Polypolpreise den Einsatz nichtpreislicher, aber kostenintensiver Aktionsparameter.

Dagegen ist die Produktvariation als absatzpolitisches Mittel auf Oligopolmärkten weit verbreitet, weil die oligopolistische Interdependenz aus der Sicht der Unternehmen den Einsatz solcher Aktionsparameter erfordert, die keine unmittelbar spürbare Reaktion der Konkurrenten zur Folge haben. Angesichts des größeren time-lags in der Anpassung gehen Gewinne, die auf einem Qualitätsvorsprung beruhen, nicht so schnell verloren wie bei Preisnachlässen, so daß die Unternehmen den Qualitätswettbewerb präferieren.

Die Wirkungen des Qualitätswettbewerbs auf den Preiswettbewerb sind ambivalent: Qualitätswettbewerb kann die Interdependenz der Unternehmen verringern und damit Preiswettbewerb wieder möglich machen, aber auch dazu dienen, den Preiswettbewerb zu vermeiden und durch Qualitätswettbewerb zu substituieren – was der Regelfall sein dürfte.

Ein Qualitätswettbewerb, der wirksam im Hinblick auf die Realisierung des vorgegebenen Zielkatalogs sein soll, setzt allerdings Qualitätstransparenz bei den Abnehmern voraus, was bei Verbrauchs- und Gebrauchsgütern häufig nicht der Fall ist (vgl. die Rolle der Stiftung Warentest in Berlin). Bei Vorliegen von Qualitätstransparenz kann insbesondere der innovatorische Qualitätswettbewerb – ähnlich wie der Preiswettbewerb – zur Verdrängung von Konkurrenten führen bzw. im Falle imitatorischen Qualitätswettbewerbs Vorsprungsgewinne aufzehren.

Die Qualitätskonkurrenz kann auch bewirken, daß die Produkte homogener und damit beliebig austauschbar werden. Um dieser Entwicklung entgegenzutreten, setzen die Unternehmen aquisitorische Mittel zur Produktgestaltung ein. Dazu gehören insbesondere die Werbung, deren Einsatz als wettbewerblicher Aktionsparameter nun untersucht wird.

c) Werbungswettbewerb

In der Marktwirtschaft ist es Aufgabe der Unternehmen, für den Absatz ihrer Produkte zu sorgen. Die Information der Verbraucher ist aus dieser Sicht daher nicht als Aufgabe, sondern nur als mögliche Folge der Werbung zu sehen.

Werbung dient dann der Erfüllung des Zielkatalogs des Wettbewerbs, wenn (wie es insbesondere bei der Einführungswerbung der Fall ist) der Informationsgehalt wesentlich größer als der Suggestionsgehalt ist. Wenn Werbung die Markttransparenz erhöht *und* den Preis- und Qualitätswettbewerb begleitet, ist sie gesamtwirtschaftlich positiv zu bewerten.[33]

Der Werbungswettbewerb kann jedoch insofern Anlaß zu Kritik bieten, als er nicht in jedem Fall zu einer besseren Versorgung des Marktes führt. Der Vorwurf der Vergeudung von volkswirtschaftlichen Ressourcen wird insbesondere bei der Werbung für solche Produkte, die sich in bezug auf Qualität und Funktionsfähigkeit für den Verbrau-

[33] Zur Erfüllung der Wettbewerbsfunktionen durch Werbungswettbewerb vgl. Jacob, Klaus-Dieter, Werbung und Wettbewerb: Eine theoretische Analyse, in: Schmollers Jahrbuch 86. Jg. (1966), S. 385 ff.

cher kaum unterscheiden (z. B. Waschmittel), erhoben. Die Kosten der «Verschwendung» durch Werbeausgaben trägt bei dieser Art eines gesamtwirtschaftlich «funktionslosen» Wettbewerbs der Verbraucher.

Als weiterer Nachteil hoher Werbeausgaben wird das Errichten oder Aufrechterhalten von Marktschranken, die das Entstehen oder das Weiterbestehen konzentrierter Märkte begünstigen, angesehen. Damit wird der Marktzutritt für potentielle Konkurrenten erschwert, die Marktstruktur verfestigt und der preispolitische Verhaltensspielraum erhöht.[34]

3. Substitutionswettbewerb

Wir haben bisher untersucht, mit welchen Mitteln die Unternehmen den Absatz ihrer Produkte zu fördern versuchen. Bei der Setzung ihrer Aktionsparameter müssen sie dabei auch beachten, ob und in welchem Umfang die Konsumenten auf Substitute ausweichen können: Sie müssen also den für sie relevanten Markt sowie die angrenzenden Märkte kennen.

Der Substitutionswettbewerb setzt den Unternehmen beim Einsatz ihrer Aktionsparameter Grenzen; so kann z. B. das Ausnutzen der vorhandenen Preissetzungsspielräume durch marktmächtige Unternehmen auf dem relevanten Markt dreierlei zu Folge haben:

- Die Konsumenten werden langfristig versuchen, auf Substitute auszuweichen. Die Preissetzung des marktmächtigen Unternehmens vergrößert entweder in langfristiger Sicht den relevanten Markt oder führt dazu, daß der relevante Markt zugunsten benachbarter Märkte schrumpft.
- Anbieter von Substituten, die bisher nicht zum relevanten Markt zu rechnen waren, können durch Preissenkungen oder Produktvariationen versuchen, ebenfalls auf diesem Markt aufzutreten.
- Die hohen Preise auf dem relevanten Markt sind ein Anreiz, Substitute zu entdecken und zu entwickeln. Die damit auf den Markt tretenden Unternehmen erhöhen den Wettbewerbsgrad dieses Marktes und engen den Preissetzungsspielraum der etablierten Unternehmen ein.

Diese Beispiele zeigen, daß der Wettbewerb durch substitutive Güter langfristig wirksamer ist als kurzfristig. Das schließt allerdings nicht aus, daß einige Unternehmen die langfristigen Wirkungen des Substitutionswettbewerbs nicht beachten und ihre Preis-

---

[34] Vgl. die Untersuchung der möglichen Zusammenhänge von Werbung und Konzentration bei Moritz, Carl-Heinz, Marktpolitische Probleme der Konsumgüterwerbung, Berlin 1977, S. 9 – 98.

Im Hinblick auf die Richtung der Kausalität zwischen Werbung und Konzentration werden drei Hypothesen vertreten:

- Ursprünglich wurde die Konzentration als eine zunehmende Funktion der Werbung (= verursachende Variable) gesehen.
- Eine spätere Auffassung sieht eine umgekehrte Kausalität, d. h., die Werbung wird als eine abnehmende Funktion des Konzentrationsgrades gesehen (Nicht-Preiswettbewerb im engen Oligopol).
- Eine neuere Auffassung versucht eine simultane Erklärung dergestalt, daß Werbung und Konzentration im Zeitablauf wechselseitig als Ursache und Wirkung angesehen werden.

Vgl. auch Comanor, William S., und Thomas A. Wilson, The Effect of Advertising on Competition: A Survey, in: Journal of Economic Literature vol. XVII (1979), S. 453 ff.

setzungsspielräume voll ausnutzen. Diese Möglichkeit wird allerdings in dem Maße geringer, wie es mit Hilfe des technischen Fortschritts gelingt, Substitute für immer mehr Güter zu finden. Mit der Zunahme des technischen Fortschritts nimmt daher die Bedeutung des Substitutionswettbewerbs zu.

4. Potentieller Wettbewerb

Das wettbewerbliche Verhalten der Unternehmen wird auf den relevanten Märkten auch von potentiellen Konkurrenten beeinflußt. Der Begriff der potentiellen Konkurrenz steht damit in einem engen Zusammenhang mit der Möglichkeit des Marktzutritts.

Der Markteintritt kann auf unterschiedliche Art und Weise erfolgen und zwar durch:
- räumliche Erweiterung (z. B. Erschließen von Exportmärkten),
- Neugründung eines Unternehmens auf einem Markt oder
- Eintritt eines etablierten Unternehmens durch interne oder externe Diversifikation in einen anderen Markt.

Die potentielle Konkurrenz weist somit eine geographische und eine produktmäßige Dimension auf (market bzw. product extension). Der stärkste Wettbewerbsdruck auf die bereits auf dem relevanten Markt tätigen Unternehmen geht dabei von räumlichen Erweiterungen und diversifizierenden Unternehmen aus; Neugründungen spielen eine geringere Rolle.

Voraussetzung für das Auftreten der potentiellen Konkurrenz sind u. a.:
- Vorhandensein risikobereiter Unternehmer,
- Kenntnis der Gewinnmöglichkeiten,
- Ausstattung mit dem erforderlichen Kapital und know-how sowie
- Fehlen von Marktschranken.

Im Hinblick auf die Marktzutrittsschranken unterscheidet Bain drei Ursachen:[35]
- Produktdifferenzierungsvorteile (product differentiation advantages of established over potential entrant firms),
- Betriebsgrößenvorteile (economies of large scale production) und
- absolute Kostenvorteile (absolute cost advantages of established over potential entrant firms).

Ein Unternehmen, das neu auf einen Markt tritt, zu welchem infolge **Produktdifferenzierung** eine Marktzutrittsschranke besteht, muß den ausgeprägten Kundenpräferenzen entweder durch niedrige Preise oder durch umfangreiche und kostspielige Verkaufsanstrengungen (Aufbau des Absatznetzes, Werbung usw.) begegnen. Diese Maßnahmen verschlechtern jedoch die Kosten-Umsatzrelation dieses Unternehmens im Vergleich zu den etablierten Unternehmen.

Die Entscheidung eines Unternehmens, auf einem Markt neu aufzutreten, hängt insbesondere von der Marktsituation *nach* seinem Eintritt ab. Wenn der Marktanteil, den ein neuer Anbieter auf dem Markt erreichen muß, um die **economies of large scale production** zu realisieren, so groß ist, daß er die Aufnahmefähigkeit des Marktes übersteigt, wird ein Preisverfall des betreffenden Gutes die Folge sein. Sowohl die optimale als auch eine suboptimale Angebotsmenge, die der neu auf dem Markt tretende Unternehmer auf

---

[35] Vgl. Bain, Joe S., Barriers to New Competition, Cambridge, Mass. 1956, und Industrial Organization, op. cit., S. 255 ff.; vgl. dazu auch Berg, Hartmut, Markteintrittsbarrieren, potentielle Konkurrenz und wirksamer Wettbewerb, in: das wirtschaftsstudium 7. Jg. (1978), S. 282 ff.

den Markt bringt, verschlechtern die Marktsituation für die gesamte Branche; bringt er eine suboptimale Angebotsmenge auf den Markt, so ist sein Umsatz-Kostenverhältnis ungünstiger als das der etablierten Konkurrenten.

Als dritte Ursache der Markteintrittsbarriere führt Bain **absolute Kostenvorteile** an; d. h., die erwarteten Stückkosten der potentiellen Konkurrenten sind unabhängig von der Ausbringungsmenge immer höher als die der etablierten Anbieter (ungünstigere Kostenfunktion). Ursachen dafür sind insbesondere die alleinige Verfügungsmacht über knappe Rohstoffe oder hochqualifizierte Arbeitskräfte, Kontrolle überlegener Produktionstechniken durch Patente oder geheim gehaltenes technisches Wissen sowie günstige Kreditbeschaffungsmöglichkeiten.

Die Wirksamkeit des Wettbewerbsdrucks potentieller Konkurrenz ist insbesondere von der Höhe der Marktzutrittsschranken abhängig. Je höher diese sind, desto wahrscheinlicher ist es, daß die Wettbewerbsfunktionen nur suboptimal erfüllt werden.

Das erfolgreiche Aufrichten und Aufrechterhalten von Marktzutrittsschranken ermöglicht es den etablierten Unternehmen, sich teilweise dem Wettbewerbsdruck zu entziehen. Bain bezeichnet den höchsten Verkaufspreis, den die etablierten Anbieter setzen können, ohne den Marktzutritt potentieller Konkurrenten befürchten zu müssen, als eintrittsverhindernden Preis (entry forestalling price).

5. Die Wirksamkeit der verschiedenen Formen des Wettbewerbs

Wenn der Wettbewerb die erwünschten Funktionen erfüllen soll, muß der Wettbewerbsdruck wirksam sein, d. h., einen Druck auf Kosten und Preise ausüben und damit Vorsprungsgewinne aufzehren. Je offener und weniger konzentriert die Märkte sind, desto wahrscheinlicher ist es, daß sämtliche den Unternehmen zur Verfügung stehende Aktionsparameter eingesetzt werden und daß von den potentiellen Konkurrenten ein starker Wettbewerbsdruck ausgeht.[36]

Für die Marktversorgung kommt dem Einsatz des Aktionsparameters Preis eine hervorragende Bedeutung zu, zumal die anderen Aktionsparameter nicht losgelöst von der Preisdimension betrachtet werden können. Mit dem Fehlen des Preiswettbewerbs entfällt ein wichtiges Argument zugunsten einer wettbewerblichen Organisation der Wirtschaft. Mit zunehmender Konzentration wird jedoch der Preis durch andere Aktionsparameter ersetzt.

Aus wettbewerbstheoretischer Sicht ist im Hinblick auf die Realisierung des wettbewerbspolitischen Zielkatalogs der Ersatz des Aktionsparameters Preis durch den Aktionsparameter Qualität nur bedingt möglich, da:
- die Qualität im Gegensatz zum Preis viel schwieriger zu beurteilen ist und entsprechende Sachkenntnis des Verbrauchers voraussetzt (Qualitätstransparenz),
- die Qualität i. d. R. nur ordinal vergleichbar, der Preis dagegen kardinal meßbar ist (Preis als Bewertungssystem) und
- bei Qualitätsvariationen das time-lag in der Anpassung erheblich größer ist als bei Preisänderungen.

Ein Ersatz des Preiswettbewerbs durch den Aktionsparameter Werbung ist generell nicht möglich, da die informative Komponente der Werbung nur begleitenden Charak-

[36] Vgl. Bain, Joe S., Industrial Organization, op. cit., S. 464 – 468.

ter im Hinblick auf den Preis- und Qualitätswettbewerb hat, die suggestive Komponente dagegen volkswirtschaftlich per se unerwünscht ist, da sie in Widerspruch zu dem Grundsatz der Konsumentensouveränität steht.

Dem Substitutionswettbewerb kommt in der Regel nur langfristig eine gewisse Bedeutung zu, während der von potentiellen Wettbewerbern ausgehende Druck meistens geringer ist als der von tatsächlichen Mitbewerbern, so daß mit Zohlnhöfer von einer Art Hierarchie der Wirksamkeit der verschiedenen Wettbewerbsformen ausgegangen werden kann:[37]

«Der stärkste, zuverlässig wirksame Preisdruck geht von der Existenz unabhängiger Anbieter von im wesentlichen gleichen Gütern aus, der schwächste in der Regel von der Furcht vor potentiellen Konkurrenten. Während Substitutions- und potentielle Konkurrenz in konkreten Einzelfällen die unternehmerische Preispolitik sehr erheblich beschränken mögen, bleiben sie in anderen praktisch unwirksam. Sie können deshalb keinesfalls generell und ohne weiteres als vollgültiger Ersatz für das Fehlen von Anbietern im wesentlichen gleicher Produkte angesehen werden. Weil mit ihrer preispolitischen Wirksamkeit nicht a priori gerechnet werden kann, auf sie also gleichsam kein Verlaß ist, kommt ihnen als Determinanten des einen funktionsfähigen Wettbewerb kennzeichnenden Preisdruckes (nicht primäre, sondern) nur sekundäre Bedeutung zu.»

Übungsfragen zum 3. Kapitel:

1. In welcher Hinsicht ist der für den Wettbewerbsprozeß relevante Markt abzugrenzen?
2. Worum geht es bei der Abgrenzung des sachlich relevanten Marktes?
3. Wer wird als Hauptvertreter des physikalisch-technischen Industriekonzepts angesehen? Erläutern Sie dieses Konzept.
4. Welche fünf methodisch unterschiedlichen Ansätze sind im Rahmen des Substitutions-Konzepts zu unterscheiden?
5. Erläutern Sie die Theorie der Substitutionslücke von Robinson. Beruhen die Substitutionslücken ausschließlich auf ausgeprägten sachlichen Präferenzen?
6. Wie kann mit Hilfe der Theorie der Marktbeziehungen (von Stackelberg) der sachlich relevante Markt abgegrenzt werden?
7. Auf welche Güter zielt das Bedarfsmarktkonzept von Abbott ab? Welche Rolle spielt es im deutschen Kartellrecht und im amerikanischen Antitrustrecht?
8. Welche Mängel haften den einzelnen Substitutionskonzepten an?
9. Lassen sich die verschiedenen methodischen Ansätze zur Abgrenzung des sachlich relevanten Marktes miteinander vereinbaren?
10. Wie kann der bei einer Abgrenzung des sachlich relevanten Marktes verbleibende Unschärfebereich vermindert werden?
11. Was besagt das Substitutions- und Produktionsflexibilitätskonzept zur Abgrenzung des sachlich relevanten Marktes?
12. Ist das traditionelle Marktmachtkonzept zur Erfassung wirtschaftlicher Macht konglomerater Unternehmen geeignet?
13. Worum geht es bei der räumlichen und zeitlichen Marktabgrenzung?
14. Durch welche Merkmale ist der formale Aufbau des Konzepts eines wirksamen Wettbewerbs beschrieben?
15. Was wird unter ‹market structure› verstanden?
16. Welche Verhaltensweisen sind unter ‹market conduct› zusammengefaßt?
17. Auf welche Dimensionen des unternehmerischen Verhaltens bezieht sich die ‹market performance›?

---

[37] Zohlnhöfer, op. cit., S. 15.

18. Entspricht die Einteilung in structure-, conduct- und performance-Normen dem Kausalverlauf? Welches sind die Beziehungen zwischen structure, conduct und performance im Zeitablauf?
19. Was kann über den Zusammenhang von Marktstruktur und Marktergebnis gesagt werden?
20. Charakterisieren Sie den Wettbewerb als dynamischen Prozeß.
21. Welche Wettbewerbsparameter werden in der Volkswirtschaftslehre üblicherweise als die wichtigsten angesehen?
22. Welche Aufgaben hat der Preiswettbewerb im Rahmen des Zielkataloges des Wettbewerbs?
23. Wovon hängt der Einsatz des Aktionsparameters Preis im Wettbewerb ab?
24. Wovon hängt der Preiswettbewerb auf unvollkommenen oligopolistischen Märkten im wesentlichen ab?
25. Schildern Sie den Einsatz des Aktionsparameters Preis auf unvollkommenen oligopolistischen Märkten in verschiedenen Marktphasen.
26. Was verstehen Sie unter Qualitätswettbewerb?
27. In welchen Marktformen ist der Einsatz des Aktionsparameters Qualität von großer Bedeutung?
28. Begründen Sie die Bedeutung der Stiftung Warentest im Hinblick auf die Wirksamkeit des Qualitätswettbewerbs.
29. Was verstehen Sie unter Werbungswettbewerb?
30. Wann dient Werbung der Erfüllung des Zielkataloges des Wettbewerbs?
31. Welche Kritik kann am Werbungswettbewerb geübt werden?
32. Was verstehen Sie unter Substitutionswettbewerb?
33. Nehmen Sie Stellung zur Wirksamkeit des Substitutionswettbewerbs.
34. Erläutern Sie den Begriff der potentiellen Konkurrenz.
35. Welches sind die Voraussetzungen für das Auftreten von new comers?
36. Erläutern Sie die Ursachen von Marktzutrittsschranken.
37. Wovon ist die Wirksamkeit des Wettbewerbsdruckes potentieller Konkurrenz abhängig?
38. Nehmen Sie Stellung zur Wirksamkeit der verschiedenen Formen des Wettbewerbs.

Weiterführende Literaturhinweise zum 3. Kapitel:

Abbott, Lawrence, Qualität und Wettbewerb. Ein Beitrag zur Wirtschaftstheorie, München, Berlin 1958, S. 111–160 und 241–255.

Bain, Joe S., Barriers to New Competition, Cambridge, Mass. 1956.

ders., Industrial Organization, 2nd ed., New York, London, Sydney 1968, S. 223–301.

Gutenberg, Erich, Grundlagen der Betriebswirtschaftslehre, 2. Band, Der Absatz, 16. Auflage, Berlin, Heidelberg, New York 1979, S. 355 ff. und 508 ff.

Jacob, Klaus-Dieter, Werbung und Wettbewerb: Eine theoretische Analyse, in: Schmollers Jahrbuch 86. Jg. (1966), S. 385 ff.

Kaufer, Erich, Die Bestimmung von Marktmacht, dargestellt am Problem des relevanten Marktes in der amerikanischen Antitrustpolitik, Bern, Stuttgart 1967, S. 5–28.

Klauss, Gerd, Die Bestimmung von Marktmacht. Eine Untersuchung von Machtkriterien unter Berücksichtigung der Zusammenschlußkontrolle des «Gesetzes gegen Wettbewerbsbeschränkungen» in der Bundesrepublik Deutschland, Berlin 1975, S. 111–144.

Kaysen, Carl, und Donald F. *Turner,* Antitrust Policy. An Economic and Legal Analysis, Cambridge, Mass. 1959.

Scherer, F. M., Industrial Market Structure and Economic Performance, 2nd ed., Chicago 1980, ch. 2, 8 und 14.

Schmidt, Ingo, Relevanter Markt, Marktbeherrschung und Mißbrauch in § 22 GWB und Art. 86 EWGV, in: Wirtschaft und Wettbewerb Jg. 15 (1965), S. 433 ff.

ders., US-amerikanische und deutsche Wettbewerbspolitik gegenüber Marktmacht, Berlin 1973, S. 47 – 60.

Sullivan, Lawrence Anthony, Handbook of the Law of Antitrust, St. Paul, Minn. 1977, S. 41 – 74.
Willeke, Franz-Ulrich, Wettbewerbspolitik, Tübingen 1980.
Zohlnhöfer, Werner, Wettbewerbspolitik im Oligopol. Erfahrungen der amerikanischen Antitrustpolitik, Basel, Tübingen 1968, S. 5 – 16.

Teil 2
Probleme einer Umsetzung des Konzepts eines wirksamen Wettbewerbs in die Wettbewerbspolitik

In diesem Teil sollen die Probleme bei der Umsetzung des in Teil 1 entwickelten Konzeptes eines wirksamen Wettbewerbs in die Wettbewerbspolitik behandelt werden. Dabei wird zunächst auf die Frage eingegangen, mit Hilfe welcher Tests der Wettbewerb adäquat erfaßt werden kann.

4. Kapitel: Das Problem wettbewerbspolitisch und wettbewerbsrechtlich adäquater Tests

Im Hinblick auf die wettbewerbspolitische und -rechtliche Adäquanz der drei Wettbewerbstests ist zu prüfen, welche dieser Tests dazu geeignet sind, den Wettbewerb als anonymen Kontroll- und Steuerungsmechanismus zu erfassen. Dabei können grundsätzlich drei reine Definitionstypen (nur structure *oder* conduct *oder* performance) und vier gemischte Definitionstypen (structure plus conduct, structure plus performance, conduct plus performance oder structure plus conduct plus performance) unterschieden werden.

In der wettbewerbspolitischen Literatur stehen unter dem Gesichtspunkt der Adäquanz folgende Definitionstypen im Vordergrund der Diskussion:

- gemischte Definitionstypen:
  - Marktprozeßansatz (so z. B. Kaysen/Turner, die den Wettbewerbsprozeß mit Hilfe einer Kombination von structure und conduct erfassen wollen),
  - Marktstrukturansatz (so z. B. Bain, der als structuralist den Zusammenhang von structure und performance betont) und
  - Marktverhaltensansatz (so z. B. Scherer, der als behaviorist den Zusammenhang von conduct und performance unterstreicht);
- reiner Definitionstyp: Marktergebnis (nur performance-Test im Falle sog. Ausnahmebereiche)

Ausgehend von diesen Definitionstypen soll im folgenden auf die Frage der adäquaten Tests eingegangen werden.

I. Der performance-Test als selbständiger Wettbewerbstest im Regelfall

Als selbständiger Wettbewerbstest dürfte der performance-Test aus zwei Gründen ausscheiden:

- Grundsätzlich ist eine Untersuchung der verschiedenen Dimensionen des Marktergebnisses für die Feststellung des Fehlens oder Vorliegens von wirksamem Wettbewerb nicht geeignet, da es meistens schwierig ist, objektive Kriterien für eine exakte Feststellung zu finden, ob ein Marktergebnis wettbewerbsgerecht ist oder nicht (**mangelnde Operationalität**). Nach Ansicht von Kaysen/Turner[1] sind drei Faktoren für die mangelnde Eignung des performance-Tests ursächlich: Das Fehlen von vergleichbaren Unternehmen oder Märkten unter ähnlichen Bedingungen, der Mangel an informierten, objektiven Experten und das Fehlen einer ausreichenden theoretischen Basis; d. h., dem performance-Test sind nach dem jetzigen Stand der Erkenntnis so erhebliche Beweisschwierigkeiten immanent, daß er als selbständiger Wettbewerbstest i. d. R. ausscheiden muß.
- Abgesehen von der mangelnden Operationalität spricht gegen den performance-Test als selbständigen Wettbewerbstest die **mangelnde Konsistenz** von Maßnahmen, die direkt die Marktergebnisse beeinflussen, mit unserer Wirtschafts- und Gesellschaftsordnung, da sie Ausdruck einer nicht systemkonformen dirigistischen Politik wären. Bain[2] spricht sich daher für eine Beschränkung des wettbewerbspolitischen Instrumentariums auf Tests aus,

«that foster and maintain impersonal market processes as the main direct regulators of enterprise activity. . . . Departing from the axiom, it may be argued substantively that impersonal regulation by the market is preferable to extensive bureaucratic regulation by men, and more consistent with our democratic political system».

II. Der Struktur- und Verhaltenstest (Marktprozeßdefinition) im Regelfall

Der marktwirtschaftliche Koordinierungsprozeß läßt sich daher adäquat nur mit Hilfe einer Marktprozeßdefinition (Struktur- und Verhaltensmerkmale) erfassen.

---

[1] Kaysen, Carl, und Donald F. Turner, Antitrust Policy. An Economic and Legal Analysis, Cambridge, Mass. 1959, S. 53 f.: «What will be lacking is any basis for deciding whether the firm's performance was good or bad in light of its opportunities. The record may reveal that output has grown ten times in the period under study; it will not reveal whether or not output could have grown fifteen times if price policy had been different or if more vigorous efforts had been made in product development, in foreign marketing, or in cost reduction. The record may show that expenditures of money and of the time of trained men on research and development were large and continuous, and that the decrease of inputs per unit of outputs as well as the flow of new and improved products were great; it will not in general show whether returns per dollars or per professional man-hour were high or low, or would have been higher or lower had the situation or conduct of the firm been different than it in fact was.»

[2] Bain, Joe S., Industrial Organization, 2nd ed., New York, London, Sydney 1968, S. 498 f.

Grundsätzlich soll daher davon ausgegangen werden, daß der Wettbewerb (w) als abhängige Variable eine Funktion von Struktur- (s) und Verhaltensmerkmalen (v) als unabhängigen Variablen ist:

$$w = f(s, v)$$

Dabei muß einschränkend darauf hingewiesen werden, daß die Verwendung einer Kombination von Struktur- und Verhaltensnormen für die Erfassung des Wettbewerbsprozesses nur als eine Aussage von hohem Wahrscheinlichkeitsgrad aufgefaßt werden kann, da der Wettbewerb u. U. auch einmal zu einer Verschlechterung der Leistung führen kann.[3]

Aus den oben genannten Gründen setzen daher Kaysen/Turner – im Hinblick auf die wettbewerbspolitische und wettbewerbsrechtliche Adäquanz – workable competition mit dem Fehlen von unvernünftiger Marktmacht (unreasonable market power) gleich, die sie mit Hilfe von Struktur- und Verhaltensmerkmalen definieren,[4] wobei je nach dem Schutzzweck der einzelnen Rechtsnorm das Schwergewicht einmal stärker auf Strukturmerkmalen (z. B. bei der Fusionskontrolle), das andere Mal stärker auf Verhaltensmerkmalen (z. B. beim Behinderungsmißbrauch) liegt.

Marktmacht kann dabei sowohl von beherrschenden Einzelunternehmen als auch von Unternehmensgruppen ausgeübt werden; die Begrenzung der Marktmacht dieser Unternehmen ist dann Hauptaufgabe der Wettbewerbspolitik.

III. Der performance-Test als hilfsweiser Wettbewerbstest

Die Verwendung einer Marktprozeßdefinition schließt allerdings nicht aus, daß der performance-Test hilfsweise zur Beseitigung von Zweifeln bei der Marktabgrenzung und/oder der Feststellung der Wettbewerbsintensität mit Hilfe von Struktur- und Verhaltensmerkmalen herangezogen wird, wie das das Bundeskartellamt z. B. in den Mißbrauchsverfahren gegen die Pharmazeutische Industrie getan hat, um Zweifel hinsichtlich der Marktabgrenzung und des Vorliegens einer marktbeherrschenden Stellung i. S. des § 22 GWB zu beheben.[5] Ein derartiger Rückschluß ist nicht nur Ausdruck und Konsequenz der zirkularen Verknüpfung von Marktstruktur, Marktverhalten und Marktergebnis, sondern ermöglicht es auch den Kartellbehörden und Gerichten, Ungenauigkeiten oder Fehler bei der Marktabgrenzung oder dem Wettbewerbstest zu korrigieren.

Ein solcher Rückgriff ist allerdings nicht zwingend; denn schlechte Marktergebnisse

[3] Kaysen/Turner, op. cit., S. 194: «An industry may be competitive in both a structural and some behavioral senses and yet fail to achieve one or more of the expected competitive results». Dabei wäre z. B. an ruinösen Wettbewerb auf polypolistischen Märkten mit hohen barriers to exit zu denken.

[4] Kaysen/Turner, op. cit., S. 75: «A firm possesses market power when it can behave persistently in a manner different from the behavior that a competitive market would enforce on a firm facing otherwise similar cost and demand conditions. When the ‹can› in this definition is emphasized, we see that the concept of market power is basically a structural concept.»

[5] Vgl. Schmidt, Ingo, Die Zusammenhänge von relevantem Markt, Marktbeherrschung und Marktergebnis am Beispiel der Mißbrauchsaufsicht des Bundeskartellamtes bei Arzneimitteln, in: Jahrbücher für Nationalökonomie und Statistik Bd. 190 (1976), S. 67 ff.

(z.B. hohe Preise) können z.B. durch Pionierleistungen oder Nachfrageüberhang gerechtfertigt sein. Auch im Falle guter Marktergebnisse (z.B. niedrige Preise) ist ein solcher Rückschluß von der performance auf die Wettbewerbsintensität logisch nicht zwingend, da eine gute performance zwar Ausdruck von Wettbewerb sein *kann,* aber nicht sein *muß,* sondern auch auf dem Wohlverhalten des Managements beruhen kann. U.E. ist das Vertrauen auf das Wohlverhalten des Managements allerdings kein Ersatz für eine Wettbewerbspolitik; gute Marktergebnisse müssen vielmehr durch den anonymen Wettbewerbsdruck erzwungen werden und dürfen nicht auf einem jederzeit veränderlichen Wohlverhalten beruhen. Einer guten oder schlechten performance kommt insofern nur Indizcharakter für das Vorliegen von Wettbewerb oder Marktbeherrschung zu.

IV. Der performance-Test als selbständiger Wettbewerbstest im Falle sog. Ausnahmebereiche

Die grundsätzliche Ablehnung der Verwendung von performance-Dimensionen mangels ausreichender Operationalität und Systemkonformität beinhaltet allerdings nicht, daß nicht in Ermangelung anderer Möglichkeiten z.B. bei internem Unternehmenswachstum oder bei praktisch, technisch oder politisch nicht durchführbarer Entflechtung (die sog. «natürlichen» oder «politischen» Ausnahmebereiche im Sinne Hoppmanns) auf das Marktergebnis als selbständigen Wettbewerbstest für die Mißbrauchsaufsicht (regulation approach) zurückgegriffen werden muß. Die wettbewerbspolitische Alternative bestünde sonst darin, die vor- oder nachgelagerten Wirtschaftsstufen schutzlos der Marktmacht preiszugeben und auf das Wohlverhalten der marktmächtigen Unternehmen zu vertrauen.

V. Die Erfassung von Marktmacht mit Hilfe der Handlungs- und Entschließungsfreiheit

Marktmacht als Gegenpol zu wirksamem Wettbewerb läßt sich aus zwei Überlegungen heraus adäquat nur negativ als Beschränkung der wettbewerbsrelevanten Handlungs- und Entschließungsfreiheit definieren:[6]

- **Ausmaß und** relative **Verteilung der Freiheitsbereiche** ändern sich durch Ablauf der Marktprozesse ständig, so daß Marktmacht nur indirekt definiert werden kann, indem man präzisiert, wann die Wettbewerbsfreiheit ungebührlich beschränkt ist bzw. unvernünftige Marktmacht vorliegt. Die Wettbewerbstheorie ist insofern eine Theorie der Wettbewerbsbeschränkungen, d.h. der Beschränkung der wettbewerbsrelevanten Handlungs- und Entschließungsfreiheit. Unangemessene Marktmacht liegt

[6] Die Konkretisierung von Marktmacht bzw. Beschränkungen der Wettbewerbsfreiheit erfolgt mit Hilfe von Struktur- und Verhaltensmerkmalen.

daher dann vor, wenn die Handlungsfreiheit eines Wirtschaftssubjektes im Verhältnis zu den Freiheitsbereichen der anderen Marktteilnehmer ungebührlich groß ist.

– Eine solche negative Definition von unangemessener Marktmacht (vgl. z. B. § 18 GWB) ist im konkreten Fall zudem relativ leicht anzuwenden (**Gesichtspunkt der Operationalität**), wenn auf dem fraglichen Markt ein Vergleich zwischen dem Zustand ohne und mit künstlicher Wettbewerbsbeschränkung erfolgt. Diese im amerikanischen Wettbewerbsrecht entwickelte «before and after theory» kann insofern bei der wettbewerbsrechtlichen Beurteilung von Fusionen, Kopplungs- und Ausschließlichkeitsverträgen wertvolle Dienste leisten. Ein Urteil, ob die Beschränkung der Handlungs- und Entschließungsfreiheit reasonable im Hinblick auf Marktmacht ist, läßt sich dabei leichter abgeben, als wenn festgestellt werden soll, ob auf einem bestimmten Markt eine marktbeherrschende Stellung (§ 22 GWB) vorliegt; denn es fehlt dann i. d. R. an einem objektiven Bezugskriterium, so daß ein hypothetischer Intensitätstest vorgenommen werden muß, was erhebliche Probleme und Beweisschwierigkeiten aufwirft.

Bei der Frage, was angemessene oder unangemessene Marktmacht ist, handelt es sich – wie auch in anderen Bereichen der Wirtschaftspolitik (z. B. Geld- und Finanzpolitik) – um eine Ermessensentscheidung. Anders als bei der Geld- und Finanzpolitik sind diese Ermessensentscheidungen jedoch einer richterlichen Kontrolle unterworfen, was an die Justitiabilität der Kriterien entsprechend hohe Anforderungen stellt.

Übungsfragen zum 4. Kapitel:

1. Mit Hilfe welcher Tests (Definitionstypen) versucht man, den Wettbewerb als anonymen Kontroll- und Steuerungsmechanismus zu erfassen?
2. Warum ist der performance-Test als selbständiger Wettbewerbstest nicht geeignet?
3. Begründen Sie, warum der marktwirtschaftliche Koordinierungsprozeß adäquat nur mit Hilfe einer Marktprozeßdefinition erfaßt werden kann.
4. Warum kann es gerechtfertigt sein, den performance-Test hilfsweise zu verwenden, obwohl er als selbständiger Wettbewerbstest ausscheidet?
5. Welche Rolle spielt der performance-Test als selbständiger Wettbewerbstest im Falle sog. Ausnahmebereiche?
6. Was verstehen Sie unter Marktmacht?
7. Warum läßt sich unangemessene Marktmacht leichter und adäquater negativ definieren?

Weiterführende Literaturhinweise zum 4. Kapitel:

Hoppmann, Erich, Workable Competition als wettbewerbspolitisches Konzept, in: Theoretische und institutionelle Grundlagen der Wirtschaftspolitik. Theodor Wessels zum 65. Geburtstag, hrsg. von Besters, Hans, Berlin 1967, S. 145 ff.

Kaysen, Carl, und Donald F. *Turner*, Antitrust Policy. An Economic and Legal Analysis, Cambridge, Mass. 1959, S. 58–82.

Klauss, Gerd, Die Bestimmung von Marktmacht. Eine Untersuchung von Machtkriterien unter Berücksichtigung der Zusammenschlußkontrolle des «Gesetzes gegen Wettbewerbsbeschränkungen» in der Bundesrepublik Deutschland, Berlin 1975, S. 23 – 44.

Schmidt, Ingo, US-amerikanische und deutsche Wettbewerbspolitik gegenüber Marktmacht, Berlin 1973, S. 61 – 66.

5. Kapitel: Konflikte zwischen der Aufrechterhaltung wirksamen Wettbewerbs und anderen Zielsetzungen?

Bei der Umsetzung des theoretischen Konzeptes eines wirksamen Wettbewerbs ergibt sich das Problem, daß zwischen dem Ziel der Sicherung des Wettbewerbs sowie anderen Zielen Konflikte auftreten können. Derartige Zielkonflikte können einmal zwischen den verschiedenen Schutzobjekten der Wettbewerbspolitik: Individual- oder Institutionsschutz, zum anderen zwischen der Aufrechterhaltung wirksamen Wettbewerbs und der Realisierung der optimalen Betriebs- oder Unternehmensgröße, dem technischen Fortschritt, der internationalen Wettbewerbsfähigkeit sowie sonstigen Zielsetzungen bestehen.

I. Zielkonflikt zwischen Individual- und Institutionsschutz?

(1) In der deutschen Wettbewerbspolitik ist teilweise[1] kontrovers, ob Wettbewerb im Sinne der Sicherung der Handlungs- und Entschließungsfreiheit der Marktbeteiligten (= Individualschutz) oder im Sinne der Aufrechterhaltung des anonymen Kontroll- und Steuerungsmechanismus (= Institutionsschutz) zu verstehen ist. In der deutschen Diskussion werden **drei Auffassungen hinsichtlich des Schutzobjektes des GWB** vertreten:

– Würdinger hat noch während der Vorarbeiten zum GWB die Ansicht geäußert, daß dieses Gesetz allein wirtschaftspolitische Zielsetzungen zum Gegenstand habe. Der Wettbewerb wird dabei lediglich als Instrument zur Wohlstandmaximierung im Sinne einer Realisierung der vorgegebenen fünf ökonomischen Wettbewerbsfunktionen (Institutionsschutz) verstanden – im Gegensatz zum amerikanischen Antitrustrecht, das der Idee der individuellen Freiheit als einem ethischen Postulat entsprungen ist:[2]

> «Das amerikanische Recht wird beherrscht von dem Wert der Person, das deutsche Recht von gesamtwirtschaftlicher ratio; jenes beruht auf einer absoluten Idee, dieses auf einer in ihrer Richtigkeit von verschiedenen und wechselnden Voraussetzungen bedingten ökonomischen Erkenntnis. Im amerikanischen Recht ist die Begründung der Notwendigkeit des Wettbewerbs verankert in dem sittlichen Freiheitsprinzip, das deutsche Recht schützt den Wettbewerb aus Gründen des materiellen Erfolges; es ist nichts anderes als in Form des Gesetzes vollzogene, auf Erhaltung der Marktwirtschaft gerichtete Wirtschaftspolitik.»

Den Individualschutz, verstanden als wirtschaftliche Freiheit des einzelnen, will Wür-

---

[1] Während in manchen Rechtsnormen die beiden Schutzobjekte Individual- und Institutionsschutz konkurrieren (z. B. § 26 Abs. 2 GWB), ist dieser mögliche Konflikt in anderen Rechtsnormen klar entschieden. So steht z. B. bei § 18 Abs. 1a GWB der Schutz der gebundenen Vertragspartner (Individualschutz), bei § 18 Abs. 1b GWB der Schutz dritter Unternehmen hinsichtlich des Marktzutritts (Individualschutz) und bei § 18 Abs. 1c GWB der Schutz des Wettbewerbs (Institutionsschutz) im Vordergrund.

[2] Würdinger, H., Freiheit der persönlichen Entfaltung – Kartell- und Wettbewerbsrecht, Karlsruhe 1953, S. 9.

dinger nur als faktische Konsequenz, als Reflex des Wettbewerbs im Sinne des Institutionsschutzes verstanden wissen.

- Säcker hat unter Berufung auf Biedenkopf, Böhm, Fikentscher, Günther, Hoppmann, Kronstein, Lukes, Merz und Mestmäcker als ausschließlichen Schutzgegenstand des GWB den sogenannten Individualschutz im wirtschaftsverfassungsrechtlichen Sinne postuliert:[3]

«Primäre Zielsetzung der grundsätzlichen Kartellverbote der §§ 1 GWB, Art. 85 Abs. 1 EWGV ist die Sicherung der Individualfreiheit der einzelnen Marktteilnehmer durch rechtliche Bindung privater Macht, insbesondere durch Verhinderung von Einigung und Monopolisierungspraktiken zu Lasten unbeteiligter Dritter. Sicherung der Freiheit vor Vermachtung, nicht Wohlstandsmaximierung ist die oberste Zielsetzung der Kartellverbote. Bessere ‹market performances› sind kein legitimer Rechtfertigungsgrund für die Aufhebung dezentralisierter Entscheidungsprozesse durch Wettbewerbsbeschränkungen, da die Sicherung des Wettbewerbs eben der Freiheit als einem höherrangigen Wert gilt.»

- Die z. Zt. herrschende Meinung geht davon aus, daß das GWB den Wettbewerb sowohl als wirtschaftspolitisches Instrument als auch im Interesse der Handlungsfreiheit der Marktbeteiligten als Bestandteil der allgemeinen Handlungsfreiheit von Art. 2 GG schützt:[4]

«Das GWB soll den Wettbewerb als notwendiges Element einer durch Angebot und Nachfrage über den Preis gesteuerten Marktwirtschaft schützen; zugleich dient es aber dem Schutz der Handlungsfreiheit des Einzelnen als Vollzug der Freiheitsgarantie des Art. 2 GG sowie als Korrelat zu Vertragsfreiheit und Privatautonomie und sichert die Gleichheit der wirtschaftlichen und politischen Freiheitsrechte für alle Rechtsgenossen.»

(2) Nach Hoppmann/Mestmäcker[5] kann allerdings **kein Konflikt zwischen den beiden Schutzobjekten** auftreten, da Wettbewerb als Entdeckungsverfahren verstanden wird. Es handele sich lediglich um zwei Aspekte des gleichen Schutzzweckes; bei einer Verletzung der individuellen Freiheit brauche daher keine – instrumentalem Denken verhaftete – Abwägung zwischen Individual- und Institutionsschutz vorgenommen zu werden.

Dagegen wird von anderen Autoren auf mögliche Zielkonflikte hingewiesen und die insbesondere von Hoppmann und Mestmäcker vertretene Harmoniethese, daß es sich um zwei Aspekte des gleichen Schutzzweckes handele, als wirklichkeitsfremd zurückgewiesen:[6]

---

[3] Säcker, Franz-Jürgen, Die Genossenschaften im System des deutschen und europäischen Kartellrechts, in: Archiv für öffentliche und freigemeinnützige Unternehmen, Zeitschrift für Strukturlehre der Einzelwirtschaften und für Einzelwirtschaftspolitik Bd. 9 (1971), S. 193 ff., 202–204.

[4] Koenigs, Folkmar, Wechselwirkungen zwischen Gesetz gegen Wettbewerbsbeschränkungen und Recht des unlauteren Wettbewerbs, in: NJW Jg. 14 (1961), S. 1041 ff., 1041.

[5] Mestmäcker, Ernst-Joachim, Das Verhältnis des Rechts der Wettbewerbsbeschränkungen zum Privatrecht, in: Der Betrieb 21. Jg. (1968), S. 787 ff. und 835 ff., insbes. S. 790.

[6] Säcker, Franz-Jürgen, Zielkonflikte und Koordinationsprobleme im deutschen und europäischen Kartellrecht, Schriftenreihe Der Betrieb, Düsseldorf 1971, S. 19. Vgl. auch Schlecht, Otto, Wettbewerb als ständige Aufgabe, Walter Eucken Institut, Vorträge und Aufsätze Bd. 53, Tübingen 1975, S. 13 ff., der von einer verbalen Konfliktharmonie spricht.

«Zielkonflikte auf normativer Ebene können nicht ausgeschlossen werden, weil in der Realität verschiedene Freiheitsgrade und Wettbewerbsintensitäten bestehen, die nicht gleichmäßig mit guten ökonomischen Ergebnissen korreliert sein müssen. Weder Hoppmann noch Mestmäcker geben ausreichende operationale Definitionen der von ihnen verwandten Begriffe Wettbewerbsfreiheit und gute ökonomische Marktergebnisse. Sie halten solche Definitionen für verzichtbar, weil tatsächliche Marktergebnisse nichts darüber aussagten, inwieweit sie auf die Freiheit des Wettbewerbs zurückzuführen seien. Damit aber erweist sich der Satz ‹Freiheit des Wettbewerbs› und ‹gute ökonomische Marktergebnisse› seien ‹zwei Aspekte einer Gesamtheit›, als verbale Konfliktharmonisierung, die insoweit dem klassischen Harmoniedenken der liberalen Wettbewerbsphilosophie verhaftet bleibt.»

(3) Aus unserem eigenen wettbewerbstheoretischen Ansatz, in welchem Wettbewerb als ein wirtschafts- wie gesellschaftspolitisches Instrument verstanden wird, das jedoch wertmäßig nicht indifferent ist, ergeben sich *mögliche Zielkonflikte.* Diese treten unter anderem bei der wettbewerbspolitischen Beurteilung von Preisdifferenzierungen auf, die einerseits den Wettbewerb auf oligopolitischen Märkten erheblich beleben, andererseits jedoch zur Beeinträchtigung der Chancengleichheit anderer Unternehmen führen können, so daß im konkreten Fall der Versuch einer Abwägung dieser konkurrierenden Zielsetzungen unternommen werden muß.[7]

II. Zielkonflikte zwischen der Aufrechterhaltung wirksamen Wettbewerbs und einer Realisierung der optimalen Betriebs- und Unternehmensgröße?

Von einer Reihe von Autoren,[8] wie Schumpeter und danach insbesondere Galbraith, Kaplan, Lilienthal, Salin und Villard ist die These aufgestellt worden, daß der Konzentrationsprozeß im Interesse der Erzielung von economies of scale und des technischen Fortschritts notwendig und wünschenswert sei. Wenn also die Produktionsbedingungen durch das Phänomen steigender Skalenerträge (economies of scale) gekennzeichnet wä-

[7] Edwards, Corwin D., The Price Discrimination Law. A Review of Experience, Washington, D.C. 1959, S. 580 und 643: «The policy of the law should be to reconcile so far as possible two objectives: freedom for businessmen to price their goods flexibly in response to the varying pressures of the market, and curbs on exercise of that freedom in ways that thwart the objectives of the statue as to competition and competitive opportunity. . . . Under either formulation, what must be sought is a balance that reconciles the liberty of the enterprise with the continuance of liberty in the relationsships among their enterprises and among consumers . . .

The problem of public policy will be to evaluate the effects in the primary and secondary lines in order to make sure that the accomplishments in the secondary line are not obtained at too great a cost of adverse effects in the primary line.»

[8] Vgl. Schumpeter, Joseph A., Capitalism, Socialism and Democracy, New York 1942; Galbraith, John Kenneth, American Capitalism – The Concept of Countervailing Power, Boston 1952; Kaplan, A. D. H., Big Enterprise in a Competitive System, Washington, D. C. 1954; Lilienthal, David E., Big Business – A New Era, New York 1952; Salin, Edgar, Soziologische Aspekte der Konzentration, in: Die Konzentration in der Wirtschaft, hrsg. von Neumark, F., Schriften des Vereins für Socialpolitik NF Bd. 22, Berlin 1961, S. 16–44; Villard, Henry H., Competition, Oligopoly, and Research, in: The Journal of Political Economy vol. 64 (1958), S. 483 ff.

ren, würde das Ziel der Wohlstandssteigerung die Errichtung von kostengünstig arbeitenden Großunternehmen erfordern.

Der generelle Einwand, daß der technische Fortschritt einen Zwang zur Konzentration ausübe und daher eine Fusionskontrolle überflüssig, wenn nicht schädlich sei, stützt sich auf zwei Hauptargumente:

- Zielkonflikte zwischen der Aufrechterhaltung wirksamen Wettbewerbs und einer Realisierung der optimalen Betriebs- und Unternehmensgröße bei gegebenem technischen Wissen (traditionelle defense-These) und
- Zielkonflikte zwischen der Aufrechterhaltung wirksamen Wettbewerbs und einer für den technischen Fortschritt erforderlichen Betriebs- und Unternehmensgröße (new defense-These).

Wenn das Gesetz der Massenproduktion, der Trend zu immer größeren Unternehmenseinheiten aufgrund der technischen Entwicklung und die Notwendigkeit von Großunternehmen für Forschung und Entwicklung *generell* zuträfen, so wäre der Konzentrationsprozeß technisch determiniert und unter den Zielen einer billigen Versorgung mit Gütern und einer hohen Wachstumsrate zu fördern. Abgesehen von gesellschaftspolitischen Überlegungen wäre eine Fusionskontrolle dann ein Anachronismus. Dieses als «Dilemma-These» bekannte Phänomen läßt sich auf eine Frage reduzieren: Sind Großunternehmen für eine gesamtwirtschaftliche Wohlstandssteigerung erforderlich und ergeben sich damit Zielkonflikte der oben geschilderten Art?

Insbesondere die Hearings des Subcommittee on Antitrust and Monopoly des amerikanischen Senats über «Economic Concentration»[9] haben eine Fülle von empirischem Material zu diesen Fragenkomplexen gebracht, die zumindest gewisse Aussagen über Art und Ausmaß der behaupteten Zielkonflikte ermöglichen. Diese empirische Basis ist in den siebziger Jahren durch einige Untersuchungen verbreitert worden.[10] Dabei lag das Schwergewicht auf der Analyse der beiden sog. Neo-Schumpeter-Hypothesen.[11]

Der behauptete Zielkonflikt zwischen der Aufrechterhaltung wirksamen Wettbewerbs und economies of scale unterstellt – bei gegebener Produktionstechnik – eine generell positive Korrelation zwischen Betriebs- und Unternehmensgröße einerseits sowie der wirtschaftlichen Leistungsfähigkeit eines Unternehmens andererseits, die hauptsächlich an:

---

[9] Vgl. Economic Concentration: Hearings before the Subcommittee on Antitrust and Monopoly of the Committee on the Judiciary, United States Senate, US Government Printing Office, Washington, D.C. 1964–1969, im folgenden als Hearings Part 1–8a zitiert. Eine gute Auswertung der Hearings findet sich bei Petry, Horst, Technischer Fortschritt, Integration, internationale Wettbewerbsfähigkeit und Unternehmensgröße, in: Jahrbücher für Nationalökonomie und Statistik Bd. 183 (1969), S. 271 ff.

[10] Vgl. Tabbert, Jörg, Unternehmensgröße, Marktstruktur und technischer Fortschritt, Wirtschaftspolitische Studien Heft 37, Göttingen 1974; Müller, Udo, Wettbewerb, Unternehmenskonzentration und Innovation, hrsg. von der Kommission für wirtschaftlichen und sozialen Wandel, Bd. 37, Göttingen 1975; vgl. ferner die lfd. Veröffentlichungen, in: The Journal of Industrial Economics.

[11] Vgl. Müller, Udo, op. cit., S. 63 – 116, der insbesd. folgende Beziehungen untersucht:

- Neo-Schumpeter-Hypothese I: Absolute Unternehmensgröße und F. & E.-Aktivität sind positiv korreliert.
- Neo-Schumpeter-Hypothese II: Relative Unternehmenskonzentration und F. & E.-Aktivität sind positiv korreliert.

– den Kosten (sog. cost estimation-approach),
– der Fähigkeit eines Unternehmens zum Überleben (sog. survivor-approach) oder
– dem Gewinn (sog. profitability-approach)
gemessen werden kann.

1. Die Darstellung von economies of scale[11a]

Das Problem der Realisierung von Betriebsgrößenvorteilen soll anhand der Analyse einer homogenen Produktionsfunktion vom Grade r: $\lambda^r \cdot O = f(\lambda v_1, \lambda v_2)$ für $r \gtreqless 1$ dargestellt werden:

– Ist der Homogenitätsgrad r einer Produktionsfunktion gleich eins, so liegen konstante Skalenerträge vor (constant returns to scale), d. h., die Veränderung des outputs (Produktionsmenge) ist proportional zur Veränderung der (in einem festen Verhältnis) eingesetzten Faktormengen v_1 und v_2. Auf dem Ertragsgebirge einer linear homogenen Produktionsfunktion müssen Pfade, denen ein Ursprungsstrahl in der Grundebene entspricht, konstante Steigung haben, die Abstände der Isoquanten also gleich bleiben.
– Ist der Homogenitätsgrad r einer Produktionsfunktion größer als eins, so liegen zunehmende Skalenerträge vor (increasing returns to scale), d. h., die Veränderung des outputs (Produktionsmenge) ist überproportional zur Veränderung der eingesetzten Faktormengen v_1 und v_2. Auf dem Ertragsgebirge einer über-linear homogenen Produktionsfunktion müssen Pfade, denen ein Ursprungsstrahl in der Grundebene entspricht, zunehmende Steigung haben, die Abstände der Isoquanten also abnehmen.

– Ist der Homogenitätsgrad r einer Produktionsfunktion kleiner als eins, so liegen abnehmende Skalenerträge vor (decreasing returns to scale), d. h., die Veränderung des outputs (Produktionsmenge) ist unterproportional zur Veränderung der eingesetzten Faktormengen v_1 und v_2. Auf dem Ertragsgebirge einer unter-linear homogenen Produktionsfunktion müssen Pfade, denen ein Ursprungsstrahl in der Grundebene entspricht, abnehmende Steigung haben, die Abstände der Isoquanten also zunehmen.
Zur Verdeutlichung der Zusammenhänge diene folgende Darstellung:

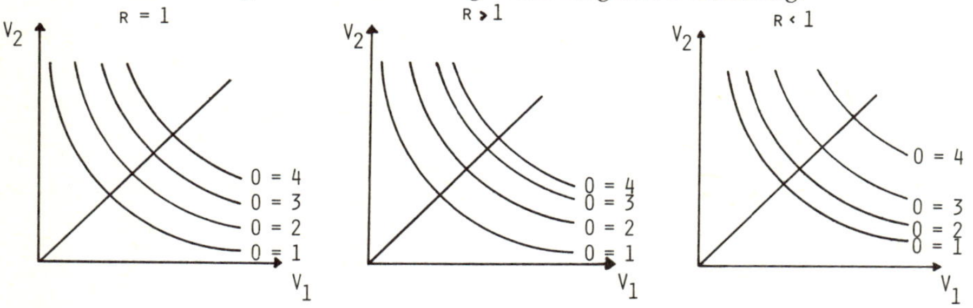

Die graphische Darstellung verdeutlicht, daß nur für den Fall einer über-linear homogenen Produktionsfunktion ($r > 1$) economies of scale realisiert werden.

[11a] Einen guten Überblick über Größenersparnisse gibt Kaufer, Erich, Industrieökonomik. Eine Einführung in die Wettbewerbstheorie, München 1980, S. 58–85.

a) Die Realisierung von economies of scale bei ertragsgesetzlichem Kostenverlauf

Transformiert man eine ertragsgesetzliche Produktionsfunktion aus dem Bereich der Gesamterträge durch Spiegelung an der 45°-Achse in den Kostenbereich, so erhält man unter Berücksichtigung der Fixkosten in der sich daraus ergebenden Grenz- und Durchschnittsbetrachtung folgende graphische Darstellung:

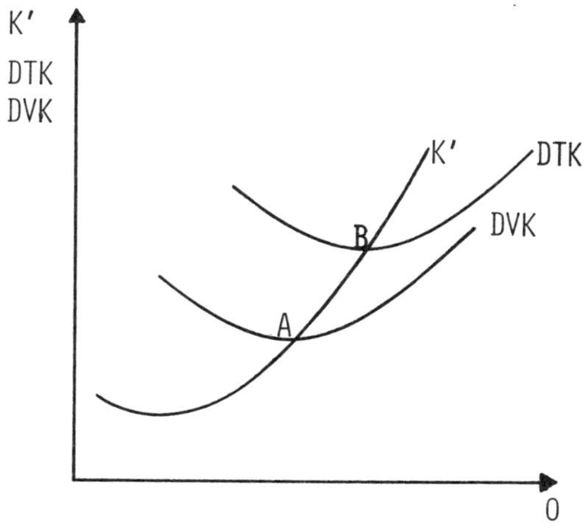

Die Abbildung zeigt, daß bei U-förmigem DTK-Verlauf bis zum Minimum der DTK-Kurve economies of scale realisiert werden (Karl Bücher: Gesetz der Massenproduktion). Ab B würde eine Steigerung des outputs bei kostenmäßiger Betrachtung diseconomies of scale auslösen.[12]

b) Die Realisierung von economies of scale bei linearem Kostenverlauf

Transformiert man eine Leontief'sche Produktionsfunktion aus dem Bereich der Gesamterträge in den Kostenbereich, so erhält man unter Berücksichtigung der Fixkosten in der sich daraus ergebenden Grenz- und Durchschnittsbetrachtung folgende graphische Darstellung:

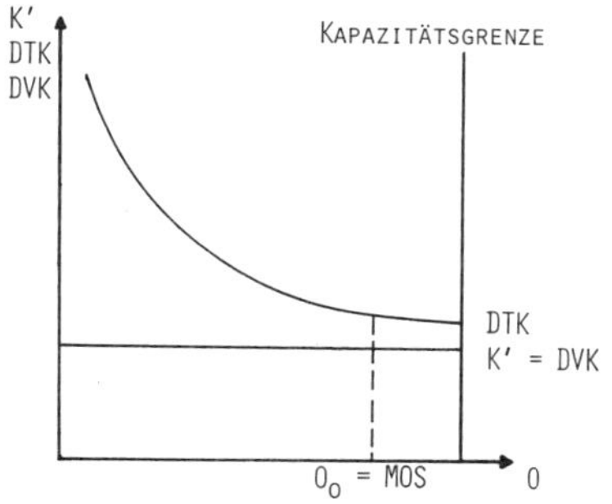

Wie aus der Abbildung ersichtlich, gibt es bei linearem Kostenverlauf kein Minimum der DTK-Kurve, mit welchem die optimale Betriebsgröße bestimmt werden kann. Das Unternehmen dehnt seine Produktion bis zur Kapazitätsgrenze aus und erreicht dort sein Gewinnmaximum. Der Beginn der optimalen Betriebsgröße liegt bei O_0, dem Punkt, den Bain «minimum optimal scale» (MOS) nennt.

[12] Streng genommen treten economies of scale nur bis zum Minimum der DVK auf. Unter Einbeziehung der Fixkosten sinken die gesamten Kosten pro Stück bis zum Minimum der DTK.

Folgende Fragen ergeben sich im Hinblick auf die Feststellung der optimalen Betriebsgröße für die Unternehmen:

- Bei welcher Produktionsmenge je Zeiteinheit nehmen die Kosten nur noch marginal ab, so daß die Kostensenkung nicht mehr spürbar ist?
  Dieses kleinste Optimum (O_0 = MOS), bei welchem die Minimalkosten frühestens erreicht werden, ersetzt dann das Betriebsoptimum B bei U-förmigem DTK-Verlauf.
- Wie steil steigen die Kosten bei geringerer Ausbringungsmenge an?
  Je geringer der Kostennachteil bei suboptimaler Ausbringung ist, d. h., je flacher der Kostenanstieg bei geringer Ausbringungsmenge ist, desto günstiger sind die Möglichkeiten zur Errichtung kleinerer Betriebsgrößen (also Verlauf A günstiger als Verlauf C).

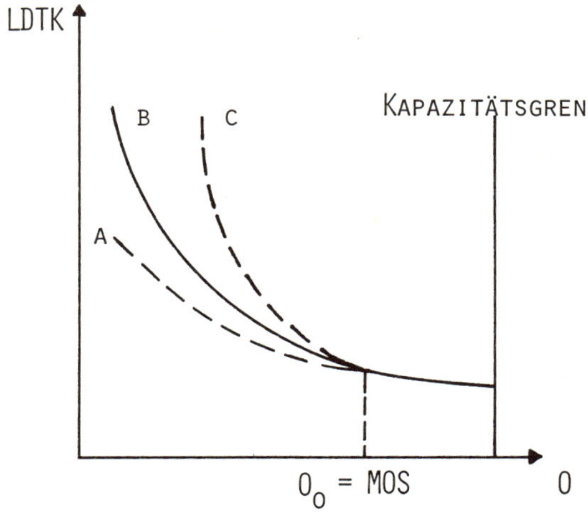

2. Der cost estimation-approach

Beim Kostenkonzept wird die Leistungsfähigkeit der Betriebe oder Unternehmen daran gemessen, mit welchen Kosten eine bestimmte gegebene Gütermenge produziert wird.

Da ein direkter Stückkostenvergleich für ein bestimmtes Produkt in einer Industrie mit unterschiedlich großen Betrieben oder Unternehmen wegen der Weigerung der Industrie, derartige Angaben zu machen, auch in den USA nicht möglich war, mußte in den den Hearings zugrunde liegenden Untersuchungen auf eine indirekte Methode zur Feststellung von plant oder firm (= multiplant) economies of scale zurückgegriffen werden, indem Fachleute aus den zu untersuchenden Branchen befragt wurden.

Das Ergebnis der in den Hearings vorgetragenen Untersuchungen geht dahin, daß die optimale Betriebsgröße bzw. optimale Mindestgröße («minimum optimal scale») in den einzelnen Branchen stark differiert. Firm oder multiplant economies of scale konnten dagegen relativ selten festgestellt werden. In den USA waren aufgrund dieser Untersuchungen sowohl die Betriebs- als auch die Unternehmensgrößen meistens höher als es die Existenz von «plant or firm economies of scale» gerechtfertigt hätte.

Über die in den Hearings angeführten Expertenaussagen hinaus sind insbesondere folgende Untersuchungen von Interesse.

- Anfang der fünfziger Jahre wurde in einer Studie von *Bain*[13] von Managern der Beginn des optimalen Betriebsbereiches in 20 Industrien (Branchen) geschätzt. Dabei ergab sich, daß die optimale Betriebsgröße für ein Unternehmen bei 0,25 % bis 30 % der Gesamtkapazität der Branche liegt. Für die Mehrheit der Branchen konnte jedoch festgestellt werden, daß eine voraussichtlich kompetitive Marktstruktur nicht mit einem Verzicht auf nennenswerte Größenvorteile in Produktion und Distribution verbunden ist.
- Eine neuere Untersuchung von *Scherer* befaßt sich mit der Zahl der Betriebe in zwölf untersuchten Branchen, die höchstens erforderlich sind, um die 1967 in 6 Nationen verbrauchten Produkte dieser Branchen effizient zu produzieren. Als Ergebnis konnte festgehalten werden, daß in der Regel die Anzahl der entsprechenden Betriebe mit mindest-optimaler Größe mit einer voraussichtlich kompetitiven Marktstruktur vereinbar war:[14]

Tab. 2: Number of plants of minimum optimal size compatible with domestic consumption

Industries	United States	Canada	United Kingdom	France	Sweden	West Germany
Drinks	29.0	2.9	10.9	4.5	0.7	16.1
Cigarettes	15.2	1.3	3.3	1.6	0.3	2.8
Construction	451.7	17.4	57.0	56.9	10.4	52.1
Paints	69.8	6.3	9.8	6.6	2.0	8.4
Petroleum	51.6	6.0	8.6	7.7	2.5	9.9
Shoes	523.0	59.2	164.5	128.2	23.0	196.9
Bottles	65.5	7.2	11.1	6.6	1.7	7.9
Cement	59.0	6.6	16.5	21.7	3.5	28.8
Steel	38.9	2.6	6.5	5.5	1.5	10.1
Transport	72.0	5.9	22.8	17.0	3.3	n. i.
Refrigerators	7.1	0.7	1.2	1.7	0.5	2.8
Batteries	53.5	4.6	7.7	12.8	1.4	10.5

[13] Bain, Joe S., Economies of Scale, Concentration and the Condition of Entry in Twenty Manufacturing Industries, in: American Economic Review vol. 44 (1954), S. 15 ff., 38 f.

[14] Vgl. Scherer, F. M., The Determinants of Industrial Plant Sizes in Six Nations, in: The Review of Economics and Statistics vol. 55 (1973), S. 135 ff., 141.

3. Der survivor-approach

Beim survivor-approach wird die Leistungsfähigkeit von Betrieben (indirekt) daran gemessen, wie sich die relativen Anteile von – nach Größenmerkmalen (z. B. Produktionskapazität, Beschäftigtenzahl) unterteilten – Gruppen von Betrieben in einem bestimmten Industriezweig im Zeitablauf entwickelt haben. Es werden also verschiedene Betriebe einer Branche in Größenklassen unterteilt, wobei als Bezugsgröße die Beschäftigungszahl oder die Produktionskapazität dienen. Entscheidend ist dann die Entwicklung der Anteile der einzelnen Größenklassen am output der bestimmten Branche über einen bestimmten Zeitablauf: diejenige Größenklasse, die ihren Anteil im Laufe der Zeit am stärksten erhöhen konnte, war überlegen und wird auch in Zukunft bei gleichbleibendem Trend überlegen bleiben und sich als vorteilhaft erweisen.

Shepherd[15] untersuchte auf diese Art und Weise 117 Branchen und kam zu dem Ergebnis, daß in 78 Branchen der Anteil der Großbetriebe zurückging. Die in den Hearings vorgelegten Ergebnisse ließen keine generelle Überlegenheit der Großbetriebe erkennen.

Kritisch bleibt anzumerken, daß beim survivor-approach über das Kostenkonzept hinaus andere Größen wie Staatseingriffe, konjunkturelle Einflüsse und außenwirtschaftliche Faktoren mitberücksichtigt werden, die die Ergebnisse beeinflussen.

4. Der profitability-approach

Mißt man die Leistungsfähigkeit nicht an den Kosten, sondern an den Gewinnen, müßten die größten Unternehmen der gleichen Branche relativ höhere Gewinne erzielen als die kleineren. Beim profitability approach wird die Leistungsfähigkeit von Unternehmen also nach der erzielten Netto-Gewinnrate ermittelt.

Die **Federal Trade Commission** prüfte diese Hypothese für den Zeitraum 1959 bis 1963 und untersuchte 290 Unternehmen in 30 Branchen.[16] Es ergab sich folgendes Bild: In sieben Branchen gab es Beziehungen zwischen Gewinn und Unternehmensgröße, in sieben weiteren waren diese Beziehungen schwach, in 16 Branchen gab es keinerlei Beziehungen. Ordnet man alle Unternehmen ohne Rücksicht auf die Branche nach der Größe, besteht überhaupt keine Korrelation zwischen ihrer Größe und dem erwirtschafteten Gewinn.

Die **Europäische Kommission**[17] untersuchte 1975 unter Verwendung verschiedener statistischer Methoden die Beziehungen zwischen Unternehmensgröße und Rentabilität bei 292 Unternehmen. Es ergab sich, daß von den 50 rentabelsten Unternehmen 6 zu den 50 umsatzgrößten, 8 zu den 50 umsatzkleinsten und die restlichen 36 (50 – 6 – 8) Unternehmen zu solchen mittlerer Umsatzgrößen gehörten. Eine spezielle Studie, die sich mit weltweit tätigen Nahrungsmittelkonzernen beschäftigte, ergab, daß zu den 10 rentabelsten Unternehmen nur 2 gehörten, die sich unter den ersten 10 nach der Umsatzrangfolge finden.

Wenngleich alle drei Erhebungsmethoden mit Unsicherheitsmomenten behaftet sind,

---

[15] Vgl. Shepherd, in: Hearings Part 2, S. 641 ff.

[16] Vgl. Hearings Part 4, S. 1552.

[17] Europäische Kommission, 6. Bericht über die Wettbewerbspolitik, Brüssel, Luxemburg 1977, S. 188 ff.

so stimmen die Ergebnisse bei allen drei Methoden insofern überein, als der oft behauptete *generelle* Zielkonflikt zwischen der Realisierung von economies of scale und der Aufrechterhaltung wirksamen Wettbewerbs nicht besteht, wohl aber in bestimmten Produktionsbereichen gegeben sein *kann*.[18]

III. Zielkonflikte zwischen der Aufrechterhaltung wirksamen Wettbewerbs und dem technischen Fortschritt?

Während bisher die Realisierung der optimalen Betriebs- und Unternehmensgröße bei *gegebener* Technik im Hinblick auf mögliche Zielkonflikte untersucht worden ist, soll nunmehr der Frage nachgegangen werden, wie sich die Beziehungen zwischen der Betriebs- bzw. Unternehmens*größe* und dem technischen Fortschritt sowie der Unternehmens*konzentration* und dem technischen Fortschritt darstellen.

1. Beziehungen zwischen technischem Fortschritt und Betriebs- bzw. Unternehmensgröße?

a) Auswirkungen des technischen Fortschritts auf die Betriebsgröße

Die erste These besagt, daß der technische Fortschritt zukünftig Großbetriebe erfordere, weil er die kostengünstigste Betriebsgröße immer weiter hinausschiebe. Diese These läßt sich durch eine Reihe von Beispielen sowohl belegen als auch widerlegen und kann somit keine generelle Gültigkeit beanspruchen.

(1) Beispiele für eine **Verifizierung** sind Dampfmaschine, Lokomotiven und teure Einzweckmaschinen, d. h., die optimalen Betriebsgrößen mußten am Anfang des Zeitalters der technischen Revolution wachsen, um die Kostenvorteile nutzbar zu machen. Aktuelle Beispiele wären der Bau von Flugzeugfabriken, Atomreaktoren oder Weltraumkapseln, wobei hinzugefügt werden muß, daß die genannten Industrien sich einer Vielzahl von Zulieferunternehmen bedienen.

(2) Beispiele für eine **Falsifizierung** sind der Einsatz von Computern auch in kleineren und mittleren Unternehmen, die Einführung des Sauerstoffblas-/LD-Verfahrens und neuerdings des Elektrolichtbogenverfahrens in der Stahlindustrie, die Erschließung der Kunststoffchemie, die Entwicklung des Spannbetons sowie von Glasfiberkarosserien in der Automobilindustrie, Elektronik, Mikroelektronik und Halbleiterbranche.[19]

---

[18] Vgl. Petry, supra, S. 271 ff.

[19] Vgl. die Expertenaussagen bei den US Congress-Hearings u. a. von Finke, W. W. (Honeywell), in: Hearings Part 4, S. 1571 und 1574 ff.:
Carter, B. L. (NCR), in: Hearings Part 4, S. 1601 f.;
Opel, J. R. (IBM), in: Hearings Part 4, S. 1651 ff.;
Orr, L. D. (Prof.), in: Hearings Part 6, S. 2791 ff.;
Morrison, R. S. (Molded Fiber Glass), in: Hearings Part 6, S. 2848 f.;
Haller, W. (Prof.), in: Hearings Part 6, S. 2692 f.;
Sherwood, W. L. (Sherwood Co Ltd.), in: Hearings Part 6, S. 2657 ff., insbesondere S. 2671, sowie dazu Stone, P., in: Hearings Part 6, S. 3096 ff.

Als Ergebnis ist festzuhalten, daß der technische Fortschritt in beiden Richtungen wirken kann, so daß die optimale Betriebsgröße sowohl nach unten als auch nach oben verschoben werden kann. Eine generelle These ist ebensowenig möglich wie bei den economies of scale; Zielkonflikte sind daher denkbar. Die These, daß technischer Fortschritt Großbetriebe und damit verstärkte Konzentration zur Folge haben, ist durch die tatsächliche Entwicklung eher widerlegt als belegt.

b) Einfluß der Unternehmensgröße auf die F & E-Aktivität (Neo-Schumpeter-Hypothese I)

Die zweite These besagt, daß die Aufwendungen für F & E in Zukunft Großunternehmen erfordern, da die Zeit des Einzelerfinders vorbei sei.

Um festzustellen, welche Marktstrukturen (im Sinne der Morphologie) optimal für das Hervorbringen von Erfindungen (inventions) und die Weiterentwicklung von Erfindungen bis zur Marktreife (innovations) sind, mußten in den den Hearings zugrundeliegenden empirischen Untersuchungen verschiedene indirekte Methoden angewendet werden:

(1) Eine Analyse, **welche** der wichtigen **Erfindungen** in neuerer Zeit **von wem** gemacht worden sind, zeigt, daß mehr als 50 % der wichtigsten technischen Erfindungen des 20. Jh. von unabhängigen Erfindern gemacht worden sind.[20] Dies bezieht sich auf Erfindungen aller Wirtschaftszweige.

Folgende Beispiele belegen dies: Klimaanlagen, Bakelit, Kugelschreiber, Cellophan, Verchromung, Baumwollpflückmaschinen, Zyklotron, Elektronenmikroskop, Härtung flüssiger Fette, Hubschrauber, Insulin, Strahltriebwerke, Kodachrome, Magnettonaufnahme, Penicillin, Polaroidkamera, Servolenkung, Schnellgefrierverfahren, Funk, Sicherheitsrasierapparat, Armbanduhr, Titan, Reißverschluß.[21]

(2) Bei einer Untersuchung, ob eine **Korrelation zwischen Unternehmensgröße und F & E-Ausgaben** besteht, konnte eine positive Korrelation festgestellt werden, die allerdings – wenn man nach Branchen differenziert – stark schwankt.

Setzt man die relativen F & E-Ausgaben (F & E zu Umsatz oder zu Beschäftigten) zu der Unternehmensgröße in Beziehung, so ist jedoch keine eindeutige Korrelation mehr festzustellen. Vielmehr schneiden in einigen Industrien die Großunternehmen, in anderen mittlere Unternehmen besser ab.

Folgende Beispiele sollen dies belegen: Arzneimittelhersteller mit 1000–5000 Beschäftigten gaben ca. 6,9 % ihrer Nettoumsätze für F & E aus, während Unternehmen mit mehr als 5000 Beschäftigten nur 4,7 % erreichten. In den Branchen Nachrichtentechnik und Elektronik gaben Unternehmen mit weniger als 1000 Beschäftigten prozentual mehr aus als größere Unternehmen.[22] Wenn man F & E-Ausgaben mit dem Umsatz vergleicht, ergab sich, daß die relativen F & E-Ausgaben nur in 2 Branchen mit der

[20] Vgl. Jewkes, J., D. Sawers und R. Stillerman, The Sources of Invention, London, New York 1962, S. 82, sowie Stillerman, R., in: Hearings Part 3, S. 1078 ff., der wichtige Erfindungen durch Einzelerfinder aufführt.

[21] Vgl. Bergmann, Ulrich H., Unternehmensgröße und technischer Fortschritt, Köln 1972, S. 117, der ebenfalls an die Aussagen von R. Stillerman anschließt.

[22] Vgl. Stillerman, R., in: Hearings Part 3, S. 1082 f.

Größe stiegen (Petroleum, Stein-, Ton- und Glasprodukte); in einigen Branchen fielen sie sogar (z. B. Metallerzeugung).[23]

(3) Eine Untersuchung, ob das teilweise schlechtere Abschneiden der großen Unternehmen bei den F & E-Ausgaben durch economies of scale überkompensiert wird, erfolgte durch **Vergleich der Zahl der erteilten Patente mit dem F & E-Aufwand pro Patent.** Man kam zu dem Ergebnis, daß «alle empirischen Untersuchungen . . . darauf hin(deuten), daß im Gegensatz zu der üblichen These der output an Erfindungen und neuen Produkten per Dollar F & E-Ausgaben in den meisten Fällen bei wachsender Unternehmensgröße fällt.»[24] So wurde herausgefunden, daß der Aufwand für die Entwicklung eines bestimmten Produkts bei Großunternehmen 3–10 mal so groß ist wie bei Kleinunternehmen, d. h., die Effizienz einer F & E-Abteilung wird geringer, je größer das Unternehmen wird.[25]

(4) Zusammenfassend kann gesagt werden, daß Großunternehmen wegen ihrer finanziellen Potenz wohl eher als Kleinunternehmen in der Lage sind, eine Produkt- oder Prozeßinnovation durchzuführen, sofern großer Kapitaleinsatz erforderlich ist. Die **Wahrscheinlichkeit von Zielkonflikten** scheint also bei innovations größer als bei inventions zu sein. Dabei muß allerdings berücksichtigt werden, daß Fähigkeit und Neigung zur Innovation nicht dasselbe sind, d. h., daß neben der Innovations**möglichkeit** vor allem auch der Innovations**wille** vorhanden sein muß, der nur durch die Aufrechterhaltung und Sicherung einer kompetitiven Marktstruktur gewährleistet werden kann:

«The basic point is that progress is likely to be rapid (1) when firms are large enough or few enough to afford and benefit from research and (2) when they are under competitive pressure to innovate – utilize the results of research»[26]

2. Beziehungen zwischen technischem Fortschritt und Unternehmenskonzentration?

a) Auswirkungen des technischen Fortschritts auf die Unternehmenskonzentration

Die erste These besagt, daß die Unternehmenskonzentration auf den technischen Fortschritt zurückzuführen ist. Zu dieser These lassen sich gegensätzliche Plausibilitätsüberlegungen anstellen:

(1) Der technische Fortschritt bringt neue Produkte und Verfahren hervor, die zu einer Verschärfung der Substitutionskonkurrenz beitragen.

(2) Der technische Fortschritt fördert die Anpassungsfähigkeit der Unternehmen im

---

[23] Vgl. Hamberg, D., in: Hearings Part 3, S. 1285.

[24] Petry, supra, S. 283.

[25] Vgl. Cooper, A. C., in: Hearings Part 3, S. 1295. Bei dieser Untersuchung blieb jedoch unberücksichtigt, von welcher Qualität die Patente waren (grundlegende Erfindungen oder bloße Verbesserungen im Detail). Vgl. dazu Dahmann, Gerd, und Werner Zohlnhöfer, Erfindungen, Patentwesen und Angebotskonzentration: Theoretische Grundlegung und empirische Illustration. Ein Beitrag zur Konzentrationsforschung, in: Wettbewerb und Fortschritt. Festschrift zum 65. Geburtstag von Burkhardt Röper, hrsg. von Hamm, Walter, und Reimer Schmidt, Baden-Baden 1980, S. 135 ff.

[26] Villard, Henry H., Competition, Oligopoly, and Research, in: The Journal of Political Economy vol. 66 (1958), S. 483 ff., 491.

Sinne einer größeren Produktionsflexibilität. Die Möglichkeit eines raschen Wechsels der Produktion läßt neue Konkurrenzbeziehungen entstehen.

(3) Der technische Fortschritt im Bereich des Verkehrs und der Nachrichtentechnik bewirkt die Auflösung regionaler Märkte – mitsamt ihren Oligopolen und Monopolen – und deren Aufgehen in nationalen und internationalen Märkten, bei wieder erstarkendem Wettbewerb.

Neben diesen wettbewerbsfördernden Wirkungen lassen sich auch Erwägungen über konzentrationsfördernde Effekte anstellen:

(1) Der technische Fortschritt vermag im Zeitablauf die optimale Betriebsgröße soweit hinauszuschieben, daß die Ausbringung weniger Betriebe oder nur eines Betriebes ausreicht, um einen Markt optimal zu versorgen.

(2) Der technische Fortschritt schafft Aggregate, deren Einsatz die Investierung von derart viel Kapital verlangt, daß nur wenige finanzkräftige Unternehmen in der Lage sind, sich die Errungenschaften der fortschreitenden Technik zunutze zu machen.

Jedoch darf der technische Fortschritt als Konzentrationsursache nicht überbewertet werden. Andere Determinanten unternehmensinterner Art (z. B. Machtstreben des Managements) oder unternehmensexterner Art (z. B. Einflüsse der Wirtschafts-, Finanz- und Rechtspolitik) können u. U. in noch stärkerem Maße zur Unternehmenskonzentration beitragen.

b) Einfluß der Unternehmenskonzentration auf die F & E-Aktivität (Neo-Schumpeter-Hypothese II)

Die zweite These besagt, daß von dem Stand der Entwicklung der Unternehmenskonzentration Wirkungen auf die F & E-Aktivität ausgehen. Dazu finden sich folgende Thesen:

(1) Mit der Unternehmenskonzentration wächst die Marktmacht der führenden Unternehmen; diese Marktmacht erzeugt jene Anreize, die für die Durchsetzung von Forschung und Entwicklung notwendig sind.

(2) Konzentrationsprozesse sind im Hinblick auf eine optimale Marktstruktur i. S. des weiten Oligopols erforderlich, in welchem einerseits der Konkurrenzdruck noch so groß ist, die Unternehmen zur Durchführung von Forschung und Entwicklung zu zwingen, andererseits die finanziellen Möglichkeiten (Gewinnsituation, Kreditfähigkeit) dazu gegeben sind (Villard, Kantzenbach).[27]

Zu diesen Thesen liegen u. a. empirische Untersuchungen von *Hamberg*[28] und *Scherer*[29] vor:

- *Hamberg* testet die Hypothese, daß die F & E-Aktivität und die Unternehmenskonzentration voneinander unabhängig oder sogar negativ korreliert sind. Er setzt dafür die unternehmensintern finanzierten F & E-Ausgaben absolut und relativ pro Umsatzeinheit in Beziehung zu einem gewogenen Vier-Firmen-Konzentrationsmaß (CR_4). Der Test ergibt zwar, daß die Hypothese der Unabhängigkeit oder negativen Korrelation zwischen Unternehmenskonzentration und F & E-Aktivität abgelehnt werden

---

[27] Vgl. Müller, Udo, op. cit., S. 194 f.

[28] Hamberg, D., Size of Firm, Oligopoly and Research: The Evidence, in: Canadian Journal of Economics and Political Science vol. 30 (1964), S. 62 ff.

[29] Scherer, F. M., Market Structure and the Employment of Scientists and Engineers, in: American Economic Review vol. 57 (1967), S. 524 ff.

kann, sich aber andererseits nur eine äußerst schwache positive Beziehung zeigt. Sollten überhaupt stimulierende Wirkungen von der Unternehmenskonzentration auf die F & E-Aktivitäten ausgehen, so können diese nur von geringer Intensität sein.[30]

- *Scherer* untersucht den Einfluß der Unternehmenskonzentration auf die absolute und relative F & E-Aktivität mit Hilfe zweier multivariabler Regressionsmodelle. Als abhängige Varibale dienen ihm alternativ die Anzahl der in einer Industrie beschäftigten Wissenschaftler sowie die Anzahl derjenigen Ingenieure und Naturwissenschaftler, die durchschnittlich in Forschung und Entwicklung beschäftigt sind und deren Beschäftigung unternehmensintern finanziert wird. Scherer findet einen Schwellenwert der Konzentration, gemessen anhand der kumulierten Marktanteile der vier größten Unternehmen einer Branche (CR_4), von etwa 50–55 %. Ab dieser Konzentrationsrate führt eine weitere Konzentration zu sinkender Beschäftigung von technischem und wissenschaftlichem Personal. Umgekehrt findet er eine «concentration ratio» von ca. 10–14 %, ab welcher überhaupt erst eine Beschäftigung von Personal für Forschung und Entwicklung stattfindet. Innerhalb des Bereiches von 10–55 % steigt mit zunehmender Unternehmenskonzentration die F & E-Aktivität an. Mit dieser Feststellung ist allerdings noch nichts über die Kausalitätsrichtung ausgesagt. Scherer ist jedoch der Meinung, daß die hohe Konzentration in vielen Industriezweigen auf Patent- und Know-how-Barrieren zurückgeht.[31] Er sieht also die Wirkungsrichtung vom technischen Fortschritt zur Konzentration verlaufen.

IV. Zielkonflikte zwischen der Aufrechterhaltung wirksamen Wettbewerbs und der internationalen Wettbewerbsfähigkeit?[32]

1. Der Begriff der internationalen Wettbewerbsfähigkeit

Vornehmlich von Seiten der Industrie wird argumentiert, daß zwischen der Aufrechterhaltung des Wettbewerbs und der internationalen Wettbewerbsfähigkeit eines einzelnen Unternehmens oder aller Unternehmen eines Landes (= globale Wettbewerbsfähigkeit i. S. einer positiven Handelsbilanz) Zielkonflikte auftreten können. Daher ist zu prüfen, ob die internationale Wettbewerbsfähigkeit der Unternehmen wesentlich von der Unternehmensgröße bestimmt wird.

2. Die Einflußgrößen der internationalen Wettbewerbsfähigkeit

Grundlage der Beurteilung für die internationale Wettbewerbsfähigkeit sind neben der Leistungsfähigkeit eines Unternehmens, z. B. gemessen an den aufgewandten Res-

---

[30] Vgl. Müller, Udo, op. cit., S. 104.
[31] Vgl. Müller, Udo, op. cit., S. 196.
[32] Vgl. Jahresgutachten des Sachverständigenrats 1976/77, in: BTDr 7/5902, Tz. 155 ff., sowie Jahresgutachten des Sachverständigenrats 1978/79, in: BTDr 8/2313, Tz. 161 ff.

sourcen pro abgesetzter Einheit, andere Einflußfaktoren, die primär nichts mit der Größe des Unternehmens zu tun haben.

(1) Als **Einflußgrößen,** die **unabhängig von der Unternehmensgröße** sind, können angeführt werden:

- die Geld- und Währungspolitik;
- die Orientierung der Konjunkturpolitik an dem Ziel der Preisniveaustabilität;
- die Außenhandelspolitik (Zölle, Kontingente);
- andere Maßnahmen des Staates, wie z. B. in der Luftfahrtindustrie oder beim Atomkraftwerksbau, wo der Wettbewerb von den privaten Unternehmen auf eine Konkurrenz der Staaten verlagert ist;
- Politik, Struktur und Einflußmöglichkeiten der Gewerkschaften (vgl. England);
- die Qualität des Managements sowie
- die Kostenentwicklung im internationalen Vergleich, die u. a. wesentlich von der Währungs-, Konjunktur- und Gewerkschaftspolitik abhängt.

All diese Faktoren wirken gleichzeitig auf die internationale Wettbewerbsfähigkeit ein und können zur Folge haben, daß ein an den Kosten gemessen leistungsfähiges Unternehmen international nicht wettbewerbsfähig ist und umgekehrt ein an und für sich nicht leistungsfähiges Unternehmen diese Wettbewerbsfähigkeit besitzt.

(2) Als **Einflußgrößen,** die **abhängig von der Unternehmensgröße** sind und die kostenmäßige Leistungsfähigkeit zu einer Funktion der Unternehmensgröße werden lassen, können angeführt werden:

- Economies of scale in Beschaffung, Produktion, Vertrieb und Werbung;
- Veränderung der Betriebsgröße durch den technischen Fortschritt sowie
- Beziehung zwischen F & E und Betriebsgröße.

Aus der Untersuchung der oben genannten Einflußgrößen ergibt sich, daß auch im Hinblick auf die internationale Wettbewerbsfähigkeit die Existenz von Großunternehmen nicht generell erforderlich ist. Dementsprechend ist ein derartiger Zielkonflikt bei sog. Ministerfusionen i. S. von § 24 Abs. 3 S. 1 zweiter Halbsatz (Berücksichtigung der internationalen Wettbewerbsfähigkeit der am Zusammenschluß beteiligten Unternehmen) im Falle VAW-Kaiser[33] verneint, dagegen in den Fällen VEBA/Gelsenberg und Thyssen-Hüller[34] bejaht worden.

V. Zielkonflikte zwischen der Aufrechterhaltung wirksamen Wettbewerbs und sonstigen Zielsetzungen?

Über die bisher untersuchten Zielkonflikte hinaus sind weitere Konflikte zwischen der Aufrechterhaltung wirksamen Wettbewerbs und sonstigen Zielsetzungen denkbar, die insbesondere bei Ministerkartellen im Sinne von § 8 GWB («wenn ausnahmsweise die Beschränkung des Wettbewerbs aus überwiegenden Gründen der Gesamtwirtschaft und des Gemeinwohls notwendig ist») und bei Ministerfusionen im Sinne von § 24 Abs. 3 GWB («wenn im Einzelfall die Wettbewerbsbeschränkung von gesamtwirtschaftlichen

[33] Vgl. VAW/Kaiser, in: WuW/E BWM 149 ff., 151.

[34] Vgl. VEBA/Gelsenberg II, in: WuW/E BWM 147 f., und Thyssen/Hüller, in: WuW/E BWM 159 ff., 163.

Vorteilen des Zusammenschlusses aufgewogen wird oder der Zusammenschluß durch ein überragendes Interesse der Allgemeinheit gerechtfertigt ist») auftreten. Insbesondere handelt es sich um Zielkonflikte zwischen der Aufrechterhaltung wirksamen Wettbewerbs und gesundheits-, arbeitsmarkt- und energiepolitischen Aspekten:

- Eine Abwägung mit gesundheitspolitischen Aspekten ist im Falle der Zigaretten- und Pharmawerbung vorgenommen worden;[35]
- eine Abwägung mit energiepolitischen Aspekten ist bei dem Versuch, das Vordringen des Erdöls zu Lasten der Kohle einzuschränken (Kohle-Öl-Kartell), einen nationalen Erdölkonzern mit eigenen Rohstoffquellen aufzubauen (VEBA/Gelsenberg) und die Erdgasversorgung langfristig zu sichern (VEBA/BP), erfolgt;[36]
- eine Abwägung mit arbeitsmarktpolitischen Aspekten ist im Fall einiger Ministerfusionen vorgenommen worden.[37] Sie muß wirtschaftspolitisch als am fragwürdigsten angesehen werden, da die Erfahrung gezeigt hat, daß Fusionen ein untaugliches Instrument sind, um Arbeitsplätze zu sichern.[38]

VI. Schlußfolgerungen im Hinblick auf die behaupteten Zielkonflikte

Aufgrund des vorliegenden empirischen Materials können folgende Schlußfolgerungen gezogen werden:

- Die generelle Aussage, daß aufgrund niedriger Stückkosten Großunternehmen leistungsfähiger als mittlere und kleinere Unternehmen seien, kann nicht verifiziert werden, vielmehr können auch letztere je nach Branche schon die für die Behauptung im Wettbewerb notwendige Mindestgröße haben.
- Ebenso trifft die generelle Behauptung, der technische Fortschritt erzwinge Großunternehmen, weil er die kostengünstigste Betriebsgröße immer weiter hinausschiebe, nicht zu.
- Hinsichtlich der Forschungs- und Entwicklungsaktivität kann gesagt werden, daß bei der Produktentwicklung mittlere und kleinere Unternehmen gegenüber Großunter-

[35] Vgl. Fernsehwerbung für Zigaretten, in: WuW/E BWM 143 ff., und Werbebeschränkungen in der pharmazeutischen Industrie, in: WuW/E BWM 153 f.

[36] Vgl. Kohle-Öl-Kartell, in: WuW/E BWM 117 ff.; vgl. VEBA/Gelsenberg II, in: WuW/E BWM 147 ff.; VEBA/BP, in: WuW/E BWM 165 ff.

Im Falle VEBA/BP ist die energiepolitische Rechtfertigung der Ministerfusion von den Unternehmen selbst im Frühjahr 1980 ad absurdum geführt worden: BP kürzte die Erdöllieferungen und VEBA erklärte, diese Lieferungen nicht zu benötigen!

[37] Vgl. Babcock/Artos, in: WuW/E BWM 155 ff.; Thyssen/Hüller, in: WuW/E BWM 159 ff.; VEBA/BP, in: WuW/E BWM 165 ff.

[38] Vgl. dazu Jordan, Reinhard, Fusionskontrolle. Umstrittene Sanierer, in: Wirtschaftswoche Nr. 42/1979, S. 70 ff., der aus der Sicht des DGB das Arbeitsplatzargument in den Sanierungsfällen Kaiser-Aluminium und Babcock-Artos als eine Vorspiegelung gesamtwirtschaftlicher Vorteile charakterisiert hat. «In Zeiten hoher Arbeitslosigkeit ist dabei das Argument der Beschäftigungssicherung besonders geeignet, da es auf die Arbeitnehmer einschüchternd wirkt und die Zustimmung der Mitbestimmungsträger erzwingt» (S. 74). Vgl. auch Gröner, Helmut, und Helmut Köhler, Wettbewerbsprobleme der Sanierungsfusion, in: ORDO Bd. 31 (1980), S. 87–126.

nehmen offenbar im Vorteil sind. Bei der Prozess- oder Produkteinführung ist zwar eine Überlegenheit der Großunternehmen festzustellen, dies aber nur dann, wenn auch der entsprechende Innovationswille vorhanden ist, was nicht generell gesichert ist.

- Auch der Einwand, daß vor allem Großunternehmen die internationale Wettbewerbsfähigkeit eines Landes gewährleisten, kann keine generelle Gültigkeit beanspruchen, da die internationale Wettbewerbsfähigkeit eines Landes von vielen Faktoren abhängt, wobei die Unternehmensgröße nur einer dieser Faktoren ist.
- Zielkonflikte zwischen der Aufrechterhaltung wirksamen Wettbewerbs und sonstigen Zielsetzungen (z. B. Gesundheits- oder Energiepolitik) sind im Ausnahmefall denkbar. Zielkonflikte im Hinblick auf die Arbeitsplatzsicherung bestehen offensichtlich nicht, da nicht «am Markt vorbei» fusioniert werden kann (Fusion als ungeeignetes Instrument zur Arbeitsplatzsicherung).

Generell kann gesagt werden, daß Zielkonflikte zwischen der Aufrechterhaltung wirksamen Wettbewerbs als anonymer Kontroll- und Steuerungsmechanismus sowie dem technischen Fortschritt, der internationalen Wettbewerbsfähigkeit und sonstigen Zielsetzungen zwar im Einzelfall möglich, aber insbesondere angesichts der fortgeschrittenen Konzentration wenig wahrscheinlich sind.

Zudem muß bei jeder Abwägung bedacht werden, daß mit einer Beschränkung des Wettbewerbs der Kontroll- und Steuerungsmechanismus ausfällt, der die Weitergabe von Größenvorteilen an die Abnehmer erzwingt.

Übungsfragen zum 5. Kapitel:

1. Nennen Sie die Konflikte, die zwischen der Aufrechterhaltung wirksamen Wettbewerbs und anderen Zielsetzungen bestehen können.
2. Schildern Sie die drei Auffassungen, die in der deutschen Diskussion hinsichtlich des Schutzobjektes des GWB vertreten werden.
3. Welche Zielkonflikte treten auf, wenn Wettbewerb sowohl als wirtschaftspolitisches wie auch als gesellschaftspolitisches Instrument verstanden wird?
4. Erläutern Sie, warum ein Zielkonflikt zwischen der Aufrechterhaltung wirksamen Wettbewerbs und einer Realisierung der optimalen Betriebs- und Unternehmensgröße bestehen kann.
5. Auf welche beiden Hauptargumente stützt sich die Auffassung, daß der technische Fortschritt einen Zwang zur Konzentration ausübt und eine Fusionskontrolle daher überflüssig ist?
6. Woran kann die wirtschaftliche Leistungsfähigkeit eines Unternehmens gemessen werden?
7. Erklären Sie die folgenden Begriffe:
   - Homogenitätsgrad einer Produktionsfunktion;
   - constant returns to scale und
   - increasing (decreasing) returns to scale.

   Stellen Sie graphisch das Isoquantenbild von Produktionsfunktionen mit unterschiedlichen Homogenitätsgraden dar.
8. Leiten Sie aus einer «ertragsgesetzlichen» Produktionsfunktion die Kurve der Grenzkosten K′, der durchschnittlichen totalen Kosten DTK und der durchschnittlich variablen Kosten DVK graphisch ab.
9. Zeigen Sie anhand der Darstellung zu 8., bis zu welcher Menge economies of scale auftreten.
10. Leiten Sie aus einer Leontief'schen Produktionsfunktion die Kurve der Grenzkosten K' und der durchschnittlich totalen Kosten DTK graphisch ab.

11. Erläutern Sie die wettbewerbspolitische Bedeutung des von Bain als MOS bezeichneten Punktes.
12. Was besagt der cost estimation-approach? Welches Ergebnis hatten verschiedene Untersuchungen der optimalen Betriebsgröße bzw. der optimalen Mindestgröße («minimum optimal scale»)?
13. Was besagt der survivor-approach? Welches sind die Haupteinwände gegen diesen Ansatz?
14. Was besagt der profitability-approach? Welches Ergebnis hatten die Untersuchungen der FTC und der Europäischen Kommission?
15. Was zeigt ein Vergleich der mit verschiedenen Methoden gewonnenen Ergebnisse im Hinblick auf den behaupteten Zielkonflikt zwischen der Realisierung von economies of scale und der Aufrechterhaltung wirksamen Wettbewerbs?
16. Welche Thesen werden bei der Annahme eines Zielkonfliktes zwischen der Aufrechterhaltung wirksamen Wettbewerbs und dem technischen Fortschritt aufgestellt?
17. Konnte die These, daß der technische Fortschritt Großbetriebe erfordere, bestätigt werden? Nennen Sie Beispiele.
18. Was ergeben die Untersuchungen der These, daß die Aufwendungen für Forschung und Entwicklung in Zukunft Großunternehmen erforderlich machen?
19. Wie können Innovationsmöglichkeit und Innovationswille weitgehend gewährleistet werden?
20. Welche Überlegungen lassen sich hinsichtlich der These anstellen, daß die Unternehmenskonzentration auf den technischen Fortschritt zurückzuführen ist?
21. Was ergaben die Untersuchungen der These, daß von der Entwicklung der Unternehmenskonzentration Wirkungen auf die F & E-Aktivität ausgehen?
22. Was besagt der behauptete Zielkonflikt zwischen der Aufrechterhaltung wirksamen Wettbewerbs und der internationalen Wettbewerbsfähigkeit?
23. Führen Sie Einflußgrößen der internationalen Wettbewerbsfähigkeit an, die unabhängig bzw. abhängig von der Unternehmensgröße sind.
24. Nennen Sie weitere mögliche Konflikte zwischen der Aufrechterhaltung wirksamen Wettbewerbs und sonstigen Zielsetzungen.
25. Welche generellen Schlußfolgerungen im Hinblick auf die behaupteten Zielkonflikte zwischen der Aufrechterhaltung wirksamen Wettbewerbs- und anderen Zielsetzungen können aufgrund des vorliegenden empirischen Materials gezogen werden?

Weiterführende Literaturhinweise zum 5. Kapitel:

Bain, Joe S., Economies of Scale, Concentration and the Condition of Entry in Twenty Manufacturing Industries, in: American Economic Review vol. 44 (1954), S. 15 ff.

Blair, John M., Economic Concentration. Structure, Behavior and Public Policy, New York 1972, Part 2.

Hoppmann, Erich, Zum Schutzobjekt des GWB. Die sogenannten volkswirtschaftlichen Erkenntnisse und ihre Bedeutung für die Schutzobjektdiskussion, in: Wettbewerb als Aufgabe. Nach zehn Jahren Gesetz gegen Wettbewerbsbeschränkungen, hrsg. von Mestmäcker, Ernst-Joachim, Bad Homburg v. d. H., Berlin, Zürich 1968, S. 61 ff.

Kaufer, Erich, Die Ökonomie von Forschung und Entwicklung, in: Wettbewerb als Aufgabe – Nach zehn Jahren Gesetz gegen Wettbewerbsbeschränkungen, hrsg. von Mestmäcker, Ernst-Joachim, Bad Homburg v. d. H., Berlin, Zürich 1968, S. 399 ff.

Kaysen, Carl, und Donald F. *Turner,* Antitrust Policy. An Economic and Legal Analysis, Cambridge, Mass. 1959, S. 82–89.

Petry, Horst, Technischer Fortschritt, Integration, internationale Wettbewerbsfähigkeit und Unternehmensgrößen, in: Jahrbücher für Nationalökonomie und Statistik Bd. 183 (1969), S. 271 ff.

Säcker, Franz-Jürgen, Zielkonflikte und Koordinationsprobleme im deutschen und europäischen Kartellrecht, Düsseldorf (1971).
Schmidt, Ingo, US-amerikanische und deutsche Wettbewerbspolitik gegenüber Marktmacht, Berlin 1973, S. 67–79.
Scherer, F. M., Industrial Market Structure and Economic Performance, 2nd ed., Chicago 1980, S. 81–118 und 407 ff.
ders., The Determinants of Industrial Plant Sizes in Six Nations, in: The Review of Economics and Statistics vol. 55 (1973), S. 135 ff.

6. Kapitel: Überblick über die wettbewerbsbeeinträchtigenden Strategien und ihre Wirkungen

Der von dem Erfolgs- und Gewinnstreben der Wirtschaftssubjekte ausgehende anonyme Wettbewerbsdruck, der zu einer tendenziellen Realisierung des vorgegebenen Zielkataloges führt, ist durch Versuche der Wirtschaftssubjekte gefährdet, sich dem Wettbewerbsrisiko durch wettbewerbsbeeinträchtigende Strategien zu entziehen. Ein Wirtschaftssystem, in welchem den Wirtschaftssubjekten die Entscheidung über die Wettbewerbspraktiken überlassen bleibt, tendiert zur Selbstzerstörung. Daher muß die Dispositionsfreiheit der Unternehmen durch den Staat eingegrenzt und gegen Mißbrauch gesichert werden.

I. Zum Verhältnis von Vertrags- und Wettbewerbsfreiheit

Das Prinzip der Vertragsfreiheit, auf das sich Unternehmen und ihre Verbände gegenüber Einengungen ihrer Handlungsfreiheit durch Maßnahmen der staatlichen Wettbewerbspolitik zu berufen pflegen, wird insoweit oft verkannt, als ihm immanent die Prämisse einer machtfreien Wirtschaft zugrunde liegt, in der formale Handlungs- und materiale Entschließungsfreiheit zusammenfallen. Nur dann, wenn alle Wirtschaftssubjekte annähernd gleich stark bzw. gleich schwach sind, läßt sich u. E. das Prinzip unbegrenzter Vertragsfreiheit vertreten. Andernfalls wird es zu einem Deckmantel, der lediglich dazu dient, die Begünstigung marktstarker Wirtschafts- bzw. Rechtssubjekte zu rechtfertigen. Raiser[1] hat diesen Überlegungen schon relativ früh wie folgt Ausdruck verliehen:

> «Das System muß also vom Recht gestützt, eingegrenzt und gegen Mißbrauch gesichert werden, um leistungsfähig zu bleiben. Im Hinblick auf die Vertragsfreiheit bedeutet das, daß sich ihre wirtschaftliche Funktion wesentlich verändert, wenn nicht ins Gegenteil verkehrt, sobald sich ein Vertragspartner dem Wettbewerb zu entziehen vermag. Der Vertrag wird dann zum Instrument der Herrschaft über den anderen Vertragsteil.»

Als Leitsatz soll daher im Hinblick auf das Verhältnis von Wettbewerbs- und Vertragsfreiheit die These aufgestellt werden, daß sich die Vertragsfreiheit als Teil der unternehmerischen Freiheit umgekehrt proportional zur Marktmacht verhalten sollte; d. h., je mehr Marktmacht, desto mehr muß die Vertragsfreiheit eingeschränkt werden et vice versa.

---

[1] Raiser, Ludwig, Vertragsfreiheit heute, in: Juristenzeitung 13. Jg. (1958), S. 1 ff., 3.

II. Begriff, Arten und Ursachen der Wettbewerbsbeschränkungen

Wettbewerb als anonymer Kontroll- und Steuerungsmechanismus ist nicht «self-maintaining», sondern kann rechtlich oder faktisch (aufgrund nicht-kompetitiver Marktstrukturen) beschränkt werden. Unter **Wettbewerbsbeschränkung** ist **begrifflich** eine rechtliche oder faktische Beschränkung der wettbewerbsrelevanten Handlungs- oder Entschließungsfreiheit in bezug auf den Einsatz eines oder mehrerer Aktionsparameter (das sind Preise, Rabatte und Konditionen, Menge, Qualität, Service und Werbung) zu verstehen.

Je nach den Auswirkungen auf die Wirtschaftsstufe können wir drei **Arten von Wettbewerbsbeschränkungen** unterscheiden:

- Horizontale Wettbewerbsbeschränkungen zwischen Unternehmen der gleichen Wirtschaftsstufe, die auf demselben relevanten Markt tatsächlich oder potentiell tätig sind.
- Vertikale Wettbewerbsbeschränkungen zwischen Unternehmen auf aufeinanderfolgenden Wirtschaftsstufen, die in einem Käufer-Verkäufer-Verhältnis stehen.
- Diagonale Wettbewerbsbeschränkungen zwischen Unternehmen, die weder auf dem gleichen relevanten Markt tätig sind noch in einem Käufer-Verkäufer-Verhältnis stehen; derartige Wettbewerbsbeschränkungen treten insbesondere bei Konglomeraten auf.

Nach den **Ursachen** können folgende Wettbewerbsbeschränkungen bzw. Tatbestandsgruppen unterschieden werden:[2]

- Verhandlungsstrategie = rechtliche Beschränkung der wettbewerbsrelevanten Handlungs- oder Entschließungsfreiheit in bezug auf einen oder mehrere Aktionsparameter aufgrund Vertrag, Beschluß oder aufeinander abgestimmten Verhaltens durch rechtlich selbständig bleibende Unternehmen.
- Behinderungsstrategie = rechtliche oder faktische Beschränkung der wettbewerbsrelevanten Handlungs- oder Entschließungsfreiheit in bezug auf einen oder mehrere Aktionsparameter aufgrund einer Behinderung von Mitbewerbern durch Verträge (z. B. Kopplungs- oder Ausschließlichkeitsbindungen) oder faktisches Marktverhalten (z. B. Diskriminierung, Lieferverweigerung oder Boykott).
- Konzentrationsstrategie = faktische Beschränkung der wettbewerbsrelevanten Handlungs- oder Entschließungsfreiheit in bezug auf einen oder mehrere Aktionsparameter aufgrund einer Verminderung der Zahl der wettbewerbspolitischen Entscheidungsträger durch externes oder überproportionales internes Unternehmenswachstum.[3]

---

[2] Vgl. dazu auch Zohlnhöfer, Werner, Wettbewerbspolitik im Oligopol, Basel, Tübingen 1968, S. 26 ff., der u. W. die heute gebräuchliche Systematisierung von wettbewerbsbeschränkenden Strategien in die Literatur eingeführt hat. Er unterscheidet allerdings zwischen Kooperations-, Monopolisierungs- und Integrationsstrategien.

[3] Die Verminderung der Zahl der wettbewerbspolitischen Entscheidungsträger stellt auf die materiale Entschließungsfreiheit ab, über die z. B. der Teilmonopolist, dagegen nicht die Mitläufer verfügen.

Abb. 4: Überblick über wettbewerbsbeeinträchtigende Strategien

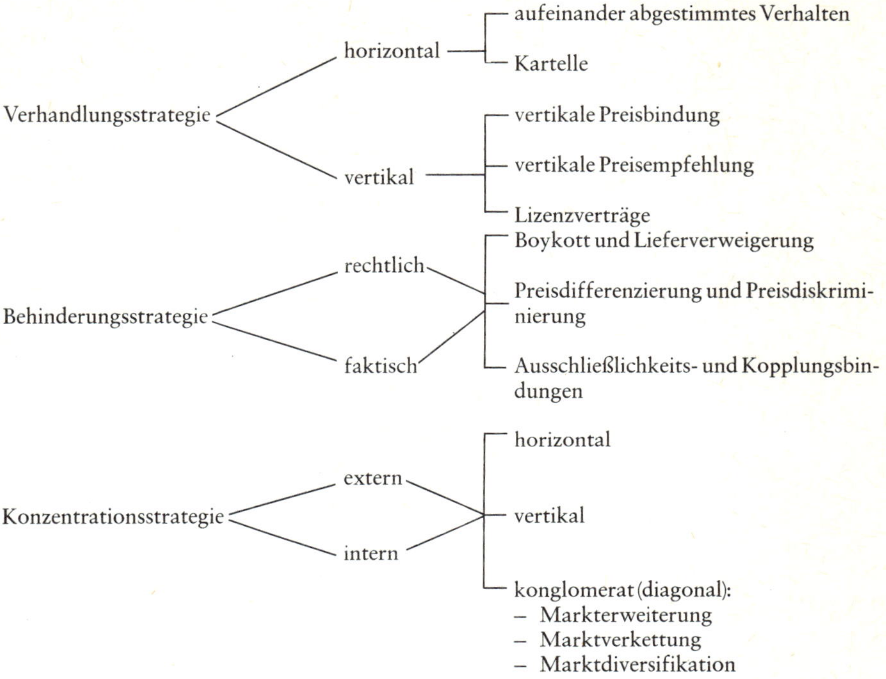

III. Verhandlungsstrategien und ihre wettbewerblichen Wirkungen[4]

1. Einleitung

Unter Verhandlungsstrategie i.w.S. sollen alle Formen der Zusammenarbeit rechtlich selbständig bleibender Unternehmen verstanden werden, die die wettbewerbsrelevante Handlungs- oder Entschließungsfreiheit in bezug auf einen oder mehrere Aktionsparameter einschränken und auf Vertrag, Beschluß oder aufeinander abgestimmten Verhaltensweisen beruhen.

Die wettbewerbspolitische Notwendigkeit und Berechtigung einer Analyse von Tatbeständen der Verhandlungsstrategie ergibt sich daraus, daß durch Beschränkung der einzelnen Aktionsparameter die performance beeinträchtigt wird. Im Gegensatz zur Konzentrationsstrategie, bei welcher die performance nur mittelbar durch das Entstehen einer nichtkompetitiven Marktstruktur beeinträchtigt wird (z. B. monopolistisch überhöhte Preise), wird bei der Verhandlungsstrategie die performance unmittelbar und

[4] Vgl. dazu Schuster, Helmut, Wettbewerbspolitik, München 1973, S. 77–99.

direkt (z. B. durch ein Preiskartell) beeinträchtigt. Zudem kann der Wettbewerbsdruck, dem die Wirtschaftssubjekte ausgesetzt sind und der zu einer tendenziellen Realisierung des vorgegebenen Zielkatalogs führt, durch die verschiedenen Formen der Verhandlungsstrategie und damit eine Verminderung der Zahl der Wirtschaftssubjekte als wettbewerbliche Entscheidungsträger (bis hin zum Kollektivmonopol) beeinträchtigt werden.

Die Analyse der Tatbestände der Verhandlungsstrategie findet also ihre Berechtigung darin, daß durch Absprachen i.w.S. die performance direkt bzw. durch eine Verminderung der Zahl der wettbewerbspolitischen Entscheidungsträger indirekt mehr oder minder stark beeinträchtigt werden *kann.*

2. Die wichtigsten Formen der Verhandlungsstrategie und ihre wettbewerblichen Wirkungen

Die Möglichkeiten, den Wettbewerb durch Verhandlungsstrategien im weitesten Sinne zu beschränken, sind zahlreich. Im folgenden kann daher nur auf die wichtigsten Formen der Verhandlungsstrategien und deren wettbewerbliche Wirkungen eingegangen werden; das sind:

- Kartelle inklusive des aufeinander abgestimmten Verhaltens sowie
- die vertikale Preisbindung und vertikale Preisempfehlung.

Da Ausschließlichkeits- und Kopplungsverträge von ihrer Motivation her primär auf die Behinderung von Mitbewerbern gerichtet sind, sollen sie im Rahmen der Behinderungsstrategie behandelt werden.

a) Horizontale Wettbewerbsbeschränkungen durch Kartelle und aufeinander abgestimmtes Verhalten[4a]

(1) **Kartelle** sind durch drei Merkmale charakterisiert:

- Beschränkung der wettbewerbsrelevanten Handlungs- und Entschließungsfreiheit in bezug auf einen oder mehrere Aktionsparameter
- durch Vertrag oder Beschluß zu einem gemeinsamen Zweck
- zwischen rechtlich selbständig bleibenden Unternehmen, die tatsächlich oder potentiell auf dem gleichen relevanten Markt tätig sind.

Kartelle können unterschieden werden aufgrund der Art der von der Absprache erfaßten Aktionsparameter, nach dem Grad der Wettbewerbsbeschränkung oder nach Zweck bzw. Anlaß der Kartellbildung.

Nach der **Art der erfaßten Aktionsparameter** können die Kartelle wie folgt eingeteilt werden:

- **Preiskartelle,** die z. B. auftreten können als Festpreiskartelle, Mindestpreiskartelle (z. B. die Einfuhr- und Vorratsstellen), Höchstpreiskartelle (z. B. die Mietenbindung aufgrund öffentlich-rechtlicher Vorschriften), Kalkulationskartelle als indirekte Preiskartelle, Rabattkartelle, Submissionskartelle bei öffentlichen Ausschreibungen oder Frachtbasissysteme im Hinblick auf die Berechnung der Transportkosten (wobei die Fracht ungeachtet der tatsächlichen Transportkosten von einer hypothetischen Frachtbasis aus berechnet wird).

[4a] Vgl. Enke, Harald, Kartelltheorie. Begriff, Standort und Entwicklung, Tübingen 1972.

Preiskartelle können im Rahmen des deutschen Kartellgeseztes z. B. im Falle von Rabattkartellen i. S. von § 3 GWB, Syndikaten i. S. von § 5 Abs. 3 GWB, Spezialisierungskartellen i. S. von § 5a GWB und Kooperationsverträgen i. S. von § 5b GWB legalisiert werden.

- **Konditionenkartelle** dienen der einheitlichen Anwendung von allgemeinen Geschäfts-, Lieferungs- und Zahlungsbedingungen; sie können nach § 2 GWB legalisiert werden.
- **Mengenkartelle** dienen der Regelung der Produktion und treten als Quotenkartelle für Produktions- bzw. Absatzmengen, Gebietskartelle für die Zuteilung von Absatzgebieten, Kundenschutzabsprachen zur Sicherung einmal begründeter Lieferanten-Kunden-Beziehungen oder Kapazitätskartelle zur Festlegung der Produktionskapazitäten durch Investitions- bzw. Stillegungsvorschriften auf.
  Nach dem deutschen Kartellgesetz kann der Aktionsparameter Menge z. B. im Falle von Einkaufs- oder Verkaufssyndikaten i. S. von § 5 Abs. 3 GWB, Spezialisierungskartellen i. S. von § 5 a GWB oder Kooperationsabsprachen i. S. von 5 b GWB beschränkt werden; darüberhinaus können Mengenabsprachen im Rahmen von Strukturkrisenkartellen i. S. von § 4 GWB legalisiert werden.
- **Produktionskartelle** dienen der Regelung der Produktion, die z. B. im Falle von Normen- oder Typenkartellen i. S. von § 5 Abs. 1 GWB, Rationalisierungskartellen i. S. von § 5 Abs. 2 GWB oder Spezialisierungskartellen i. S. von § 5a GWB erfolgen kann.

Nach dem Grad der Kartellierung, d. h. nach dem **Grad der Wettbewerbsbeschränkung** können die Kartelle eingeteilt werden in solche niederer Ordnung (z. B. Konditionenkartelle i. S. von § 2 GWB oder Normen- oder Typenkartelle i. S. von § 5 Abs. 1 GWB), und solche höherer Ordnung (z. B. Preis- oder Quotenabsprachen i. S. der §§ 5 Abs. 3, 5a oder 5b GWB).[5]

Ausdruck des unterschiedlichen Grades der Beschränkung des Wettbewerbs sind die differierenden Legalisierungsverfahren für Kartelle niederer Ordnung (Anmelde- und Widerspruchsverfahren innerhalb von 3 Monaten) und Kartelle höherer Ordnung (in der Regel zeitlich unbefristetes Erlaubnisverfahren).

Eine dritte mögliche Einteilung der Kartelltypen kann auf **Zweck oder Anlaß der Kartellbildung** abstellen. Dementsprechend können wir z. B. unterscheiden zwischen Strukturkrisenkartellen i. S. von § 4 GWB oder Export- bzw. Importkartellen i. S. der §§ 6 oder 7 GWB.

(2) Die Möglichkeit und die Bereitschaft zu einer Zusammenarbeit in Kartellen wird durch eine Reihe von Determinanten begünstigt, die die Interdependenz zwischen den Unternehmen erhöhen. Wir können im wesentlichen folgende **Determinanten der Kartellierbarkeit** unterscheiden:

- **Marktstrukturfaktoren,** dazu gehören die Zahl der Unternehmen, der Grad der Markttransparenz und der Homogenität der Produkte, der Ausreifungsgrad des Produktes und der angewendeten Produktionsverfahren, die Höhe der rechtlichen und faktischen Marktzutrittsschranken, die das Kartell gegen newcomers absichert, sowie das Alter der Branche (Marktphase), da durch Lernprozesse die Interdependenz erhöht und damit die Kooperation erleichtert wird.
- Gleichförmigkeit der Produktionsbedingungen und Ressourcen (**Symmetriebedin-**

[5] Diese Einteilung schließt nicht aus, daß im Einzelfall auch Kartelle niederer Ordnung wettbewerbspolitisch bedenklich sind.

gung) im Hinblick auf Durchschnittskosten und Verhältnis von fixen zu variablen Kosten sowie finanzielle Ressourcen.

– Hohe **Angebotselastizität:** infolge niedriger Kapazitätsauslastung wird die Neigung des einzelnen Unternehmens verstärkt, seinen eigenen Marktanteil zu Lasten der Mitbewerber zu erhöhen. Für die Branche als Ganzes ergibt sich daher bei unterausgelasteten Kapazitäten ein Anreiz zur Kartellierung («Kartelle sind Kinder der Not»).
– Niedrige **Preiselastizität der Gesamtnachfrage:** Erhöhung der Interdependenz zwischen den Unternehmen (da Umsatzsteigerungen des einen Unternehmens nur zu Lasten der anderen Unternehmen erfolgen können) und damit Bestreben, diese Interdependenz nach Möglichkeit durch Absprachen zu verringern.
– Niedrige **Einkommenselastizität der Gesamtnachfrage:** Begünstigung der Absicherung bestehender Gewinne durch Absprachen, da Nachfrage und damit Umsatz nur relativ wenig steigen und ein Kampf um Marktanteile insofern besonders riskant ist.

(3) Das Entstehen und Vergehen von Kartellen wird über die o. g. Determinanten der Kartellierbarkeit hinaus durch Mechanismen begünstigt, die den Zusammenhalt des Kartells nach innen und außen gewährleisten. Dabei ist zwischen **Maßnahmen des inneren und des äußeren Kartellzwanges** zu unterscheiden:

– Der **innere Kartellzwang** umfaßt alle Maßnahmen zwischen Mitgliedern eines legalisierten Kartells, um die Einhaltung der Verträge bzw. Beschlüsse zu gewährleisten (z. B. gerichtliche Durchsetzung der vertraglichen Bindung mit Hilfe von Konventionalstrafen, ökonomische und gesellschaftliche Sanktionen gegenüber Kartellmitgliedern und im weitesten Sinne alle Maßnahmen, die den Kartellmitgliedern das Gefühl vermitteln sollen, in einem Boot zu sitzen).
  Dieser sogenannte innere Organisationszwang im (legalisierten) Kartell kann allerdings Maßnahmen der Mißbrauchsaufsicht nach den §§ 11/12 GWB auslösen; dagegen ist das Verbot des § 25 Abs. 2 GWB, ein Unternehmen durch Drohungen oder Versprechungen zu einem nach dem GWB verbotenen Verhalten zu veranlassen, auf Maßnahmen des inneren Organisationszwanges nicht anwendbar.
– Der **äußere Kartellzwang** wird gegenüber Nicht-Kartellmitgliedern (sogenannten Außenseitern) z. B. durch exklusive Bezugs- oder Absatzquellen für Kartellmitglieder, die Gewährleistung von Treuerabatten für Lieferanten und Abnehmer sowie das Nicht-Mitzählen von Außenseiterbezügen im Rabattkartell (Sogwirkung) durchgesetzt. Dazu können gezielte Abwehrmaßnahmen gegen Außenseiter durch Schaffung von Kampffonds für Zwecke der regionalen Preisdifferenzierung und sonstige preispolitische Maßnahmen treten.
  Dieser sogenannte äußere Organisationszwang, der Außenseiter zum Beitritt zu einem an sich legalisierungsfähigen Kartell veranlassen soll, kann allerdings gegen das in § 25 Abs. 3 Ziff. 1 GWB enthaltene Verbot des Ausübens von Zwang zu legalen Wettbewerbsbeschränkungen verstoßen.

(4) Die **wettbewerbspolitische Beurteilung der Kartelle** soll im Hinblick auf die Auswirkungen auf den vorgegebenen Zielkatalog erfolgen:

– Die Wirkungen auf die **Einkommensverteilung** sind in einer tendenziellen Erhöhung des Monopolgrades als einer wesentlichen Größe für die Einkommensverteilung zu sehen, wenngleich die Erhöhung des Monopolgrades infolge Kartellierung unter Umständen durch gewerkschaftliche Maßnahmen kompensiert werden kann (Arbeitsmarkt in der Form des bilateralen Monopols), so daß das Verteilungsergebnis nicht nur vom Monopolgrad, sondern u. a. auch von Organisation und Einfluß der Gewerkschaften abhängt.

– Der Grundsatz einer **optimalen Faktorallokation** wird beeinträchtigt, wenn das Kartell zu einer Kosten- oder Preisüberhöhung führt. Im Falle einer Kostenüberhöhung sind die Preise nicht länger Ausdruck der relativen Knappheitsverhältnisse; die Lenkung der Ressourcen ist insofern suboptimal. Im Falle einer Preisüberhöhung wird die Lenkungsfunktion des Preises beeinträchtigt. Dies führt zu einer Fehlallokation, da die submarginalen Unternehmen Faktoren binden, die anderweitig effizienter eingesetzt werden könnten.
– Die Wirkung von Kartellen auf den **technischen Fortschritt** ist ambivalent. Einerseits laufen Kartellabsprachen letztlich darauf hinaus, höhere Gewinne zu erzielen, womit höhere Ausgaben für F & E möglich werden; jedoch muß zwischen der finanziellen Innovations*möglichkeit* und der Innovations*neigung* unterschieden werden; letztere ist im Kartell häufig gering. Andererseits können Normen- und Typenabsprachen sowie Rationalisierungskartelle im Sinne von § 5 Abs. 1 und 2 GWB einen positiven Beitrag zum technischen Fortschritt leisten; sie können daher als Ausnahme vom grundsätzlichen Kartellverbot unter bestimmten Voraussetzungen legalisiert werden.

Kartelle können unter bestimmten Umständen auch eine neutrale oder positive Wirkung auf den Wettbewerb haben. Die **zwischenbetriebliche Zusammenarbeit** kleinerer und mittlerer Unternehmen kann vom Kartellverbot freigestellt werden, wenn der Wettbewerb nicht wesentlich beeinträchtigt wird (§ 5b GWB). Die **Kooperation** läßt sich wettbewerbstheoretisch damit rechtfertigen, daß die materiale Entschließungsfreiheit kleinerer und mittlerer Unternehmen gegenüber Großunternehmen gefördert wird, so daß z. B. aus bloßen Mitläufern im Teilmonopol oder Teiloligopol wettbewerbs*fähige* Unternehmen werden und damit die Marktstruktur letztlich kompetitiver wird (Erhöhung der Zahl der selbständigen Entscheidungsträger und damit Auflockerung der Marktstruktur).[6] Dabei darf nicht verkannt werden, daß die – unter bestimmten Voraussetzungen – sinnvolle Kooperation manchmal zu wettbewerbsbeschränkenden Zwecken mißbraucht wird.

(5) Der Vertragsbegriff im GWB setzt zwei übereinstimmende Willenserklärungen im Sinne von § 145 BGB voraus. Im Falle Teerfarben ist der Versuch des Bundeskartellamtes gescheitert, wettbewerbsbeschränkende Praktiken unter den Vertragsbegriff zu subsumieren. Der BGH hat den Standpunkt eingenommen, daß ein im Europäischen Recht verbotenes **aufeinander abgestimmtes Verhalten** (vgl. Art. 85 EWGV bzw. Art. 65 § 1 MUV) nicht unter den Vertragsbegriff subsumiert werden könne. In der 2. Novelle zum GWB ist daher im Hinblick auf die Beweiserleichterung § 25 Abs. 1 eingeführt worden, der ein aufeinander abgestimmtes Verhalten von Unternehmen verbietet. Darunter sind alle Formen der Koordinierung zwischen Unternehmen im Hinblick auf den Einsatz eines oder mehrerer Aktionsparameter am Markt zu verstehen, «die zwar noch nicht bis zum Abschluß eines Vertrages im eigentlichen Sinne gediehen sind, jedoch bewußt eine praktische Zusammenarbeit an die Stelle des mit Risiken verbundenen Wettbewerbs treten läßt».[7] Der Europäische Gerichtshof hat u. E. zu Recht darauf abgestellt, ob die Unternehmen durch vorherige Koordinierung i.w.S. die Ungewißheit und das Risiko im Wettbewerb über das zukünftige Verhalten der Konkurrenten beseitigt und dadurch

[6] Vgl. die vom Bundesminister für Wirtschaft herausgegebene Kooperationsfibel – Zwischenbetriebliche Zusammenarbeit im Rahmen des Gesetzes gegen Wettbewerbsbeschränkungen, Bonn.

[7] Teerfarben, in: WuW/E EWG/MUV 269 ff., 272.

Marktfaktoren ausgeschaltet haben, die einem einheitlichen Parallelverhalten entgegenstanden.

Die wettbewerbspolitische Beurteilung aufeinanderabgestimmten Verhaltens deckt sich grundsätzlich mit der Beurteilung von Kartellen.

b) Vertikale Wettbewerbsbeschränkungen durch Preisbindung und Preisempfehlung

Vertikale Wettbewerbsbeschränkungen sind durch drei Merkmale charakterisiert:
- Beschränkung der wettbewerbsrelevanten Handlungs- und/oder Entschließungsfreiheit in bezug auf einen oder mehrere Aktionsparameter
- durch sogenannte Austauschverträge, in denen zumindest einer der Vertragspartner in der Freiheit der Gestaltung des Inhalts von mit Dritten zu schließenden Verträgen beschränkt wird,
- zwischen rechtlich selbständig bleibenden Unternehmen auf aufeinanderfolgenden Wirtschaftsstufen, die in einem Käufer-Verkäufer-Verhältnis stehen (vgl. § 15 GWB).

Derartige vertikale Wettbewerbsbeschränkungen können insbesondere als Preisbindung der zweiten Hand (nach § 16 GWB ist die Preisbindung der zweiten Hand heute nur noch für Verlagserzeugnisse zulässig) oder vertikale Preisempfehlungen für Markenwaren (§ 38a GWB) auftreten; auf Ausschließlichkeits- und Koppelungsbindungen i. S. von § 18 GWB soll im Rahmen der Behinderungsstrategie eingegangen werden.

(1) Bei der **Preisbindung der zweiten Hand** handelt es sich um vertikale Absprachen zwischen Unternehmen verschiedener Wirtschaftsstufen, durch die die Wiederverkäufer (das sind Einzel- und/oder Großhandel) von den Herstellern zur Einhaltung bestimmter Wiederverkaufspreise verpflichtet werden. Bis Ende 1973 war in Deutschland die Preisbindung der zweiten Hand auch für Markenartikel zulässig; jetzt ist sie nur noch für Verlagserzeugnisse möglich.

Die Preisbindung der zweiten Hand für Markenartikel ist im Hinblick auf die gesamtwirtschaftlichen Vor- bzw. Nachteile wettbewerbspolitisch äußerst umstritten. Die gesamtwirtschaftlichen **Vorteile der Preisbindung** der zweiten Hand werden in folgenden Punkten gesehen:
- Die Erhöhung der Markttransparenz senkt die Informationskosten der Nachfrager; sie ist Voraussetzung für die Indikator- und Lenkungsfunktion des Preises.
- Die mittelfristige Konstanz der Preise erleichtert die Verbrauchsplanung der Konsumenten und die Investitionsplanung der Produzenten.
- Die durch die Preisbindung der zweiten Hand ermöglichte Preisüberhöhung kann gerechtfertigt sein durch andere Leistungsaspekte (z. B. Umfang des Sortiments, Kundenberatung und Kundendienst – kulturpolitische Rechtfertigung bei Verlagserzeugnissen).

Die gesamtwirtschaftlichen **Nachteile der Preisbindung** der zweiten Hand werden dagegen in folgenden Punkten gesehen:
- Auf der Handelsstufe wird der Preiswettbewerb ausgeschaltet bzw. verlagert sich auf Formen des Nicht-Preiswettbewerbs (Werbung, Service). Die überhöhten Gewinne bei preisgebundenen Gütern können zu ruinöser Konkurrenz bei nicht-preisgebundenen Gütern eingesetzt werden, wie dies bei Großbetriebsformen des Handels festgestellt werden konnte.
- Auf der Produktionsstufe verstärkt die erhöhte Markttransparenz die Neigung zu horizontalen Wettbewerbsbeschränkungen, was z. B. zu der Kombination der verti-

kalen Preisbindung der zweiten Hand mit horizontalen Absprachen im Hinblick auf Rabatte und Konditionen geführt hat.

Eine eingehende Erörterung der Argumente pro und kontra Preisbindung der zweiten Hand findet sich in der aus dem Jahre 1962 stammenden Stellungnahme der Bundesregierung zu den Vorschlägen des Wissenschaftlichen Beirats beim BMWi für eine Reform des Gesetzes gegen Wettbewerbsbeschränkungen.[8]

(2) Nach dem Auslaufen der Preisbindung der zweiten Hand für Markenartikel Ende 1973 hat die Möglichkeit der **unverbindlichen Preisempfehlung für Markenartikel** erheblich an Bedeutung gewonnen. Derartige vertikale Wettbewerbsbeschränkungen sind nach geltendem Recht grundsätzlich zulässig und unterliegen lediglich einer Mißbrauchsaufsicht des Bundeskartellamtes nach § 38a GWB.

Der Wirtschaftsausschuß des Deutschen Bundestages hat die weitgehende Freistellung der vertikalen Preisempfehlung für Markenartikel von dem Verbot für vertikale Wettbewerbsbeschränkungen wettbewerbspolitisch wie folgt gerechtfertigt:[9]

«Unverbindliche Preisempfehlungen haben nicht die gleichen wettbewerbspolitischen Nachteile wie die Preisbindung. Sie schließen den Wettbewerb auf der Handelsstufe nicht aus und ermöglichen es dem Hersteller, seinen Abnehmern in geeigneten Fällen Kalkulationshilfe zu geben und gegenüber dem Verbraucher mit einer Preisvorstellung zu werben. Die vor allem vom Einzelhandel geäußerten Bedenken gegen die Beibehaltung der empfohlenen Richtpreise wurden demgegenüber nicht als durchschlagend angesehen.

Es trifft zwar zu, daß die Preisempfehlung in einigen Branchen zu Mondpreisempfehlungen mißbraucht wird. Nimmt der Händler den Preis auf eine normale Gewinnspanne zurück, so wird dem Verbraucher ein günstiger Preis nur vorgetäuscht. Bei fehlender Konkurrenz (z. B. auf dem Lande) kann der Händler unter Umständen sogar den vollen Mondpreis fordern.

Bei entsprechend scharfer Mißbrauchsaufsicht des Bundeskartellamtes erscheinen Unverbindliche Preisempfehlungen des Herstellers aber geeignet, eine verbraucherfreundliche Kalkulation im Handel zu fördern. Empfohlene Richtpreise sind praktisch Höchstpreise. Nach Wegfall der Markenwarenpreisbindung sind empfohlene Richtpreise die einzige Möglichkeit für die Markenwarenindustrie, Preisvorstellungen zu veröffentlichen, und für den Verbraucher, den vom Handel ausgezeichneten Preis zu beurteilen. Würden auch die empfohlenen Richtpreise verboten werden, so wäre den Konsumenten ein echter Preisvergleich nur unter großen Schwierigkeiten, häufig sogar überhaupt nicht möglich. Die Gefahr einer Benachteiligung der weniger mobilen Verbrauchergruppen wäre ohne solche Preisvergleiche größer.»

Im Jahre 1977 hat die Bundesregierung einen Bericht über die Erfahrungen mit den Vorschriften über die unverbindliche Preisempfehlung[10] vorgelegt. Sie kommt darin zu dem Ergebnis, daß keine hinreichend sichere Grundlage dafür bestehe, eine grundsätzliche Änderung des geltenden Rechts vorzuschlagen; vielmehr will sie lediglich die rechtli-

[8] Vgl. Bericht über Änderungen des Gesetzes gegen Wettbewerbsbeschränkungen, in: Bundestagsdrucksache (BTDr) IV/617, 3. Kapitel, S. 21–55.

[9] Vgl. Unterrichtung des Ausschusses für Wirtschaft zu dem von en Fraktionen der SPD, FDP eingebrachten Entwurf eines Zweiten Gesetzes zur Änderung des GWB – Drucksache 7/76 – in: Bundestagsdrucksache 7/765, S. 11.

[10] Vgl. Bericht der Bundesregierung über die Erfahrungen mit Vorschriften über die Unverbindliche Preisempfehlung, in: BTDr 8/703.

chen Grundlagen für eine wirksame Aufsicht über die vertikale Preisempfehlung für Markenartikel verbessern.[11]

Demgegenüber hat sich der Verbraucherbeirat beim Bundesminister für Wirtschaft sehr kritisch geäußert. Er hat die Abschaffung sowohl der Verbraucher- als auch der Händlerpreisempfehlung einschließlich der Brutto-Preissysteme gefordert und dies wettbewerbspolitisch wie folgt begründet:[12]

- Die **Verbraucherpreisempfehlung** trage zur Markttransparenz nichts bei, was über die Wirkung der ohnehin obligatorischen Preisauszeichnung hinaus ginge. Die Preisempfehlung könne vielmehr die Markttransparenz dadurch mindern, daß sie dem Anbieter Gelegenheit gebe, mit der Unterschreitung des empfohlenen Preises zu werben.
- Die **Händlerpreisempfehlung** könne den Preiswettbewerb der Anbieter dadurch einschränken, daß sie
  - den Abnehmern die gleichartige Preiskalkulation erleichtere,
  - die Abnehmer an einer aktiven Preispolitik hindere und zugleich die wettbewerbswidrige Selektion von Abnehmern mit gleichartiger Preispolitik fördere sowie
  - sich an den Abnehmern mit der ungünstigsten Kostenstruktur orientiere.
- Die Auszeichnung mit Endverbraucherpreisen durch den Hersteller sei eine vorweg genommene Kalkulation, die jedoch eine fundamentale Aufgabe des Handels sei, der nach individuellen Kosten und Marktlage zu kalkulieren habe.
- Die bisherigen Erfahrungen mit der Mißbrauchsaufsicht des Bundeskartellamtes würden die Auffassung bestätigen, daß die unverbindliche Preisempfehlung einer *wirksamen* Mißbrauchskontrolle entzogen sei.

IV. Behinderungsstrategien und ihre wettbewerblichen Wirkungen[13]

1. Einleitung

Unter Behinderungsstrategie i.w.S. sind alle Verhaltensweisen von Einzelunternehmen oder Unternehmensgruppen zu verstehen, die dazu geeignet sind, tatsächliche oder potentielle Mitbewerber (horizontal) sowie Lieferanten und Abnehmer (vertikal) in ihrer formalen Handlungs- und/oder materialen Entschließungsfreiheit in bezug auf einen oder mehrere Aktionsparameter rechtlich oder faktisch zu beschränken (Individualschutz) und/oder die Wirksamkeit des Wettbewerbsmechanismus (Institutionsschutz) zu beeinträchtigen.

---

[11] Im Rahmen der Vierten GWB-Novelle im Jahre 1980 ist der Mißbrauchstatbestand konkretisiert worden; von der im Regierungsentwurf vorgesehenen Wiedereinführung der Anmeldepflicht für Preisempfehlungen hat der Wirtschaftsausschuß des Deutschen Bundestages wegen des damit verbundenen Verwaltungsaufwandes abgesehen.

[12] Vgl. das Votum des Verbraucherbeirates beim Bundesminister für Wirtschaft, in: Bundestagsdrucksache 8/703, S. 35.

[13] Vgl. dazu Schmidt, Ingo, US-amerikanische und deutsche Wettbewerbspolitik gegenüber Marktmacht, Berlin 1973, S. 87–95, 230 ff., 283 ff. und 311 ff., mit weiterführenden Literaturhinweisen.

Die wettbewerbspolitische Notwendigkeit und Berechtigung einer Analyse von Tatbeständen des Behinderungswettbewerbs ergibt sich aus den Versuchen der Wirtschaftssubjekte, den Wettbewerbsdruck, dem sie ausgesetzt sind und der zu einer tendenziellen Realisierung des vorgegebenen Zielkataloges führt, durch die verschiedenen Formen der Behinderungsstrategie zu beeinträchtigen, indem überragende Stellungen aufgebaut bzw. abgesichert und zementiert werden (Monopolisierung von Märkten i.w.S.). Dabei wirft die Abgrenzung von Behinderungspraktiken und erwünschtem Wettbewerbsverhalten dynamischer Unternehmer erhebliche Schwierigkeiten auf, die oftmals einer wettbewerbspolitischen Gratwanderung nahekommen (z. B. bei der Abgrenzung erwünschter und unerwünschter Preisdifferenzierungen).

2. Die wichtigsten Formen der Behinderungsstrategie und ihre wettbewerblichen Wirkungen

Die Möglichkeiten, den Wettbewerb durch Behinderungsstrategien im weitesten Sinne zu beschränken, sind zahlreich. Daher kann nur auf die Haupttypen des Behinderungswettbewerbs und ihre wettbewerblichen Wirkungen eingegangen werden; das sind:
- Boykott und Lieferverweigerung,
- Preisdifferenzierung und Preisdiskriminierung sowie
- Ausschließlichkeits- und Kopplungsbindungen.

a) Boykott und Lieferverweigerung[14]

Die wettbewerbspolitische Bedeutung von Boykott und Lieferverweigerung kommt darin zum Ausdruck, daß die materiale Entschließungsfreiheit dritter Unternehmen auf vor- oder nachgelagerten Wirtschaftsstufen durch die Anwendung wirtschaftlichen Zwanges beschränkt werden kann. Boykott und Lieferverweigerung können insbesondere bei marktstarken Unternehmen zum absatzpolitischen Instrument werden, um Abnehmer oder Zulieferanten zu einer bestimmten Preis- oder Vertriebspolitik als den beiden Hauptmotiven einer Liefersperre zu veranlassen. Die Liefersperre mit dem Ziel der Preisbeeinflussung kann dabei zu einer Beeinträchtigung des Preiswettbewerbs führen, während beim Aufbau geschlossener Vertriebssysteme mit Hilfe von Liefersperren Zutrittsschranken für kostengünstigere Vertriebssysteme errichtet werden. In beiden Fällen können zum faktischen Druck auch noch rechtliche Wettbewerbsbeschränkungen in Form von Alleinvertriebs- oder Kopplungsabreden hinzutreten.

(1) Ein **Boykott** setzt begrifflich eine Dreiecksbeziehung dergestalt voraus, daß ein Unternehmen (Verrufer A) Lieferanten oder Abnehmer (Adressat oder Ausführer B) zu einer Liefer- oder Bezugssperre gegen bestimmte Unternehmen (Verrufener C) veranlaßt. Die Anstiftung oder Veranlassung zur Liefersperre, womit traditionell eingestellte Unter-

[14] Vgl. allgemein zu diesem Einzeltatbestand: Belke, Rolf, Die Geschäftsverweigerung im Recht der Wettbewerbsbeschränkungen – Eine vergleichende Untersuchung zum deutschen und französischen Recht, Tübingen 1966, und derselbe, Kundenbeschränkung und Verkaufsverweigerung im Antitrustrecht der Vereinigten Staaten, Stuttgart 1967; OECD, Refusal to sell. Report of the Committee of Experts on Restrictive Business Practices, Paris 1969; Schmidt, Ingo, US-amerikanische und deutsche Wettbewerbspolitik gegenüber Marktmacht, op. cit., S. 88–90 und 230–282.

nehmen das Aufkommen kosten- und preisgünstiger neuer Vertriebsformen zu verhindern suchen, ist wettbewerbspolitisch von eminenter Bedeutung, wie der OECD Report «Refusal to sell» dokumentiert:[15]

«Cases are becoming increasingly frequent of traditional dealers and specialized shops threatening to discontinue the distribution of the supplier's product if he delivers to discounters, chainstores, department stores or other non-traditional retailers. With this policy the traditional dealers tend to hinder the appearence or development of new forms of distribution which are frequently more efficient from the productivity point of view than the more conservative forms. The former operate largely on the basis of lower labour costs and prices achieved through self-service and other rationalization methods. In fact, it has been observed that in some Member countries the most significant examples of refusal to sell have arisen when there has been a conflict between competing forms of distribution of varying degrees of efficiency».

Dieser Fall des secondary boycott ist in § 26 Abs. 1 GWB erfaßt, sofern der Veranlasser die Absicht hat, den zu Sperrenden unbillig zu beeinträchtigen.

(2) Die wettbewerbspolitische Bedeutung der **Lieferverweigerung** mit dem **Ziel der Preisbeeinflussung** ist in der Gefährdung des Händlerpreiswettbewerbs auf den nachgelagerten Stufen zu sehen; sie wird in dem OECD Report «Refusal to sell» aufgrund internationaler Erfahrungen wie folgt charakterisiert:[16]

«Experience has shown that refusal to sell is the most persuasive means employed by supplier to enforce prescribed resale prices if the buyer has not observed the prescribed prices. It is pointed out . . . that a supplier may circumvent the legal prohibition of resale price maintenance (in those countries where it is prohibited) by withholding supplies from a distributor who is reselling his goods at a lower price than he thinks reasonable. He may also refuse to have business relations with a particular distributor because he has reason to believe that this distributor will resell his goods at reduced prices. Where prescribed resale prices are prohibited, a supplier may issue recommended resale price . . .

However, the supplier who issues a recommendation cannot count upon it being followed. Therefore, in order to ensure that it is carried out he will exert pressure on those distributors who are not inclined to follow the recommendation».

Die Lieferverweigerung mit dem Ziel der vertikalen Preisbeeinflussung kann gegen das in § 25 Abs. 2 GWB enthaltene Verbot verstoßen, durch die Anwendung von wirtschaftlichem, gesellschaftlichem oder sonstigem Druck andere Unternehmen zu einem Verhalten zu veranlassen, das nach dem GWB nicht zum Gegenstand einer vertraglichen Bindung gemacht werden darf (z. B. das Verbot der vertikalen Preisbindung nach § 15 GWB).

(3) Neben dem Motiv der Preisbeeinflussung spielt bei der individuellen **Lieferverweigerung** das **Ziel der Beschränkung der Vertriebswege** eine große Rolle, bei der im folgenden zwischen Sperren zur Sicherung des Allein- oder Selektivvertriebs und solchen zur Erzwingung eines ausschließlichkeits- oder kopplungsähnlichen Verhaltens unterschieden werden muß.

Während die Anbieter von Konsumgütern des täglichen Bedarfs mit relativ niedrigen Preisen in der Regel danach streben, ihre Produkte über so viele Händler wie möglich zu verkaufen, verfolgen die Anbieter von langlebigen Gebrauchsgütern mit höheren Preisen

[15] OECD Report, op. cit., S. 22 Zi. 28.
[16] OECD Report, op. cit., S. 21 Zi. 25 f.

in der Regel eine davon abweichende selektive Vertriebspolitik, die der OECD Report «Refusal to sell» wie folgt charakterisiert:[17]

«Suppliers . . . . very often find it desirable to introduce a systematic marketing policy designed to limit the channels of distribution. With such a selective sales system suppliers believe they can compete most effectively with their competitors by offering the goods to their chosen dealers at constant quality, prices and terms of sale, whilst ensuring that the end consumer enjoys an advisory service and other sales services. With such selective distribution the supplier thinks he can achieve maximum sales».

Derartige Lieferverweigerungen zur Sicherung des Allein- und Selektivvertriebes unterliegen dem speziellen Diskriminierungsverbot des § 26 Abs. 2 GWB, welches marktbeherrschenden und preisbindenden Unternehmen sowie Kartellen die unbillige Behinderung und sachlich nicht gerechtfertigte unterschiedliche Behandlung von anderen Unternehmen verbietet. Daneben greift für marktbeherrschende Unternehmen parallel zu der Spezialvorschrift des § 26 Abs. 2 GWB die Generalklausel des § 22 GWB ein, sofern sich eine individuelle Liefersperre als mißbräuchliche Ausnutzung einer marktbeherrschenden Stellung darstellt.

Wenn ein Unternehmen die Aufnahme oder die Fortsetzung von Geschäftsbeziehungen davon abhängig macht, daß der Abnehmer keine Konkurrenzerzeugnisse vertreibt (Ausschließlichkeitsklausel) bzw. mehrere Produkte des Anbieters gleichzeitig vertreibt (Kopplungsklausel), so gerät eine solche Verkaufspolitik mit dem wettbewerbspolitischen Prinzip in Konflikt, den Zugang zu den Absatzwegen für newcomers freizuhalten. Ein derartiger **Zwang zum Kopplungs- oder Ausschließlichkeitsverhalten** wird allerdings von dem Druckverbot des § 25 Abs. 2 GWB nicht erfaßt, da kein Verbot im Sinne dieser Vorschrift umgangen wird,[18] sondern kann allenfalls als Mißbrauch einer marktbeherrschenden Stellung im Sinne des § 22 GWB angegriffen werden.

(4) Bei der wettbewerbspolitischen Diskussion wird jeweils eine Reihe von Gründen gegen oder für die Lieferverweigerung geltend gemacht.

Als **wettbewerbspolitische Gründe gegen den Aufbau geschlossener Vertriebssysteme** durch Lieferverweigerung werden vorgebracht:
- Widerspruch zu dem Grundsatz der Offenhaltung der Märkte (keine künstlichen Zutrittssperren zum Markt), was insbesondere im Hinblick auf das Aufkommen kostengünstiger Vertriebsformen (z. B. Discounter) von großer Bedeutung ist.
- Geschlossene Vertriebssysteme als Ersatz für vertikale Integration, deren wettbewerbspolitische Auswirkungen mit denen vertikaler Fusionen vergleichbar sind.
- Einfluß auf die Preispolitik der Abnehmer und Beschränkung des Preiswettbewerbs auf der Groß- oder Einzelhandelsebene.
- Ausdehnung der Marktmacht auf Drittmärkte durch den faktischen Zwang zum Kopplungsverhalten.

Alle diese Argumente laufen darauf hinaus, in der Lieferverweigerung ein marktstrategisches Instrument des betreffenden Unternehmens zu sehen, um seinen Einfluß auf dem Markt auszudehnen.

Als **wettbewerbspolitische Gründe für den Aufbau geschlossener Vertriebssysteme** durch Lieferverweigerung werden vorgebracht:

---

[17] OECD Report, op. cit., S. 17 Zi. 15.

[18] Ausschließlichkeits- und Kopplungsverträge unterliegen im GWB nur einer Mißbrauchsaufsicht.

- Rationalisierung des Vertriebsapparates durch Verkleinerung der Zahl der belieferten Händler. Die Senkung der Distributionskosten käme – entsprechenden Wettbewerbsdruck vorausgesetzt – auch den anderen Marktteilnehmern (Handel und Verbraucher) zugute.
- Notwendigkeit der Serviceleistungen für technisch kostspielige Geräte und damit gewisse berufliche Mindestqualifikationen.
- Leichtere Gewinnung von Händlern – insbesondere im Außenhandel –, die bereit sind, den Produzenten bei Markterschließung, Service und Werbung intensiv zu unterstützen; damit Minderung des Risikos bei der Erschließung neuer Märkte.
- Entsprechende Geschäftsausstattung bei Luxus- oder Prestigegütern.
- Mangelnde Zahlungs- oder Kreditfähigkeit des Abnehmers.
- Gerichtlich anerkannte Handelsbräuche oder Geschäftsgewohnheiten der Verkäufer (z. B. Verkauf nur von Mindestmengen) oder potentiellen Käufer (Kettengeschäfte oder Fachhandel, Groß- und Einzelhandel).

(5) Bei der **wettbewerbspolitischen Würdigung von Boykott und Liefersperre** geht es darum, die berechtigten Belange unternehmerischer Absatzpolitik mit dem Grundsatz der Aufrechterhaltung wirksamen Wettbewerbs als eines Kontroll- und Steuerungsmechanismus in Einklang zu bringen.

Dabei kommt es aus ökonomischer Sicht entscheidend darauf an, ob die Wirksamkeit des Wettbewerbs beeinträchtigt wird oder nicht. Das Kriterium für die wettbewerbspolitische Beurteilung von Liefersperren läßt sich abstrakt dahingehend formulieren, daß das Recht auf Lieferverweigerung als Teil der unternehmerischen Freiheit sich umgekehrt proportional zur Marktmacht verhalten sollte: Je mehr Marktmacht, um so weniger unternehmerische Freiheit et vice versa.

Denn in einer machtfreien Wirtschaft könnte ein Käufer im Falle der Lieferverweigerung ohne weiteres von einem anderen Anbieter beziehen; in einer solchen Wirtschaft würde es daher entweder überhaupt nicht zur Lieferverweigerung kommen (Mengenanpasser), oder wenn es dazu käme, wären die Auswirkungen für die Abnehmer wegen der ausreichend großen Zahl von Alternativen nicht spürbar. Aus ökonomischer Sicht indiziert daher die Lieferverweigerung den Besitz von Marktmacht. Zu ähnlichen Ergebnissen kommt auch der OECD Report:[19]

«It follows that refusal to sell or threatening to do so is frequently evidence of an abuse of market power by suppliers or of a move by resellers to restrict competition at the distribution level. The extent of the distortion of competition caused by refusal to sell therefore depends mainly on two factors – the market structure at the manufacturing level and the existing possibilities of substituting a similar product for the one refused.»

b) Preisdifferenzierung und Preisdiskriminierung[20]

(1) Bei der **wettbewerbspolitischen Beurteilung der Preis- und Rabattdifferenzierung** auf unvollkommenen Märkten muß davon ausgegangen werden, daß der ökonomische Begriff der Preisdifferenzierung nicht mit dem juristischen Begriff der Preisdiskriminierung identisch ist. Der ökonomische Begriff der Preisdifferenzierung umfaßt sowohl die

---

[19] OECD Report, op. cit., S. 12 Zi. 5.

[20] Vgl. dazu Schmidt, Ingo, US-amerikanische und deutsche Wettbewerbspolitik gegenüber Marktmacht, op. cit., S. 90–92 und 283–310, und Edwards, Corwin D., The Price Discrimination Law. A Review of Experience, Washington, D. C. 1959.

unterschiedliche Behandlung gleicher Tatbestände (= Preisdiskriminierung im engeren juristischen Sinne) als auch die Gleichbehandlung unterschiedlicher Tatbestände, die im allgemeinen nicht als Diskriminierung im Sinne des deutschen Kartellrechts angesehen wird.[21]

Der ökonomische Begriff der Preisdifferenzierung wird wettbewerbspolitisch neutral verwandt, d. h., die Preisdifferenzierung kann positive, neutrale oder negative Auswirkungen auf den Wettbewerb haben. Die Aufgabe besteht darin, zwischen jenen Preisdifferenzierungen zu unterscheiden, die den Wettbewerb beeinträchtigen können, und denjenigen, die Ausdruck wirksamen Wettbewerbs und eine notwendige Begleiterscheinung einer Wettbewerbswirtschaft sind. Dabei ist davon auszugehen, daß die Gefahr, daß eine Preisdifferenzierung zur Behinderungsstrategie wird (manipulierte Preisdifferenzierung), mit zunehmender Marktmacht wächst.

Preisdifferenzierungen können sich grundsätzlich auf drei Stufen im Wettbewerb auswirken:

- Auf dem Markt des differenzierenden Unternehmens (first line competition),
- auf dem Markt des bevorzugten bzw. benachteiligten Unternehmens (second line competition) und
- auf sogenannten Drittmärkten (third or fourth line competition).

Bei der Beurteilung der Auswirkungen auf den Wettbewerb der verschiedenen Wirtschaftsstufen kommen zwei Kriterien in Betracht:

- Der Schutz der Konkurrenten des diskriminierenden (first line) oder des bevorzugten (second line) Unternehmens (= Individualschutz i. S. gleicher Marktchancen hinsichtlich der wettbewerblichen Handlungs- und Entschließungsfreiheit) und
- der Schutz des Wettbewerbs als eines anonymen Kontroll- und Steuerungsmechanismus auf allen Märkten (= Institutionsschutz).

Diese Unterscheidung entspricht weitgehend der Fragestellung des sec. 2 Robinson-Patman Act: injury to competitors or injury to competition?[22]

(2) Die **Frage der Zielkonflikte** hängt – wie bereits festgestellt – von dem zugrunde liegenden Wettbewerbskonzept und dem Zeithorizont ab.

Zielkonflikte können einmal zwischen dem Institutionsschutz und der Benachteiligung einzelner Unternehmen auf dem Markt des differenzierenden Unternehmens auftreten. So sind auf homogenen Oligopolmärkten (versteckte) Preisdifferenzierungen ein wesentliches Wettbewerbselement i. S. des Institutionsschutzes. Ein intensiver Wettbe-

---

[21] Dementsprechend fallen z. B. einheitliche Frankostationspreissysteme, die die Abnehmer nicht mit den effektiven, sondern mit durchschnittlichen Frachten belasten, nicht unter das Diskriminierungsverbot des § 26 Abs. 2 GWB, das keine unterschiedlichen Preise bei unterschiedlichen Kosten verlangt. Unter Umständen kann jedoch in der Gleichbehandlung ungleicher Tatbestände eine unbillige Behinderung i. S. des § 26 Abs. 2 GWB gesehen werden.

[22] Edwards, The Price Discrimination Law, op. cit., S. 638 f.: «Two sharply different objectives have been incorporated in the present law, without recognition of their difference. One is to prevent discriminations *injurious to market competition in the secondary line.* This is the counterpart of the objective of the law in the primary line. It is incorporated in what has been called, in previous pages, the broad concept of injury. The second objective is *to assure equality of opportunity for all competing enterprises* that buy goods from the same seller. It has been expressed in the concept of injury previously described as the narrow concept. Although inequalities of opportunity may be of a kind and scope that have anticompetitive effects, there may also be inequalities that have no necessary relation to the maintenance of competition» (Hervorhebung durch Verfasser).

werb mit versteckten Preisdifferenzierungen kann – wie auch empirische Beobachtungen zeigen – den Wettbewerb auf oligopolistischen Märkten erheblich beleben, andererseits jedoch zur Beeinträchtigung der Chancengleichheit von schwächeren Mitbewerbern führen, wenn z. B. eine regionale Preisdifferenzierung durch ein marktstarkes Unternehmen (**Anbietermacht**) erfolgt. Langfristig kann allerdings auch der Institutionsschutz durch zunehmende Verfestigung des Teiloligopols infolge fortschreitender Konzentration gefährdet sein.

Darüber hinaus können Preisdifferenzierungen in Konflikt zu dem Ziel geraten, den Wettbewerb als Individual- und Institutionsschutz auf den nachfolgenden Wirtschaftsstufen zu erhalten. Wenn z. B. marktstarke Abnehmer sich durch nicht kostenorientierte Mengenrabatte und dergleichen gegenüber kleineren Mitbewerbern im Nachfragewettbewerb nicht leistungsbedingte Vorsprünge verschaffen (**Nachfragemacht**), so gefährden sie dadurch die Chancengleichheit im Wettbewerb (Individualschutz), fördern u. U. jedoch kurz- oder mittelfristig die Wirksamkeit des Wettbewerbs als Steuerungsmechanismus (Institutionsschutz); erst langfristig kann u. U. auch der Institutionsschutz infolge zunehmender Konzentration gefährdet sein. Die Entwicklung im Einzelhandel exemplifiziert diese Überlegungen.

Wenn man den Wettbewerb nicht nur auf der Stufe des diskriminierenden, sondern auch des diskriminierten Unternehmens in die Untersuchung einbezieht, kann sich sogar ein dreifacher Zielkonflikt ergeben: Einmal zwischen der Beeinträchtigung der Wettbewerbsfreiheit einzelner Unternehmen durch Preisdifferenzierung und der Gefahr einer Erstarrung des Preiswettbewerbs auf dem Markt des differenzierenden Unternehmens (first line), zum anderen zwischen der Chancengleichheit und der Wirksamkeit des Wettbewerbs auf den folgenden Märkten (second, third or fourth line). Zusätzlich können dabei Zielkonflikte zwischen «first and second line competition» auftreten, d. h., Preisdifferenzen haben auf den verschiedenen Wirtschaftsstufen unterschiedliche positive oder negative Auswirkungen. Sofern derartige Zielkonflikte auftreten, müssen die Auswirkungen auf den verschiedenen Wirtschaftsstufen gegeneinander abgewogen werden:[23]

«The problem of public policy will be to evaluate the effects in the primary and secondary lines in order to make sure that the accomplishments in the secondary line are not obtained at too great a cost of adverse effects in the primary line.»

Soll also sowohl die Wirksamkeit des Wettbewerbs auf allen Märkten gesichert als auch dem Gesichtspunkt der Chancengleichheit im Wettbewerb Rechnung getragen werden, so kann es angesichts der möglichen Zielkonflikte bei der Lösung nur darum gehen, die Dilemmas in der Rechtsprechung soweit wie möglich zu reduzieren. Eine solche Minderung der möglichen Zielkonflikte zwischen Individual- und Institutionsschutz ist dann gewährleistet, wenn das Diskriminierungsverbot von vornherein auf marktmächtige Unternehmen begrenzt wird.

(3) Aufgrund der negativen wettbewerbspolitischen Erfahrungen mit sec. 2 Robinson-Patman Act und Artikel 60 MUV unterliegen daher dem **Diskriminierungsverbot** des § 26 Abs. 2 GWB nur solche Unternehmen, die als mutmaßliche Träger wirtschaftlicher Macht gelten. Die Vorschrift verbietet marktbeherrschenden und preisbindenden Unternehmen sowie Kartellen, andere Unternehmen in einem Geschäftsverkehr, der gleichartigen Unternehmen üblicherweise zugänglich ist, unbillig zu behindern (i. d. R.

[23] Edwards, op. cit., S. 643.

first line competition) oder sachlich nicht gerechtfertigt unterschiedlich zu behandeln (second line competition). Das Diskriminierungsverbot des § 26 Abs. 2 GWB hat dabei den doppelten Schutzzweck der Sicherung des Wettbewerbs als Individualschutz i. S. einer Gleichheit der Marktchancen gleichartiger Unternehmen gegenüber den Normadressaten dieser Vorschrift und als Institutionsschutz i. S. der Aufrechterhaltung des Wettbewerbs als anonymen Kontroll- und Steuerungsmechanismus unserer Marktwirtschaft. Bei den beiden Alternativen dieser Vorschrift: unbillige Behinderung von Mitbewerbern (i. d. R. first line) bzw. sachlich nicht gerechtfertigte unterschiedliche Behandlung (second line) kommt es daher – unter Berücksichtigung der auf die Freiheit des Wettbewerbs gerichteten Zielsetzung des Gesetzes – entscheidend auf die Abwägung der beiderseitigen wirtschaftlichen Interessen des diskriminierenden und diskriminierten Unternehmens an.

c) Ausschließlichkeits- und Kopplungsbindungen[24]

Als letzte Form der Behinderungsstrategie sollen die Ausschließlichkeits- und Kopplungsverträge behandelt werden, die im Gegensatz zur Lieferverweigerung und Preisdiskriminierung als Ausdruck faktischen Marktverhaltens in der Regel auf vertraglicher Grundlage beruhen. Dabei differiert die wettbewerbspolitische Beurteilung von Ausschließlichkeits- und Kopplungsverträgen, da erstere durchaus positive volkswirtschaftliche Wirkungen haben können, während letztere überwiegend negativ beurteilt werden.

Folgende Vertragsformen und -typen können unterschieden werden:

(1) **Alleinvertriebsbindungen** im Sinne einer Verpflichtung des Lieferanten, innerhalb eines bestimmten Gebietes nur bevorrechtigte Händler zu beliefern (exclusive dealership).

Dieser Alleinvertriebsbindung des Lieferanten entspricht begrifflich das Alleinvertriebsrecht des Händlers, das allerdings hinsichtlich der gelieferten Waren (bei entsprechender Gestaltung des Vertriebssystems) beschränkt sein kann durch:

- vertragliche Kundenbeschränkungsklauseln, die den Abnehmer verpflichten, nur an bestimmte Kunden oder Kundenkreise zu liefern bzw. bestimmte Kunden nicht zu beliefern (z. B. Discounter), und/oder
- Gebietsbindungen (räumliche Vertriebsbindungen) eines Lieferanten im Sinne einer Verpflichtung des Händlers, die Vertragswaren nicht außerhalb seines Vertragsgebietes zu verkaufen.

Die wettbewerbsbeschränkende Wirkung von Alleinvertriebsbindungen besteht darin, daß konkurrierende Händler von dem Vertrieb der Vertragserzeugnisse ausgeschlossen werden, was durch Kundenbeschränkungs- und Gebietsschutzklauseln abgesichert werden kann, so daß der Zutritt dritter Unternehmen unbillig beschränkt und/oder der Wettbewerb wesentlich beeinträchtigt werden *kann.*

Kriterien zur Feststellung der wesentlichen Wettbewerbsbeeinträchtigung sind insbesondere:

- die Marktstellung des bindenden Unternehmens,
- die Verbreitung der Ausschließlichkeitsbindungen auf dem relevanten Markt und der

[24] Vgl. dazu Schmidt, Ingo, US-amerikanische und deutsche Wettbewerbspolitik gegenüber Marktmacht, op. cit., S. 92–95 und 311–342.

dadurch dritten Unternehmen verschlossene Marktanteil (sogenannter Marktschließungseffekt) sowie
- die Dauer der Verträge und der Grad der Ausschließlichkeit.

(2) **Ausschließlichkeitsbindungen** im Sinne einer Verpflichtung, keine anderen Waren von Dritten zu beziehen (Alleinbezugsbindung des Händlers) oder an Dritte abzugeben (Alleinabsatzbindung des Lieferanten).

Die wettbewerbsbeschränkende Wirkung von Ausschließlichkeitsbindungen ist darin zu sehen, daß durch die Bezugsbindung des Abnehmers oder die Absatzbindung des Lieferanten andere Abnehmer als Nachfrager bzw. Lieferanten als Anbieter mit Konkurrenzprodukten vom Markt ferngehalten werden, so daß der Zutritt dieser Unternehmen unbillig beschränkt und/oder der Wettbewerb wesentlich beeinträchtigt werden kann.

Die Kriterien zur Feststellung der wesentlichen Wettbewerbsbeeinträchtigung sind grundsätzlich die gleichen wie bei Alleinvertriebsbindungen.

(3) **Verwendungsbeschränkungen** im Sinne einer Beschränkung in der Freiheit der Verwendung gelieferter Waren oder Leistungen (z. B. Miete anstatt Verkauf von Schuhmaschinen), um die Abnehmer durch Bezugs- und Benutzungspflichten fest an sich zu binden. Die wettbewerbsbeschränkende Wirkung von Verwendungsbeschränkungen besteht in der Abhängigkeit der Abnehmer von dem Lieferanten und in einer Beschränkung des Marktzutritts.

(4) **Kopplungsverträge** im Sinne einer Verpflichtung, bestimmte andere (sachlich oder handelsüblich nicht zugehörige) Waren oder Leistungen abzunehmen, wodurch für den Hersteller und Händler, die mit den gekoppelten Waren in Wettbewerb stehen, der Marktzutritt beschränkt und/oder der Wettbewerb wesentlich beeinträchtigt werden kann.

Derartige Verträge werden – anders als Alleinvertriebsbindungen oder Ausschließlichkeitsbindungen, die unter bestimmten Voraussetzungen wettbewerbsunschädlich oder sogar wettbewerbsfördernd sein können – wesentlich kritischer beurteilt. Nur in Ausnahmefällen, wie z. B. bei technisch komplementären Gütern, dürfte eine Kopplung auch im Interesse der Konsumenten liegen. In erster Linie dienen sie jedoch dem Zweck, die Vorrangstellung des eine Kopplung verlangenden Unternehmens auf dem Markt A auf den Markt des zu koppelnden Produktes B auszudehnen bzw. zu übertragen (Hebelwirkung). Auf diese Art und Weise wird das gekoppelte Produkt B mehr oder weniger der Notwendigkeit enthoben, sich gegenüber Konkurrenzprodukten durchzusetzen. Derartige Vereinbarungen sind daher dazu geeignet, die Wirksamkeit des Wettbewerbs zu beeinträchtigen; denn sie stehen im Widerspruch zu dem jeder Wettbewerbsordnung immanenten Leistungsprinzip und bewirken eine Zutrittsbeschränkung zum Markt des gekoppelten Produktes.

Wettbewerbspolitische Kriterien zur Beurteilung von Kopplungsverträgen sind:
- Das Ausmaß der Marktmacht des koppelnden Unternehmens und/oder
- der Umfang des Handelsvolumens des gekoppelten Produktes, der im Hinblick auf das Ausmaß der Behinderung dritter Unternehmen beim Marktzutritt von Bedeutung ist.

(5) Wirtschaftlicher, gesellschaftlicher oder sonstiger **Druck zur Erzwingung eines Ausschließlichkeits- oder Kopplungsverhaltens,** wodurch die gleichen wettbewerbsbeschränkenden Wirkungen wie bei Ausschließlichkeits- oder Kopplungsverträgen eintreten können.

(6) Ausschließlichkeits- und Kopplungsbindungen unterliegen in erster Linie der **Mißbrauchsaufsicht nach § 18 GWB.** Schutzobjekt der Mißbrauchsaufsicht über derartige

Verträge sind sowohl die Freiheit des Marktzutritts von newcomers (foreclosure test – Individualschutz) die nicht unbillig beschränkt werden darf, als auch der Schutz des Wettbewerbs als Kontroll- und Steuerungsmechanismus (Institutionsschutz), der nicht wesentlich beeinträchtigt werden darf. Darüber hinaus greift die Mißbrauchsaufsicht über marktbeherrschende Unternehmen nach § 22 GWB ein, mit welcher auch die Ausübung von Druck zur Erzwingung eines Ausschließlichkeits- oder Kopplungsverhaltens erfaßt und unterbunden werden kann.

V. Konzentrationsstrategien und ihre wettbewerblichen Wirkungen[25]

1. Einleitung

Unter Konzentration soll im Hinblick auf unser Untersuchungsziel die Verminderung der Zahl selbständiger Wirtschaftseinheiten als wettbewerbspolitische Entscheidungsträger verstanden werden, die einmal durch externes Wachstum in Form von Zusammenschlüssen i.w.S. mit anderen bisher selbständigen Unternehmen, zum anderen durch (überproportionales) internes Wachstum der Unternehmen infolge Ausbaus der Produktionsstätten erfolgen kann.[26]

Es hat sich international eingebürgert, die Konzentration durch die concentration ratio der drei bzw. sechs oder vier bzw. acht größten Unternehmen an einem Markt zu messen.[27] Dies geschieht einmal aus Gründen der statistischen Operationalität (Verfügbarkeit des Datenmaterials); zum anderen geben diese Konzentrationsmaße kritische Grenzen an, bei deren Überschreitung die *Gefahr* besteht, daß die Marktergebnisse nicht länger wettbewerbsgerecht sind.[28]

Die wettbewerbspolitische Notwendigkeit und Berechtigung einer Analyse der Tatbestände des externen und internen Unternehmenswachstums ergibt sich daraus, daß der Wettbewerbsdruck, dem die Wirtschaftseinheiten ausgesetzt sind und der zu einer tendenziellen Realisierung des vorgegebenen Zielkataloges führt, durch eine zunehmende Konzentration beeinträchtigt werden *kann.*

Wir haben wirksamen Wettbewerb mittels einer Kombination von Struktur- und Verhaltensnormen definiert; einer der maßgeblichen conditioning factors im Rahmen des Marktstrukturtests ist die Zahl der selbständigen Wirtschaftssubjekte. Wenngleich wirksamer Wettbewerb sich bei sehr unterschiedlichen conditioning factors und damit auch stark differierenden Zahlen von selbständigen Wirtschaftssubjekten einstellen

[25] Vgl. dazu Schmidt, Ingo, US-amerikanische und deutsche Wettbewerbspolitik gegenüber Marktmacht, op. cit., S. 80–87 und 115–183, mit weiterführenden Literaturhinweisen.

[26] Darüber hinaus kann sich die Konzentration auch durch das freiwillige oder unfreiwillige Ausscheiden von Unternehmen aus dem Markt erhöhen.

[27] Zu den verschiedenen Konzentrationsmaßen und den dahinter stehenden wettbewerbstheoretischen Implikationen vergleiche insbesondere Matschuk, H.-J., Arten und Messung der wirtschaftlichen Konzentration, hrsg. v. Barnikel, Hans-Heinrich, Darmstadt 1975, S. 584 ff.

[28] Vgl. zur Frage des kritischen bzw. notwendigen Konzentrationsgrades Schmidbauer, Herbert, Allokation, technischer Fortschritt und Wettbewerbspolitik, Tübingen 1974, S. 154 ff. und 212 ff.

kann, so charakterisiert dennoch Clark[29] die günstigste Bedingungskonstellation, unter der wirksamer Wettbewerb mit großer Wahrscheinlichkeit herrschen wird, als

«a substantial number of firms small enough, relative to the whole market in which they compete, to have strong competitive incentives (though there is no need for atomistic smallness) and economically strong enough to make their competitive pressure count».

Ähnlich argumentieren Kaysen/Turner[30], wobei sie auch auf den Einwand eingehen, daß selbstverständlich die Wettbewerbsintensität nicht nur eine Funktion der Zahl der Anbieter (Marktmorphologie), sondern auch vieler anderer Variablen ist; diese müssen jedoch – zumal in der Regel wettbewerbspolitisch nicht beeinflußbar – als konstant unterstellt werden (ceteris paribus-Klausel).

Strategien der Konzentration im Sinne eines externen oder überproportionalen internen Unternehmenswachstums *können* somit die Wirksamkeit des Wettbewerbs beeinträchtigen.

2. Die wichtigsten Formen der Konzentrationsstrategie und ihre wettbewerblichen Wirkungen

a) Externes Unternehmenswachstum

Hinsichtlich des externen Unternehmenswachstums sind drei Hauptformen zu unterscheiden:
- horizontale Zusammenschlüsse,
- vertikale Zusammenschlüsse und
- diagonale (konglomerate) Zusammenschlüsse.

(1) Unter **horizontalen Zusammenschlüssen** sollen solche Unternehmenszusammenschlüsse verstanden werden, die zwischen vormals selbständigen Wirtschaftssubjekten, die auf dem gleichen sachlich und räumlich relevanten Markt tätig sind, stattfinden.

Die Überlegungen zur Marktmorphologie, die oben als ein wesentlicher conditioning factor skizziert wurde, weisen auf die marktstrategischen Implikationen von horizontalen Zusammenschlüssen im Hinblick auf die Entwicklung eines den Preiswettbewerb faktisch beschränkenden oder gar ausschließenden Gruppenbewußtseins im Oligopol hin, da die zunehmende Konzentration des Angebots tendenziell die Entwicklung der für eine kollektive Marktkontrolle entscheidende Interessensymmetrie und das Gruppenbewußtsein fördert. Im engen Oligopol, das durch eine sehr hohe parametrische Interdependenz gekennzeichnet ist, kann daher eine Tendenz zur Maximierung des gemeinsamen Gewinns aufgrund von Absprachen i.w.S. (= rechtliche Wettbewerbsbeschränkung) oder von Gruppendisziplin bzw. Preisführerschaft (= faktische Wettbewerbsbe-

[29] Clark, John Maurice, Competition as a Dynamic Process, Washington, D.C. 1961, S. 481.

[30] Kaysen, Carl, und Donald F. Turner, Antitrust Policy. An Economic and Legal Analysis, Cambridge, Mass. 1959, S. 115: «To be sure, factors other than the size and character of the rival firms are important in determining the way an oligopolistic market functions – the nature of the product, the technological maturity, the rate of growth of demand, the cyclical stability of demand, are all important. But within the framework defined by a given set of value of these variables, the larger the number of rival sellers and the smaller the relative size of the largest few, the more likely will it be that no firm and no group exercises much market power.»

schränkung) beobachtet werden, die im Grenzfall dem Verhalten im Monopol nahekommt (Kollektivmonopol). Man spricht in diesem Zusammenhang von «joint profit maximization» aufgrund eines «quasi-agreements».[31]

Je lockerer dagegen die Oligopolstruktur und je größer die Zahl der Unternehmen ist, desto größer ist die Wahrscheinlichkeit einer Interessenasymmetrie zwischen den verschiedenen Unternehmen im Hinblick auf die einzelnen Aktionsparameter.[32] Eine solche Interessenasymmetrie erhöht die Wahrscheinlichkeit, daß einzelne Unternehmen in einer Oligopolgruppe eine individuelle Marktstrategie für vorteilhafter halten als eine kooperative, kollektive Verhaltensweise mit tendenziell gemeinsamer Gewinnmaximierung. Daher ist eine Erhöhung der Zahl der Anbieter bzw. eine Verringerung des Konzentrationsgrades der sicherste und langfristig dauerhafteste Weg einer Reduzierung von Marktmacht. Vice versa ist ein Zusammenschluß als Mittel zur Marktstabilisierung allgemein um so bedeutender, je größer der kontrollierte Marktanteil ist.

(2) Unter **vertikalen Zusammenschlüssen** sind Zusammenschlüsse vormals selbständiger Wirtschaftssubjekte zu verstehen, die auf verschiedenen Wirtschaftsstufen tätig sind und in einer Käufer-Verkäufer-Beziehung stehen.

Wettbewerbsbeschränkende Wirkungen können insbesondere hinsichtlich der Behinderung von tatsächlichen oder potentiellen Mitbewerbern auftreten:

- Besitzt ein Unternehmen auf einer Wirtschaftsstufe eine starke Marktposition, so kann es diese Marktstellung auf vor- oder nachgelagerte Märkte durch Behinderung oder Verdrängung nicht-integrierter Konkurrenten ausdehnen (Hebelwirkung).
  So kann z. B. ein Unternehmen, das eine marktstarke Position auf dem Rohstoffmarkt hat, auch den Markt für das Endprodukt weitgehend kontrollieren, da die mit ihm konkurrierenden Anbieter von Endprodukten, die vertikal nicht integriert sind, hinsichtlich der Rohstoffversorgung weitgehend von ihm abhängig sind und keine unabhängige Preispolitik betreiben können. Vice versa können auf dem Rohstoffmarkt konkurrierende Anbieter, die vertikal nicht integriert sind, dadurch behindert werden, daß ein vertikal integriertes Unternehmen ihnen den Zutritt bei der Belieferung nachgelagerter Märkte versperrt oder zumindest erheblich erschwert.

---

[31] Zur Zielsetzung der gemeinsamen Gewinnmaximierung bei kollektiver Preispolitik vgl. insbesondere Fellner, William, Competition among The Few, New York 1949. Nach diesem Konzept versuchen Oligopolisten den Gewinn gemeinsam zu maximieren, indem sie einen (gemeinsamen) «Monopolpreis» festsetzen und gemeinsam die «Monopolmenge» verkaufen. Der gemeinsame Gewinn, der auf die einzelnen Oligopolisten aufzuteilen ist (Verteilungsproblem), ist größer als die Summe der Einzelgewinne bei individueller Gewinnmaximierung.

Das reine Prinzip gemeinsamer Gewinnmaximierung schränkt Fellner allerdings durch Berücksichtigung langfristiger Zielsetzungen und des Strebens nach Sicherheit ein, – Faktoren, die nach Ansicht von Fellner die radikale Ausnutzung der Oligopolsituation durch die Anbieter verhindern.

[32] Kaysen/Turner, op. cit., S. 115: « . . . the looser the oligopoly structure, the less market power any individual firm or the group as a whole exercises. . . .The larger the number, the greater ist the likely diversity among firms: in costs, in the part of the market which they serve, in the range of products offered, in the kind and volume of expenditures devoted to innovation, in the expectations of executives concerning future changes in cost and demand».

Bain, Joe S., Industrial Organization, 2nd. ed., New York, London, Sydney 1968, S. 120 f.: «The higher the degree of seller concentration, the greater should be the tendency toward cooperative action to establish a joint profit-maximizing industry price and output. And the smaller should be the incentive for individual sellers to pursue independent competitive policies that are designed to enhance their market shares and profits at the expense of their rivals.»

– Grundsätzlich wird durch vertikal integrierte Unternehmen der Marktzutritt für newcomers erschwert, da für potentielle Konkurrenten die Nachteile gegenüber einem vertikal integrierten Unternehmen infolge des erhöhten Kapitalbedarfs und technischen Know-hows eine abschreckende Wirkung haben.

Die marktstabilisierende Wirkung einer vertikalen Konzentration ist daher als um so wirksamer anzusehen, je stärker die Marktposition des integrierten Unternehmens auf zumindest einer Wirtschaftsstufe und/oder je verbreiteter eine derartige Integration überhaupt ist[33].

(3) **Diagonale oder konglomerate Zusammenschlüsse** können negativ definiert werden als Zusammenschlüsse vormals selbständiger Wirtschaftseinheiten, die weder auf dem gleichen relevanten Markt tätig sind (horizontal) noch in einem Käufer-Verkäufer-Verhältnis (vertikal) stehen.

Die wettbewerbspolitischen Gefahren derartiger Zusammenschlüsse werden in dem mittlerweile klassischen Aufsatz von Edwards[34] unter mehreren Aspekten gesehen, die dem diversifizierten Konzern grundsätzlich eine strategische Überlegenheit gewähren und s. E. von der traditionellen Monopol- und Oligopoltheorie nicht oder nur unzureichend erfaßt werden:

– Diskriminierung kleinerer Unternehmen durch Wettbewerbsvorteile diversifizierter Großunternehmen in Form von Kostenersparnissen bei Werbung und Vertrieb, Versicherungs- und Transportleistungen, Krediten u. ä. Daneben bestehe die Tendenz, Marktrisiken und Kosten auf andere Unternehmen zu überwälzen und für sich selbst besonders günstige Geschäftsbedingungen durchzusetzen.
– Wettbewerbsnachteile für kleinere Mitbewerber durch Kopplungsgeschäfte oder reziproke Transaktionen, die den Grundsatz der Leistungsfähigkeit als Ausleseprinzip einer Marktwirtschaft verletzen.
– Wettbewerbsvorteile gegenüber kleineren Mitbewerbern aufgrund der Finanzkraft, die sich in größeren Möglichkeiten bei der Führung von Prozessen, der Einflußnahme auf die Politik (Finanzierung von Wahlkampagnen und Aufbau einer gut funktionierenden Lobby), der public relations-Arbeit und der Aufnahme von Fremdkapital äußern.
– Beeinträchtigung des Ausleseprinzips des Wettbewerbs durch die Möglichkeit zur Mischkalkulation.
– Gesellschaftspolitisch per se unerwünschte Ballung von Verfügungsmacht in den Händen Weniger, die die Kontrolle der Unternehmen durch den Markt durch eine Zusammenarbeit zwischen Verbänden und Staat zu ersetzen drohen.

Generell läßt sich sagen, daß die wettbewerbspolitischen Gefahren diagonaler Zusammenschlüsse in der wirtschaftlich-finanziell marktstrategischen Überlegenheit des aufnehmenden Unternehmens gegenüber tatsächlichen oder potentiellen Konkurrenten auf dem Markt des erworbenen Unternehmens gesehen werden, die die Chancengleichheit und die Leistungsfähigkeit am Markt als Auslesekriterium verletzt. Daneben bestehen gesellschaftspolitische Bedenken hinsichtlich der Konzentration von Verfügungsmacht.

---

[33] So auch Zohlnhöfer, Werner, op. cit., S. 37.

[34] Vgl. Edwards, Corwin D., Conglomerate Bigness as a Source of Power, in: Business Concentration and Price Policy, ed. by National Bureau of Economic Research, Princeton 1955, S. 331 ff., mit einer Anmerkung von George W. Stocking, S. 352 ff.

Bei dem Versuch einer positiven Definition von konglomeraten Zusammenschlüssen können drei Untergruppen unterschieden werden:

– **Markterweiterungszusammenschlüsse,** bei denen die fusionierenden Unternehmen entweder gleichartige Produkte für räumlich getrennte Märkte (market extension merger) oder unterschiedliche Produkte, die jedoch eine gewisse Produktions- oder Absatzflexibilität aufweisen, für räumlich einheitliche oder zumindest sich überschneidende Märkte (product extension merger) herstellen.
  In beiden Fällen, in denen an die Stelle internen Unternehmenswachstums die horizontale Konzentration tritt, wird die Zahl der potentiellen Konkurrenten vermindert. Die Konkurrenten des aufzunehmenden Unternehmens können angesichts der marktstrategischen Bedeutung des aufnehmenden Unternehmens entmutigt und potentielle Konkurrenten vom Marktzutritt abgeschreckt werden.
  Die gleiche wettbewerbspolitische Problematik kann auch bei Gemeinschaftsunternehmen (joint ventures) auftreten, worunter gemeinsame Tochtergesellschaften von zwei oder mehr Muttergesellschaften zu verstehen sind, die durch Gründung einer neuen Produktionseinheit, die Ausgliederung vorhandener Produktkapazitäten oder den gemeinsamen Erwerb eines schon bestehenden dritten Unternehmens erfolgen.
– **Marktverkettungszusammenschlüsse** (reciprocal dealings), bei denen eines der beteiligten, vormals selbständigen Unternehmen entweder Kunde eines Kunden oder Lieferant eines Lieferanten eines anderen beteiligten Unternehmens ist. Dabei wird die starke Position auf einem Markt mit Hilfe reziproker Transaktionen als Hebel in den Dienst der Ausbreitung dieser Position auf dritte Märkte gestellt, wodurch andere Unternehmen vom Geschäft ausgeschlossen und behindert werden, was folgendes Schema verdeutlichen soll:

```
                  Lieferant A
                  /
              Lieferant B
              /
Abnehmer/Lieferant C                    (Nachfragemacht gegenüber B)
              \
              Kunde D
                  \
                  Kunde E                (Nachfragemacht gegenüber D)
```

  Wenn C ein Fertigprodukt von B kauft und das Unternehmen A erwirbt, das seinerseits an B liefert, so kann C bei entsprechender Nachfragemacht sich weigern, weiterhin von B zu kaufen, wenn B nicht ausschließlich oder vorzugsweise seine Waren von A bezieht, so daß A gegenüber seinen Konkurrenten einen nicht leistungsbedingten Wettbewerbsvorsprung erzielt. Dies würde vice versa für den Fall gelten, daß C den marktstarken Kunden E seines Kunden D erwirbt.
– **Marktdiversifikations-Zusammenschlüsse** (pure conglomerates) liegen vor, wenn weder ein Markterweiterungs- noch ein Marktverkettungszusammenschluß vorliegen, z. B. der Zusammenschluß eines Puddingpulverherstellers mit Brauereien oder Reedereien (Oetker).
  Bei diesen reinen Konglomeraten, die unter Umständen auf keinem Markt eine starke Position haben, wird die Frage der wirtschaftlichen und finanziellen Überlegenheit des Gesamtkonzerns gegenüber kleineren (Einprodukt-) Unternehmen auf einzelnen

Märkten (Möglichkeiten der Mischkalkulation und damit des Verdrängungswettbewerbs) zum wettbewerbspolitischen Problem; der Marktanteil allein sagt nichts über die dahinter stehende Macht aus.

Zugleich erhebt sich die Frage des volkswirtschaftlichen Konzentrationsgrades und der gesellschaftspolitischen unerwünschten Ballung von Verfügungsmacht: ein auf dezentralen Entscheidungen beruhendes wirtschaftliches System wird in ein vorwiegend zentral gelenktes Wirtschaftssystem (Galbraith: The New Industrial State) transformiert.

Losgelöst vom «Markt»machtkonzept dürften absolute Größen (z. B. Umsatzzahlen) als wettbewerbspolitisch adäquat anzusehen sein, um die von den Ressourcen großer Konglomerate ausgehenden Gefahren für den Wettbewerb zu erfassen.[35]

Die nebenstehende Übersicht verdeutlicht die Formen konglomerater Zusammenschlüsse und ihrer Abgrenzung.

(4) Zusammenschlüsse im Sinne des § 23 GWB unterliegen einer **Fusionskontrolle** nach den §§ 24 und 24a GWB, wenn zu erwarten ist, daß durch einen derartigen Zusammenschluß eine marktbeherrschende Stellung i. S. des § 22 entsteht oder verstärkt wird. Grundsätzlich werden dabei sowohl horizontale als auch vertikale und konglomerate Zusammenschlüsse erfaßt.

b) Internes Unternehmenswachstum

Die Zahl der selbständigen Entscheidungsträger im Wettbewerb kann nicht nur durch externes Unternehmenswachstum, sondern auch durch überproportionales internes Unternehmenswachstum vermindert werden.

(1) US-amerikanische Untersuchungen haben jedoch gezeigt, daß **ursächlich für das Entstehen von Marktmacht** in erster Linie externes Unternehmenswachstum und Behinderungspraktiken sind, so daß bei einer wirksamen Kontrolle dieser beiden Tatbestandsgruppen nur noch eine geringe Zahl von Unternehmen übrig bleibt, deren wirtschaftliche Macht allein durch internes Unternehmenswachstum entstanden ist. Markham[36] führt dazu unter Berufung auf zwei empirische Studien von Weston und Stigler aus:

«One of the few extensive quantitative studies in this area shows that about eighty large corporations owe from one-third to one-quarter of their size to past mergers and acquisitions; one distinguished and highly reputable economist in reviewing the study offered persuasive reasons for concluding that the fraction is significantly higher and that ‹merger has been the basic method by which individual firms have acquired high shares in major industries in the United States›.»

---

[35] Die wirtschaftlichen Nachteile absoluter Größe werden in dem von der OECD herausgegebenen Bericht Mergers and Competition Policy, Paris 1974, Zi. 175, wie folgt charakterisiert: «However, absolute size by itself may have 2 types of economic disadvantage: it may result in an overall decline in performance if the firm exceeds the size at which it can be efficiently operated with given techniques of production and management and it may also give the firm the power to indulge in certain types of market behaviour, which may have damaging consequences for competition. Size may bring increased overall financial power of a kind which permits cross-subsidisation in the markets in which the firm operates, reciprocal dealings with other large and conglomerate firms, retrenchment of the dominant position of the acquired firm and it may also permit the firm to alter market structures by the relatively easy acquisition of potential competitors.»

[36] Markham, Jesse W., The New Antitrust Policy and the Individual Business Firm, in: Law and Contemporary Problems vol. 30 (1965), S. 607 ff., 609.

Tab. 7: Formen der Konglomerate

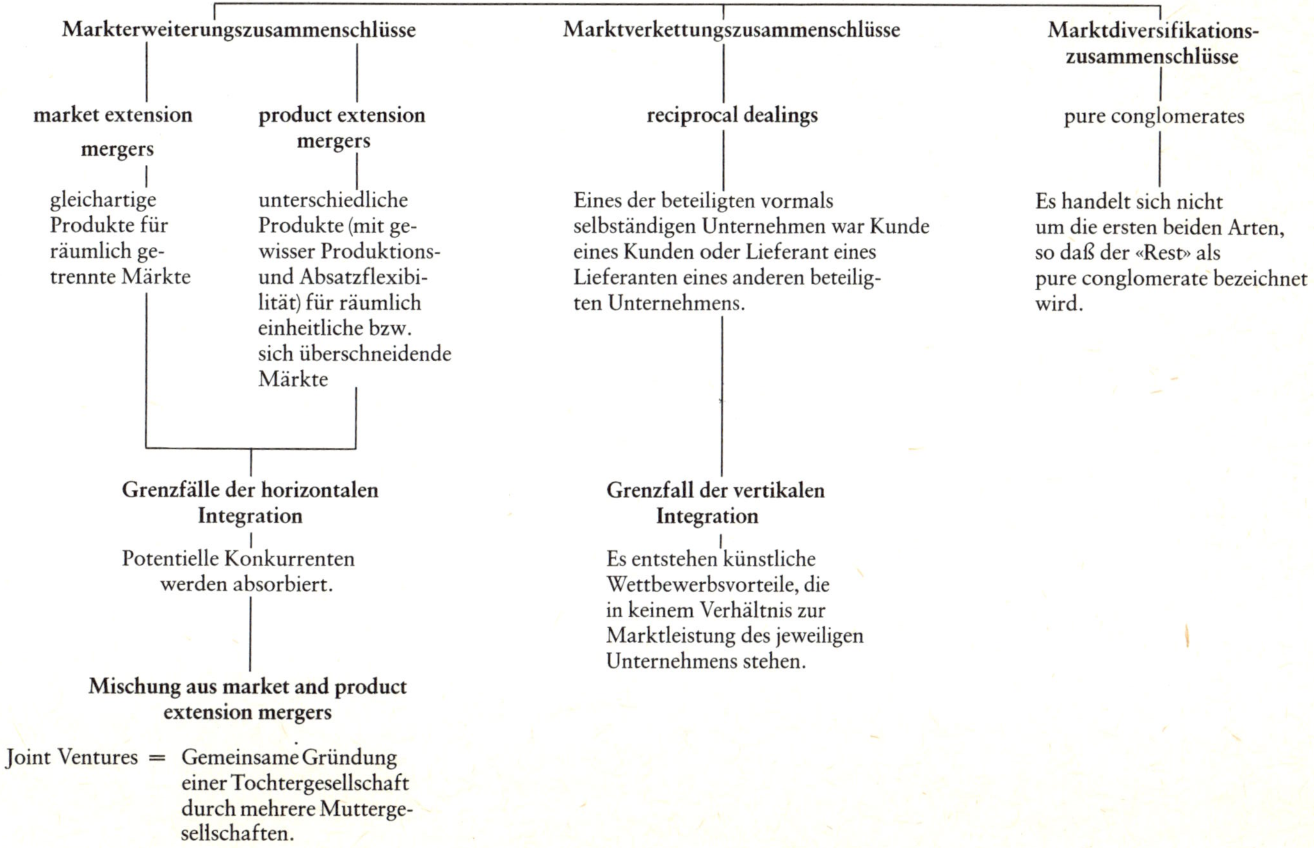

Die Gefahren eines überproportionalen internen Wachstums für die Konzentration sind daher vergleichsweise gering, da dem internen Wachstum zwar nicht in der absoluten Höhe, aber in der Geschwindigkeit so enge Grenzen gesetzt sind, daß davon kaum eine ernste Gefahr für den Wettbewerb ausgehen dürfte.

(2) Das deutsche Kartellgesetz kennt in § 22 GWB lediglich eine **Mißbrauchsaufsicht über** – u. a. durch überproportionales internes Wachstum entstandene – **marktbeherrschende Unternehmen,** wonach derartigen Unternehmen ein Behinderungs- oder Ausbeutungsmißbrauch untersagt werden kann. Anders als das amerikanische Antitrustrecht (vgl. sec. 2 Sherman Act mit der Möglichkeit der Entflechtung bei nachgewiesenem «monopolizing» mittels Behinderungspraktiken) sieht das deutsche Kartellgesetz keine Beschränkung des internen Unternehmenswachstums vor, etwa eine Mißbrauchsaufsicht mit Beseitigungsfolge, d. h. Entflechtung zur Wiederherstellung einer kompetitiven Marktstruktur[37].

Die Forderung nach genereller **Entflechtung** intern gewachsener Unternehmen würde allerdings einen Zielkonflikt aufwerfen zwischen der Aufrechterhaltung einer kompetitiven Marktstruktur einerseits und dem Antrieb zu rationalem, dynamischen Unternehmerverhalten andererseits, welches langfristig zu einer Beschränkung des Wettbewerbs durch überproportionales internes Unternehmenswachstum führen *kann.*

U. E. würde eine Mißbrauchsaufsicht mit Beseitigungsfolge, d. h. Entflechtung, als Sanktion bei Mißbrauch (z. B. Behinderung von newcomers) marktbeherrschende Unternehmen zu einem Wohlverhalten im Hinblick auf ihre gesamte Geschäftspolitik veranlassen und den Umfang möglicher Mißbräuche reduzieren (prophylaktische Wirkung). Der Vorteil einer derartigen Verhaltenskontrolle i. S. des § 22 GWB gegenüber einem strikten Strukturansatz (grundsätzliche Entflechtung *aller* nicht-kompetitiven Strukturen) bestünde darin, daß die aufgezeigten Zielkonflikte zumindest vermindert werden würden; andererseits muß angesichts der Erfahrungen mit der bestehenden Mißbrauchsaufsicht gesehen werden, daß der Verhaltensansatz im Vergleich zum Strukturansatz weniger effizient ist.

Daher sollte in den Fällen, in welchen die marktbeherrschende Stellung durch externes Wachstum entstanden ist – sei es vor Einführung der Fusionskontrolle im Jahre 1973 oder durch Fehlentscheidungen der Behörden oder Gerichte – der Strukturansatz Anwendung finden.

---

[37] Vgl. den Vorschlag der Monopolkommission, 3. Hauptgutachten 1978/79: Fusionskontrolle bleibt vorrangig, Baden-Baden 1980, Tz. 662–804, zur Einführung einer Entflechtung, der eine Sektorenuntersuchung des Bundeskartellamtes vorausgehen soll, um die Angemessenheit und Eignung von Entflechtungsmaßnahmen festzustellen (Tz. 769–774).
Entflechtungsmaßnahmen sollen beim kumulativen Vorliegen der folgenden Voraussetzungen ergriffen werden (Tz. 745):
- Marktbeherrschende Stellung,
- mißbräuchliches Verhalten,
- Strukturbedingtheit des Mißbrauchs und
- keine überwiegenden Nachteile für das Gemeinwohl.

Zur Diskussion über die Entflechtung marktbeherrschender Unternehmen zur Wiederherstellung kompetitiver Marktstrukturen vgl. auch Möschel, Wernhard, Entflechtungen im Recht der Wettbewerbsbeschränkungen. Eine vergleichende rechtspolitische Studie, Tübingen 1979.

Übungsfragen zum 6. Kapitel:

1. Wodurch ist die vom anonymen Wettbewerbsdruck ausgehende tendenzielle Realisierung des vorgegebenen Zielkataloges gefährdet?
2. Welches Verhältnis besteht zwischen Vertrags- und Wettbewerbsfreiheit?
3. Was verstehen Sie unter einer Wettbewerbsbeschränkung?
4. Welche Arten von Wettbewerbsbeschränkungen können unterschieden werden?
5. Nach welchen Ursachen können wettbewerbsbeeinträchtigende Strategien bzw. Tatbestandsgruppen unterschieden werden?
6. Woraus ergibt sich die wettbewerbspolitische Notwendigkeit und Berechtigung einer Analyse von Tatbeständen der Verhandlungsstrategie?
7. Welches sind die wichtigsten Formen der Verhandlungsstrategie?
8. Durch welche Merkmale sind Kartelle charakterisiert?
9. Unterscheiden Sie Kartelle nach der Art der Absprachen, dem Grad der Wettbewerbsbeschränkung und dem Zweck oder Anlaß der Kartellbildung.
10. Welches sind die Determinanten der Kartellierbarkeit? Durch welche Maßnahmen wird darüber hinaus der Zusammenhalt des Kartells nach innen und außen begünstigt?
11. Beurteilen Sie die wettbewerbspolitischen Auswirkungen von Kartellen.
12. Wie wird im deutschen Recht aufeinander abgestimmtes Verhalten der Unternehmen behandelt und wie ist es wettbewerbspolitisch zu beurteilen?
13. Durch welche Merkmale sind vertikale Wettbewerbsbeschränkungen charakterisiert?
14. Was versteht man unter Preisbindung der zweiten Hand und für welche Güter ist diese Preisbindung rechtlich zulässig?
15. Nennen Sie gesamtwirtschaftliche Vorteile und Nachteile der Preisbindung der zweiten Hand.
16. Erörtern Sie Möglichkeiten und Problematik der unverbindlichen Preisempfehlung für Markenartikel.
17. Wie wird die unverbindliche Preisempfehlung für Markenartikel rechtlich behandelt?
18. Was haben die bisherigen Erfahrungen mit der Mißbrauchsaufsicht des Bundeskartellamts über die unverbindliche Preisempfehlung für Markenartikel ergeben?
19. Definieren Sie die Behinderungsstrategie im weiteren Sinne.
20. Woraus ergibt sich die wettbewerbspolitische Notwendigkeit und Berechtigung einer Analyse von Tatbeständen des Behinderungswettbewerbs?
21. Zählen Sie die wichtigsten Formen der Behinderungsstrategie auf.
22. Worin kommt die wettbewerbspolitische Bedeutung von Boykott und Lieferverweigerung zum Ausdruck?
23. Was ist unter Boykott zu verstehen, und wie wird der Boykott im GWB behandelt?
24. Worin ist die wettbewerbspolitische Bedeutung der Lieferverweigerung mit dem Ziel der Preisbeeinflussung zu sehen?
25. Nennen Sie ein weiteres Motiv der individuellen Lieferverweigerung neben dem der Preisbeeinflussung und beurteilen Sie diese Behinderungsstrategie aus wettbewerbspolitischer Sicht.
26. Was versteht man unter einem Zwang zum Kopplungs- und Ausschließlichkeitsverhalten und wie kann er rechtlich erfaßt werden?
27. Welche wettbewerbspolitischen Gründe werden für bzw. gegen den Aufbau geschlossener Vertriebssysteme durch Lieferverweigerung vorgebracht?
28. Was ist unter Preisdifferenzierung und Preisdiskriminierung zu verstehen?
29. Welche Auswirkungen können Preisdifferenzierungen auf den Wettbewerb haben?
30. Nach welchen Kriterien können die Auswirkungen von Preisdifferenzierungen auf den Wettbewerb beurteilt werden?
31. Inwiefern können durch Preisdifferenzierungen wettbewerbspolitische Zielkonflikte entstehen?
32. Welche Unternehmen unterliegen dem Diskriminierungsverbot des § 26 Abs. 2 GWB? Welchen Schutzzweck hat das Diskriminierungsverbot?

33. Was verstehen Sie unter Ausschließlichkeits- und Kopplungsbindungen als Formen der Behinderungsstrategie?
34. Welche wettbewerbsbeschränkenden Wirkungen haben Alleinvertriebs- und Ausschließlichkeitsbindungen und mit Hilfe welcher Kriterien können sie festgestellt werden?
35. Welche wettbewerbsbeschränkenden Wirkungen haben Kopplungsverträge und nach welchen Kriterien können sie festgestellt werden?
36. Wie werden Ausschließlichkeits- und Kopplungsbindungen wettbewerbsrechtlich behandelt?
37. Definieren Sie den Begriff der wirtschaftlichen Konzentration.
38. Wie wird die Konzentration üblicherweise gemessen?
39. Woraus ergibt sich die wettbewerbspolitische Notwendigkeit und Berechtigung der Analyse der Tatbestände des externen und internen Unternehmenswachstums?
40. Welches sind die wichtigsten Formen der Konzentrationsstrategie?
41. Was versteht man unter horizontalen Unternehmenszusammenschlüssen?
42. Welche Bedeutung haben marktmorphologische Überlegungen für das wettbewerbliche Verhalten der Oligopolisten?
43. Was verstehen Sie unter vertikalen Unternehmenszusammenschlüssen?
44. Welche wettbewerbsbeschränkenden Wirkungen können von vertikalen Unternehmenszusammenschlüssen ausgehen?
45. Geben Sie eine negative Definition diagonaler oder konglomerater Unternehmenszusammenschlüsse.
46. Unter welchen Aspekten können die wettbewerbspolitischen Gefahren diagonaler oder konglomerater Unternehmenszusammenschlüsse gesehen werden?
47. Welche Untergruppen können bei dem Versuch einer positiven Definition von konglomeraten Unternehmenszusammenschlüssen unterschieden werden?
48. Beurteilen Sie market extention mergers, joint ventures, reciprocal dealings und pure conglomerates aus wettbewerbspolitischer Sicht.
49. Wie werden Unternehmenszusammenschlüsse wettbewerbsrechtlich behandelt?
50. Wie wird das interne Unternehmenswachstum in den USA und wie in der Bundesrepublik wettbewerbsrechtlich behandelt?

Weiterführende Literaturhinweise zum 6. Kapitel:

Arndt, Helmut (Hrsg.), Die Konzentration in der Wirtschaft, 2 Bände, 2. Aufl., Schriften des Vereins für Socialpolitik NF Bd. 20/I und II, Berlin 1971.

Andreae, Clemens-August, Das Prinzip der gegengewichtigen Marktmacht als Ansatzpunkt für die Wettbewerbspolitik, in: Grundlagen der Wettbewerbspolitik, hrsg. von Schneider, Hans K., Schriften des Vereins für Socialpolitik NF Bd. 48, Berlin 1968, S. 71 ff.

Barnikel, Hans-Heinrich (Hrsg.), Theorie und Praxis der Kartelle, Darmstadt 1972.

ders. (Hrsg.), Probleme der wirtschaftlichen Konzentration, Darmstadt 1975.

Belke, Rolf, Die Geschäftsverweigerung im Recht der Wettbewerbsbeschränkungen – Eine vergleichende Untersuchung zum deutschen und französischen Recht, Tübingen 1966.

Bericht über Änderungen des Gesetzes gegen Wettbewerbsbeschränkungen, in: BTDr IV/617.

Blair, John M., Economic Concentration. Structure, Behavior and Public Policy, New York 1972, Part 1.

Böbel, Ingo, Industrial Organization. Eine Übersicht über vorliegende empirische Untersuchungen zur Beziehung zwischen Gewinn und verschiedenen Marktstrukturparametern sowie zur Messung der durch Marktmacht verursachten Wohlfahrtsverluste, Tübingen 1978.

Edwards, Corwin D., The Price Discrimination Law. A Review of Experience, Washington, D. C. 1959.

Kantzenbach, Erhard, Die Funktionsfähigkeit des Wettbewerbs, 2. Aufl., Göttingen 1967, S. 101–127 und 148 ff.

Kaufer, Erich, Konzentration und Fusionskontrolle, Tübingen 1977.

ders., Industrieökonomik. Eine Einführung in die Wettbewerbstheorie, München 1980, S. 31–143 und 523–611.

Kaysen, Carl, und Donald F. *Turner,* Antitrust Policy. An Economic and Legal Analysis, Cambridge, Mass. 1959, ch. 4 und 5.

Lenel, Hans Otto, Art. Konzentration, in: Handwörterbuch der Wirtschaftswissenschaften Bd. 4, Stuttgart, New York, Tübingen, Göttingen, Zürich 1978, S. 540 ff.

OECD, Refusal to sell. Report on the Committee of Experts on Restrictive Business Practices, Paris 1969.

Scherer, F. M., Industrial Market Structure and Economic Performance, 2nd ed., Chicago 1980, S. 118–150, 169 ff., 199 ff. und 297 ff.

Schmidbauer, Herbert, Allokation, technischer Fortschritt und Wettbewerbspolitik, Tübingen 1974, S. 154 ff.

Tuchtfeldt, Egon, Art. Kartelle, in: Handwörterbuch der Wirtschaftswissenschaften Bd. 4, Stuttgart, New York, Tübingen, Göttingen, Zürich 1978, S. 445 ff.

Weiss, Leonard W., The Concentration-Profits Relationship and Antitrust, in: Industrial Concentration: The New Learning, ed. by Goldschmid, Harvey J., H. Michael Mann und J. Fred Weston, Boston, Toronto 1974, S. 184–245.

Willeke, Franz-Ulrich, Wettbewerbspolitik, Tübingen 1980, 2. und 3. Teil.

Zohlnhöfer, Werner, Wettbewerbspolitik im Oligopol. Erfahrungen der amerikanischen Antitrustpolitik, Basel, Tübingen 1968, S. 17–40.

Teil 3
Wettbewerbsrechtliche Ansätze zur Erfassung wettbewerbsbeeinträchtigender Strategien

7. Kapitel: Möglichkeiten der staatlichen Wettbewerbspolitik zur Erfassung wettbewerbsbeeinträchtigender Strategien

Wettbewerb als anonymer Kontroll- und Steuerungsmechanismus kann durch Tatbestände der Verhaltenskoordinierung, des Behinderungswettbewerbs sowie des externen oder überproportionalen internen Unternehmenswachstum beeinträchtigt oder gar ausgeschaltet werden. Dem Staat stehen verschiedene Möglichkeiten offen, wie er diesen wettbewerbsbeeinträchtigenden Strategien begegnen kann:

- Verzicht auf eine staatliche Wettbewerbspolitik und Vertrauen auf das Wohlverhalten von Unternehmen mit Marktmacht bzw. die Selbstheilungskräfte des Marktes (laissez-faire approach),
- Wiederherstellung und Erhaltung kompetitiver Marktstrukturen durch Fusionskontrolle und Entflechtung bzw. das Verbot von Behinderungs- und Koordinierungspraktiken (structure approach),
- Inkaufnahme von Marktmacht und Sicherung des öffentlichen Interesses durch eine Mißbrauchsaufsicht hinsichtlich des Marktverhaltens und der Marktergebnisse (regulation approach) und
- Vergesellschaftung von Unternehmen mit Marktmacht (ownership approach).

I. laissez-faire approach

Die erste Möglichkeit eines laissez-faire approach und damit Vertrauens auf das Wohlverhalten von Unternehmen mit Marktmacht ist kein Ersatz für eine rationale Wettbewerbspolitik. Gute Marktergebnisse müssen vielmehr durch den anonymen, d. h., von den Wirtschaftssubjekten nicht beeinflußbaren Wettbewerbsdruck erzwungen werden; sie dürfen nicht nur auf einem jederzeit veränderlichen Wohlverhalten beruhen. Das generelle Vertrauen auf die Selbstheilungskräfte des Marktes (vgl. den Ansatz der Chicago School) ist ebenfalls kein Ersatz für eine rationale Wettbewerbspolitik, da diese Kräfte nur langfristig und mit Sicherheit nicht in allen Bereichen wirksam sind; zudem bestünde in der Zwischenzeit kein Schutz vor Marktmacht.[1]

II. structure approach

Bei der zweiten Möglichkeit des structure approach geht es um die Aufrechterhaltung kompetitiver Marktstrukturen durch Fusionskontrolle und Entflechtung bzw. das Verbot bestimmter Behinderungs- oder Koordinierungspraktiken, die eine ex post-Mißbrauchsaufsicht zur Korrektur von Marktverhalten und Marktergebnis überflüssig macht.

Im Rahmen des Marktstrukturansatzes spielt auch das Konzept der **countervailing power** (Galbraith 1952) eine gewisse Rolle. Gegenmacht soll die unerwünschten Wirkungen von Marktmacht weitgehend neutralisieren und damit ähnliche gesamtwirtschaftliche Funktionen wie der Wettbewerb erfüllen. Das dürfte jedoch nur im Hinblick auf die Einkommensverteilungsfunktion zutreffen, da z. B. eine monopolistische Ausbeutung durch Gegenmacht verhindert werden kann (bilaterales Monopol bei der Lohnbildung). Daher ist der Kritik von Kantzenbach an dem Gegenmachtkonzept als generellem Ordnungsprinzip zuzustimmen:[2]

Das Prinzip der Gegenmacht «würde weder einen optimalen Einsatz der vorhandenen Produktionsfaktoren noch ihre wachstumsgerechte Weiterentwicklung garantieren. Die Zulassung oder sogar Förderung von Gegenmarktmacht, insbesondere in der Form von Kartellen, könnte weder die Kontrolle und Beschränkung ursprünglicher Marktmacht noch die Auslese- und Konzentrationsförderung übersetzter Wirtschaftszweige generell überflüssig machen.»

III. regulation approach

Bei der dritten Möglichkeit der staatlichen Mißbrauchsaufsicht über Wettbewerbsbeschränkungen jeglicher Art (regulation approach) wird die Herausbildung von Marktmacht – sei es durch Koordinierungs- oder Behinderungspraktiken bzw. externes oder überproportionales internes Unternehmenswachstum – in Kauf genommen; Marktverhalten und Marktergebnis werden ex post durch den Staat korrigiert. Gegen den regulation approach sprechen jedoch zwei Gesichtspunkte:

– Die Erfahrungen mit jeglicher Form der Mißbrauchsaufsicht – sei es über legalisierte horizontale oder vertikale Absprachen (§§ 11/12 und 17 GWB) oder über marktbe-

[1] Vgl. den Überblick über die Chicago School bei Posner, Richard A., The Chicago School of Antitrust Analysis, in: University of Pennsylvania Law Review vol. 127 (1979), S. 925 ff.; vgl. auch die empirische Analyse von Shepherd, William G., The Treatment of Market Power, New York, London 1975, S. 113 ff., der im Hinblick auf die Selbstheilungskräfte des Marktes zu sehr differenzierten Ergebnissen gelangt.

[2] Kantzenbach, Erhard, Die Funktionsfähigkeit des Wettbewerbs, 2. Aufl., Göttingen 1967, S. 148 ff., 152.

herrschende Unternehmen (§ 22 GWB) – haben gezeigt, daß eine Quantifizierung der Wettbewerbsintensität und des Mißbrauchs sehr großen Schwierigkeiten begegnet (**mangelnde Operationalität**); zudem hinkt jede ex post-Mißbrauchsaufsicht der wirtschaftlichen Entwicklung hinterher. Diese Schwächen scheinen – wie auch ausländische Erfahrungen bestätigen – der Mißbrauchsaufsicht systemimmanent zu sein, wenngleich eine Verbesserung der Effizienz der Mißbrauchsaufsicht durch die Einführung von Legaldefinitionen für Wettbewerbsbeschränkung und Mißbrauch sowie die Möglichkeit der sofortigen Vollziehbarkeit der Mißbrauchsverfügungen (vgl. § 63a GWB) möglich erscheint. Dennoch wird der regulation approach in seiner wettbewerbspolitischen Bedeutung immer gegenüber dem structure approach zurücktreten: «Regulation, at best, is a pallid substitute for competition» (Wilcox).
Aufgabe der Wettbewerbspolitik muß es daher in erster Linie sein, kompetitive Marktstrukturen durch entsprechende Maßnahmen zu erhalten bzw. notfalls auch durch Entflechtungsmaßnahmen (Mißbrauchsaufsicht mit Beseitigungsfolge) wiederherzustellen, die eine korrektive Mißbrauchsaufsicht überflüssig machen.

- Abgesehen von der mangelnden Operationalität einer solchen ex post-Mißbrauchsaufsicht sind korrektive Maßnahmen, die Unternehmen zu einem im Widerspruch zum Rationalprinzip stehenden Wohlverhalten zwingen, Ausdruck einer **dirigistischen Politik**. In diesen Fällen tritt an die Stelle der invisible hand des Wettbewerbs als anonymem Kontroll- und Steuerungsmechanismus die visible hand der Staatsaufsicht. Auch aus diesem Grunde sollte die Mißbrauchsaufsicht auf die Fälle und Bereiche beschränkt werden, in denen ein anderer Ansatz nicht möglich ist.

IV. ownership approach

Die vierte Möglichkeit einer Politik gegenüber wettbewerbsbeeinträchtigenden Strategien ist eine Verstaatlichung (ownership approach). Diese ist im Hinblick auf das normativ vorgegebene Ziel einer angemessenen Verbraucherversorgung und Kontrolle wirtschaftlicher Macht der Möglichkeit der staatlichen Mißbrauchsaufsicht insofern unterlegen, als dabei die Gefahr droht, daß sich eine Identität bzw. Solidarität von Staats-, Partei- und Gewerkschaftsfunktionären sowie Managern in Gemeineigentum überführter Unternehmen ergeben würde (Problem der Filzokratie – sog. Boljahnismus). Die Position der Verbraucher würde vermutlich noch schlechter sein als bei einer staatlichen Mißbrauchsaufsicht über marktbeherrschende Unternehmen, die nach wie vor von privaten Unternehmern oder Managern geleitet werden; denn bei dieser Lösung wird eine Interessenidentität bzw. -solidarität der Funktionäre vermieden.[3]

---

[3] Das Problem einer Interessenidentität hat sich auch bei der betrieblichen Mitbestimmung gezeigt, bei der die Arbeitnehmer i. d. R. dazu neigen, sich mit den Interessen des mitbestimmten Unternehmens solange zu identifizieren, wie die Arbeitnehmer des betreffenden Unternehmens davon profitieren (vgl. Preiserhöhungen oder Ministerfusionen i. S. des § 24 Abs. 3 GWB).

Das gleiche würde für eine direkte Investitionskontrolle zur Beeinflussung der privaten Produktions- bzw. Angebotsstruktur mittels sogenannter Branchenausschüsse oder Wirtschafts- und Sozialräte gelten, in denen sich – wie bei der Mitbestimmung – eine Interessensolidarität zwischen Industriegewerkschaft und Management zu Lasten der übrigen Volkswirtschaft ergeben würde.

Die Mitbestimmung wäre also überfordert, wenn man von ihr erwarten würde, daß sie zur Realisierung gesamtwirtschaftlicher Ziele beiträgt.

Die Staatsaufsicht der Kartellbehörden oder ähnlicher Organe fungiert hier im Interesse marktschwächerer Konkurrenten, Zulieferer oder Abnehmer und Verbraucher als eine Art countervailing power – eine Lösung, die u. E. einem marktwirtschaftlichen System sowohl im Hinblick auf die ökonomische Effizienz als auch im Hinblick auf das gesellschaftspolitische Ziel einer Kontrolle wirtschaftlicher Macht (Parallelogramm der Kräfte) grundsätzlich adäquater ist als eine Überführung in Gemeineigentum.

Diese Lösung wird in den USA z. B. im Hinblick auf natürliche Monopole und natürliche enge Oligopole praktiziert (Versorgungswirtschaft, Verkehr etc.), die als private Unternehmen einer umfassenden Staatsaufsicht durch die Regulatory Commissions unterliegen. Zulieferanten, Abnehmer und Verbraucher können sich jederzeit beschwerdeführend an diese Kommission wenden, während in Deutschland nur die Möglichkeit einer Klage vor den Verwaltungsgerichten besteht, die mit großem zeitlichen und finanziellen Aufwand verbunden ist.

V. Kombination von structure und regulation approach

Nach Ausschaltung der ersten (laissez-faire approach) und vierten Möglichkeit (ownership approach) gegenüber wettbewerbsbeschränkenden Strategien verbleiben als wichtigste wettbewerbspolitische Ansätze der structure und der regulation approach.

Wenngleich in der wettbewerbstheoretischen Literatur überwiegend die Notwendigkeit einer konsequenten, auf die Aufrechterhaltung kompetitiver Marktstrukturen gerichteten Politik bejaht wird, so bleibt andererseits doch die Notwendigkeit und Bedeutung einer Verhaltens- und Marktergebniskontrolle für diejenigen – nach Möglichkeit zu minimierenden – Ausnahmefälle bestehen, in denen strukturelle Maßnahmen nicht greifen.

Man wird sich wohl in einer modernen Industriegesellschaft damit abfinden müssen, daß ein gewisses Maß an wirtschaftlicher Macht als eine Realität im Wirtschaftsleben akzeptiert werden muß, woraus sich die Notwendigkeit einer Mißbrauchskontrolle sowie im Hinblick auf bad conduct als auch bad performance ergibt. Die Ursachen dafür können verschiedener Natur sein, z. B. Betriebs- und Unternehmenskostenersparnisse, die praktisch-technische Unmöglichkeit der Entflechtung, die Gefahr von disincentives bei Entflechtung von durch internes Unternehmenswachstum gewonnener Marktmacht und last, but not least, daß andere conditioning factors im Einzelfall einen größeren Einfluß auf die Wettbewerbsintensität ausüben als der morphologische Faktor (in welchen Fällen der structure approach naturgemäß versagen muß).

Diese Auffassung wird auch in dem OECD Report «Market Power and the Law» geteilt, der aus den gleichen Erwägungen heraus eine **Kombination von structure und regulation approach** befürwortet:[4]

«A purely structural approach is not sufficient to cope with all aspects of market power. As has been shown in this study, the laws against mergers and monopolization cannot prevent all forms

[4] OECD, Market Power and the Law. A Study of the Restrictive Business Practice Laws of OECD Member Countries and of the EEC and ECSC dealing with Market Power, Paris 1970, S. 196 Ziff. 490.

of market power, especially not market power resulting from normal business growth, and there may be positions of market power, with their origin, in most cases, in a period before mergers were controlled effectively, and where structural measures, such as dissolution or divestiture, are for various reasons not feasible ... It seems therefore that even where there are rigorously enforced provisions against anti-competitive mergers and against monopolization, there is still a case for a system of conduct control along the lines described in this study.»

Übungsfragen zum 7. Kapitel:

1. Welche vier Hauptmöglichkeiten hat der Staat, den wettbewerbsbeeinträchtigenden Strategien der Unternehmer zu begegnen?
2. Kann eine Politik des laissez-faire als Ersatz für eine rationale Wettbewerbspolitik angesehen werden?
3. Worum geht es beim structure approach?
4. Stellen Sie das Konzept der countervailing power dar.
5. Was besagt der regulation approach?
6. Was haben die Erfahrungen mit jeglicher Form der Mißbrauchsaufsicht bisher gezeigt?
7. Ist die Mißbrauchsaufsicht Ausdruck einer dirigistischen Politik?
8. Was besagt der ownership approach als Ansatz einer Politik gegenüber wettbewerbsbeeinträchtigenden Strategien? Beurteilen Sie diesen Ansatz aus wettbewerbspolitischer Sicht.
9. Wie werden in den USA natürliche Monopole und natürliche enge Oligopole wettbewerbspolitisch behandelt?
10. Ziehen Sie ein wettbewerbspolitisches Fazit aus der Gegenüberstellung der wettbewerbsrechtlichen Ansätze zur Erfassung wettbewerbsbeeinträchtigender Strategien.

Weiterführende Literaturhinweise zum 7. Kapitel:

Bartling, Hartwig, Leitbilder der Wettbewerbspolitik, München 1980, Teil B., S. 59 ff.

Besters, Hans, Neue Wirtschaftspolitik durch Angebotslenkung. Offene Fragen überbetrieblicher Investitionsplanung und vorausschauender Strukturpolitik, Baden-Baden 1979.

Galbraith, John Kenneth, American Capitalism – The Concept of Countervailing Power, Boston 1952.

Hamm, Walter, Mitbestimmung und Wettbewerb, in: Wirtschaft und Wettbewerb Jg. 26 (1976). S. 7 ff.

Hensche, D., Die Bedeutung von Mitbestimmung und Selbstbestimmung am Arbeitsplatz für die Willensbildung im Unternehmen, in: Die Bedeutung gesellschaftlicher Veränderungen für die Willensbildung in Unternehmen, hrsg. von Albach, H., und D. Sadowski, Schriften des Vereins für Socialpolitik NF Bd. 88, Berlin 1976, S. 441 ff.

Kantzenbach, Erhard, Die Funktionsfähigkeit des Wettbewerbs, 2. Aufl., Göttingen 1967, S. 148–153.

OECD, Market Power and the Law. A Study of the Restrictive Business Practice Laws of OECD Member Countries and of the EEC and ECSC dealing with Market Power, Paris 1970.

Schmidt, Ingo, Zum Nachweis des Mißbrauchs einer rechtlichen oder faktischen Wettbewerbsbeschränkung (II), in: Wirtschaft und Wettbewerb Jg. 17 (1967), S. 777 ff.

8. Kapitel: Überblick über das deutsche Gesetz gegen Wettbewerbsbeschränkungen

I. Entstehungsgeschichte und Ziele

Das am 1. Januar 1958 in Kraft getretene Gesetz gegen Wettbewerbsbeschränkungen (GWB), das die alliierten Dekartellierungsbestimmungen von 1947 ablöste, ist zum einen durch die ordnungspolitischen Vorstellungen des Neoliberalismus (Eucken sowie Böhm, Erhard, Miksch, Müller-Armack, Röpke, Rüstow), zum anderen durch das US-amerikanische Vorbild beeinflußt worden.[1]

Die doppelte Zielsetzung hinsichtlich der Realisierung der oben vorgegebenen gesellschaftspolitischen und ökonomischen Wettbewerbsfunktionen kommt in der Regierungsbegründung deutlich zum Ausdruck:[2]

«Das Gesetz geht von der durch die wirtschaftswissenschaftliche Forschung erhärteten wirtschaftspolitischen Erfahrung aus, daß die Wettbewerbswirtschaft die *ökonomischste und zugleich demokratischste Form der Wirtschaftsordnung* ist und daß der Staat nur insoweit in den Marktablauf lenkend eingreifen soll, wie dies zur Aufrechterhaltung des Marktmechanismus oder zur Überwachung derjenigen Märkte erforderlich ist, auf denen die Marktform des vollständigen Wettbewerbs nicht erreichbar ist . . .

Eine derart geordnete Wirtschaftsverfassung bildet das *wirtschaftspolitische Gegenstück zur politischen Demokratie*. Während deren Inhalt als das politische Mitbestimmungsrecht jedes Staatsbürgers anzusehen ist, stellt die Wettbewerbsordnung die wirtschaftlichen ‹Grundrechte› der Freiheit der Arbeit und der Verbrauchswahl sicher.»

An anderer Stelle[3] wird als wirtschaftspolitisches Ziel sogar «die Erhaltung einer Vielzahl selbständiger Unternehmerexistenzen» genannt, eine Zielsetzung, wie sie im US-amerikanischen Antitrustrecht unter anderem auch bei der Novellierung des Diskriminierungsverbots durch den Robinson-Patman Act von 1936 und der Fusionskontrolle durch den Celler-Kefauver Act von 1950 eine Rolle gespielt hat.

Neben dieser gesellschaftspolitischen Motivation (Gewährleistung der wirtschaftlichen Handlungs- und Entschließungsfreiheit im wirtschaftsverfassungsrechtlichen Sinn als ökonomisches Pendant zur parlamentarisch-demokratischen Grundordnung) treten die ökonomischen Ziele einer leistungsgerechten Einkommensverteilung, der Konsumentensouveränität und des wirtschaftlichen Wohlstandes (optimale Faktorallokation, Anpassungsflexibilität und technischer Fortschritt) stark hervor.[4]

---

[1] Bericht des Ausschusses für Wirtschaftspolitik, in: Anlage zu BTDr. 3644 – 2. Wahlperiode –, S. 10: «Ein Blick auf die Rechtsentwicklung in den Vereinigten Staaten ist notwenig, da die dort herrschende Auffassung und die gesammelten Erfahrungen die dem Gesetzgebungswerk zugrunde liegenden Vorstellungen nicht unwesentlich beeinflußt haben. Während der ersten Legislaturperiode wurde deutschen Sachverständigen und Parlamentariern die Gelegenheit gegeben, durch eine Studienreise nach USA das dortige Antitrustrecht und die Praxis der Behörden und Gerichte kennenzulernen.»

[2] Regierungsbegründung zum GWB, in: BTDr 1158 – 2. Wahlperiode –, Anlage 1, S. 21 f. (Hervorhebung durch Verfasser).

[3] Vgl. Regierungsbegründung zum GWB, supra, S. 22.

[4] Vgl. Regierungsbegründung zum GWB, supra, S. 21 ff.

Vergleicht man die Zielsetzungen im amerikanischen und deutschen Wettbewerbsrecht, so wird man feststellen, daß in beiden Rechten sowohl ökonomische als auch metaökonomische Ziele eine Rolle spielen, jedoch die Schwergewichte anders verteilt sind: In den USA werden die Antitrustgesetze viel stärker als bei uns als Gesellschaftspolitik verstanden, die ökonomischen Motive treten dahinter häufig zurück; in Deutschland liegen die Schwergewichte genau umgekehrt. Diese Zweigleisigkeit der Zielsetzungen ist Anlaß zu der bis heute nicht abgeschlossenen Kontroverse über Zielkonflikte zwischen Individual- oder Institutionsschutz.

Welcher Wettbewerbsbegriff dem GWB zugrundeliegt, ist nicht eindeutig zu klären, da in der Regierungsbegründung an vielen Stellen von der vollständigen Konkurrenz als Leitbild die Rede ist (Preis ist Datum, Menge Aktionsparameter), andererseits in Regierungsbegründung und Ausschußbericht der Wettbewerb im Sinne eines dynamischen Verhaltens verstanden wird:

«Wie sich aus den Ausführungen des Teiles A der Begründung ergibt, ist als Wettbewerb das Streben zu betrachten, durch eigene Leistung, die nach Qualität oder Preis besser ist als die Leistung anderer Unternehmen, den Verbraucher zum Abschluß eines Vertrages zu veranlassen.»[5]

Der Wirtschaftspolitische Ausschuß «ist davon ausgegangen, daß unter wirtschaftlichem Wettbewerb jede Art wirtschaftlicher Handlung zu verstehen ist, die darauf gerichtet ist, sich im Wirtschaftskampf auf Kosten eines Wettbewerbers einen Vorteil zu verschaffen.»[6]

Seit Inkrafttreten des Gesetzes gegen Wettbewerbsbeschränkungen im Jahre 1958 ist das Gesetz viermal novelliert worden, um insbesondere das Ungleichgewicht im Gesetz zwischen dem relativ strikten Verbot horizontaler und vertikaler vertraglicher Wettbewerbsbeschränkungen einerseits und der bloßen Mißbrauchsaufsicht über faktische Marktmacht andererseits zu beseitigen:

(1) Die **Erste Novelle** im Jahre 1965 erweiterte die Möglichkeiten der Kartellbehörde zur Verfolgung von Kartellverstößen durch das Recht, selbst Geldbußen festzusetzen (§ 81 GWB n. F.), erleichterte die Kooperation durch Legalisierung von Spezialisierungskartellen (§ 5a GWB) und verschärfte die Mißbrauchsaufsicht über die Preisbindung der zweiten Hand (§ 17 GWB).

(2) Die **Zweite Novelle** im Jahre 1973 brachte zahlreiche Veränderungen:

- Verschärfung der Mißbrauchsaufsicht über marktbeherrschende Unternehmen im Sinne des § 22 GWB durch Herabsetzen der Machtschwelle (Einfügen des Kriteriums der überragenden Marktstellung im Verhältnis zu seinen Wettbewerbern) sowie durch Einführung von widerlegbaren Legalvermutungen, deren Rechtsnatur allerdings bis heute strittig ist (typisierter Gefährdungstatbestand);
- Einführung einer Fusionskontrolle über große Zusammenschlüsse, wenn durch einen Zusammenschluß eine marktbeherrschende Stellung im Sinne des § 22 GWB entsteht oder verstärkt wird (§§ 23–24 a GWB);
- Verbot der Preisbindung der zweiten Hand für Markenartikel mit Ausnahme der Preisbindung für Verlagserzeugnisse (§ 16 GWB), dafür Legalisierung *unverbindlicher* Preisempfehlungen für Markenartikel, die der Mißbrauchsaufsicht durch das Bundeskartellamt unterliegen (38a GWB);
- Verbot des aufeinander abgestimmten Verhaltens (§ 25 Abs. 1 GWB);
- Erleichterung der Kooperation für kleine und mittlere Unternehmen (§ 5b GWB) und
- Legalisierung von Wettbewerbsregeln, die zur Sicherung der «Wirksamkeit eines leistungsgerechten Wettbewerbs» vereinbart werden (§ 28 GWB).

---

[5] Regierungsbegründung zum GWB, supra, S. 31.
[6] Bericht des Ausschusses für Wirtschaftspolitik, supra, S. 15.

(3) Die **Dritte Novelle** im Jahre 1976 verschärfte die Fusionskontrolle im Pressebereich, indem die Toleranzklauseln i. S. des § 24 Abs. 8 GWB an die Verhältnisse in diesem Bereich angepaßt wurden, um die Vielfalt im Pressewesen und die grundgesetzlich garantierte Informationsfreiheit zu sichern und zu erhalten (§§ 23 Abs. 1 Satz 7 und 24 Abs. 9 GWB). Das hat zur Folge, daß auch kleinere Zusammenschlüsse auf dem Pressesektor einer Fusionskontrolle unterliegen.

(4) Die **Vierte Novelle** im Jahre 1980 brachte schwerpunktmäßig folgende Änderungen:

- Verbesserung der Fusionskontrolle durch:
  - Einführung eines *Umgehungstatbestandes*, um das Unterlaufen der Fusionskontrolle durch bestimmte Stimmrechts- und Anteilsrechtsgestaltungen zu verhindern (§ 23 Abs. 2 Nr. 2 Satz 4 und 5 GWB);
  - Einführung von zusätzlichen *Marktbeherrschungsvermutungen*, um vertikale, konglomerate und horizontale Zusammenschlüsse besser erfassen zu können, die durch das Vordringen großer Unternehmen auf mittelständisch strukturierte Märkte, durch die Kombination von Unternehmensgröße mit Marktbeherrschung, durch die Größe des Zusammenschlusses schlechthin (Erfassung von wettbewerbsgefährdenden conglomerates mit mindestens 12 Mrd. DM Umsatzerlösen) oder durch eine weitere Verstärkung von gesamtwirtschaftlich wichtigen Oligopolstellungen gekennzeichnet sind (§ 23a Abs. 1 und 2 GWB);
  - Änderung der *Anschlußklausel*, die Zusammenschlüsse von Umsatzmilliardären mit kleinen und mittleren Unternehmen von mehr als 4 Mio. DM Umsatzerlösen der Fusionskontrollpflicht unterwirft (§ 24 Abs. 8 Nr. 2 GWB), und Ausdehnung der *ex ante – Kontrolle* auf Zusammenschlüsse, bei denen ein Unternehmen 2 Mrd. DM Umsatzerlöse oder mehr hat (§ 24a Abs. 1 S. 2 GWB).

- Verbesserung der Mißbrauchsaufsicht über marktbeherrschende Unternehmen durch:
  - Konkretisierung der *generellen Mißbrauchsklausel* im Hinblick auf den Behinderungs- und Ausbeutungsmißbrauch (Vergleichsmarktkonzept – § 22 Abs. 4 Satz 2 GWB) sowie
  - Schließung der *Sanktionslücke* durch erweiterte Schadensersatzansprüche Geschädigter (§ 35 Abs. 2 GWB) und Abschöpfung von durch Mißbrauch erlangten Vermögensvorteilen (§ 37b GWB);

- Verbesserungen in der Sicherung eines leistungsgerechten Wettbewerbs durch:
  - bessere Erfassung von Diskriminierungen, die auf Mißbrauch von *Nachfragemacht* beruhen, im Rahmen des Diskriminierungsverbotes (§ 26 Abs. 2 S. 3 und Abs. 3 GWB) und
  - besserer Schutz kleiner und mittlerer Unternehmen vor *unbilligen Behinderungen* (§ 37a Abs. 3 GWB);

- Verbesserung der *Mißbrauchsaufsicht in der Versorgungswirtschaft* durch Konkretisierung der generellen Mißbrauchsklausel (§ 103 GWB) und Begrenzung der *Demarkationsverträge* auf 20 Jahre (103a GWB).

II. Überblick über die materiell-rechtlichen Bestimmungen

Bei der Darstellung der wettbewerbsbeschränkenden Strategien soll der im 6. Kap. vorgenommenen Unterscheidung in Verhandlungs-, Behinderungs- und Konzentrationsstrategie gefolgt werden. Diese wettbewerbsbeschränkenden Verhaltensweisen können dabei – je nach dem Schutzzweck der einzelnen Rechtsnorm – unter drei wettbewerbstheoretischen Aspekten gesehen werden:

- Verschlechterung der Marktstruktur (*bad structure* – z. B. Erhöhung der Markttransparenz im homogenen Oligopol durch ein open price-System; Fusionen oder Kartelle, die zu einer nicht kompetitiven Marktstruktur führen).
- Wettbewerbswidrige oder -schädigende Verhaltensweisen (*bad conduct* – Tatbestandsgruppe des Behinderungswettbewerbs im weitesten Sinne in Form der Behinderung schwächerer Mitbewerber, Boykott und Lieferverweigerung, Diskriminierung, Ausschließlichkeits- oder Kopplungsverträge).
- Nicht wettbewerbsgerechte Marktergebnisse (*bad performance* – z. B. zu hohe Preise oder schlechte Qualitäten).

In diesem Abschnitt geht es allerdings nur um die Darstellung des wettbewerbsrechtlichen Instrumentariums; eine wettbewerbspolitische Würdigung erfolgt in Teil 4.

1. Erfassung der Verhandlungsstrategie

a) Horizontale und vertikale Wettbewerbsbeschränkungen

Das Gesetz gegen Wettbewerbsbeschränkungen ist charakterisiert durch ein grundsätzliches Verbot[7] horizontaler Verträge und Beschlüsse, «soweit sie geeignet sind, die Erzeugung oder die Marktverhältnisse für den Verkehr mit Waren oder gewerblichen Leistungen durch Beschränkung des Wettbewerbs zu beeinflussen» (§ 1 GWB). Vertikale Verträge sind dagegen nur insoweit nichtig, als «sie einen Vertragsbeteiligten in der Freiheit der Gestaltung von Preisen oder Geschäftsbedingungen bei solchen Verträgen beschränken, die er mit Dritten . . . schließt» (§ 15 GWB). Die partielle Generalklausel des § 15 GWB erfaßt also – anders als § 1 GWB – nur sog. Inhaltsbeschränkungen in Zweitverträgen.

Das Verbot horizontaler und vertikaler Absprachen wird in § 25 Abs. 1 GWB auch auf ein aufeinander abgestimmtes Verhalten erstreckt, «das nach diesem Gesetz nicht zum Gegenstand einer vertraglichen Bindung gemacht werden darf». Eine Umgehung dieser Verbote durch einseitige Empfehlungen wird in § 38 Abs. 1 Nr. 11 und 12 GWB erfaßt. Dieses relativ strikte Verbotsprinzip ist von Anfang an in den §§ 2–8 und 16 GWB für bestimmte Tatbestände gelockert bzw. aufgehoben worden; die wettbewerbspolitische Rechtfertigung dieses Ausnahmekatalogs war zum Teil allerdings von Anfang an fragwürdig (politischer Kompromiß beim Zustandekommen des GWB).

[7] Streng genommen gibt es im GWB kein Verbot, sondern wettbewerbsbeschränkende Verträge und Beschlüsse sind lediglich unwirksam; erst das Sichhinwegsetzen über die Unwirksamkeit eines Vertrages ist eine Ordnungswidrigkeit im Sinne des § 38 GWB.

Die Ausnahmen von dem Verbot horizontaler Wettbewerbeschränkungen betreffen folgende Tatbestände:

- Konditionenkartelle im Sinne des § 2 GWB,
- Rabattkartelle im Sinne des § 3 GWB,
- Strukturkrisenkartelle im Sinne des § 4 GWB,
- Rationalisierungskartelle im Sinne des § 5 GWB,
- Exportkartelle im Sinne des § 6 GWB,
- Importkartelle im Sinne des § 7 GWB,
- Ministerkartelle bei überwiegenden Gründen der Gesamtwirtschaft und des Gemeinwohls (§ 8 GWB) sowie
- die in Abschnitt b. zu behandelnden Formen der Kooperation im Sinne der §§ 5a, 5b, 28 und 38 Abs. 2 GWB.

Die Wettbewerbsbeschränkungen in vertikalen Austauschverträgen unterliegen unterschiedlichen Regelungen:

- Preisbindungen für Verlagserzeugnisse im Sinne des § 16 GWB sind von dem Verbot der partiellen Generalklausel des § 15 GWB unter bestimmten Voraussetzungen freigestellt;
- Ausschließlichkeits- und Kopplungsverträge im Sinne des § 18 GWB, die die Verwendungs- und Abschlußfreiheit von Unternehmen schützen, unterliegen lediglich einer Mißbrauchsaufsicht der Kartellbehörden;
- Lizenzverträge im Sinne der §§ 20 und 21 GWB sind nur insoweit unwirksam, als sie «dem Erwerber oder Lizenznehmer Beschränkungen im Geschäftsverkehr auferlegen, die über den Inhalt des Schutzrechts hinausgehen.»

b) Kooperation

Im Interesse der Steigerung der Wettbewerbsfähigkeit kleinerer und mittlerer Unternehmen und des Ausgleichs gewisser Nachteile sind eine Reihe von Ausnahmen in das Gesetz eingeführt worden, die als Kooperation i. w. S. bezeichnet werden können. Dazu rechnen vier Formen von Wettbewerbsbeschränkungen:

- Spezialisierungskartelle im Sinne des § 5a GWB, wenn wesentlicher Wettbewerb auf dem Markt bestehen bleibt;
- sonstige Verträge und Beschlüsse kleinerer und mittlerer Unternehmen (Kooperationsabsprachen im Sinne des § 5b GWB), wenn dadurch der Wettbewerb auf dem Markt nicht wesentlich beeinträchtigt wird;
- Mittelstandsempfehlungen im Sinne des § 38 Abs. 2 GWB sind von dem allgemeinen Empfehlungsverbot ausgenommen, wenn die Empfehlungen
  - von Vereinigungen kleiner oder mittlerer Unternehmen
  - unter Beschränkung auf den Kreis der Beteiligten ausgesprochen werden und dazu dienen
  - die Leistungsfähigkeit kleinerer und mittlerer Unternehmen gegenüber Großbetrieben oder großbetrieblichen Unternehmensformen zu fördern und dadurch die Wettbewerbsbedingungen zu verbessern und
  - es sich um unverbindliche Empfehlungen ohne Anwendung von wirtschaftlichem, gesellschaftlichem oder sonstigem Druck handelt;
- Wettbewerbsregeln im Sinne des § 28 GWB dienen dem Zweck, «einem den Grundsätzen des lauteren oder der Wirksamkeit eines leistungsgerechten Wettbewerbs zuwiderlaufenden Verhalten im Wettbewerb entgegenzuwirken». Vereinbarungen, in de-

nen sich die beteiligten Unternehmen zur Einhaltung von eingetragenen Wettbewerbsregeln im Sinne des § 28 GWB verpflichten (§ 29 GWB), sind daher eine weitere Ausnahme von dem allgemeinen Verbotsprinzip des § 1 GWB.

Die Bundesregierung ist bei der Schaffung der verschiedenen Formen der Kooperation (Kartelle, Empfehlungen oder Wettbewerbsregeln) davon ausgegangen, daß die strukturellen Wettbewerbsnachteile kleinerer und mittlerer Unternehmen kompensiert werden sollen und der Wettbewerb gegenüber größeren Mitbewerbern u. U. sogar verstärkt werden kann.

2. Erfassung der Behinderungsstrategie

a) Behinderungsmißbrauch marktbeherrschender Unternehmen i. S. von § 22 GWB

Die Mißbrauchsaufsicht über marktbeherrschende Unternehmen im Sinne von § 22 GWB erfaßt nicht nur den sog. Ausbeutungsmißbrauch gegenüber vor- und nachgelagerten Wirtschaftsstufen (vertikal), sondern auch den sog. Behinderungsmißbrauch gegenüber anderen Unternehmen (i. d. R. horizontal).

Marktbeherrschung im Sinne des § 22 Abs. 1 GWB liegt dann vor, wenn ein Unternehmen ohne Wettbewerber ist (Monopolfall) oder keinem wesentlichen Wettbewerb ausgesetzt ist (Teilmonopol) bzw. eine im Verhältnis zu seinen Wettbewerbern überragende Marktstellung hat (marktstarkes Unternehmen). Unternehmensgruppen werden als marktbeherrschend im Sinne des § 22 Abs. 2 GWB angesehen, soweit innerhalb der Gruppe kein wesentlicher Wettbewerb besteht (enges Oligopol) und die Oligopolgruppe gegenüber anderen Unternehmen eine überragende Marktstellung hat (enges Teiloligopol).

Um den unbestimmten Rechtsbegriff «Marktbeherrschung» im Sinne des § 22 justitiabel zu machen, sind im Rahmen der Zweiten GWB-Novelle im Jahre 1973 eine Reihe von Legalvermutungen eingeführt worden (§ 22 Abs. 3 GWB). Danach ist ein einzelnes Unternehmen marktbeherrschend, wenn es mindestens ein Drittel des relevanten Marktes kontrolliert. Eine Unternehmensgruppe wird als marktbeherrschend angesehen, wenn drei oder weniger Unternehmen zusammen einen Marktanteil von 50% oder mehr haben oder wenn fünf oder weniger Unternehmen zusammen einen Marktanteil von zwei Dritteln oder mehr haben. Mangels einer Legaldefinition für den unbestimmten Rechtsbegriff Mißbrauch ist die Erfassung des Behinderungsmißbrauchs weitgehend unwirksam geblieben. Die Vierte Kartellnovelle hat daher im Jahre 1980 eine beispielhafte Konkretisierung für den Behinderungsmißbrauch eingeführt (Beeinträchtigung der «Wettbewerbsmöglichkeiten anderer Unternehmen in einer für den Wettbewerb auf dem Markt erheblichen Weise ohne sachlich gerechtfertigten Grund»); die Auswirkungen auf die Justitiabilität dieser Vorschrift bleiben abzuwarten.

b) Boykott und Lieferverweigerung

Der sog. Gruppenboykott fällt unter das grundsätzliche Verbot des § 1 GWB; die Veranlassung zur Liefer- oder Bezugssperre ist nach § 26 Abs. 1 GWB dann verboten, wenn sie in der Absicht geschieht, «bestimmte Unternehmen unbillig zu beeinträchtigen». Die individuelle Lieferverweigerung unterliegt im Falle marktbeherrschender Unternehmen der Mißbrauchsaufsicht des § 22 GWB und dem Diskriminierungsverbot des § 26 Abs. 2 GWB. Unabhängig von der Frage der Marktbeherrschung verbietet § 25 Abs. 2 GWB einem Unternehmen oder Vereinigungen von Unternehmen durch Androhen wirtschaftlicher Nachteile oder Versprechen wirtschaftlicher Vorteile, dritte Unternehmen zu einem Verhalten zu veranlassen, das nach dem Kartellgesetz oder nach einer aufgrund dieses Gesetzes ergangenen Verfügung nicht zum Gegenstand einer vertraglichen Bindung gemacht werden darf (z. B. Umgehung des in § 15 GWB enthaltenen Preisbindungsverbotes durch die Androhung von Boykott im Falle einer Unterschreitung eines bestimmten Preisniveaus).[8]

Schutzobjekt des § 25 Abs. 2 GWB ist die Entschließungsfreiheit der Abnehmer und die Aufrechterhaltung des Preiswettbewerbs auf den Handelsstufen.

Die selektive bzw. exklusive Vertriebspolitik bestimmter Normadressaten, die prima facie als Träger wirtschaftlicher Macht angesehen werden, unterliegt dem Diskriminierungsverbot des § 26 Abs. 2 GWB, das die unbillige Behinderung oder sachlich nicht gerechtfertigte unterschiedliche Behandlung anderer Unternehmen in einem Geschäftsverkehr verbietet, der gleichartigen Unternehmen üblicherweise zugänglich ist. Doppeltes Schutzobjekt dieser Vorschrift ist die Sicherung der Wirksamkeit des Wettbewerbs als eines anonymen Kontroll- und Steuerungsmechanismus (Institutionsschutz) und die Gewährleistung der wettbewerblichen Handlungsfreiheit durch Sicherung gleicher Marktchancen (Individualschutz).

c) Preisdiskriminierung

§ 26 Abs. 2 GWB verbietet marktbeherrschenden Unternehmen, Kartellen und preisbindenden Unternehmen, andere Unternehmen unmittelbar oder mittelbar unbillig zu behindern oder gegenüber gleichartigen Unternehmen ohne sachlich gerechtfertigten Grund unmittelbar oder mittelbar unterschiedlich zu behandeln. Während die erste Alternative primär dem Schutz von Mitbewerbern dient (first line competition), dient die zweite Alternative dem Schutz von Unternehmen auf vor- oder nachgelagerten Wirtschaftsstufen (second line competition); dabei ist das Vertikalverhältnis zwischen vor- und nachgelagerten Wirtschaftsstufen durch den Abhängigkeitstatbestand des § 26 Abs. 2 S. 2 und die 1980 eingefügte Legalvermutung des § 26 Abs. 2 S. 3 GWB konkretisiert worden.

Das Diskriminierungsverbot des § 26 Abs. 2 GWB erfaßt also alle Differenzierungen im Hinblick auf Leistungsbeziehungen, das sind insbesondere Preise und Rabatte (Preisdiskriminierung) sowie die Auswahl von Abnehmern und Lieferanten (Liefer- und Bezugsverweigerung – s. o. b.).

Der 1980 neu eingefügte § 26 Abs. 3 GWB verbietet marktbeherrschenden Unternehmen, andere Unternehmen zu *veranlassen*, ihnen ohne sachlich gerechtfertigten Grund Vorzugsbedingungen zu gewähren; damit sollen Diskriminierungen, die auf Mißbrauch von Nachfragemacht beruhen, besser erfaßt werden.

d) Ausschließlichkeits- und Kopplungsbindungen

Kopplungs- und Ausschließlichkeitsbindungen unterliegen – sieht man von der Möglichkeit der mißbräuchlichen Ausnutzung einer marktbeherrschenden Stellung im Sinne

---

[8] § 25 Abs. 3 GWB verbietet darüber hinaus **allen** Unternehmen die Anwendung von Zwang, um andere Unternehmen zur Teilnahme an bestimmten **legalen** Wettbewerbsbeschränkungen zu veranlassen (das sind der Zwang zum Kartellbeitritt, zu einem Zusammenschluß oder zu einem gleichförmigen Verhalten).

des § 22 GWB ab – der Spezialvorschrift des § 18 GWB, die es den Kartellbehörden ermöglicht, Ausschließlichkeits- und Kopplungsverträge für unwirksam zu erklären, wenn dadurch:

- eine für den Wettbewerb auf dem Markt erhebliche Zahl von Unternehmen gleichartig gebunden und in ihrer Wettbewerbsfreiheit unbillig eingeschränkt ist, oder
- der Marktzutritt für andere Unternehmen unbillig beschränkt oder
- durch das Ausmaß solcher Beschränkungen der Wettbewerb wesentlich beeinträchtigt wird.

3. Erfassung der Konzentrationsstrategie

a) Marktergebniskontrolle marktbeherrschender Unternehmen

Das deutsche Gesetz gegen Wettbewerbsbeschränkungen hat ursprünglich Marktmacht nicht per se als schlecht betrachtet, sondern nur den Mißbrauch dieser Marktmacht.[9] Entsprechend dieser Philosophie enthielt das Gesetz bis zur Einführung der Fusionskontrolle im Jahre 1973 nur eine Mißbrauchsaufsicht über marktbeherrschende Unternehmen im Sinne des § 22 GWB, d. h., die Behinderung von Mitbewerbern sowie die Ausbeutung vor- oder nachgelagerter Wirtschaftsstufen können qua Mißbrauchsverfügung von den Kartellbehörden untersagt werden.

Ähnlich wie beim Behinderungsmißbrauch ist es bisher nicht gelungen, den Ausbeutungsmißbrauch adäquat zu erfassen. Die Vierte GWB-Novelle hat daher den unbestimmten Rechtsbegriff «Mißbrauch» durch Beispiele konkretisiert und das Vergleichsmarktkonzept auf der Grundlage des Als-ob-Konzepts im Gesetz festgeschrieben. Es bleibt abzuwarten, ob und inwieweit die Erfassung des sog. Ausbeutungsmißbrauchs in Zukunft besser funktionieren wird.

b) Fusionskontrolle

Im Rahmen der Zweiten GWB-Novelle ist im Jahre 1973 die Kontrolle von großen Zusammenschlüssen eingeführt worden, die normalerweise eine ex post-Kontrolle ist. Lediglich in dem Fall, daß eines der am Zusammenschluß beteiligten Unternehmen 2 Mrd. DM Umsatz oder mehr hat bzw. mindestens zwei fusionierende Unternehmen jeweils eine Mrd. DM Umsatz oder mehr haben, besteht eine zwingend präventive Fusionskontrolle (§ 24 a Abs. 1 Satz 2 GWB). Damit hat sich die dem Gesetz zugrunde liegende Philosophie gewandelt: Das Entstehen von Marktmacht mittels Großfusionen wird nunmehr als per se gefährlich betrachtet.

Die Untersagung eines Zusammenschlusses ist an folgende Voraussetzungen geknüpft:

- Es muß sich um einen Zusammenschluß im Sinne des § 23 Abs. 2 GWB handeln, der nicht unter die Toleranzklauseln des § 24 Abs. 8 GWB fällt (sog. Aufgreifkriterien),
- welcher eine marktbeherrschende Stellung im Sinne des § 22 Abs. 1–3 GWB schafft oder verstärkt,

[9] Der Regierungsentwurf von 1955 hatte dagegen in den §§ 18 ff. konsequenterweise eine präventive Fusionskontrolle als Pendant zum Kartellverbot vorgesehen, die jedoch – unter Hinweis auf angebliche economies of scale – der Lobby im Wirtschaftsausschuß zum Opfer fiel und erst 1973 im Rahmen der Zweiten GWB-Novelle politisch durchgesetzt werden konnte.

– es sei denn, die beteiligten Unternehmen weisen nach (Umkehr der Beweislast), «daß durch den Zusammenschluß auch Verbesserungen der Wettbewerbsbedingungen eintreten und daß diese Verbesserungen die Nachteile der Marktbeherrschung überwiegen» (§ 24 Abs. 1 GWB – sog. Eingreifkriterien).

Wenn das Bundeskartellamt einen Zusammenschluß untersagt hat, kann der Bundesminister für Wirtschaft dennoch den Zusammenschluß gemäß § 24 Abs. 3 GWB erlauben, wenn «die Wettbewerbsbeschränkung von gesamtwirtschaftlichen Vorteilen des Zusammenschlusses aufgewogen wird oder der Zusammenschluß durch ein überragendes Interesse der Allgemeinheit gerechtfertigt ist» (sog. Ministerfusion).

Gem. § 24 b GWB ist eine Monopolkommission errichtet worden, die die Entwicklung der Unternehmenskonzentration in der Bundesrepublik Deutschland und die Anwendung der entsprechenden Vorschriften regelmäßig begutachten soll.

Die nebenstehende Übersicht soll den Ablauf des Fusionskontrollverfahrens verdeutlichen.

4. Erfassung der Ausnahmebereiche

Die §§ 99–103a GWB stellen eine Reihe von Wirtschaftsbereichen – aufgrund tatsächlicher oder nur vorgeschützter Besonderheiten – teilweise oder gänzlich von der Anwendung des Gesetzes gegen Wettbewerbsbeschränkungen frei:[10]

- § 99 GWB für Unternehmen der Verkehrswirtschaft,
- § 100 GWB für die Landwirtschaft,
- § 101 GWB für die Deutsche Bundesbank, die Kreditanstalt für Wiederaufbau, Staatsmonopole sowie die Montanunternehmen,
- § 102 GWB für Banken und Versicherungen,
- § 102 a GWB für Verwertungsgesellschaften (z. B. GEMA) sowie
- §§ 103/103a GWB für Versorgungsunternehmen.

Die mehr oder minder freigestellten Wirtschaftsbereiche unterliegen einer Mißbrauchsaufsicht der Kartellbehörden (§§ 102, 102a, 103 und § 104 GWB), die allerdings wie jede Mißbrauchsaufsicht mehr oder minder unwirksam ist.

III. Die Zuständigkeiten des Bundeskartellamtes, der Landeskartellbehörden und des Bundesministers für Wirtschaft

Abgesehen von der Zuständigkeit des Bundesministers für Wirtschaft für Kartelle im Sinne von § 8 GWB und Fusionen im Sinne von § 24 Abs. 3 GWB sowie der Landeskartellbehörden für rein regionale Wettbewerbsbeschränkungen,[11] ist für die Durchsetzung

[10] Vgl. dazu den Bericht der Bundesregierung über die Ausnahmebereiche des GWB, in: BTDr 7/3206.

[11] Die Zuständigkeitsregelung zwischen Bundeskartellamt und Landeskartellbehörden entspricht etwa der im amerikanischen Recht üblichen Unterscheidung von interstate- und intrastate-Beschränkungen des Wettbewerbs; die Bundesbehörden in den USA sind ebenfalls nur für interstate-Beschränkungen des Wettbewerbs zuständig.

Abb. 6: Übersicht über das Fusionskontrollverfahren gem. §§ 23–24a GWB

I. Anzeigepflicht i. S. des § 23 GWB (lfd. Konzentrationsenquête gem. § 23 Abs. 1 GWB)
Zusammenschlüsse i. S. des § 23 Abs. 2 GWB sind anzeigepflichtig, wenn die am Zusammenschluß beteiligten Unternehmen insgesamt:
- einen Marktanteil von mindestens 20 v. H. oder
- mindestens 10 000 Beschäftigte oder
- Umsatzerlöse von mind. 500 Mio DM

haben.

II. Fusionskontrollverfahren

ex ante-Kontrolle
Zwingend präventive Anmeldung eines Zusammenschlußvorhabens bei zwei Umsatzmilliardären bzw. einem Umsatzdoppelmilliardär gem. § 24a Abs. 1 Satz 2; darüber hinaus kann jedes Zusammenschlußvorhaben freiwillig vorher angemeldet werden. BKartA hat dann insgesamt vier Monate Prüffrist, wenn es spätestens einen Monat nach Eingang der Anmeldung die beteiligten Unternehmen vom Eintritt in die Prüfung unterrichtet:
- Untersagung
  - Beschwerde an KG bzw. Rechtsbeschwerde an BGH oder Antrag auf Ministererlaubnis an BMWi gem. § 24 Abs. 3 (siehe Untersagung bei ex post-Kontrolle)
- Nicht-Untersagung (Zusammenschluß kann von den beteiligten Unternehmen vollzogen werden)

ex post-Kontrolle
Vollzogener Zusammenschluß ist unverzüglich gem. § 23 Abs. 1 Satz 1 anzuzeigen, danach 1 Jahr Prüffrist:
- Untersagung
  - Beschwerde an KG bzw. Rechtsbeschwerde an BGH (gegen Beschluß des BKartA)
    - erfolgreich (rechtmäßiger Zusammenschluß)
    - nicht erfolgreich
      - evtl. Antrag auf Ministererlaubnis an BMWi gem. § 24 Abs. 3
  - Antrag auf Ministererlaubnis an BMWi gem. § 24 Abs. 3, der innerhalb von vier Monaten entscheiden soll:
    - Nicht-Erlaubnis
      - evtl. Beschwerde an KG bzw. Rechtsbeschwerde an BGH
        - erfolgreich (rechtmäßiger Zusammenschluß)
        - nicht erfolgreich
    - Erlaubnis
      - Zusammenschluß ist rechtmäßig
    - Erlaubnis mit Auflagen
      - Erfüllung der Auflagen, evtl. Beschwerde an KG bzw. Rechtsbeschwerde an BGH gegen die Auflagen
- Nicht-Untersagung (rechtmäßiger Zusammenschluß)

des Kartellgesetzes in Deutschland allein das Bundeskartellamt in Berlin zuständig (§ 44 GWB), das ähnlich wie die Federal Trade Commission in Washington in erster Instanz entscheidet. Das Bundeskartellamt hat ca. 250 Mitarbeiter, davon ca. 70 Juristen und 70 Ökonomen. Zuständig für die Überprüfung der Entscheidungen des Bundeskartellamtes ist im Beschwerdeverfahren das Berliner Oberlandesgericht (Kammergericht) und im Rechtsbeschwerdeverfahren der Bundesgerichtshof. Eine Dichotomie wie in den USA zwischen Antitrust Division und Federal Trade Commission gibt es in Deutschland nicht.

IV. Die verfahrensrechtlichen Regelungen

Zur Durchsetzung des Kartellgesetzes bestehen verschiedene verfahrensrechtliche Möglichkeiten.

1. Bußgeldverfahren

Das Bußgeldverfahren sieht in § 38 GWB Geldbußen bis zu maximal 1 Mio DM vor. Anders als der Sherman Act kennt das GWB kein Strafverfahren mit Geld- und/oder Gefängnisstrafe, sondern lediglich ein Ordnungswidrigkeitsverfahren mit Geldbußen. Ordnungswidrigkeiten stellen kein kriminelles Unrecht dar.

2. Verwaltungsverfahren

Im Verwaltungsverfahren können folgende Formen unterschieden werden:

– reines *Anmeldeverfahren* und – Anmeldeverfahren mit dreimonatiger Widerspruchsfrist *(Widerspruchsverfahren)*;	} zur Legalisierung von Kartellen i. S. des § 1 GWB (Normen- und Typenkartelle gem. § 5 Abs. 1 GWB, Exportkartelle gem. § 6 Abs. 1 GWB, Konditionenkartelle gem. § 2 GWB, Rabattkartelle gem. § 3 GWB, Spezialisierungskartelle gem. § 5a GWB und Mittelstandskartelle gem. § 5b GWB)

- **Erlaubnisverfahren** zur Legalisierung von Kartellen i. S. des § 1 GWB (Strukturkrisenkartelle gem. § 4 GWB, Rationalisierungskartelle gem. § 5 Abs. 2 und 3 GWB, Exportkartelle gem. § 6 Abs. 2 GWB, Importkartelle gem. § 7 GWB und Ministerkartelle gem. § 8 GWB), unwirksamen Lizenzverträgen i. S. des § 20 Abs. 1 GWB (gem. § 20 Abs. 3 GWB) und untersagten Fusionen i. S. des § 24 Abs. 2 GWB (Ministerfusion gem. § 24 Abs. 3 GWB);
- **Untersagungsverfahren** i. S. des § 37a GWB (Untersagung der Durchführung unwirksamer oder nichtiger Verträge bzw. verbotener Verhaltensweisen) und der §§ 24 Abs. 2 bzw. 24a Abs. 2 GWB (Untersagung von Fusionen);
- **Mißbrauchsverfahren** sowohl zur Kontrolle von durch Anmeldung, Nichtwiderspruch oder Erlaubnis wirksam gewordenen oder qua lege vom Verbot freigestellten *rechtlichen* Wettbewerbsbeschränkungen (§§ 11/12 GWB für Kartelle, § 17 GWB für Preisbindungen, § 18 GWB für Ausschließlichkeits- und Kopplungsverträge, § 38a GWB für unverbindliche Preisempfehlungen, §§ 102, 102a, 103 und 104 GWB für

die sog. Bereichsausnahmen) als auch zur Kontrolle *faktischer* Wettbewerbsbeschränkungen (§ 22 GWB für marktbeherrschende Unternehmen). Das Bundeskartellamt kann im Rahmen eines solchen Mißbrauchsverfahrens Verträge für unwirksam erklären oder den Beteiligten aufgeben, die Verträge zu ändern oder einen beanstandeten Mißbrauch abzustellen.

Die Kartellbehörde kann auch einstweilige Anordnungen im Sinne des § 56 GWB zum Zwecke der Regelung eines einstweiligen Zustandes treffen oder die sofortige Vollziehung einer Verfügung anordnen, wenn dies im öffentlichen Interesse oder im überwiegenden Interesse eines Beteiligten geboten ist (§ 63 a GWB).

3. Private Schadensersatz- und Unterlassungsklagen

Im Zivilverfahren kann gemäß § 35 GWB bei Verletzung einer Vorschrift oder rechtskräftigen Verfügung, die den Schutz eines anderen bezweckt (Schutznorm – z. B. die Vorschriften der §§ 25 und 26 GWB), auf Unterlassung und/oder Ersatz des aus dem Verstoß entstandenen Schadens geklagt werden. Für die Klage sind die Zivilgerichte zuständig, d. h. das Landgericht (§ 87 GWB); die Oberlandesgerichte und der Bundesgerichtshof sind Berufungs- und Revisionsinstanz.

Übungsfragen zum 8. Kapitel:

1. Erörtern Sie die Zielsetzung des GWB hinsichtlich der Realisierung der Wettbewerbsfunktionen.
2. Welcher Wettbewerbsbegriff liegt dem GWB zugrunde?
3. Welche Änderungen erfuhr das Gesetz gegen Wettbewerbsbeschränkungen durch die vorgenommenen Novellierungen?
4. Nehmen Sie Stellung zu der Aussage, daß das Gesetz gegen Wettbewerbsbeschränkungen durch ein grundsätzliches Verbot horizontaler Verträge und Beschlüsse charakterisiert ist.
5. Welche Formen horizontaler und vertikaler Wettbewerbsbeschränkungen können als Ausnahmen von den Verboten der §§ 1 und 15 GWB legalisiert werden?
6. Wie wird der Behinderungsmißbrauch marktbeherrschender Unternehmen im Sinne von § 22 GWB erfaßt; welche Probleme treten hierbei auf?
7. Begriff und wettbewerbspolitische Erfassung von Boykott und Lieferverweigerung?
8. Welchem Zweck dient das Diskriminierungsverbot des § 26 Abs. 2 GWB?
9. Was versteht man unter Ausschließlichkeits- und Kopplungsbindungen, und wann können diese von den Kartellbehörden für unwirksam erklärt werden?
10. Welche Verbesserungen hat die 4. GWB-Novelle in bezug auf die Marktergebniskontrolle marktbeherrschender Unternehmen gebracht?
11. Wie wird die Konzentrationsstrategie gemäß § 24 GWB erfaßt?
12. Welche Wirtschaftsbereiche sind teilweise oder gänzlich von der Anwendung des GWB ausgenommen?
13. Geben Sie die wettbewerbsrechtlichen Zuständigkeiten des Bundeskartellamtes, der Landeskartellbehörden und des Bundesministers für Wirtschaft wieder.
14. Welche verfahrensrechtlichen Möglichkeiten bestehen für die Durchsetzung des Kartellgesetzes?

Weiterführende Literaturhinweise zum 8. Kapitel:

1. Lehrbücher, Aufsätze und Kommentare

Emmerich, Volker, Kartellrecht mit einer Einführung in das Recht des unlauteren Wettbewerbs, 3. Aufl., München 1979, der eine ähnliche Systematisierung wettbewerbsbeschränkender Verhaltensweisen vornimmt.

Langen, Eugen, Ernst Niederleithinger und Ulrich Schmidt, Kommentar zum Kartellgesetz. Gesetz gegen Wettbewerbsbeschränkungen mit Erläuterungen für die Praxis unter Einbeziehung des EG-Kartellrechts, 6. Aufl., Neuwied, Darmstadt 1981.

Sandrock, Otto, Grundbegriffe des Gesetzes gegen Wettbewerbsbeschränkungen, München 1968.

Schmidt, Ingo, Inwieweit verbessert die Vierte Kartellnovelle das wettbewerbspolitische Instrumentarium?, in: List Forum Bd. 10 (1979/80), S. 325 ff.

2. Tätigkeitsberichte des Bundeskartellamtes

Bericht des Bundeskartellamtes über seine Tätigkeit im Jahre 1978 sowie über Lage und Entwicklung auf seinem Aufgabengebiet (§ 50 GWB), in: BTDr. 8/2980, mit Angabe der Fundstellen der früheren Tätigkeitsberichte seit 1958.

3. Gutachten der Monopolkommission

Monopolkommission, 3. Hauptgutachten 1978/79: Fusionskontrolle bleibt vorrangig, Baden-Baden 1980, mit Angabe der Fundstellen der beiden früheren Hauptgutachten.

Sondergutachten:

- Anwendung und Möglichkeiten der Mißbrauchsaufsicht über marktbeherrschende Unternehmen seit Inkrafttreten der Kartellgesetznovelle, Sondergutachten 1, Baden-Baden 1975.
- Wettbewerbliche und strukturelle Aspekte einer Zusammenfassung von Unternehmen im Energiebereich (Veba-Gelsenberg), Sondergutachten 2, Baden-Baden 1975.
- Zusammenschlußvorhaben der Kaiser Aluminium & Chemical Corporation, der Preussag AG und der Vereinigte Industrieunternehmungen AG, Sondergutachten 3, Baden-Baden 1975.
- Zusammenschluß der Deutschen Babcock AG mit der Artos Gruppe, Sondergutachten 4, Baden-Baden 1977 (Sammelband 4 bis 6).
- Zur Entwicklung der Fusionskontrolle, Sondergutachten 5, Baden-Baden 1977 (Sammelband 4 bis 6).
- Zusammenschluß der Thyssen Industrie AG mit der Hüller Hille GmbH, Sondergutachten 6, Baden-Baden 1977 (Sammelband 4 bis 6).
- Mißbräuche der Nachfragemacht und Möglichkeiten zu ihrer Kontrolle im Rahmen des Gesetzes gegen Wettbewerbsbeschränkungen, Sondergutachten 7, Baden-Baden 1977.
- Zusammenschlußvorhaben der Deutschen BP AG und der VEBA AG, Sondergutachten 8, Baden-Baden 1979
- Die Rolle der Deutschen Bundespost im Fernmeldewesen, Sondergutachten 9, Baden-Baden 1981.

4. Gesetzentwürfe und Begründungen

Entwurf eines Gesetzes gegen Wettbewerbsbeschränkungen, in: BTDr. 1158 – 2. Wahlperiode.

Entwurf eines Gesetzes zur Änderung des Gesetzes gegen Wettbewerbsbeschränkungen, in: BTDr IV/2564.

Entwurf eines Zweiten Gesetzes zur Änderung des Gesetzes gegen Wettbewerbsbeschränkungen, in: BTDr VI/2520.

Entwurf eines Dritten Gesetzes zur Änderung des Gesetzes gegen Wettbewerbsbeschränkungen, in: BTDr 7/2954.

Entwurf eines Vierten Gesetzes zur Änderung des Gesetzes gegen Wettbewerbsbeschränkungen, in: BTDr 8/2136 und BTDr 8/3690.

5. Weitere amtliche Publikationen

Bericht der Bundesregierung über die Ausnahmebereiche des Gesetzes gegen Wettbewerbsbeschränkungen (GWB), in: BTDr. 7/3206.
Bericht der Bundesregierung über Erfahrungen mit der Fusionskontrolle bei Presseunternehmen, in: BTDr. 8/2265.
Bericht der Bundesregierung über die Erfahrungen mit den Vorschriften über die Unverbindliche Preisempfehlung, in: BTDr. 8/703.
Bericht über das Ergebnis einer Untersuchung der Konzentration in der Wirtschaft, in BTDr. IV/2320.
Gutachten des Wissenschaftlichen Beirats beim Bundeswirtschaftsministerium als Anlage zu: Bericht über Änderungen des Gesetzes gegen Wettbewerbsbeschränkungen, in: BTDr. IV/617, S. 88 ff.
Kooperationsfibel. Zwischenbetriebliche Zusammenarbeit: Chancen für den Mittelstand, Bonn 1976.

6. Entscheidungssammlung zum Kartellrecht der Zeitschrift Wirtschaft und Wettbewerb (WuW/E), aufgeteilt in:

WuW/E BKartA	Entscheidungen des Bundeskartellamtes
WuW/E LKartB	Entscheidungen der Landeskartellbehörden
WuW/E BMW	Entscheidungen des Bundesministers für Wirtschaft
WuW/E AG/LG	Entscheidungen der Amts- und Landgerichte
WuW/E OLG	Entscheidungen der Oberlandesgerichte
WuW/E BGH	Entscheidungen des Bundesgerichtshofs

9. Kapitel, Exkurs: Überblick über das US-amerikanische Antitrustrecht

Im Hinblick darauf, daß das US-amerikanische Antitrustrecht bei der Konzipierung des deutschen Gesetzes gegen Wettbewerbsbeschränkungen Pate gestanden hat (vgl. 8. Kap.) und auch heute noch in vielen Punkten als Vorbild für die deutsche Wettbewerbspolitik dienen kann, soll im folgenden ein Überblick über das US-amerikanische Antitrustrecht gegeben werden.

I. Entstehungsgeschichte und Ziele

Das US-amerikanische Antitrustrecht besteht im Kern aus drei Bundesgesetzen: dem Sherman Act von 1890 und den beiden ihn ergänzenden Gesetzen von 1914, dem Federal Trade Commission Act und dem Clayton Act.

1. Der Sherman Act

Die Entstehungsgeschichte des Sherman Act[1] zeigt, daß bei seiner Verabschiedung die gesellschaftspolitische Motivation der demokratischen Kontrolle wirtschaftlicher Macht im Vordergrund stand. Man erblickte in unkontrollierten privaten Machtpositionen eine Gefährdung der durch die Verfassung garantierten individuellen Freiheitsrechte. Wirtschaftspolitisch lag dem Gesetz die Philosophie des free competition zugrunde, wenngleich man sich über die wettbewerbstheoretischen Grundlagen wenig Gedanken machte, da «the members of Congress proclaimed ‹the norm of a free competition too self-evident to be debated, too obvious to be asserted› ».[2] Diesem Gedanken verlieh Senator Sherman während der Beratungen des nach ihm benannten Gesetzes mit folgenden Worten Ausdruck:[3]

«If we will not endure a king as a political power we should not endure a king over the production, transportation, and sale of any of the necessaries of life. If we would not submit to an emperor we should not submit to an autocrat of trade, with power to prevent competition and to fix the price of any commodity.»

Der Sherman Act sollte die Wettbewerbsfreiheit gegen Beschränkungen schützen, weshalb – anknüpfend an die Terminologie und die Tradition des angloamerikanischen Common Law – «restraints of trade» in sec. 1 Sherman Act verboten wurden. Dabei ging man davon aus, daß durch den Schutz der Wettbewerbsfreiheit vor exzessiver wirtschaftlicher Macht zugleich die wirtschaftlichen Kräfte freigesetzt und stimuliert würden.

[1] Vgl. dazu umfassend Thorelli, Hans B., The Federal Antitrust Policy. Origination of an American Tradition, Baltimore 1955, S. 72–85 und 108–162.

[2] Thorelli, op. cit., S. 226.

[3] 21 Congressional Record 2456 (1890).

Im Laufe der Zeit ergab sich eine Akzentverschiebung von der einseitigen Betonung gesellschaftspolitischer Motive (Freiheitsschutz durch Machtkontrolle) hin zum Schutz der Wirksamkeit des Wettbewerbs, so daß der Sherman Act in seiner höchstrichterlichen Interpretation heute sowohl die gesellschaftlichen als auch die ökonomischen Funktionen des Wettbewerbs umfaßt.[4]

Das grundsätzliche Verbot horizontaler und vertikaler Absprachen (incl. aufeinander abgestimmter Verhaltensweisen) in sec. 1 Sherman Act wird durch das Monopolisierungsverbot in sec. 2 Sherman Act ergänzt. Danach kann gegen Marktmacht dann vorgegangen werden, wenn sie mit der Absicht der Monopolisierung mißbraucht bzw. ein solcher Mißbrauch versucht wird.

2. Der Clayton Act

Das Ziel des Clayton Act, der den Sherman Act ergänzen soll, besteht gemäß seiner Präambel darin, bestimmte Wettbewerbsbeschränkungen zu verbieten, die nicht vom Sherman Act erfaßt werden, und dadurch die Monopolisierung bereits in ihrem Anfangsstadium zu unterbinden.

Diese in der Präambel und den Motiven angesprochene sog. «incipiency doctrine», die eine mit vernünftiger Wahrscheinlichkeit zu erwartende Beeinträchtigung des Wettbewerbs genügen läßt, ist im Hinblick auf ein rechtzeitiges wettbewerbspolitisches Eingreifen von überragender Bedeutung. Sie hat dazu geführt, daß die Vorschriften des Clayton Act weit wirksamer sind als beispielsweise sec. 2 Sherman Act.

Der Clayton Act hat mehrere bedeutende Änderungen erfahren:

- Bereits 1936 wurde das Diskriminierungsverbot in sec. 2 Clayton Act durch den Robinson-Patman Act verschärft, indem die Konkurrenten des begünstigten Abnehmers in den Schutzbereich der Vorschrift einbezogen wurden. Diese Änderung hat sich wettbewerbspolitisch als recht zweischneidig erwiesen, weil häufig der Schutz des einzelnen Wettbewerbers vor diskriminierenden Praktiken in Konflikt mit dem Ziel der Sicherung der Wirksamkeit des Wettewerbs gerät.[5]
- Die wettbewerbspolitisch bedeutsamste Änderung erfolgte 1950, als das Fusionsverbot des sec. 7 durch den Celler-Kefauver Antimerger Act verschärft wurde, um alle Zusammenschlußarten und -formen zu erfassen.
- 1976 wurde durch den Hart-Scott-Rodino Improvement Act ein neuer sec. 7 A in den Clayton Act eingefügt, der für Großfusionen eine Anmeldepflicht und eine 30-tägige Wartefrist einführte. Diese gilt für Fusionen, an denen Unternehmen beteiligt sind, von denen eines mindestens 100 Mio $ Umsatz oder Vermögen hat. Als Mindestgröße des Erwerbs ist außerdem erforderlich, daß mindestens 15 % des Vermögens oder der Anteile oder Objekte im Wert von mehr als 15 Mio $ erworben werden.[6] Die be-

---

[4] Vgl. z. B. Northern Pacific Railway Co. v. US, in: 1958 Trade Cases § 68, 961 auf S. 73, 864.

[5] Kaysen, Carl, und Donald F. Turner, Antitrust Policy. An Economic and Legal Analysis, Cambridge, Mass. 1959, S. 181, weisen auf die konkurrierenden Zielsetzungen des Robinson-Patman Act wie folgt hin: «One is the suppression of discrimination as an anticompetitive practice; the other, the protection of small individual firms from price disadvantages in their transactions in the market. As we have noted, these two purposes, in practice, have no necessary correlation».

[6] Zu den Einzelheiten der Anmeldepflicht vgl. DIHT (Hrsg.), Fusionskontrolle in USA, Bonn 1978, S. 14 ff.

teiligten Unternehmen haben in diesen Fällen den Zusammenschluß bei der Federal Trade Commission (FTC) und der Antitrust Division anzumelden und unterliegen nach vollständiger Anmeldung einem 30-tägigen Vollzugsverbot.

3. Der Federal Trade Commission Act

Der FTC Act von 1914 enthält in sec. 5 (a) nur eine umfassende Generalklausel, welche «unfair methods of competition» und «unfair or deceptive acts or practices», die den Geschäftsverkehr beeinflussen, für ungesetzlich erklärt. Der Schutzzweck dieser Vorschrift ist von der Rechtsprechung auf drei Bereiche erstreckt worden:[7]
- Schutz der Wirksamkeit des Wettbewerbs (Antitrust),
- Schutz der Unternehmen gegen unlautere Wettbewerbspraktiken und
- Schutz der Verbraucher vor unlauteren oder irreführenden Wettbewerbspraktiken (Verbraucherschutz).[8]

(1) Die antitrustrechtliche Reichweite der Vorschrift deckt sich weitgehend mit den bereits erläuterten Vorschriften des Sherman und des Clayton Act. Außerdem werden jedoch im Rahmen der incipiency doctrine auch Handlungen erfaßt, die noch nicht gegen den Buchstaben, wohl aber gegen den Geist der Antitrustgesetze verstoßen (antitrustrechtlicher Auffangtatbestand).

(2) Sec. 5 FTC Act erfaßt darüber hinaus auch Handlungen, die lediglich gegen den «standard of fairness» verstoßen. Der FTC Act gibt der Kommission die Möglichkeit, Wettbewerbsregeln z. B. für «Fair Packaging and Labeling» oder «Truth in Lending» von Amts wegen zu erlassen. Mit Hilfe dieser Wettbewerbsregeln werden industriespezifische Kriterien für die Rechtswidrigkeit im Sinne von sec. 5 FTC Act definiert. Die FTC hat daher bei der Konkretisierung des Unlauterkeitsbegriffes im Sinne von sec. 5 FTC Act ein sehr weites Ermessen.

(3) Aufgrund des Wheeler-Lea Amendment von 1938 wurde durch Einfügung der Worte «unfair or deceptive acts or practices» der Kommission die Möglichkeit gegeben, auch Verbraucherschutzaspekte zu berücksichtigen, ohne negative wettbewerbliche Effekte darlegen zu müssen.

II. Überblick über die materiell-rechtlichen Bestimmungen

Bei dem Überblick über die materiell-rechtlichen Bestimmungen des US-amerikanischen Antitrustrechts soll der oben im 6. Kap. erfolgten Unterscheidung in Verhandlungs-, Konzentrations- und Behinderungsstrategie gefolgt werden.

---

[7] Sec. 5 FTC Act umfaßt praktisch den Bereich unseres GWB plus UWG zuzüglich des Verbraucherschutzes.

[8] Vgl. Miller, John A., Federal Trade Commission Activities Related to Consumer Information, in: Zeitschrift für Verbraucherpolitik Jg. 1 (1977), S. 62 ff.

1. Erfassung der Verhandlungsstrategie[9]

a) Horizontale und vertikale Wettbewerbsbeschränkungen

Horizontale und vertikale «restraints of trade» sind in sec. 1 Sherman Act grundsätzlich verboten. Ausnahmen gelten für nationale Exportkartelle ohne Inlandswirkung sowie die Preisbindung der zweiten Hand bei Markenartikeln, sofern sie durch einzelstaatliches Recht sanktioniert ist.[10]

Das grundsätzliche Verbot des Sherman Act wird ergänzt durch die Spezialvorschrift des sec. 3 Clayton Act für Ausschließlichkeits- und Kopplungsbindungen, auf die später bei der Erfassung der Behinderungsstrategie eingegangen werden soll, sowie den allgemeinen Auffangtatbestand des sec. 5 FTC Act.

b) Rule of Reason

Der objektive Gesetzeswortlaut von sec. 1 Sherman Act sieht das völlige Verbot von horizontalen oder vertikalen Absprachen vor, die die wirtschaftliche Handlungsfreiheit beschränken. Der Federal Supreme Court hat jedoch im Jahre 1911 in den berühmten Standard Oil und American Tobacco-Entscheidungen die rule of reason zur allgemeinen Auslegungsregel des Sherman Act erklärt, so daß heute nur noch solche Absprachen als verboten angesehen werden, die die wirtschaftliche Handlungsfreiheit unangemessen (unreasonably bzw. unduly) beeinträchtigen.

Die rule of reason[11] soll vor allem eine Abgrenzung zwischen wettbewerbspolitisch schädlichen und wettbewerbspolitisch unwesentlichen (Bagatellfälle: de minimis lex non curat) Beschränkungen der wirtschaftlichen Handlungsfreiheit ermöglichen. Andererseits wurde jedoch eine Reihe von Verhaltensweisen von den Gerichten «by reason of their nature (qualitativer Gesichtspunkt, Anm. d. Verf.) or their necessary effect» (quantitativer Gesichtspunkt, Anm. d. Verf.) als unreasonable *per se* angesehen, «so that they can quickly and positively be adjudged violations of the Sherman Act. In such cases, inquiry under the Rule of Reason is over . . .».[12] Ziel war die Erhöhung der Rechtssicherheit der Unternehmen und die Einengung des Beurteilungsspielraums von Antitrustbehörden und Gerichten.

Die per se-rule ist von den Gerichten auf folgende Tatbestände angewendet worden:[13]
- Preisabsprachen zwischen Mitbewerbern,
- Absprachen zur Beschränkung der Produktion,
- Absprachen zur Aufteilung von Märkten,

---

[9] Vgl. Zohlnhöfer, Werner, Wettbewerbspolitik im Oligopol. Erfahrungen der amerikanischen Antitrustpolitik, Veröffentlichungen der List-Gesellschaft e. V. Bd. 54, hrsg. von Beckerath, Erwin, und Edgar Salin, Basel, Tübingen 1968, S. 169 ff.

[10] Vgl. den Webb-Pomerene Act vom 10. 4. 1918 und den Miller-Tydings Resale Price Maintenance Act vom 17. 8. 1937.

[11] Vgl. Sangmeister, Bernd, Die rule of reason und das per se-Konzept, FIW-Schriftenreihe Heft 72, Köln, Berlin, Bonn, München 1975.

[12] Report of the Attorney General's National Committee to study the Antitrust Laws, Washington, D. C. 1955, S. 11 (im folgenden als Antitrustreport zitiert).

[13] Vgl. den Überblick über die per se-rule in der Rechtsprechung des Federal Supreme Court im Falle Northern Pacific Railway Co. v. U. S., in: 1958 Trade Cases § 68, 961 auf S. 73, 864.

– Kollektivboykotte oder abgestimmte Lieferverweigerung
und
– Kopplungsbindungen.

Die neueste Entwicklung geht dahin, daß der Federal Supreme Court in stärkerem Umfange zur rule of reason zurückkehrt, so z. B. bei der Beurteilung vertikaler Wettbewerbsbeschränkungen.[14]

2. Erfassung der Behinderungsstrategie

Die verschiedenen Behinderungsstrategien werden – außer von dem allgemeinen Auffangtatbestand des sec. 5 FTC Act – von einer Reihe von Spezialvorschriften erfaßt.

a) Das Monopolisierungsverbot des sec. 2 Sherman Act[15]

Das Verbot der Monopolisierung bzw. des Versuchs der Monopolisierung i. S. von sec. 2 Sherman Act umfaßt nach der Rechtsprechung neben dem Tatbestandselement Monopolmacht ein subjektives Element, die Monopolisierungsabsicht.[16] Daher kann gegen die Verstärkung oder das Entstehen von Monopolmacht durch internes Unternehmenswachstum nur dann vorgegangen werden, wenn dem Unternehmen eine Monopolisierungsabsicht nachgewiesen wird, d. h., objektiv restriktive Behinderungspraktiken plus eine subjektive Zielrichtung der Marktmonopolisierung vorliegen («mere size is no offense»). Die neueste Rechtsprechung hat allerdings die Anforderungen an das subjektive Tatbestandselement (intent, purpose, willfullness oder deliberateness) insofern gemindert, als dem Einsatz restriktiver Praktiken hinsichtlich der subjektiven Zielrichtung eine Indizwirkung zukommt. Entscheidend ist, ob es sich nach den Umständen des Einzelfalles um eine unvermeidbare Marktentwicklung («thrust upon defense») oder um eine systematische Strategie zur Monopolisierung eines Marktes handelt.

Im Zivilverfahren gemäß sec. 4 Sherman Act kann in Monopolisierungsfällen des sec. 2 Sherman Act auch die Entflechtung von Unternehmen gerichtlich angeordnet werden. Diese Möglichkeit wird jedoch relativ selten genutzt.[17]

---

[14] Vgl. den Fall Continental T. V., Inc. v. GTE Sylvania Inc., in: 1977–1 Trade Cases § 61, 488 auf S. 71, 902.

[15] Vgl. Schmidt, Ingo, US-amerikanische und deutsche Wettbewerbspolitik gegenüber Marktmacht. Eine vergleichende Untersuchung und kritische Analyse der Rechtsprechung gegenüber Tatbeständen des externen und internen Unternehmenswachstums sowie des Behinderungswettbewerbs, Quaestiones Oeconomicae Bd. 6, hrsg. von Besters, Hans, Berlin 1973, S. 116–119, 161–163 und 186 ff., und Zohlnhöfer, op. cit., S. 62–73.

[16] Vgl. US v. Grinnell Corp., in: 1966 Trade Cases § 71, 789, und Telex Corp. v. IBM Corp., in: 1975 –1 Trade Cases § 60, 127.

[17] Abgesehen von dem alten Standard Oil und dem ersten American Tobacco Case (beide 1911), sind in den letzten 35 Jahren nur sehr wenige Unternehmen entflochten worden:
– US v. Crescent Amusement Co., in: 1944–1945 Trade Cases § 57, 316;
– Schine Chain Theatres v. US. in: 1948–1949 Trade Cases § 62, 245;
– US v. Paramount Pictures Inc., in: 1948–1949 Trade Cases § 62, 244;
– Besser Mfg. Co. v. US, in: 1952–1953 Trade Cases § 67, 280;
– US v. Grinnell Corp., in: 1966 Trade Cases § 71, 789;
– US v. United Shoe Machinery Corp., in: 1968 Trade Cases § 72, 457, und in: 1969 Trade Cases § 72, 688.

b) Boykott und Lieferverweigerung[18]

Die Frage der rechtlichen Zulässigkeit von individuellen oder kollektiven Boykotts und Lieferverweigerungen kann sich in den USA nach den verschiedensten Antitrustnormen richten. Grundsätzlich ist jedes Unternehmen durch die Antitrustgesetze nicht gehindert, seine Kunden frei zu wählen (Colgate Doktrin).[19]

Dieser Grundsatz der Vertragsfreiheit hat jedoch im Laufe der Zeit verschiedene Einschränkungen erfahren:

- Die Geschäftsverweigerung darf nicht Inhalt einer horizontalen Absprache im Sinne von sec. 1 Sherman Act sein (per se-Verbot des group boycott bzw. concerted refusal to deal).
- Die Geschäftsverweigerung darf nicht Inhalt einer gemischt horizontal-vertikalen Absprache i. S. von sec. 1 Sherman Act zur Absicherung des Vertriebssystems und damit in der Regel zur Aufrechterhaltung eines bestimmten Preisniveaus sein (per se-Verbot der Anstiftung zur Lieferverweigerung – sog. secondary boycott).
- Die Geschäftsverweigerung darf nicht Teil einer Monopolisierungsstrategie i. S. von sec. 2 Sherman Act sein.
- In der neueren Rechtsprechung ist zudem das individuelle Recht auf Lieferverweigerung zwecks Absicherung oder Durchsetzung vertikaler Wettbewerbsbeschränkungen (Lieferverweigerung zur vertikalen Preisbeeinflussung bzw. Beschränkung der Vertriebswege) eingeengt worden.

c) Preisdiskriminierung[20]

Sec. 2 Clayton Act in der Fassung des Robinson-Patman Act von 1936 erfaßt Preisdifferenzierungen auch dann, wenn sie wahrscheinlich bewirken, daß *der Wettbewerb mit irgendeiner Person*, die die Vorteile der Diskriminierung entweder gewährt (Anbieter) oder bewußt empfängt (Nachfrager), *oder mit deren Kunden* verletzt, zerstört oder verhindert wird. Der Schutzzweck wurde so um den Individualschutz, d. h. den Schutz der Wettbewerbsfreiheit und Chancengleichheit erweitert (injury-Konzept).

Nach sec. 2 Clayton Act n. F. sind daher Preisdifferenzierungen für Güter gleicher Art («commodities of like grade and quality») nur dann zulässig, wenn sie den Unterschieden in den Herstellungs-, Verkaufs- oder Lieferungskosten entsprechen. Die Marktstärke des Diskriminierenden ist unbeachtlich.[21] Außer Kostendifferenzen rechtfertigt auch ein gutgläubiger Eintritt in Konkurrenzpreise eine Preisdifferenzierung (cost justification and meeting competition defense). Die Beweislast für das Vorliegen der gesetzlichen Exkulpationsmöglichkeiten liegt bei den Unternehmen.

Die früher extensive Anwendung des sec. 2 Clayton Act durch die FTC, die vor allem Individualschutzaspekte zu Lasten des Institutionsschutzes in den Mittelpunkt rückte,

---

[18] Vgl. dazu Belke, Rolf, Kundenbeschränkung und Verkaufsverweigerung im Antitrustrecht der Vereinigten Staaten, Stuttgart 1967, und Schmidt, op. cit., S. 230 ff.

[19] US v. Colgate & Co. 250 US 300 ff., 307 (1919).

[20] Vgl. dazu Edwards, Corwin D., The Price Discrimination Law. A Review of Experience, Washington, D.C. 1959; Schmidt, op. cit., S. 283 – 310, und Zohlnhöfer, op. cit., S. 74 – 94.

[21] Das deutsche Diskriminerungsverbot in § 26 Abs. 2 GWB erfaßt demgegenüber nur Kartelle, marktbeherrschende und preisbindende Unternehmen, engt also den Normadressatenkreis ein.

ist zunehmend kritisiert worden.[22] Die neuere Entwicklung zeigt daher eine stärkere Berücksichtigung des Institutionsschutzes.

d) Ausschließlichkeits- und Kopplungsbindungen[23]

Ausschließlichkeits- und Kopplungsbindungen werden insbesondere von sec. 3 Clayton Act erfaßt. Diese Spezialvorschrift verbietet Alleinbezugs- und Kopplungsbindungen dann, wenn in einem Vertrag einem Käufer Verpflichtungen auferlegt werden, eine Warenart des Verkäufers ausschließlich, d. h. unter Ausschluß von Konkurrenzerzeugnissen und/oder gekoppelt mit anderen Waren zu führen, und dieser Vertrag zu einer wesentlichen Beeinträchtigung des Wettbewerbs oder zur Schaffung eines Monopols zu führen droht.[24] Die Beurteilung der Wesentlichkeit hängt dabei vornehmlich von folgenden Kriterien ab:

- der Marktstellung der Unternehmen und
- der Verbreitung der Bindungen auf dem relevanten Markt (sog. quantitative substantialy rule) sowie
- dem dadurch dritten Unternehmen verschlossenen Marktanteil (sog. actual foreclosure test),

wobei Ausschließlichkeitsbindungen der rule of reason unterliegen, während für Kopplungsverträge die Rechtsprechung zu einem per se-Verbot tendiert, da wirksame Kopplungen das Vorliegen von Marktmacht indizieren.[25]

Schutzobjekt dieser Vorschrift ist sowohl der Wettbewerb als Institution als auch der Schutz von Newcomern (Individualschutz).

3. Erfassung der Konzentrationsstrategie[26]

a) Fusionskontrolle

Sec. 7 Clayton Act verbietet Fusionen, die wahrscheinlich zu einer wesentlichen Beeinträchtigung des Wettbewerbs oder zur Schaffung eines Monopols führen, so daß eine Wettbewerbsbeeinträchtigung im Anfangsstadium (incipiency) unterbunden werden kann.[27]

(1) Nach dem jetzigen Stand der Rechtsprechung zu sec. 7 Clayton Act gegenüber **horizontalen Zusammenschlüssen** sind zwei Gesichtspunkte entscheidend:

---

[22] Vgl. Edwards, op. cit., S. 630, und Schulte-Braucks, Reinhard, Die Diskussion um die Reform des Robinson-Patman Act in den USA, in: Wettbewerb in Recht und Praxis 1977, S. 472 ff., der die Notwendigkeit einer Reform des Preisdiskriminierungsverbots in den USA ausgehend von den unterschiedlichen wettbewerbstheoretischen Positionen der Chicago School (z. B. Posner, Stigler) und der Havard School (z. B. Mason, Kaysen/Turner, Areeda) diskutiert.

[23] Vgl. Antitrustreport, op. cit., S. 27 ff. und 137 ff.; Schmidt, op. cit., S. 311–342, und Zohlnhöfer, op. cit., S. 94–104.

[24] Dies gilt vice versa auch für die im Wirtschaftsleben seltener vorkommenden Alleinabsatzbindungen, die ein Händler seinem Lieferanten auferlegt; sie können allerdings nur unter sec. 5 FTC Act subsumiert werden.

[25] Vgl. Antitrustreport, op. cit., S. 107.

[26] Vgl. Schmidt, op. cit., S. 125 ff., und Zohlnhöfer, op. cit., S. 114 ff.

[27] Dies wird aus den Worten «**may be** substantially to lessen competition» in sec. 7 Clayton Act abgeleitet.

- Sec. 7 Clayton Act wird als ein prophylaktisches Instrument zur Unterbindung (wahrscheinlicher) antikompetitiver Wirkungen von Fusionen verstanden (incipiency doctrine); die Herausbildung oder Verfestigung von wettbewerbsgefährdenden Oligopolstrukturen wird für illegal angesehen.
- Beginnend mit dem Philadelphia National Bank Case[28] hat der Federal Supreme Court einen Test der prima facie-Illegalität (test of presumptive illegality) entwickelt, der auf Marktanteilen, dem Konzentrationsgrad hinsichtlich des Marktanteils der vier oder acht größten Unternehmen und dem Konzentrationstrend basiert. Dabei kommt der sachlichen und räumlichen Marktabgrenzung große Bedeutung zu, da mit dieser die Marktanteile und der Konzentrationsgrad determiniert sind.

(2) Nach dem jetzigen Stand der Rechtsprechung gegenüber **vertikalen Zusammenschlüssen** werden folgende spezifische Kriterien berücksichtigt:

- Die relevanten Marktanteile auf den beiden Wirtschaftsstufen im Hinblick auf das Ausmaß der Behinderung von Mitbewerbern durch Verminderung der Alternativen bei Bezugsquellen oder Absatzmöglichkeiten (foreclosure test – vgl. Brown Shoe[29] oder Kennecott Copper[30]).
- Die Gefahr eines Preisdruckes auf vertikal nicht integrierte Unternehmen (Preis-Kostenschere infolge hoher Rohstoff- und niedriger Endverkaufspreise – vgl. Alcoa/Cupples[31] und Kennecott Copper).
- Die Gefahr, daß eine vertikale Fusion weitere vertikale Fusionen in einer Art Kettenreaktion nach sich zieht, da Anbieter und Nachfrager wechselseitig versuchen werden, sich Absatzkanäle und Rohstoffquellen zu sichern, wenn sie sehen, daß die vertikale Integration unter ihren Mitbewerbern die verfügbaren Absatzkanäle und Rohstoffquellen verstopft.

(3) Im Hinblick auf die Erfassung **konglomerater Zusammenschlüsse** besteht derzeit nur Klarheit bei der Erfassung von Markterweiterungs- und Marktverkettungszusammenschlüssen:[32]

- **Markterweiterungszusammenschlüsse** (market oder product extension mergers) werden um so eher als illegal im Sinne von sec. 7 Clayton Act angesehen, je größer die Wahrscheinlichkeit ist, daß die marktstrategische Überlegenheit des neuen diversifizierten Konzerns zu einer Beeinträchtigung der an wirtschaftlich- finanziellem Potential (deep pocket theory) unterlegenen – tatsächlichen oder potentiellen – Wettbewerber führen wird (vgl. Procter and Gamble[33] und General Foods[34]). Markterweiterungszusammenschlüsse sind Grenzfälle horizontaler Fusionen.

---

[28] Vgl. US v. Philadelphia National Bank, in: 1963 Trade Cases § 70, 812.

[29] Vgl. Brown Shoe Co. v. US, in: 1962 Trade Cases § 70, 366.

[30] Vgl. Kennecott Copper Corp. v. US, in: 1965 Trade Cases § 71, 458.

[31] Vgl. US v. Aluminum Co. of America, in: 1964 Trade Cases § 71, 243.

[32] Vgl. Markert, Kurt, Beurteilungsgesichtspunkte diagonaler Zusammenschlüsse anhand amerikanischer Fälle, in: Wettbewerb im Wandel. Eberhard Günther zum 65. Geburtstag, hrsg. von Gutzler, Helmut, Wolfgang Herion und Joseph H. Kaiser, Baden-Baden 1976, S. 407 ff., und Möschel, Wernhard, Konglomerate Zusammenschlüsse im Antitrustrecht der Vereinigten Staaten von Amerika, in: Rabels Zeitschrift für ausländisches und internationales Privatrecht, 44. Jg. (1980), S. 203 ff.

[33] Vgl. FTC v. Procter and Gamble Co., in: 1967 Trade Cases § 72, 061.

[34] Vgl. General Foods Corp. v. FTC, in: 1967 Trade Cases § 72, 269.

- **Marktverkettungszusammenschlüsse** (reciprocal dealings) werden als illegal im Sinne von sec. 7 Clayton Act angesehen, wenn eine erhebliche Gefahr wechselseitiger Lieferbeziehungen besteht und damit künstliche Wettbewerbsvorteile für das bevorzugte Unternehmen eintreten (Consolidated Foods[35]). Marktverkettungszusammenschlüsse sind Grenzfälle vertikaler Fusionen mit mittelbarer Käufer-Verkäuferbeziehung:

Lieferant A
↙
Lieferant B
↙
Abnehmer/Lieferant C (Nachfragemacht gegenüber B)
↘
Kunde D
↘
Kunde E (Nachfragemacht gegenüber D)

Wenn C ein Abnehmer von B ist und sich mit dem Unternehmen A zusammenschließt, das seinerseits an B liefert, so kann sich C bei entsprechender Nachfragemacht weigern, weiterhin von B zu kaufen, wenn B nicht ausschließlich oder vorzugsweise seine Waren von A bezieht, so daß A gegenüber seinen Konkurrenten einen nicht leistungsbedingten Wettbewerbsvorsprung erzielte. Dies würde umgekehrt für den Fall gelten, daß C sich mit dem marktstarken Kunden E seines Kunden D zusammenschließt.

– Die Erfassung von **Marktdiversifikationszusammenschlüssen** (pure conglomerates) harrt nach wie vor einer Klärung durch Verwaltungspraxis und Rechtsprechung.

Eine besondere Bedeutung für die Konkretisierung der Eingriffskriterien im Falle horizontaler, vertikaler und konglomerater Zusammenschlüsse haben die von der Antitrust Division 1968 herausgegebenen Merger Guidelines.[36] Sie konkretisieren die Umstände, unter denen die Behörden normalerweise einschreiten und führen mögliche anerkennungswürdige Exkulpationsmöglichkeiten an (wie z. B. die Sanierungsfusion: failing firm-defense).

Ob und welche Auswirkungen die Verwendung absoluter Aufgreifkriterien im Rahmen der Zusammenschlußkontrolle des neuen sec. 7 A Clayton Act für die Interpretation des Eingreifkriteriums: «substantially to lessen competition or tend to create a monopoly», haben wird, bleibt abzuwarten.

Neben der Spezialvorschrift des sec. 7/7A Clayton Act können Konzentrationsvorgänge auch über den Auffangtatbestand des sec. 5 FTC Act erfaßt werden.

b) Entflechtung

In Zivilverfahren kann im Falle einer Monopolisierung i. S. des sec. 2 Sherman Act gem. sec. 4 Sherman Act auch die Entflechtung von Unternehmen angeordnet werden, wovon allerdings bisher wenig Gebrauch gemacht worden ist. Darüber hinaus kann die FTC gem. sec. 11 (b) Satz 5 Clayton Act anordnen, daß der Erwerber die erworbenen Ge-

---

[35] Vgl. FTC v. Consolidated Foods Corp., in: 1965 Trade Cases § 71, 432.

[36] Vgl. Merger Guidelines v. 30. 5. 1968, abgedruckt in Original und Übersetzung bei Günther, Eberhard, Probleme der Fusionskontrolle, FIW-Schriftenreihe Heft 52, Berlin, Bonn, München 1970, S. 151 ff.

schäftsanteile oder Vermögensgegenstände wieder veräußern muß. Damit sieht das amerikanische Antitrustrecht grundsätzlich eine Entflechtung illegaler Unternehmenszusammenschlüsse vor.[37]

Mögliche Entflechtungsformen sind z. B.:

- Verkauf der erworbenen Anteile an der Börse,
- Bildung eines selbständigen Unternehmens durch Ausgliederung eines Produktionsbereiches und Verkauf dieses Unternehmens,
- Verkauf der erworbenen Anteile an einen Käufer, der die Zustimmung der Antitrustbehörde findet, oder
- Anordnung von Zwangslizenzen (compulsory licensing).

Trotz der Vielzahl der Möglichkeiten bestehen große Probleme bei der Durchsetzung der Entflechtung, da sich oft keine Käufer für den zu veräußernden Teil finden bzw. das erworbene Unternehmen inzwischen fast untrennbar mit dem Erwerber verbunden ist.

c) Marktergebniskontrolle

Anders als das deutsche oder das europäische Kartellrecht kennt das US-amerikanische Antitrustrecht keine performance-Kontrolle; diese ist lediglich auf den Bereich der regulated industries beschränkt (siehe unter 4.).

4. Erfassung der Ausnahmebereiche[38]

In den USA sind ebenso wie in anderen Ländern bestimmte Industriezweige, auf denen nach Auffassung des Gesetzgebers ein wirksamer Wettbewerb nicht möglich und/oder unter wohlfahrtstheoretischen Gesichtspunkten nicht wünschenswert ist (sog. natürliche Monopole), von der Anwendung der Antitrustgesetze mehr oder minder ausgenommen (sog. exempted areas). Wettbewerb als anonymer Kontroll- und Steuerungsmechanismus ist auf diesen Märkten durch eine indirekte Staatsaufsicht substituiert worden, um eine Ausnutzung der privaten Monopolmacht im öffentlichen Interesse zu verhindern:[39]

«The ‹visible hand› of public regulation was substituted for the ‹invisible hand› of Adam Smith, and the continous ministration of regulation, it was assumed, would suffice to maintain a perfect balance between private and public interest.»

[37] Vgl. US v. Du Pont de Nemours & Co., in: 1957 Trade Cases § 68, 723, in welchem sec. 7 Clayton Act auf einen rund 30 Jahre zurückliegenden Aktienerwerb angewendet wurde. Diese Entscheidung hat über viele Konzerne Ungewißheit wegen der Legalität lange zurückliegender Fusionen gebracht («sleeping giant»).

[38] Schmidt, Ingo, Zum Nachweis des Mißbrauchs einer rechtlichen oder faktischen Wettbewerbsbeschränkung – Eine Analyse der im amerikanischen Recht entwickelten Theorien und Kriterien zur Schadenshöhe in den ‹civil damage suits› und zur ‹performance› – Kontrolle in den ‹public regulated industries›, in: Wirtschaft und Wettbewerb Jg. 17 (1967), S. 777 ff.; Sullivan, Lawrence Anthony, Handbook of the Law of Antitrust, St. Paul, Minn. 1977, § 239, und Wilcox, Clair, und William Shepherd, Public Policies toward Business, 5th ed., Homewood, Ill. 1975, Part IV Regulation.

[39] Gray, Horace M., The Passing of the Public Utility Concept, abgedruckt in: Readings in the Social Control of Industry, Philadelphia, Toronto 1949, S. 280 ff., 282.

Die indirekte Staatsaufsicht wurde unabhängigen Kommissionen übertragen, die im Falle der öffentlichen Versorgungswirtschaft («public utilities») in der Regel auf einzelstaatlichem Recht, im Falle interregionaler Leitungen auf Bundesrecht beruhen (State oder Federal Commissions). Diese Regulatory Commissions haben die Möglichkeit, für die Wirtschaftsbereiche, für die sie zuständig sind, Sondervorschriften und Regeln zu erlassen, die Gesetzeskraft haben; sie stehen somit außerhalb der Exekutive und können als eine Art vierte Gewalt im Staat bezeichnet werden, wenngleich sie einer richterlichen Kontrolle unterliegen.

Bei der von den Regulatory Commissions auszuübenden Staatsaufsicht spielen sowohl ökonomische als auch meta-ökonomische Zielsetzungen eine Rolle. Die Kommissionen werden entweder aufgrund von Beschwerden von Lieferanten und Abnehmern oder von Amts wegen tätig. Zur Durchsetzung der Gesetze stehen den Kommissionen zivilrechtliche (Verfügungen) sowie strafrechtliche Mittel (Geldbußen) zur Verfügung. Die meisten Beschwerden betreffen die Qualität und Nichterhältlichkeit der angebotenen Leistungen sowie die technische Sicherheit und in geringerem Umfange die Effizienz der Unternehmen.

Die Regulatory Commissions haben die in sie gesetzten Erwartungen oft nicht erfüllt. Als Gründe dafür werden genannt:

- das langwierige administrative Verfahren,
- unklare gesetzliche Zielsetzungen und fehlende performance standards,
- Abhängigkeit der Kommissionen von Interessengruppen des zu kontrollierenden Wirtschaftszweiges sowie vom amerikanischen Präsidenten, der weitreichende Vollmachten über Ernennung und Abberufung von Kommissionsmitgliedern besitzt,
- unzureichendes und zum Teil unqualifiziertes Personal, das zudem noch «industry minded» ist sowie
- die zum Teil widerstrebende Haltung der Gerichte, die den Schutz des Privateigentums in den Vordergrund stellen.

Die hier angeführten Mängel dürften allerdings jeder Mißbrauchsaufsicht inhärent sein.

III. Die Zuständigkeiten der Antitrust Division und der Federal Trade Commission[40]

Die Durchsetzung der Antitrustgesetze ist in den USA zwei Behörden übertragen: der Antitrust Division des Department of Justice mit mehreren hundert Mitarbeitern, davon ca. 410 Juristen und 45 Ökonomen, und der Federal Trade Commission als einer Independent Commission mit etwa doppelt so großer Mitarbeiterzahl. Beide Behörden haben ihren Sitz in Washington, D.C.

Die Federal Trade Commission besitzt die ausschließliche Zuständigkeit für sec. 5 FTC Act, die Antitrust Division die ausschließliche Zuständigkeit für die Durchsetzung der Vorschriften des Sherman Act gem. sec. 4. Für die Durchsetzung der Vorschriften des sec. 2, 3, 7 und 8 Clayton Act sind sowohl die Antitrust Division (sec. 15) als auch die FTC (sec. 11) zuständig. Insoweit besteht eine konkurrierende Zuständigkeit; jedoch er-

[40] Vgl. Sullivan, op. cit., §§ 240 und 241.

folgt eine gewisse Abstimmung zwischen beiden Behörden hinsichtlich der zu verfolgenden Wettbewerbsbeschränkungen, um Doppelprüfungen zu vermeiden.

IV. Die verfahrensrechtlichen Regelungen[41]

Hinsichtlich der verfahrensrechtlichen Möglichkeiten sind vier Hauptformen des Verfahrens zu unterscheiden:

1. Strafverfahren (criminal suits)

Im Strafverfahren können Geldstrafen bis zu 100.000 $ bei Einzelpersonen bzw. 1 Million $ bei Unternehmen und/oder Haftstrafen bis zu 3 Jahren zur Durchsetzung des Verbots von «restraints of trade» und «monopolizing» (sec. 1 und 2 Sherman Act) verhängt werden. Die ursprünglichen Geld- und Haftstrafen von 5.000 $ bzw. einem Jahr wurden somit im Laufe der Jahre erheblich verschärft; zugleich wurden Verstöße gegen den Sherman Act kriminalisiert. Zuständig ist allein die Antitrust Division, die vor dem zuständigen Distriktgericht Anklage erheben muß (Berufungsinstanz: Court of Appeals, Revisionsinstanz: Federal Supreme Court).

2. Zivilverfahren (civil suits)

Auf Antrag der Antitrust Division können gemäß sec. 4 Sherman Act und sec. 15 Clayton Act Verfahren (sog. «equity proceedings») vor dem zuständigen Distriktgericht eingeleitet werden (Beschwerde an den Court of Appeals, Rechtsbeschwerde an den Federal Supreme Court), um Verletzungen der beiden Antitrustgesetze mittels gerichtlicher Verfügungen (sog. «injunctions») zu verhindern. Diese Verfügungen können sich dabei sowohl auf das Unterlassen eines unerwünschten Verhaltens (z. B. horizontale oder vertikale Absprachen, Diskriminierungen) als auch auf das Anordnen einer bestimmten vorzunehmenden Handlung beziehen (z. B. Entflechtung, Kontrahierungszwang, Zwangslizenzen). Die Gerichte können dabei auch einstweilige Anordnungen treffen («temporary restraining order or prohibition»).

Die den Gerichten im Rahmen eines Zivilverfahrens zustehenden Regelungsbefugnisse (sog. «equity powers») sind wettbewerbspolitisch von großer Bedeutung, da sie die Möglichkeit eröffnen, alle wettbewerbspolitisch sachdienlichen Maßnahmen zu treffen. Derartige Zivilverfahren können vom Department of Justice auch parallel zu einem Strafverfahren eingeleitet werden.

Die streitenden Parteien können auch einen alle bindenden Vergleich («consent decree») schließen. Ein solcher vom Gericht akzeptierter Vergleich hat die gleiche Rechtskraft und Wirkung wie ein Urteil aufgrund eines ausgetragenen Rechtsstreits. Ein wesentlicher Unterschied besteht jedoch im Hinblick auf die Verwendung als prima facie-

[41] Vgl. Sullivan, op. cit., §§ 242–253.

Beweis i. S. von sec. 5 (a) Clayton Act in einem privaten Schadensersatzprozeß: der Vergleich verschafft keinen solchen Beweis. Man schätzt, daß 80 % der von der Antitrust Division eingeleiteten Verfahren durch Vergleich beigelegt werden, was die enorme Bedeutung dieses Instruments belegt.

3. Verwaltungsverfahren (administrative proceedings)

Die Federal Trade Commission kann gemäß sec. 5 FTC Act und sec. 11 Clayton Act Verwaltungsverfahren einleiten, wenn ihres Erachtens sec. 5 FTC Act oder sec. 2, 3, 7 oder 8 Clayton Act verletzt sind.[42] Im Gegensatz zur Antitrust Division, die Anklage vor den Distriktgerichten erheben muß, entscheidet die Federal Trade Commission – ähnlich wie das Bundeskartellamt – in erster Instanz selbst. Ihre Entscheidungen ergehen in Form von Unterlassungsverfügungen (sog. «cease and desist orders»), gegen welche Beschwerde an den zuständigen Court of Appeals und Rechtsbeschwerde an den Federal Supreme Court möglich sind. Die Verletzung einer rechtswirksam gewordenen Verfügung ist strafbar.

Auch im Verwaltungsverfahren der FTC ist ein Vergleich der streitenden Parteien möglich, ohne daß es zu einem Verfahren und einer Beweiserhebung kommt. Im Hinblick auf die Nicht-Verwendbarkeit eines solchen «Vergleichs» als prima facie-Beweis im privaten Schadensersatzprozeß gilt das im Abschnitt über «Zivilverfahren» Gesagte.

4. Private Schadensersatz- und Unterlassungsklagen (private antitrust suits)[43]

Neben das Straf-, Zivil- und Verwaltungsverfahren treten als viertes Verfahren Privatklagen, die in zwei Formen auftreten können:

- Sec. 4 Clayton Act gibt Privatpersonen das Recht, in einem zivilen Schadensersatzprozeß dreifachen Schadensersatz («treble damage suits») zu fordern, wenn sie durch eine Verletzung von Antitrustgesetzen in ihren Eigentumsrechten geschädigt sind.
- Gemäß sec. 16 Clayton Act können Privatpersonen eine gerichtliche Unterlassungsverfügung («suits for injunctive relief») zur Vermeidung eines drohenden Verlustes oder Schadens infolge einer Verletzung der Antitrustgesetze bei jedem zuständigen Gericht beantragen. Auch einstweilige Anordnungen («preliminary injunctions») sind möglich.

Sowohl im Falle der Schadensersatz- als auch der Unterlassungsklagen können gemäß sec. 5 (a) Clayton Act rechtskräftige Urteile und Verfügungen der Gerichte und der

---

[42] Die Generalklausel des sec. 5 FTC Act verbietet «unfair methods of competition» und «unfair or deceptive acts or practices»; sec. 2, 3 und 7 Clayton Act verbieten Preisdiskriminierungen, Ausschließlichkeits- und Kopplungsverträge sowie Fusionen, die den Wettbewerb wesentlich beeinträchtigen oder die Schaffung eines Monopols bewirken. Sec. 8 Clayton Act verbietet personelle Verflechtungen (interlocking directorates) zwischen konkurrierenden Unternehmen einer bestimmten Mindestgröße.

[43] Vgl. Mailänder, K. Peter, Privatrechtliche Folgen unerlaubter Kartellpraxis, Karlsruhe 1964; Schmidt, supra, S. 637 ff., und Linder, Ludwig, Privatklage und Schadensersatz im Kartellrecht. Eine vergleichende Untersuchung zum deutschen und amerikanischen Recht, Baden-Baden 1980.

FTC als prima facie-Beweis Verwendung finden, was die Beweislast der Kläger erheblich erleichtert.

Übungsfragen zum 9. Kapitel:

1. Erläutern Sie den Anlaß zur Verabschiedung des Sherman Act und die zugrundeliegende wirtschaftspolitische Philosophie.
2. Was beinhaltet der Sherman Act?
3. In welcher Weise ergänzt der Clayton Act den Sherman Act und welche bedeutenden Änderungen hat der Clayton Act erfahren?
4. Was beinhaltet der Federal Trade Commission Act und auf welche Bereiche ist der Schutzzweck dieser Vorschrift erstreckt worden?
5. Wie werden horizontale und vertikale Wettbewerbsbeschränkungen wettbewerbspolitisch behandelt?
6. Was versteht man unter der rule of reason und der per se-rule? Auf welche Tatbestände ist die per se-rule von den Gerichten angewendet worden?
7. Welche Formen der Behinderungsstrategie kennen Sie?
8. Was besagt das Monopolisierungsverbot des sec. 2 Sherman Act?
9. Welche Einschränkungen hat der Grundsatz der Vertragsfreiheit in bezug auf Boykott und Lieferverweigerung im Laufe der Zeit erfahren?
10. Was verstehen Sie unter Preisdiskriminierung und wie wird diese im US-amerikanischen Antitrustrecht behandelt?
11. Was verstehen Sie unter Ausschließlichkeits- und Kopplungsbindungen? Welches sind Kriterien zur Beurteilung ihrer Zulässigkeit?
12. Welche Kriterien wurden im amerikanischen Antitrustrecht zur Erfassung horizontaler und vertikaler Zusammenschlüsse entwickelt?
13. Erläutern Sie die Formen konglomerater Zusammenschlüsse. Worin bestehen die Probleme der Erfassung von pure conglomerates?
14. Welcher wesentliche Unterschied besteht zwischen dem deutschen bzw. europäischen Kartellrecht und dem US-amerikanischen Antitrustrecht in bezug auf eine Marktergebniskontrolle?
15. Womit wird die Anerkennung wettbewerblicher Ausnahmebereiche gerechtfertigt?
16. Von wem und wie wird die Aufsicht über die Ausnahmebereiche ausgeübt und welche Probleme entstehen bei dieser Aufsicht?
17. Von wem werden welche Antitrustgesetze in den USA durchgesetzt?
18. Erläutern Sie die verfahrensrechtlichen Möglichkeiten zur Durchsetzung der Antitrustgesetze.

Weiterführende Literaturhinweise zum 9. Kapitel:

1. Monographien

Bork, Robert H., The Antitrust Paradox. A Policy at War with Itself, New York 1978.

Edwards, Corwin D., The Price Discrimination Law. A Review of Experience, Washington, D.C. 1959.

Kaysen, Carl, und Donald F. *Turner,* Antitrust Policy. An Economic and Legal Analysis, Cambridge, Mass. 1959.

Schmidt, Ingo, US-amerikanische und deutsche Wettbewerbspolitik gegenüber Marktmacht. Eine vergleichende Untersuchung und kritische Analyse der Rechtsprechung gegenüber Tatbestän-

den des externen und internen Unternehmenswachstums sowie des Behinderungswettbewerbs, Quaestiones Oeconomicae Bd. 6, hrsg. von Besters, Hans, Berlin 1973.
Sullivan, Lawrence Anthony, Handbook of the Law of Antitrust, St. Paul, Minn. 1977.
Thorelli, Hans B., The Federal Antitrust Policy. Origination of an American Tradition, Baltimore 1955.
Zohlnhöfer, Werner, Wettbewerbspolitik im Oligopol. Erfahrungen der amerikanischen Antitrustpolitik, Veröffentlichungen der List-Gesellschaft e. V. Bd. 54, hrsg. von Beckerath, Erwin von, und Edgar Salin, Basel, Tübingen 1968.

2. Amtliche Publikationen und Sammlungen

American Bar Association, Antitrust Developments 1955–1968. A Supplement to the Report of the Attorney General's National Comittee to Study the Antitrust Laws March 31, 1955, o. O. 1968.
–, Antitrust Law Developments, o. O. 1975.
–, Antitrust Law Developments, Second Supplement, o. O. 1979.
Commerce Clearing House (CCH), Trade Regulation Reporter (Loseblattsammlung zu allen US-Antitrustfragen).
CCH Trade Cases (fortlaufende Sammlung der US-Gerichtsentscheidungen zum Antitrustrecht).
OECD, Guide to Legislation on Restrictive Business Practices, Volume IV USA.
–, Refusal to sell. Report of the Committee of Experts on Restrictive Business Practices, Paris 1969.
–, Market Power and the Law. A Study of the Restrictive Business Practice Laws of OECD Member Countries and of the EEC and ECSC dealing with Market Power, Paris 1970.
–, Mergers and Competition Policy. Report of the Committee of Experts on Restrictive Business Practices, Paris 1974.

10. Kapitel, Exkurs: Überblick über das Europäische Wettbewerbsrecht

Die deutsche Wettbewerbsordnung wird heute nicht mehr allein durch das deutsche Recht bestimmt; neben das deutsche Wettbewerbsrecht sind vielmehr durch die Art. 60, 65 und 66 EGKS-Vertrag vom 18.4.1951 sowie Art. 85 und 86 EWG-Vertrag vom 25.3.1957 auch Regelungen auf europäischer Ebene getreten.

I. Entstehungsgeschichte und Ziele

Aus dem sog. Schuman-Plan und der Idee einer europäischen Föderation entwickelte sich der Vertrag über die Gründung der Europäischen Gemeinschaft für Kohle und Stahl (EGKS[1]), den die Länder Belgien, Deutschland, Frankreich, Italien, Luxemburg und die Niederlande am 18.4.1951 unterzeichneten.

Hauptziel des Vertrages war es, einen «Gemeinsamen Markt» für diese Produkte zu schaffen, indem diskriminierende oder beschränkende Praktiken (vgl. Art. 4 lit. b. und d. MUV) beseitigt werden sollten; diese generelle Zielsetzung wurde konkretisiert durch die Art. 60 (Diskriminierungsverbot), 65 (Kartellverbot) und 66 (Fusionsverbot). Dabei besteht ein eindeutiger Vorrang des Europäischen Rechts; denn gemäß § 101 Abs. 3 GWB findet das deutsche Gesetz gegen Wettbewerbsbeschränkungen keine Anwendung, soweit Regelungen des EGKS-Vertrages eingreifen.

Die wettbewerbspolitische Bedeutung des Montanunion-Vertrages (MUV) liegt vor allem in der Einführung einer europäischen Fusionskontrolle (Art. 66 §§ 1–6 MUV). Wegen der krisenhaften Entwicklung auf dem Kohle- und Stahlmarkt waren jedoch die wettbewerbsrechtlichen Vorschriften des EGKS-Vertrages insgesamt wenig effektiv, so daß auf sie nicht näher eingegangen werden soll.

Erst sechs Jahre später, am 25.3.1957, wurden durch die Römischen Verträge die Europäische Wirtschaftsgemeinschaft (EWG) und die Europäische Atomgemeinschaft (EURATOM) gegründet. Der Euratom-Vertrag betrifft lediglich die Förderung der Kernenergiewirtschaft, während der EWG-Vertrag (EWGV) mit seinen wettbewerbsrechtlichen Vorschriften vor allem das Ziel verfolgt, einen Gemeinsamen Markt für alle Waren und Leistungen zu errichten und die Wirtschaftspolitik der Mitgliedstaaten schrittweise einander anzunähern (vgl. Art. 2 EWGV). Dies soll u. a. durch die Errichtung eines Systems erfolgen, «das den Wettbewerb innerhalb des gemeinsamen Marktes vor Verfälschungen schützt»; diese Vorschrift des Art. 3 lit. f. EWGV wird durch die Wettbewerbsregeln der Artikel 85–90 EWGV konkretisiert, die den zwischenstaatlichen Handel vor Beschränkungen und Behinderungen mittels eines Kartell- und Machtmißbrauchverbotes schützen sollen. Daraus wird abgeleitet, daß die Europäische Wirtschaftsordnung vorwiegend marktwirtschaftliche Züge tragen soll; diese Rechtsauffassung wird gestützt durch die Überlegung, daß eine zentral geplante europäische Wirtschaftsordnung derart weitgehende Souveränitätsverzichte der Mitgliedstaaten voraussetzt, daß faktisch nur eine dezentral-marktwirtschaftlich geordnete europäische Wirtschaft denkbar erscheint.

---

[1] Auch als Montanunion-Vertrag (MUV) bezeichnet.

Nachdem 1965 weitere Organe der drei Gemeinschaften zusammengefaßt wurden, spricht man heute von der Europäischen Gemeinschaft (EG). Die Bedeutung der EG verstärkte sich 1972 durch den Beitritt Dänemarks, Großbritanniens und Irlands; 1981 erfolgte der Beitritt Griechenlands.

Der von den Artikeln 85 und 86 EWGV geschützte Wettbewerb ist der zwischenstaatliche Wettbewerb. Diese sog. **Zwischenstaatlichkeitsklausel** dient dazu, den sachlichen Anwendungsbereich des Europäischen Wettbewerbsrechts von dem des nationalen Wettbewerbsrechts abzugrenzen. Der EuGH stellt in stdg. Rspr.[2] darauf ab, ob die Maßnahme geeignet ist, den Handel zwischen den Mitgliedstaaten in einer Weise spürbar zu beeinträchtigen, die für die Verwirklichung der Ziele eines einheitlichen Marktes nachteilig ist, indem Handelsschranken errichtet oder verfestigt und die gewollte gegenseitige Durchdringung der Märkte erschwert werden. Mit zunehmender Integration sind Auswirkungen von Wettbewerbsbeschränkungen auf den zwischenstaatlichen Handel immer wahrscheinlicher; damit werden Konfliktfälle zwischen nationalem und europäischem Wettbewerbsrecht häufiger.

Das Verhältnis von nationalem und europäischem Wettbewerbsrecht ist für den Bereich des EWG-Vertrages – anders als im Montanbereich – nicht eindeutig geregelt. Früher ging man von der sogenannten **Zweischrankentheorie** aus, wonach eine gleichberechtigte Anwendung beider Wettbewerbsordnungen durchzuführen war. Dies hatte zur Folge, daß sich das jeweils strengere Recht durchsetzte.

Inzwischen geht man zwar von einem Nebeneinander der nationalen und europäischen Regelungen aus, anerkennt jedoch einen Vorrang des Europäischen Rechts, damit dem Europäischen Wettbewerbsrecht einheitliche Geltung im gesamten Gebiet der Gemeinschaft verschafft werden kann; zahlreiche Einzelfragen sind jedoch umstritten.[3]

II. Überblick über die materiell-rechtlichen Bestimmungen

Bei der Darstellung der materiell-rechtlichen Bestimmungen soll wiederum der im 6. Kap. erfolgten Unterscheidung in Verhandlungs-, Behinderungs- und Konzentrationsstrategie gefolgt werden.

1. Erfassung der Verhandlungsstrategie

a) Horizontale und vertikale Wettbewerbsbeschränkungen

Gemäß Art. 85 EWGV sind horizontale und vertikale Vereinbarungen zwischen Unternehmen, Beschlüsse von Unternehmensvereinigungen und aufeinander abgestimmte Verhaltensweisen verboten, die den Handel zwischen den Mitgliedstaaten zu beeinträchtigen geeignet sind und eine Verhinderung, Beschränkung oder Verfälschung des Wettbewerbs bezwecken oder bewirken. Damit geht das Europäische Wettbewerbs-

[2] Vgl. Miller International Schallplatten GmbH, in: WuW/E EWG/MUV 421 ff.; Theal/Watts, in: WuW/E EWG/MUV 468 ff.

[3] Vgl. Mestmäcker, Ernst-Joachim, Europäisches Wettbewerbsrecht, München 1974, S. 128 ff.

recht wie das deutsche Wettbewerbsrecht vom Verbotsprinzip gegenüber horizontalen und vertikalen Wettbewerbsbeschränkungen durch Vertrag oder aufeinander abgestimmtes Verhalten aus.

Diese den §§ 1 und 15 GWB vergleichbare Generalklausel ist durch zahlreiche Beispiele in Art. 85 Abs. 1 lit. a – e EWGV konkretisiert worden; so sind insbesondere die mittelbare oder unmittelbare Festsetzung von An- oder Verkaufspreisen oder sonstiger Geschäftsbedingungen, die Einschränkung von Erzeugung, Absatz, technischer Entwicklung oder Investitionen, Gebietsabsprachen, kollektive Diskriminierungen und Kopplungsverträge verboten.

Das generelle Verbot des Art. 85 Abs. 1 EWGV ist mittlerweile durch eine Fülle von Entscheidungen der Europäischen Kommission und des Europäischen Gerichtshofes konkretisiert worden, die sich in drei Fallgruppen systematisieren lassen:

– Verboten sind alle privaten nationalen *Marktordnungen bzw. Marktregelungen*, die mittels der verschiedensten rechtlichen Instrumente den eindeutigen Zweck verfolgen, die Trennung in nationale Märkte aufrechtzuerhalten und damit die Schaffung eines größeren gemeinsamen Marktes zu verhindern. Die Rechts- bzw. Vertragsform ist dabei zweitrangig; entscheidend ist die Zielsetzung.[4]
– Verboten sind internationale identifizierende *Marktinformationsverfahren* (open price systems), die als eine Verfälschung des Wettbewerbs durch Ausschaltung der für den Wettbewerb typischen Risiken (Geheimwettbewerb) zugunsten einer faktischen Kooperation[5] angesehen werden.
– Verboten sind ferner versteckte oder offene Export- bzw. Reimportverbote in Geschäftsbedingungen, Lizenzverträgen, Lieferverträgen oder Wettbewerbsregeln, die den Zweck verfolgen, die ausländischen Abnehmer oder die Exporteure selbst vor *Parallelimporten* und damit Wettbewerb zu schützen, da damit die von den Europäischen Verträgen gewollte Durchdringung der nationalen Märkte verhindert wird.[6]

Die genannten Fallgruppen verdeutlichen die überragende Bedeutung der sog. *Zwischenstaatlichkeitsklausel*, wonach es nach ständiger Rechtssprechung des Gerichtshofes lediglich darauf ankommt, ob eine Maßnahme unmittelbar oder mittelbar dazu geeignet ist, die Verwirklichung des Gemeinsamen Marktes durch Errichtung von Handelsschranken und damit die vom Vertrag gewollte gegenseitige Durchdringung der nationalen Märkte zu behindern. In der Beschlußpraxis der Europäischen Kommission (EK) und der Rechtsprechung des EuGH hat dieses Tatbestandsmerkmal im Vergleich zu den übrigen Tatbestandsmerkmalen eine überragende Bedeutung gewonnen.

b) Kooperation

Das relativ strikte Verbotsprinzip des Art. 85 Abs. 1 EWGV ist jedoch in Art. 85 Abs. 3 EWGV eingeschränkt worden. Die Europäische Kommission (EK) kann danach das Verbot des Artikel 85 Abs. 1 EWGV auf bestimmte Vereinbarungen und aufeinander abgestimmte Verhaltensweisen für nicht anwendbar erklären, und zwar nicht nur im Ein-

---

[4] Vgl. Pergamentpapier, in: WuW/E EV 768 ff.

[5] Vgl. Bleiweiß, in: WuW/E EV 792 ff., wo von Minderung oder Ausschluß der Risiken gesprochen wird, «die sich aus der Unkenntnis über die Mengen- und Marktpolitik der Partner ergeben» (795).

[6] Vgl. Miller International Schallplatten GmbH, in: WuW/E EWG/MUV 421 ff.

zelfall, sondern auch als sog. **Gruppenfreistellung,** wodurch bestimmte Vertragstypen generell von der Anwendung des Art. 85 Abs. 1 EWGV ausgenommen sind.

Jede Freistellung, auch die Gruppenfreistellung, setzt voraus, daß die vier Bedingungen des Art. 85 Abs. 3 EWGV erfüllt sind:

- Verbesserung der Warenerzeugung oder -verteilung oder Förderung des technischen oder wirtschaftlichen Fortschritts unter
- angemessener Beteiligung der Verbraucher an dem entstehenden Gewinn,
- wobei die auferlegten Beschränkungen für die Verwirklichung dieser Ziele unerläßlich sein müssen und
- der Wettbewerb für einen wesentlichen Teil der betreffenden Waren nicht ausgeschaltet wird.

In Anwendung dieser Vorschrift wurden durch Verordnung (VO) 67/67 und VO 2779/72 *Alleinvertriebsbindungen* ohne absoluten Gebietsschutz und *Spezialisierungskartelle* bestimmter Größe aus dem Anwendungsbereich des Art. 85 Abs. 1 EWGV ausgenommen (Gruppenfreistellung). Von einer Ermächtigung des Rates (VO 2821/71), auch *Normen- und Typenkartelle* sowie Vereinbarungen, die die *Forschung und Entwicklung* von Erzeugnissen zum Gegenstand haben, aus dem Anwendungsbereich des Art. 85 Abs. 1 EWGV auszunehmen, hat die Kommission bisher noch nicht Gebrauch gemacht.

In der sog. **Bagatellbekanntmachung** vom 19. 12. 1977[7] hat die EK versucht, das Merkmal der spürbaren Wettbewerbsbeschränkung zu quantifizieren. Danach verneint die EK die erforderliche Spürbarkeit einer Wettbewerbsbeschränkung für Kartelle, deren Mitglieder zusammen weniger als 5 % Marktanteil besitzen und nur bis zu 50 Mio Rechnungseinheiten Umsatz haben. Wenngleich es sich dabei nicht um eine Gruppenfreistellungsverordnung handelt und die EK in ihrer Interpretation des Kartellverbots juristisch nicht gebunden ist, kommt diese Bagatellbekanntmachung im Ergebnis einer Gruppenfreistellungsverordnung für Bagatellkartelle nahe.

Abgesehen von den genannten Gruppenfreistellungen kann die EK nach Art. 85 Abs. 3 EWGV das Verbot des Art. 85 Abs. 1 EWGV im **Einzelfall** für nicht anwendbar erklären, wenn die o. g. vier Bedingungen vorliegen. Dabei lassen sich drei Schwerpunkte in der Tätigkeit der Europäischen Kommission feststellen:

- Förderung der *Kooperation* kleinerer und mittlerer Unternehmen;[8]
- Um den Gemeinsamen Markt offen zu halten, werden europäische *Vertriebssysteme* für Markenartikel im Hinblick darauf geprüft, ob durch derartige Regelungen *Parallelimporte* verhindert werden. Daher werden Alleinvertriebsverträge mit absolutem Gebietsschutz nicht freigestellt; selektive Vertriebssysteme für hochwertige Markenartikel werden dagegen unter der Voraussetzung zugelassen, daß die Selektion der Händler nach sachlich gerechten, objektiven Kriterien erfolgt.[9] Damit werden allerdings traditionelle Absatzwege zementiert, was im Widerspruch zur Offenhaltung der Märkte im Interesse der Integration stehen dürfte.
- Wettbewerbsbeschränkungen in *Lizenzverträgen* über gewerbliche Schutzrechte unterliegen grundsätzlich dem Kartellverbot des Art. 85 Abs. 1 EWGV, können jedoch

---

[7] Vgl. Bagatellbekanntmachung, in: Amtsblatt der Europäischen Gemeinschaften C Nr. 313 vom 29. 12. 1977.

[8] Vgl. Kooperationsbekanntmachung, in: Amtsblatt der Europäischen Gemeinschaften C Nr. 75 vom 29. 7. 1968.

[9] Vgl. Metro, in: WuW/E EWG/MUV 400 ff.

im Einzelfall freigestellt werden, wenn sie nicht dem Schutzzweck der Wettbewerbsregeln zuwiderlaufen, die einzelnen Märkte im Interesse der Integration zu einem gemeinsamen Markt offenzuhalten.[10] Der Zulässigkeit von wettbewerbsbeschränkenden Lizenzverträgen sind daher nach Europäischem Recht wesentlich engere Schranken gesetzt als nach nationalem deutschen Recht (§§ 20 und 21 GWB).

Das ursprünglich strikte Verbotsprinzip des Art. 85 Abs. 1 EWGV ist von der Europäischen Kommission zwar – bedingt durch unterschiedliche ordnungspolitische Vorstellungen der Mitgliedsländer sowie durch den Mangel an Mitarbeitern (große Zahl von Anmeldungen) – mittels genereller Freistellung z. T. in ein Mißbrauchsprinzip umfunktioniert worden; andererseits geht die Europäische Kommission im Falle einer spürbaren Beeinträchtigung des zwischenstaatlichen Handels konsequent gegen alle Wettbewerbsbeschränkungen – ungeachtet ihrer juristischen Form – vor.

2. Erfassung der Behinderungsstrategie

a) Behinderungsmißbrauch marktbeherrschender Unternehmen i. S. von Art. 86 EWGV

Art. 86 EWGV verbietet die mißbräuchliche Ausnutzung einer beherrschenden Stellung auf dem Gemeinsamen Markt oder einem wesentlichen Teil desselben durch ein oder mehrere Unternehmen, soweit dies dazu führen kann, den Handel zwischen den Mitgliedstaaten zu beeinträchtigen. Ähnlich wie § 22 GWB umfaßt das Mißbrauchsverbot sowohl den sog. Ausbeutungsmißbrauch gegenüber vor- oder nachgelagerten Wirtschaftsstufen (vertikal) als auch den sog. Behinderungsmißbrauch gegenüber anderen Unternehmen (horizontal).

Anders als in § 22 GWB wird der Marktbeherrschungsbegriff jedoch nicht näher erläutert; es bestehen auch keinerlei Legalvermutungen, die der Kommission den Nachweis einer marktbeherrschenden Stellung erleichtern würden. Nach der Rechtsprechung des EuGH[11] gilt ein Unternehmen auf einem Bedarfsmarkt als marktbeherrschend, wenn es die Fähigkeit zur Entwicklung unabhängiger Marktstrategien besitzt, d. h., wenn es über einen vom Wettbewerb nicht mehr hinreichend kontrollierten Verhaltensspielraum verfügt; das ist der Fall, wenn ein Unternehmen ohne große Rücksichtnahme auf Wettbewerber (horizontal), Lieferanten oder Abnehmer (vertikal) handeln kann. Dabei ist es nicht erforderlich, daß das Unternehmen im Bereich der gesamten EG eine beherrschende Stellung besitzt; vielmehr reicht es aus, wenn eine solche in einem wesentlichen Teil vorliegt. Als wesentlicher Teil des Gemeinsamen Marktes werden einzelne Mitgliedsländer oder ein wesentlicher Teil derselben (z. B. Süddeutschland) angesehen (Problem der räumlichen Marktabgrenzung).

Der unbestimmte Rechtsbegriff Marktbeherrschung ist von der Rechtsprechung durch eine Reihe von Strukturmerkmalen konkretisiert worden:

– Relativer Marktanteil sowie Abstand zu den Konkurrenten,

---

[10] Die Europäische Kommission hat den Entwurf einer Gruppenfreistellungsverordnung für Patentlizenzverträge vorgelegt, in: Amtsblatt der Europäischen Gemeinschaften C Nr. 58 vom 3. 3. 1979.

[11] Vgl. Chiquita-Bananen, in: WuW/E EWG/MUV 425 ff., und La Roche-Vitamine, in: WuW/E EWG/MUV 447 ff.

- vertragliche und sonstige Beziehungen zu aktuellen oder potentiellen Konkurrenten,
- Beteiligungen und personelle Verflechtungen,
- Verbindungen zu Abnehmern oder Lieferanten,
- Finanzkraft eines Konzerns,
- technologische Vorsprünge vor Konkurrenten,
- Besitz von Schutzrechten und Warenzeichen sowie
- Fehlen potentieller Konkurrenten.

Ähnlich wie in der deutschen Rechtsprechung zu § 22 GWB wird also eine Kombination von Marktstrukturtest i.w.S. und Marktverhaltenstest zur Feststellung einer beherrschenden Stellung verwendet.

Um die Anwendung des Mißbrauchsverbotes praktikabler zu machen, enthält Art. 86 EWGV vier Regelbeispiele, die die generelle Mißbrauchsklausel konkretisieren. Insbesondere sind die Diskriminierung von Handelspartnern (lit. c) sowie die sachlich nicht gerechtfertigte Kopplung verschiedener Leistungen (lit. d) verboten. Ähnlich wie im deutschen Recht ist der Nachweis eines Verschuldens oder einer Sittenwidrigkeit beim Nachweis nicht notwendig; vielmehr ist allein entscheidend, ob das Verhalten objektiv im Widerspruch zu den Zielen des Gemeinsamen Vertrages steht (objektiver Mißbrauchsbegriff). Grundsätzlich sind daher alle Maßnahmen beherrschender Unternehmen mißbräuchlich, die auf eine Abschottung schon beherrschter oder die Eroberung weiterer Märkte durch wettbewerbsbeschränkende Praktiken abzielen.

b) Boykott und Lieferverweigerung

Der sog. Gruppenboykott fällt unter das grundsätzliche Kartellverbot des Art. 85 EWGV; die Veranlassung zur Liefer- oder Bezugssperre (vgl. § 26 Abs. 1 GWB) könnte als eine gemischt horizontal-vertikale Absprache i. S. des Art. 85 EWGV angesehen werden (sog. secondary boycott).[12]

Die bloße individuelle Lieferverweigerung unterliegt im Falle der Marktbeherrschung dem Mißbrauchsverbot des Art. 86 EWGV. So ist z. B. die starke Einschränkung der Benzinlieferungen von BP an die Einkaufszentrale ABG der AVIA-Mitglieder in den Niederlanden auf dem Höhepunkt der Erdölkrise 1973/74 als ein Mißbrauch der marktbeherrschenden Stellung angesehen worden, da die Lieferverweigerung im Vergleich zur Verringerung der Lieferung an andere vergleichbare Abnehmer diskriminierenden Charakter trug und den Fortbestand der AVIA-Mitglieder als unabhängige Verteiler gefährdete.[13] Ebenso ist die Weigerung des schwedischen Registrierkassenherstellers Hugin, Ersatzteile an den englischen Vertriebshändler Liptons zu liefern, als Mißbrauch einer marktbeherrschenden Stellung angesehen worden, da dadurch nicht nur jeder Wettbewerb im Bereich des Kunden- und Wartungsdienstes, sondern auch die Schaffung eines selbständigen Marktes für das Leasing von Registrierkassen sowie für den Verkauf gebrauchter Registrierkassen unterbunden wurde. Die Kommission ging davon aus, daß Hugin bei der Lieferung von Ersatzteilen für seine Registrierkassen wegen der

[12] Vgl. Belgische Tapetenhersteller, in: WuW/E EWG/MUV 379 ff.

[13] Der EuGH hat dagegen in seiner Entscheidung ABG/BP, in: WuW/E EWG/MUV 445 ff., den Mißbrauch verneint, wenn ein Gelegenheitskunde weniger zuvorkommend als ein Stammkunde behandelt wird.

völligen Kontrolle der Herstellung und Lieferung eine Monopolstellung innehat, wenngleich sein Marktanteil bei Registrierkassen im Gemeinsamen Markt nur 12 % betrug.[14]

c) Preisdiskriminierung

Ähnlich wie in § 26 Abs. 2 GWB ist im Europäischen Wettbewerbsrecht eine Preisdiskriminierung nur den Inhabern wirtschaftlicher Macht verboten. Art. 86 lit. c verbietet marktbeherrschenden Unternehmen die «Anwendung unterschiedlicher Bedingungen bei gleichwertigen Leistungen gegenüber Handelspartnern, wodurch diese im Wettbewerb benachteiligt werden»[15]; einem gleichlautenden Diskriminierungsverbot unterliegen auch Unternehmen im Sinne des Art. 85 Abs. 1 lit. d EWGV. Anders als bei Art. 86 EWGV besteht allerdings im Falle der kollektiven Diskriminierung durch nicht marktbeherrschende Unternehmen eine Freistellungsmöglichkeit gem. Art. 85 Abs. 3 EWGV.

Losgelöst von dem Kriterium der Marktmacht enthält Art. 7 EWGV ein allgemeines Diskriminierungsverbot «aus Gründen der Staatsangehörigkeit».

Das Diskriminierungsverbot der Art. 85 und 86 EWGV erfaßt also – ähnlich wie § 26 Abs. 2 GWB – alle Differenzierungen im Hinblick auf Leistungsbeziehungen, das sind insbesondere Preise und Rabatte (Preisdiskriminierung) sowie die Auswahl von Abnehmern und Lieferanten (Liefer- und Bezugsverweigerung – s. o. b.).

d) Ausschließlichkeits- und Kopplungsbindungen

Sowohl marktbeherrschenden Unternehmen im Sinne des Art. 86 EWGV als auch anderen Unternehmen im Sinne des Art. 85 EWGV ist die an den Abschluß von Verträgen geknüpfte Bedingung verboten, «daß die Vertragspartner zusätzliche Leistungen annehmen, die weder sachlich noch nach Handelsbrauch in Beziehung zum Vertragsgegenstand stehen» (Kopplungsverträge). Derartige Verträge haben den Zweck, eine beherrschende Stellung auf bisher nicht beherrschte Märkte auszudehnen und den Zutritt von Konkurrenten auf dem Markt für das gekoppelte Produkt zu behindern.[16]

Wie im Falle der Diskriminierung gilt das Kopplungsverbot also gleichermaßen für marktbeherrschende und andere Unternehmen, jedoch können Kopplungsverträge im Sinne des Art. 85 Abs. 1 lit. e gem. Art. 85 Abs. 3 EWGV freigestellt werden, während das Mißbrauchsverbot des Art. 86 Abs. 2 lit. d eine derartige Freistellungsmöglichkeit nicht enthält.

Ausschließlichkeitsbindungen werden sowohl von dem Kartellverbot des Art. 85 lit. c («Aufteilung der Märkte oder Versorgungsquellen») als auch von dem Verbot des Miß-

---

[14] Vgl. Hugin/Liptons, in: WuW/E EV 741 ff.; der EuGH hat zwar, in: WuW/E EWG/MUV 471 ff., die beherrschende Stellung von Hugin auf dem Markt für Ersatzteile von Registrierkassen bejaht, jedoch die Beeinträchtigung des zwischenstaatlichen Handels durch die Lieferverweigerung verneint.

[15] Vgl. im Hinblick auf unterschiedliche Preise und Rabatte:
- Europäische Zuckerindustrie, in: WuW/E EWG/MUV 347 ff., 370 f.;
- Chiquita-Bananen, in: WuW/E EWG/MUV 425 ff., 436 und
- La Roche-Vitamine, in WuW/E EWG/MUV 447 ff.

[16] Vgl. den Fall La Roche-Vitamine, in: WuW/E EWG/MUV 447 ff., 457 f., in welchem ein Treuerabattsystem dazu diente, eine beherrschende Stellung auch auf andere Märkte auszudehnen (faktische Kopplung mit Hilfe von Rabattincentives), und Gema, in: WuW/E EV 331 ff., in welchem die Ausdehnung der Vergütungspflicht von geschützten auf nicht geschützte Werke als mißbräuchliche Kopplung angesehen wurde.

brauchs einer marktbeherrschenden Stellung im Sinn des Art. 86 Abs. 2 lit. b EWGV («Einschränkung der Erzeugung, des Absatzes oder der technischen Entwicklung zum Schaden der Verbraucher») erfaßt. Gemäß der Gruppenfreistellungsverordnung Nr. 67/67 sind Ausschließlichkeitsbindungen *ohne absoluten Gebietsschutz* von der Anwendbarkeit des Art. 85 Abs. 1 EWGV freigestellt, da sie unter bestimmten Voraussetzungen zur gegenseitigen Durchdringung der nationalen Märkte und damit der Schaffung eines einheitlichen Gemeinsamen Marktes beitragen. Diese Argumentation kann allerdings nur für einen begrenzten Zeitraum Gültigkeit beanspruchen.

Dagegen hat die Rechtsprechung[17] Ausschließlichkeitsbindungen von marktbeherrschenden Unternehmen durchweg als einen Mißbrauch i. S. des Art. 86 EWGV angesehen, da derartige Bindungen in der Hand marktbeherrschender Unternehmen ein Instrument zur Ausdehnung ihrer Macht auf vor- oder nachgelagerte Märkte sind.

3. Erfassung der Konzentrationsstrategie

a) Marktergebniskontrolle marktbeherrschender Unternehmen

Das Verbot des Art. 86 EWGV erfaßt nicht nur den Behinderungsmißbrauch, sondern auch den Ausbeutungsmißbrauch marktbeherrschender Stellungen gegenüber vorbzw. nachgelagerten Wirtschaftsstufen.

Anders als § 22 GWB mit seiner generellen Mißbrauchsklausel, die erst im Rahmen der 4. GWB-Novelle im Jahre 1980 durch Beispiele konkretisiert worden ist, enthält Art. 86 Abs. 2 EWGV Regelbeispiele für den Ausbeutungsmißbrauch:
- unmittelbare oder mittelbare Erzwingung von unangemessenen Einkaufs- oder Verkaufspreisen oder sonstigen Geschäftsbedingungen (lit. a) sowie
- Einschränkung der Erzeugung, des Absatzes oder der technischen Entwicklung zum Schaden der Verbraucher (lit. b).

Während die deutsche Rechtsprechung zu § 22 GWB die mißbräuchliche Überhöhung eines Preises mit Hilfe des sachlichen, räumlichen oder zeitlichen Vergleichsmarktkonzeptes ermittelt, verwendet der Europäische Gerichtshof[18] in erster Linie ein *Kosten-Gewinnkonzept.* Danach ist ein Preis mißbräuchlich überhöht, bei welchem ein übertriebenes Mißverhältnis zwischen den tatsächlich entstandenen Kosten und dem tatsächlich verlangten Preis besteht (Kosten-Gewinnkonzept) und bei dem der erzwungene Preis absolut oder im Vergleich zu Konkurrenzprodukten (Vergleichsmarktkonzept) unangemessen ist.

Geschäftsbedingungen werden dann als mißbräuchlich angesehen, wenn sie die Freiheit der Vertragspartner unbillig beeinträchtigen; die Unbilligkeit muß dabei durch Abwägung der Interessen aller Beteiligten und der Wirkungen auf die Interessen Dritter festgestellt werden.[19]

---

[17] Vgl. Europäische Zuckerindustrie, in: WuW/E EWG/MUV 347 ff., 368 f., und La Roche-Vitamine, in: WuW/E EWG/MUV 447 ff., 457; vgl. auch die Gema Entscheidung, in: WuW/E EV 331 ff., mit welcher eine Öffnung der Märkte für musikalische Urheberrechte durchgesetzt wurde.

[18] Vgl. Chiquita-Bananen, in: WuW/E EWG/MUV 425 ff., und La Roche-Vitamine, in: WuW/E EWG/MUV 447 ff.

[19] Vgl. SABAM II, in: WuW/E EWG/MUV 311 ff.

b) Fusionskontrolle

Im Gegensatz zu Art. 66 MUV sieht der EWG-Vertrag keine Zusammenschlußkontrolle vor. Der Europäische Gerichtshof hat jedoch in der Entscheidung Continental Can erklärt, daß auch ein Zusammenschluß als Mißbrauch einer marktbeherrschenden Stellung im Sinne von Art. 86 EWGV anzusehen sein kann.[20] Das ist nach der Rechtsprechung dann der Fall, wenn eine bereits vorhandene marktbeherrschende Stellung im Sinne des Art. 86 EWGV durch einen Zusammenschluß dergestalt verstärkt wird, daß der Restwettbewerb, der trotz der anfänglich beherrschenden Stellung tatsächlich oder potentiell fortbestanden hätte, für die betreffenden Waren in einem wesentlichen Teil des Gemeinsamen Marktes praktisch ausgeschaltet wurde. Da auf der Grundlage des Art. 86 EWGV eine Fusionskontrolle nur in Ausnahmefällen Platz greift, hat die Kommission bereits 1973 einen Vorschlag für eine Verordnung des Rates erarbeitet, der im wesentlichen den Grundsätzen der Fusionskontrolle in der Bundesrepublik Deutschland folgt, jedoch vom Europäischen Ministerrat noch nicht verabschiedet worden ist.[21]

4. Erfassung der Ausnahmebereiche

Als Bereichsausnahmen (vgl. die §§ 99–103a GWB) sind im Europäischen Wettbewerbsrecht bisher nur die Landwirtschaft und der Verkehrsmarkt anerkannt (VO Nr. 26/62 und 1017/68). Weitere Ausnahmen im Hinblick auf die Bereiche Energie sowie Banken und Versicherungen bestehen bisher nicht, weil man sich nicht auf eine gemeinsame Politik einigen konnte, so daß diese Bereiche theoretisch uneingeschränkt den Art. 85 und 86 EWGV unterliegen.

III. Die Zuständigkeit der Europäischen Kommission

Zuständig für die Durchsetzung des Europäischen Wettbewerbsrechts ist gem. Art. 9 der VO Nr. 17/62 grundsätzlich die Europäische Kommission in Brüssel. Die Generaldirektion Wettbewerb hat etwa 180 Mitarbeiter, davon ca. 80 Akademiker. Zuständig für die Nachprüfung der Entscheidungen der Europäischen Kommission ist der Europäische Gerichtshof in Luxemburg.

IV. Die verfahrensrechtlichen Regelungen

Ähnlich wie im deutschen Kartellrecht kann auch im Europäischen Wettbewerbsrecht zwischen Bußgeld- und Verwaltungsverfahren unterschieden werden, die im ein-

[20] Vgl. Continental Can, in: WuW/E EWG/MUV 296 ff.

[21] Vgl. den Vorschlag der Kommission der Europäischen Gemeinschaften an den Rat für eine Verordnung über die Kontrolle von Unternehmenszusammenschlüssen, in: Amtsblatt der Europäischen Gemeinschaften C Nr. 92 vom 31. 10. 1973.

zelnen in der VO Nr. 17 geregelt sind. Gegen die Entscheidungen der EK kann Nichtigkeitsklage vor dem EuGH erhoben werden (Art. 173 und 174 EWGV), der auch in den bei ihm anhängigen Sachen die erforderlichen einstweiligen Anordnungen treffen kann (Art. 186 EWGV).

1. Bußgeldverfahren

Im Bußgeldverfahren können gemäß Art. 15 der VO Nr. 17 Geldbußen bis zu 1 Million Rechnungseinheiten und darüber hinaus bis zu 10 % des letzten Jahresumsatzes zur Durchsetzung der in den Art. 85 und 86 EWGV enthaltenen Verbote festgesetzt werden. Anders als im deutschen und amerikanischen Recht ist allerdings eine Verhängung von Geldbußen nur gegen Unternehmen, nicht aber gegen Angestellte oder Mitarbeiter möglich.

2. Verwaltungsverfahren

Im Verwaltungsverfahren der Europäischen Kommission können folgende Formen unterschieden werden:
- Erteilung von Negativattesten im Sinne von Art. 2 der VO Nr. 17,
- Anmelde- und Freistellungsverfahren im Sinne von Art. 4 der VO Nr. 17 sowie
- objektives Verfahren zur Abstellung von Verstößen im Sinne von Art. 3 der VO Nr. 17.

a) Erteilung eines Negativattestes

Die Kommission kann gemäß Art. 2 der VO Nr. 17 auf Antrag der beteiligten Unternehmen und Unternehmensvereinigungen feststellen, daß nach den ihr bekannten Tatsachen für sie kein Anlaß besteht, gegen eine Vereinbarung im Sinne des Art. 85 Abs. 1 oder eine Verhaltensweise im Sinne des Art. 86 EWGV einzuschreiten. Die Erteilung sog. Negativatteste hat sich zu einem der wichtigsten Verwaltungsverfahren entwickelt, zumal es den an einer Wettbewerbsbeschränkung beteiligten Unternehmen eine gewisse Rechtssicherheit gibt, wenngleich es die Gerichte nicht bindet und die Kommission bei Erkennen neuer Tatsachen das Negativattest sogar widerrufen kann.

b) Anmelde- und Freistellungsverfahren

Eine Freistellung von Wettbewerbsbeschränkungen im Sinne des Art. 85 Abs. 1 EWGV nach Art. 85 Abs. 3 EWGV setzt grundsätzlich eine Anmeldung bei der Kommission voraus (Art. 4 Abs. 1 VO Nr. 17). Von dieser Anmeldepflicht befreit sind gemäß Art. 4 Abs. 2 VO Nr. 17 folgende Wettbewerbsbeschränkungen:
- rein nationale Vereinbarungen, die den Handel zwischen den Mitgliedstaaten nicht betreffen;
- vertikale Preis- und Konditionenbindungen;
- Beschränkungen des Erwerbers oder Lizenznehmers von gewerblichen Schutzrechten u. ä.;
- Normen- und Typenkartelle;

– Vereinbarungen über gemeinsame Forschung und Entwicklung sowie
– kleine Spezialisierungskartelle.

Die Anmeldung bewirkt, daß eine weitere Durchführung des eventuell zu beanstandenden Vertrages nicht mit einer Geldbuße geahndet werden kann (Art. 15 Abs. 5 der VO Nr. 17); erst wenn die Kommission die Freistellung versagt, ist eine weitere Durchführung des Vertrages verboten und mit Geldbußen bedroht (Art. 15 Abs. 6 der VO Nr. 17).

c) Objektives Verfahren zur Abstellung von Verstößen gegen die Art. 85 und 86 EWGV

Art. 3 der VO Nr. 17 sieht ein objektives Verfahren für den Fall vor, daß die Kommission auf Antrag oder von Amts wegen einen Verstoß gegen die Art. 85 oder 86 EWGV festgestellt hat. In einem solchen Fall kann sie die an der Wettbewerbsbeschränkung beteiligten Unternehmen durch Entscheidung verpflichten, die festgestellte Zuwiderhandlung abzustellen (Abstellungsverpflichtung). Eine derartige Entscheidung der Europäischen Kommission kann dabei je nach Art des Verstoßes sowohl eine negative Unterlassung als auch die Anordnung eines positiven Tuns (z. B. Lieferpflicht) zum Inhalt haben. Derartige Entscheidungen der Kommission im Sinne des Art. 3 der VO Nr. 17 können mit Hilfe von Geldbußen (siehe oben) oder Zwangsgeldern (Art. 16 der VO Nr. 17) durchgesetzt werden.

Zur Regelung eines einstweiligen Zustandes kann die EK auch einstweilige Anordnungen treffen.[22]

3. Private Schadensersatz- und Unterlassungsklagen

Da die Art. 85 und 86 EWGV ein Schutzgesetz im Sinne des § 823 Abs. 2 BGB sind, kann als zivilrechtliche Sanktion auch eine Klage auf Schadensersatz oder Unterlassung vor den ordentlichen deutschen Gerichten in Betracht kommen. Das Europäische Recht sieht bisher kein derartiges Verfahren zur Durchsetzung von privaten Schadensersatz- oder Unterlassungsklagen vor.

Übungsfragen zum 10. Kapitel:

1. Schildern Sie Entstehungsgeschichte und Ziele des Europäischen Wettbewerbsrechts.
2. Wie ist der sachliche Anwendungsbereich des Europäischen Wettbewerbsrechts abgegrenzt und in welchem Verhältnis stehen nationales und europäisches Wettbewerbsrecht?
3. Wie werden horizontale und vertikale Wettbewerbsbeschränkungen gem. Art. 85 EWGV behandelt?
4. Erörtern Sie die Konkretisierung des generellen Verbots des Art. 85 Abs. 1 EWGV durch Entscheidungen der Europäischen Kommission und des Europäischen Gerichtshofes, die sich in drei Fallgruppen systematisieren lassen.

---

[22] Vgl. Camera Care Limited, in: Amtsblatt der Europäischen Gemeinschaften C Nr. 37 vom 14. 2. 1980, wo der EuGH bestätigt hat, daß Art. 3 der VO Nr. 17 der EK das Recht einräumt, unter bestimmten Voraussetzungen vorläufige Maßnahmen zum Schutz der durch eine Absprache i. S. des Art. 85 oder Machtmißbrauch i. S. des Art. 86 EWGV geschädigten Dritten zu treffen.

5. Welche Vertragstypen werden generell von der Anwendung des relativ strikten Verbotsprinzips des Art. 85 Abs. 1 EWGV ausgenommen (**Gruppen**freistellungen)?
6. Welche drei Schwerpunkte der Tätigkeit der Europäischen Kommission lassen sich bei der Entscheidung über die Freistellung nach Art. 85 Abs. 3 EWGV im **Einzel**fall feststellen?
7. Welcher Unterschied besteht zwischen Art. 86 EWGV und § 22 GWB bei der Definition der marktbeherrschenden Stellung?
8. Erörtern Sie Möglichkeiten und Probleme bei der Erfassung des Behinderungsmißbrauchs marktbeherrschender Unternehmen im Sinne des Art. 86 EWGV.
9. Wie werden Boykott und Lieferverweigerung im EWGV erfaßt?
10. Was besagt das Diskriminierungsverbot im EWGV und welche Ausnahme davon ist möglich?
11. Wie werden Kopplungs- und Ausschließlichkeitsverträge im EWGV erfaßt?
12. Zeigen Sie Unterschiede und Gemeinsamkeiten zwischen Art. 86 EWGV und § 22 GWB bei der Marktergebniskontrolle marktbeherrschender Unternehmen auf.
13. Unter welchen Voraussetzungen kann ein Zusammenschluß nach dem EWG-Vertrag verboten werden, obwohl der EWGV explizit keine Zusammenschlußkontrolle vorsieht?
14. Erörtern Sie die verfahrensrechtlichen Regelungen im Europäischen Wettbewerbsrecht. Gehen Sie dabei insbesondere auf das Bußgeldverfahren und die folgenden Formen des Verwaltungsverfahrens ein:
    - Erteilung eines Negativattestes;
    - Anmelde- und Freistellungsverfahren;
    - objektives Verfahren zur Abstellung von Verstößen gegen die Art. 85 und 86 EWGV.

Weiterführende Literaturhinweise zum 10. Kapitel:

1. Lehrbücher

Emmerich, Volker, Kartellrecht mit einer Einführung in das Recht des unlauteren Wettbewerbs, 3. Auflage, München 1979, S. 311 ff.

Mestmäcker, Ernst-Joachim, Europäisches Wettbewerbsrecht, München 1974.

Schmidt, Ingo, Relevanter Markt, Marktbeherrschung und Mißbrauch in § 22 GWB und Art. 86 EWGV, in: Wirtschaft und Wettbewerb Jg. 15 (1965), S. 453 ff.

Thompson, Dennis, Die Wettbewerbspolitik in der Europäischen Gemeinschaft, Bd. 64 der Reihe Vorträge und Aufsätze des Walter Eucken Instituts, Tübingen 1978.

2. Amtliche Publikationen

Europäische Kommission, 1. Bericht über die Wettbewerbspolitik, Brüssel, Luxemburg 1972; diesem Bericht aus dem Jahre 1972 ist in jedem Jahr ein weiterer Wettbewerbsbericht gefolgt.

Vorschlag der Kommission der Europäischen Gemeinschaften an den Rat für eine Verordnung über die Kontrolle von Unternehmenszusammenschlüssen, in: Amtsblatt der Europäischen Gemeinschaften C Nr. 92 vom 31. 10. 1973, und in: BTDr. 7/940.

Entscheidungssammlung zum Kartellrecht der Zeitschrift Wirtschaft und Wettbewerb (WuW/E), aufgeteilt in:

- WuW/E EWG/MUV = Entscheidungen des Europäischen Gerichtshofes
- WuW/E EV = Entscheidungen der Kommission der Europäischen Gemeinschaften.

Tab. 3: Überblick über die Erfassung wettbewerbsbeschränkender Strategien im US-amerikanischen, europäischen und deutschen Kartellrecht

Erfassung der / Länder	USA	BRD	EG
Verhandlungsstrategie hor. u. vert. Absprachen	sec. 1 Sherman Act (Verbot mit rule of reason)	§§ 1–8 GWB (Verbot hor. Wb.-beschrkg. mit gesetzl. rule of reason) §§ 15–17 GWB (Verbot vert. Wb.-beschrkg. mit gesetzl. rule of reason)	Art. 85 EWGV (Verbot mit gesetzl. rule of reason)
Kooperation	–	§ 5a GWB (Spez.-kartelle) § 5b GWB (Koop.-absprachen) § 38 Abs. 2 GWB (Mittelstandsempfehlungen) § 28 GWB (Wettbewerbsregeln)	Kooperationsbekanntmachung vom 29. 12. 1977
Behinderungsstrategie Mißbrauch einer beherrschenden Stellung	sec. 2 Sherman Act (Verbot des «monopolizing»)	§ 22 GWB (Mißbrauch einer marktbeherrschenden Stellung)	Art. 86 EWGV (Verbot des Mißbrauchs einer beherrschenden Stellung)
Gruppenboykott u. Veranlassung zur Liefer- oder Bezugssperre	sec. 1 Sherman Act	§§ 1 u. 26 Abs. 1 GWB	Art. 85 EWGV
Individuelle Lieferverweigerung	–	§§ 25 Abs. 2 u. 26 Abs. 2 GWB (Druckverbot für alle Unternehmen; Diskr.-verbot für Kartelle, preisbindende u. marktbeherrschende Unternehmen)	Art. 85 u. 86 EWGV (Druckverbot für marktbeherrschende Unternehmen; Diskr.-verbot für Kartelle u. marktbeherrschende Unternehmen)
Preisdiskriminierung	sec. 2 Clayton Act (generelles Diskriminierungsverbot)	§ 26 Abs. 2 GWB (Preisdiskr.-verbot für Kartelle, preisbindende u. marktbeherrschende Unternehmen)	Art. 85 u. 86 EWGV (Preisdiskr.-verbot für Kartelle u. marktbeherrschende Unternehmen)
Kopplungs- u. Ausschließlichkeitsbindungen	sec. 3 Clayton Act (Verbot mit rule of reason)	§§ 18 u. 22 GWB (Mißbrauchsaufsicht)	Art. 85 u. 86 EWGV (Verbot für Kartelle mit gesetzl. rule of reason u. für marktbeherrschende Unternehmen)
Konzentrationsstrategie Fusionskontrolle	sec. 7 u. 7A Clayton Act	§§ 23 bis 24a GWB	nur in bes. Fällen gem. Art. 86 EWGV
Entflechtung	sec. 2 Sherman Act	–	–
Ausbeutungsmißbrauch	–	§ 22 GWB	Art. 86 EWGV

In den USA greift bei allen Strategien zusätzlich sec. 5 FTC Act als antitrustrechtlicher Auffangtatbestand ein.

Teil 4
Die Erfassung von wettbewerbsbeschränkenden Strategien, exemplifiziert an Fall-Entscheidungen

In Teil 4 soll – aufbauend auf der in Teil 2 (6. Kap.) entwickelten Systematik wettbewerbsbeeinträchtigender Strategien – eine wettbewerbspolitische Untersuchung und Würdigung dieser Strategien vorgenommen werden. Dabei geht es darum, die wettbewerbsbeeinträchtigenden Strategien anhand von exemplarischen Fällen in ihrer ökonomischen und rechtlichen Relevanz zu verdeutlichen und zu prüfen, ob das in Teil 3 (8. Kap.) skizzierte wettbewerbsrechtliche Instrumentarium geeignet ist, die Wirksamkeit des Wettbewerbs i. S. des zuvor in Teil 1 (3. Kap.) herausgearbeiteten Leitbildes eines wirksamen Wettbewerbs durch eine wettbewerbspolitisch adäquate Erfassung der Verhandlungs-, Behinderungs- und Konzentrationsstrategie zu sichern.

11. Kapitel: Die wettbewerbspolitische Erfassung der Verhandlungsstrategie, exemplifiziert an Fall-Entscheidungen

I. Einleitung

Wie im 6. Kap. ausgeführt, werden unter Verhandlungsstrategie i.w.S. alle Formen der Zusammenarbeit rechtlich selbständig bleibender Unternehmen verstanden, die die wettbewerbsrelevante Handlungs- oder Entschließungsfreiheit in bezug auf einen oder mehrere Aktionsparameter einschränken und auf Vertrag, Beschluß oder aufeinander abgestimmtem Verhalten beruhen.

Die Erfassung der Verhandlungsstrategie soll exemplifiziert werden anhand von Entscheidungen zum generellen Kartellverbot des § 1 GWB, wobei insbesondere auf den Unternehmensbegriff, die Abgrenzung von Vertrag und aufeinander abgestimmtem Verhalten sowie auf die Frage, ob die Wettbewerbsbeschränkung Gegenstand, Zweck oder Folge eines Vertrages ist (Torsosyndikate und Preismeldestellen), eingegangen werden soll.[1]

[1] Zur rechtlichen und ökonomischen Analyse der Ausnahmen vom Kartellverbot vgl. Emmerich, Volker, Kartellrecht mit einer Einführung in das Recht des unlauteren Wettbewerbs, 3. Aufl., München 1979, S. 71 – 83, mit weiterführenden Literaturhinweisen, sowie das aus dem Jahre 1962 stammende Gutachten des Wissenschaftlichen Beirats beim Bundeswirtschaftsministerium, als Anlage zu: Bericht über Änderungen des Gesetzes gegen Wettbewerbsbeschränkungen, in: BTDr IV/617, S. 88 ff.

II. Die ökonomische und rechtliche Relevanz des Kartellverbots

Kartelle i. S. des § 1 GWB sind durch folgende Tatbestandsmerkmale charakterisiert:

- Verträge und Beschlüsse i. S. gegenseitiger, einander entsprechender Willenserklärungen, die einem gemeinsamen Zweck im Hinblick auf die Verfolgung gleichgerichteter wirtschaftlicher Interessen dienen[2];
- zwischen rechtlich selbständig bleibenden Unternehmen i. S. natürlicher oder juristischer Personen, die selbständig am Wirtschaftsgeschehen teilnehmen; dazu rechnen auch die Beschaffungstätigkeit der öffentlichen Hand (vgl. § 98 Abs. 1 GWB) und die freien Berufe, soweit nicht «staatliches oder aufgrund staatlicher Ermächtigung gesetztes Berufsrecht der Vertragsfreiheit Grenzen setzt»[3];
- die zu einer Beeinflussung der Marktverhältnisse für den Verkehr mit Waren oder gewerblichen Leistungen (relevanter Markt) durch Beeinträchtigung des Wettbewerbs geeignet sind; damit erfolgt eine Abgrenzung von nicht vom GWB erfaßten arbeitsrechtlichen Verträgen und Absprachen. Aus dem Tatbestandsmerkmal «Beeinflussung der Marktverhältnisse» werden Ansätze zu einer quantitativen rule of reason abgeleitet, d. h., nur Verträge, die die Marktverhältnisse spürbar beeinflussen, sollen von dem Kartellverbot erfaßt werden[4].

1. Der Vertragsbegriff in § 1 GWB

Ein Verstoß gegen das Kartellverbot setzt u. a. das Vorliegen eines Vertrages oder Beschlusses im Sinne gegenseitiger, einander entsprechender Willenserklärungen voraus. Die ökonomische und rechtliche Problematik des traditionellen bürgerlich-rechtlichen Vertragsbegriffes ist im Falle Teerfarben deutlich geworden, wo die Verhaltenskoordinierung der europäischen Teerfarbenhersteller im Hinblick auf eine Preiserhöhung von Bundesgerichtshof und Europäischem Gerichtshof rechtlich unterschiedlich gewürdigt worden ist. Zum besseren Verständnis des Falles sollen zuvor die verschiedenen Koordinierungsformen unternehmerischen Verhaltens skizziert werden:[5]

- Der bindende und einklagbare schuldrechtliche Vertrag i. S. der §§ 145 ff. BGB;
- der Vertrag, bei welchem die Klagbarkeit durch die Parteien ausnahmsweise ausgeschlossen ist (vgl. die sog. Naturalobligation);

---

[2] Bei Kartellverträgen i. S. des § 1 GWB wird es sich daher in der Regel um horizontale Verträge zwischen Unternehmen derselben Wirtschaftsstufe handeln, während in Austauschverträgen i. S. des § 15 GWB sich Leistung und Gegenleistung gegenüberstehen.

[3] Architektenkammer, in: WuW/E BGH 1474 ff., 1477.

[4] Vgl. Spar, in: WuW/E BGH 486 ff.; Flußspat, in: WuW/E BGH 605 ff.; Bockhorner Klinker, in: WuW/E BGH 726 ff., und Fertigbeton, in: WuW/E BGH 1458 ff. Die Diskussion um die Notwendigkeit eines quantitativen Elementes in § 1 GWB hat seit der Einführung der Freistellungsmöglichkeit für Kooperationsverträge i. S. des § 5 b GWB an Bedeutung verloren. Wettbewerbspolitisch erscheint es sinnvoller, das öffentliche Interesse an der Verfolgung von Bagatellverstößen im Einzelfall zu verneinen (§ 47 OWiG).

Vgl. dazu Bekanntmachung BKartA Nr. 57/80 über die Nichtverfolgung von Kooperationsabreden mit geringer wettbewerbsbeschränkender Bedeutung vom 8. Juli 1980.

[5] Vgl. Sandrock, Otto, Grundbegriffe des Gesetzes gegen Wettbewerbsbeschränkungen, München 1968, S. 247 ff.

- das gentlemen's agreement, bei dem keine rechtliche, wohl aber eine gesellschaftliche, moralische oder wirtschaftliche Bindung eingegangen wird;
- das aufeinander abgestimmte Verhalten, worunter alle Formen der Verhaltenskoordinierung unterhalb der Vertragsschwelle zu verstehen sind, bei denen an die Stelle des mit Risiken verbundenen Wettbewerbs eine praktische Zusammenarbeit tritt (§ 25 Abs. 1 GWB), und
- die durch gleichförmiges Verhalten befolgte einseitige Empfehlung i. S. des § 38 Abs. 1 Nr. 10 und 11 GWB.

Demgegenüber stellt das bloße Parallelverhalten im engen Oligopol als Ausdruck einer starken Interdependenz und Interessensymmetrie (conscious parallelism) keine Verhaltenskoordinierung dar, sondern lediglich eine faktische Wettbewerbsbeschränkung (sog. Wettbewerbsbeschränkung durch Maßnahme i. S. des § 1 GWB oder Zustand i. S. des § 22 GWB).

Der im folgenden darzustellende Teerfarbenfall ist ein Paradebeispiel für die Schwierigkeit der Abgrenzung von Vertrag, aufeinander abgestimmtem Verhalten und bloßem gleichförmigem Verhalten.

Fall Teerfarben (1970/1972)[6]

Die bedeutendsten europäischen Farbstoffhersteller hatten sich in den 60er-Jahren in unregelmäßigen zeitlichen Abständen und mit wechselnder Beteiligung zu einem allgemeinen Austausch von Erfahrungen und Informationen getroffen. Unter anderem fand eine solche Besprechung am 18. August 1967 in Basel statt. Die daran beteiligten Unternehmen kontrollierten 80 % des deutschen Marktes für Teerfarbstoffe. Im übrigen lag der BGH-Entscheidung folgender Sachverhalt zugrunde:

Da die Farbstoffhersteller «nicht sämtliche Farbstoffprodukte selbst herstellen, ihren Abnehmern jedoch ein möglichst vollständiges Sortiment anbieten wollen, beliefern sie sich auch gegenseitig. Teilgenommen haben an der Tagung in Basel außerdem Vertreter von französischen, englischen und schweizerischen Firmen. Nachdem zunächst verschiedene Punkte allgemeinen Interesses erörtert worden waren, erklärte der Vertreter der schweizerischen Firma G(eigy), seine Gesellschaft werde die Preise für Teerfarben zum 16. Oktober 1967 um 8 % erhöhen.»[7]

Anschließend äußerten die Vertreter anderer Firmen, daß ihnen

«die Erlös- und Kostenentwicklung im Farbstoffgeschäft schon seit langem Sorge bereite und daß ständig Überlegungen wegen einer Erhöhung der Verkaufspreise angestellt würden. . . . In den folgenden Wochen erhöhten die betroffenen Unternehmen durch zeitlich nacheinander liegende Beschlüsse und Ankündigungen ihre Preise für Teerfarbstoffe gleichförmig zum 16. Oktober 1967 um 8 %. Auf Grund dieses Sachverhalts hat das BKartA gegen die Betroffenen gemäß § 38 Abs. 1 Nr. 1 GWB Geldbußen verhängt, weil sie sich vorsätzlich über die Unwirksamkeit einer nach § 1 GWB unwirksamen Preisabrede hinweggesetzt hätten.

Hiergegen haben sämtliche Betroffenen gerichtliche Entscheidungen beantragt. Sie bestreiten, daß sie Preiserhöhungen untereinander oder mit der Firma G(eigy) oder mit anderen Konkurrenzfirmen vereinbart hätten. Wegen der gänzlich unbefriedigenden Erlössituation auf dem Farbstoffmarkt habe jedes der betroffenen Unternehmen die Preiserhöhungen in freier, sachlicher und ausschließlich eigennütziger unternehmerischer Entscheidung durchgeführt, nachdem die Nachrichten von den Anhebungen auf den verschiedenen Weltmärkten die Möglichkeit dazu geboten hätten. Daß diese Preiserhöhungen gleichförmig am 16. Oktober 1967 um 8 % erfolgt seien, beruhe

---

[6] Vgl. Teerfarben, in: WuW/E BGH 1147 ff. und EWG/MUV 269 ff.
[7] Teerfarben, in: WuW/E BGH 1147.

auf dem bekannten oligopolistischen Marktzwang. Es wäre für jedes der betroffenen Unternehmen geschäftspolitisch sinnlos gewesen, keine Preiserhöhungen durchzuführen oder nach Ausmaß oder Zeitpunkt hinter den vorangegangenen Ankündigungen zurückzubleiben, weil dies – auf die Dauer gesehen – nicht zur Verbesserung der Marktposition und zur Erhöhung des Absatzes geführt hätte. Bei dieser Marktlage habe die Firma G(eigy) zwar möglicherweise mit der späteren Reaktion» der Mitbewerber «gerechnet. Sie habe aber nicht versucht, eine Willensübereinstimmung der Beteiligten herbeizuführen. Das Kammergericht hat den Bußgeldbescheid des BKartA als unbegründet aufgehoben»,[8]

wobei es sich bei der wirtschaftlichen Beurteilung des Sachverhalts vom BKartA hauptsächlich im folgenden unterscheidet:[9]

«Das BKartA meint, bei dem fehlenden oligopolistischen Marktzwang auf dem Teerfarbenmarkt sei es undenkbar, daß im vorliegenden Falle die Preise von allen Beteiligten zum gleichen Zeitpunkt und um den gleichen Prozentsatz trotz unterschiedlicher Kostenlage ohne eine entsprechende Vereinbarung aller betroffenen Unternehmen heraufgesetzt wurden. Aus dem Verhalten ergebe sich daher zwingend das Vorliegen einer stillschweigenden Preisabsprache. Demgegenüber nimmt das Kammergericht an, daß trotz des lebhaften individuellen Preiswettbewerbs bei einer Ankündigung allgemeiner Preiserhöhungen, die sofort für jeden Wettbewerber und jeden Abnehmer offen zutage tritt, doch zwischen den Farbstoffherstellern eine gewisse Abhängigkeit bestehe, die zu einem rein faktischen Parallelverhalten führen könne.»

Der **Bundesgerichtshof** hat den Bußgeldbescheid des Bundeskartellamtes aufgehoben und seine Entscheidung u. a. wie folgt begründet:[10]

«Zum Wesen eines Vertrages i. S. des § 1 GWB – wie jeden Vertrages – gehört unbestrittenermaßen, daß durch gegenseitige, einander entsprechende Willenserklärungen der Beteiligten eine Einigung zustande kommt. Läßt sich eine durch Angebot und Annahme herbeigeführte Willensübereinstimmung der Partner nicht feststellen, so kann nicht angenommen werden, daß zwischen ihnen ein Vertrag zustandegekommen sei. Dabei sind die allgemeinen Regeln des Bürgerlichen Gesetzbuches über das Zustandekommen eines Vertrages (§§ 145 ff. BGB) uneingeschränkt anwendbar. . . .

Einer erweiterten Auslegung des Vertragsbegriffes» (Vertrag sui generis) «in der Richtung, daß unter Verzicht auf das Merkmal der Einigung auch andere Formen bewußt gleichförmigen Verhaltens erfaßt und damit nach § 38 Abs. 1 Nr. 1 GWB unter Buße gestellt werden, stehen Wortlaut und Entstehungsgeschichte des § 1 GWB, die Gesetzessystematik des GWB und nicht zuletzt das auf Art. 103 Abs. 2 GG (‹nulla poena sine lege›) fußende strafrechtliche Analogie-Verbot entgegen, das auch für Ordnungswidrigkeiten gilt. . . . In diesem Tatbestandsmerkmal unterscheidet sich § 1 Abs. 1 GWB von Art. 85 Abs. 1 EWGV, der außer Vereinbarungen zwischen Unternehmen u. a. auch ‹aufeinander abgestimmte Verhaltensweisen› verbietet. . . .
Der Tatbestand einer Ordnungswidrigkeit darf auch bei einem noch so dringenden rechtspolitischen Bedürfnis nicht im Wege der Gesetzes- oder Rechtsanalogie erweitert werden.»

Demgegenüber hat der **Europäische Gerichtshof** im Jahre 1972 die europäischen Teerfarbenhersteller wegen drei allgemeiner und einheitlicher Erhöhungen der Farbstoffpreise in den Jahren 1964 bis 1967 zu hohen Geldbußen verurteilt. Die Frage, ob die Preiserhöhungen i. S. des Art. 85 Abs. 1 EWGV aufeinander abgestimmt waren oder nicht, hat der Europäische Gerichtshof unter Berücksichtigung der Besonderheiten des Farbstoffmarktes wie folgt gewürdigt:[11]

---

[8] Teerfarben, in: WuW/E BGH 1147 f.
[9] Teerfarben, in: WuW/E BGH 1154.
[10] Teerfarben, in: WuW/E BGH 1153.
[11] Teerfarben, in: WuW/E EWG/MUV 273.

«Diese Unternehmen haben sehr unterschiedliche Produktions- und damit auch Kostenstrukturen. Dadurch wird es für den einzelnen Hersteller schwierig, sich Kenntnis von den Kosten der Konkurrenten zu verschaffen. Die Gesamtzahl der Farbstoffe ist sehr hoch, denn jedes einzelne Unternehmen stellt mehr als tausend Artikel her. Der durchschnittliche Grad der Austauschbarkeit dieser Erzeugnisse wird bei Standardfarbstoffen als relativ gut angesehen, während er für die Spezialfarbstoffe sehr niedrig oder sogar gleich Null sein kann. Bei den Spezialerzeugnissen tendiert der Markt in gewissen Fällen zur Oligopolbildung. Wegen der verhältnismäßig geringen Auswirkung des Farbstoffpreises auf den Preis des Enderzeugnisses des Abnehmers ist die Beweglichkeit der Nachfrage bei Farbstoffen im gesamten Markt beschränkt, was kurzfristig zu Preiserhöhungen anregt. Andererseits steigt die Gesamtnachfrage nach Farbstoffen beständig, was den Herstellern eher einen Anreiz zu einer Politik gibt, die sie an diesem Wachstum teilhaben läßt . . .

Für den Farbstoffmarkt in der Gemeinschaft ist kennzeichnend, daß es fünf isolierte nationale Märkte mit unterschiedlichem Preisniveau gibt, ohne daß sich dies durch Unterschiede bei den Kosten und Belastungen erklären läßt, welche die Hersteller in den einzelnen Ländern zu tragen haben. Die Errichtung des gemeinsamen Marktes war auf diese Lage anscheinend ohne Einfluß, denn die Unterschiede im Preisniveau der einzelnen Staaten haben sich kaum verringert. Es steht im Gegenteil fest, daß jeder der nationalen Märkte oligopolistische Merkmale aufweist und daß sich auf der Mehrzahl dieser Märkte das Preisniveau unter dem Einfluß eines Preisführers bildet, der in einigen Fällen der bedeutendste inländische Hersteller ist, in anderen jedoch seinen Sitz in einem anderen Mitgliedstaat oder einem Drittland hat und über eine Tochtergesellschaft tätig wird. Diese Abschottung der Märkte ist nach Meinung der Sachverständigen auf die Notwendigkeit zurückzuführen, den Verbrauchern an Ort und Stelle einen anwendungstechnischen Kundendienst zur Verfügung zu stellen und sofortige Belieferung, im allgemeinen in begrenzten Mengen, zu gewährleisten, wobei die Hersteller – von Ausnahmen abgesehen –, an ihre in den einzelnen Mitgliedstaaten ansässigen Tochtergesellschaften liefern und durch ein Netz von Vertretungen und Auslieferungslagern sicherstellen, daß den besonderen Wünschen der Abnehmer hinsichtlich des Kundendienstes und der Belieferung Rechnung getragen wird. . . .
Vor diesem die Funktionsweise des Farbstoffmarktes kennzeichnenden Hintergrund sind die streitigen Vorgänge zu würdigen.»

Der EuGH ging davon aus, daß die drei aufeinanderfolgenden Preiserhöhungen eine fortschreitende Zusammenarbeit zwischen den betroffenen Unternehmen verraten:[12]

«Nachdem man im Jahre 1964, in dem Ankündigung und Inkraftsetzung der Erhöhungen zusammenfielen, aber hinsichtlich des betroffenen Warensortiments geringfügige Abweichungen bestanden, Erfahrungen gesammelt hatte, lassen die Erhöhungen von 1965 und 1967 insofern ein anderes Vorgehen erkennen, als die Unternehmen, von denen die Initiative ausging (BASF und Geigy), ihre Erhöhungsabsicht jeweils einige Zeit vor der Verwirklichung ankündigten und damit den Unternehmen Gelegenheit gaben, ihre wechselseitigen Reaktionen auf den einzelnen Märkten zu beobachten und sich diesen Reaktionen anzupassen. Durch diese Vorankündigungen beseitigten die einzelnen Unternehmen untereinander jede Ungewißheit über ihr zukünftiges Verhalten und damit zum großen Teil auch das normale Risiko, das mit jeder autonomen Änderung des Verhaltens auf einem oder mehreren Märkten verbunden ist. Dies galt um so mehr, als diese Ankündigungen, die zur Festsetzung globaler und einheitlicher Preiserhöhungen für die Farbstoffmärkte führten, diese Märkte hinsichtlich der Steigerungssätze transparent machten. Somit haben die betroffenen Unternehmen durch ihre Handlungsweise vorübergehend bei den Preisen einige Wettbewerbsbedingungen des Marktes ausgeschaltet, die einem einheitlichen Parallelverhalten entgegenstanden.»

Angesichts der Zahl der beteiligten Hersteller und der Abschottung des Gemeinsamen Marktes in fünf nationale Märkte mit unterschiedlichem Preisniveau und verschiede-

[12] Teerfarben, in: WuW/E EWG/MUV 274 f.

ner Struktur kann der europäische Farbstoffmarkt nicht als ein enges Oligopol angesehen werden, auf dem eine spontane und auf allen nationalen Märkten einheitliche Preiserhöhung wahrscheinlich ist:[13]

«Selbst wenn eine allgemeine und dennoch spontane Preiserhöhung auf jedem einzelnen der nationalen Märkte allenfalls noch vorstellbar gewesen wäre, hätte man doch erwarten müssen, daß diese Erhöhungen je nach den besonderen Gegebenheiten der einzelnen nationalen Märkte verschieden groß gewesen wären. Nach alledem mag ein paralleles Preisverhalten für die betroffenen Unternehmen zwar ein lohnendes und ohne Risiken erreichbares Ziel gewesen sein; es läßt sich jedoch schwerlich annehmen, daß ein solches Parallelverhalten hinsichtlich des Zeitpunktes, der betroffenen nationalen Märkte und des betroffenen Warensortiments ohne vorherige Abstimmung zustande kommen konnte.»

Diese unterschiedliche rechtliche Würdigung der Verhaltenskoordinierung der europäischen Teerfarbenhersteller in den 60er-Jahren war für den deutschen Gesetzgeber im Jahre 1973 Anlaß, das vertragliche Verbot von Wettbewerbsbeschränkungen durch ein Verbot des aufeinander abgestimmten Verhaltens zu ergänzen (§ 25 Abs. 1 GWB).

2. Der Unternehmensbegriff im GWB

Ein Verstoß gegen die Verbote des GWB (z.B. § 1 GWB) oder die Anwendung von Mißbrauchsnormen (z.B. § 22 GWB) setzt in der Regel voraus, daß es sich um Unternehmen handelt; d.h., je nach der Fassung des Unternehmensbegriffes wird der Anwendungsbereich des GWB eingeengt oder ausgeweitet. Nach der Regierungsbegründung zum GWB[14] genügt dafür

«eine Tätigkeit in der Erzeugung oder im geschäftlichen Verkehr. Das Gesetz bezweckt, vertragliche Beschränkungen des Wettbewerbs bei der Erzeugung und bei dem geschäftlichen Verkehr mit Waren oder gewerblichen Leistungen zu unterbinden; folglich ist die Absicht der Gewinnerzielung nicht erforderlich. Auch Unternehmen, die ohne Gewinnstreben arbeiten, können durch kartellmäßige Bindungen den Wettbewerb behindern.» § 98 Abs. 1 «stellt demgemäß auch gemeinnützige Unternehmen unter die Regelung des Gesetzes.
Auch die Rechtsform des Unternehmens (natürliche oder juristische Person) ist unerheblich, ebenso – wie sich aus» § 98 Abs. 1 «ergibt – die Eigentumsfrage (öffentliche Hand, Gemeineigentum oder Gemeinwirtschaft).»

Die Funktion des Unternehmensbegriffes besteht im wesentlichen in der Abgrenzung zum privaten Verbrauch. Strittig waren die Subsumierung der freien Berufe sowie der öffentlichen Hand unter den Unternehmensbegriff. Während § 98 Abs. 1 GWB bestimmt, daß das Kartellgesetz auch Anwendung auf Unternehmen findet, die ganz oder teilweise im Eigentum der öffentlichen Hand stehen, war die Frage der Anwendung des GWB auf die Beschaffungstätigkeit der öffentlichen Hand umstritten[15], was im Falle Gummistrümpfe vom BGH im Sinne eines weitgefaßten funktionalen Unternehmensbegriffes entschieden worden ist.

[13] Teerfarben, in: WuW/E EWG/MUV 275.
[14] Entwurf eines Gesetzes gegen Wettbewerbsbeschränkungen, in: BTDr 1158 – 2. Wahlperiode, S. 31.
[15] Vgl. zum funktionalen Unternehmensbegriff Schmidt, Ingo, Die öffentliche Hand als Unternehmen im Sinne des Gesetzes gegen Wettbewerbsbeschränkungen, in: Der Betriebs-Berater 1963, S. 1404 ff., unter Hinweis auf Gandenberger, Welter, Forsthoff u. a.

Fall Gummistrümpfe (1961)[16]

In diesem Fall ging es um die Diskriminierung eines Händlers durch Nichtzulassung bei der Belieferung der Versicherten mit Gummistrümpfen durch eine Allgemeine Ortskrankenkasse, wobei strittig war, ob die AOK als Unternehmen im Sinne des GWB bei ihrer Nachfrage anzusehen war oder nicht. Der Sachverhalt war wie folgt:

Zwischen dem Landesverband der Ortskrankenkassen in Hessen, dem auch die beklagte AOK Frankfurt angehörte, sowie dem Landesverband Hessen e. V. für das Bandagisten-, Orthopädie- und Chirurgie-Mechanikerhandwerk und dem Einzelhandelsverband Frankfurt und Umgebung e. V., Fachzweig Sanitätsbedarf, bestand seit 1951 ein Gesamtvertrag über die Belieferung der Kassenmitglieder und ihrer anspruchsberechtigten Familienangehörigen mit Heilmitteln, insbesondere mit Bandagen und ähnlichen Erzeugnissen. Nach § 4 dieses Vertrages war die Belieferung der Versicherten von einer Zulassung des Lieferanten durch die örtliche AOK abhängig. Dabei wurden nur Lieferanten zugelassen, die bestimmte fachliche Voraussetzungen erfüllten; darüber hinaus entschied die örtliche AOK gem. § 17 des Vertrages nach Prüfung der Bedürfnisfrage.
Die Klägerin hatte 1959 bei der beklagten AOK Frankfurt beantragt, ihre Frankfurter Filiale für den Artikel Gummistrümpfe in die Liste der zur Belieferung von Mitgliedern der AOK zugelassenen Firmen aufzunehmen. Die AOK lehnte jedoch den Antrag der Klägerin auf Zulassung ab, «da durch die zugelassenen Betriebe die Versorgung der Versicherten . . . ausreichend sichergestellt sei»; die fachliche Voraussetzung des Klägers wurde nicht angezweifelt. Die Klägerin sah in diesem Verhalten der AOK eine verbotene Diskriminierung durch ein marktbeherrschendes Unternehmen i. S. des § 26 Abs. 2 GWB und verlangte ihre Zulassung zur Belieferung von Mitgliedern der beklagten AOK mit Gummistrümpfen. Im Hinblick darauf, ob in dem vorliegenden Fall ein Kontrahierungszwang aus § 26 Abs. 2 GWB zur Anwendung kommen sollte oder nicht, machte der BGH grundsätzliche Ausführungen zur Frage des Unternehmensbegriffes i. S. des GWB:[17]

«Die Sozialversicherungsträger, insbesondere die Krankenkassen, sind . . . unbeschadet ihrer öffentlich-rechtlichen Aufgabe und Struktur als Unternehmen im Sinne des GWB zu betrachten und daher im privatrechtlichen Verkehr regelmäßig denjenigen Vorschriften dieses Gesetzes unterworfen, deren sachlicher Geltungsbereich, wie der des § 26 Abs. 2, die Unternehmenseigenschaft voraussetzt. Wie der erkennende Senat in Übereinstimmung mit der Amtlichen Begründung zum Regierungsentwurf bereits in einer früheren Entscheidung ausgeführt hat (BGHZ 31, 105 – Gasglühkörper), läßt der Begriff des Unternehmens sich nicht einheitlich festlegen. Die Unternehmenseigenschaft muß vielmehr im Einzelfalle ermittelt werden. Dabei ist von dem Zweck des Gesetzes auszugehen, die Freiheit des Wettbewerbs sicherzustellen, und der zu beurteilende wirtschaftliche Vorgang in seiner Gesamtheit zu würdigen. Nach der Amtlichen Begründung (Abschn. C 3 c zu § 1 GWB) genügt jedwede Tätigkeit im geschäftlichen Verkehr. Bestimmte Formen der rechtlichen oder wirtschaftlichen Organisation sind dafür nicht zu fordern. Ebensowenig ist von Bedeutung, ob die Tätigkeit von Privatpersonen oder von der öffentlichen Hand ausgeübt wird (§ 98 Abs. 1 GWB) . . .

(Ferner) ist es unerheblich, daß die Sozialversicherungsträger die Heilmittel, auf deren Lieferung die von ihnen abgeschlossenen Verträge sich beziehen, nicht gegen Gewinn weiterveräußern, sondern für ihre Rechnung an die Versicherten abgeben lassen. Es wäre lebensfremd, die Sozialversicherungsträger aus diesem Grunde den Endverbrauchern gleichzustellen. . . . Der hier sich aufdrängende Vergleich ist vielmehr der mit der Tätigkeit privater Versicherungsunternehmen. Diese Unternehmen gewähren ebenso wie die Bekl. gegen Beiträge, die unabhängig von den tatsächlichen erbrachten Leistungen gezahlt und zu deren Ausgleich verwendet werden, Schutz vor den versicherten Risiken. Es wird aber mit Recht nirgends in Zweifel gezogen, daß sie im Sinne des GWB Unternehmen sind . . . Die Stellung im geschäftlichen Verkehr, welche die Sozialversicherungsträger durch Vertragsabschlüsse mit den Lieferanten von medizinischen Hilfsmitteln erlan-

---

[16] Vgl. Gummistrümpfe, in: WuW/E BGH 442 ff., 449 f.
[17] Gummistrümpfe, in: WuW/E BGH 449 f.

gen, ist in rechtlicher und wirtschaftlicher Beziehung derjenigen gleichartig, die für private Versicherungsunternehmen mit einem vergleichbaren Kreis von Versicherten durch etwaige Vertragsabschlüsse entsprechenden Inhalts begründet werden würde. Dies zeigt sich namentlich dann, wenn die Vereinbarungen, wie dies für die §§ 4, 17 Abs. 1 des . . . Rahmenvertrages vom 7.6.51 gilt, durch die Möglichkeit des Ausschlusses von Anbietern wettbewerbsbeschränkende Wirkungen auf den Einzelhandel mit den darunter fallenden Heilmitteln zur Folge haben. Unter den Gesichtspunkten, unter denen das GWB solchen Wirkungen entgegentritt, besteht also zwischen den Trägern der Sozialversicherung und den privaten Versicherungsunternehmen beim Abschluß von Verträgen der vorliegenden Art kein Unterschied. Bei der gebotenen Berücksichtigung des Gesetzeszwecks, der für die Beurteilung den Ausschlag gibt, wäre es hiernach nicht vertretbar, die Sozialversicherungsträger im Rahmen dieser nicht hoheitlichen Betätigung gleichwohl nicht als Unternehmen zu betrachten und sie daher insoweit von der Anwendung des GWB auszunehmen, obwohl sie in einer dem Unternehmenstypus der Versicherung entsprechenden Form am geschäftlichen Verkehr teilnehmen.»

Im Sinne eines derart weitgefaßten funktionalen Unternehmensbegriffes im Sinne des GWB sind von der Rechtsprechung konsequenterweise alle Sozialversicherungsträger einschließlich der Ersatzkassen und der Kassenärztlichen Vereinigung bei der Nachfrage nach Heil- und Hilfsmitteln, die Kirchen sowie die Technischen Überwachungsvereine (TÜVs) als unter das GWB fallend angesehen worden.

3. Das Verhältnis von Wettbewerbsbeschränkung zu Vertrag und Beschluß in § 1 GWB

Im Hinblick auf die Auslegung des Kartellverbotes ist insbesondere strittig, in welchem Verhältnis die Wettbewerbsbeschränkung (z. B. eine Preisabsprache) zu dem Vertrag oder Beschluß stehen muß. Dabei sind drei Theorien entwickelt worden, die jeweils zu unterschiedlichen Ergebnissen führen:

- Bis zu Beginn der 70er Jahre herrschte die sog. **Gegenstandstheorie,** wonach die Wettbewerbsbeschränkung unmittelbar Gegenstand bzw. Inhalt eines Vertrages oder Beschlusses sein muß. Die wettbewerbspolitische Kritik an dieser Theorie, die mit ihrer einseitigen Betonung vertraglicher Pflichten Umgehungen des Kartellverbotes Tür und Tor öffnete, hat dann in Anlehnung an Art. 85 Abs. 1 EWGV zur Entwicklung der sog. Zwecktheorie (Fikentscher) bzw. der sog. Folgetheorie geführt.
- Die **Zwecktheorie** stellt darauf ab, ob mit einem Vertrag oder Beschluß der gemeinsame Zweck der Wettbewerbsbeschränkung verfolgt wird. Der BGH folgt im Ergebnis offensichtlich dieser Theorie, ohne sich allerdings explizit festzulegen.
- Die **Folgetheorie** berücksichtigt dagegen auch die Auswirkungen des Vertrages auf Dritte, zumindest soweit sie bei Vertragsabschluß objektiv vorauszusehen waren.

Die praktische Bedeutung dieser drei Theorien wird anhand der im folgenden zu behandelnden Beispiele aus dem Bereich der Torsosyndikate, d. s. Einkaufs- bzw. Verkaufsgemeinschaften ohne Bezugs- oder Lieferpflicht, und identifizierenden Preismeldestellen deutlich[18].

[18] Vgl. Pickel, Walter, Aktuelles und Grundsätzliches zur Wirksamkeit des Kartellverbotes, in: Der Betrieb 1968, S. 295 ff., der auf die eminente praktische Bedeutung dieser drei verschiedenen Theorien hingewiesen hat.

Fall Zementverkauf Niedersachsen (ZVN – 1975)[19]

Im Rahmen der sog. Gegenstandstheorie verstoßen Einkaufs- und Verkaufsgemeinschaften nur dann gegen das Kartellverbot i. S. des § 1 GWB, wenn die Unternehmen sich rechtlich verpflichten, nur über die Gemeinschaft zu beziehen (Bezugszwang) oder zu liefern (Absatzzwang). Fehlt eine derartige rechtliche Verpflichtung, so ist das Kartellverbot auch dann nicht anwendbar, wenn tatsächlich nahezu ausschließlich über die Gemeinschaft bezogen oder abgesetzt und damit der Wettbewerb mehr oder minder ausgeschlossen wird (sog. Torsosyndikat). Der Unterschied zu einem Einkaufs- oder Verkaufsyndikat mit rechtlicher Bindung ist dann nur rein formaler Natur.[20] Geht man dagegen von der Zweck- oder Folgetheorie aus, so sind Torsosyndikate genauso wie sonstige Syndikate zu behandeln. Der ZVN Fall exemplifiziert diese Problematik:

Die deutsche Zementindustrie ist seit vielen Jahrzehnten syndiziert, d. h., die Produktion wurde ausschließlich über das Syndikat als gemeinsame Vertriebsorganisation abgesetzt. Dementsprechend haben 1945 die niedersächsischen Zementhersteller eine Zementverkaufsstelle Niedersachsen GmbH. (ZVN) gegründet, deren Zweck «der Verkauf von Zement und zementähnlichen Bindemitteln sowie Zementklinker im eigenen oder fremden Namen» ist. 1963 wurde der zwischen den Gesellschaftern der ZVN bestehende Liefergemeinschaftsvertrag neu gefaßt, in welchem sie sich zum Vertrieb über die ZVN als gemeinsame Verkaufsstelle verpflichteten. Nachdem 1968 der Antrag auf Erteilung einer Erlaubnis für ein Rationalisierungskartell i. S. des § 5 Abs. 2 und 3 GWB rechtskräftig abgelehnt worden war[21], schloß die ZVN mit ihren Gesellschaftern nunmehr unter Ausschluß einer Andienungspflicht Vertriebsverträge und Liefervereinbarungen ab, womit den Anforderungen der sog. Gegenstandstheorie (keine Andienungspflicht) Rechnung getragen war. Im Rahmen dieses Torsosyndikates verkaufte die ZVN die Vertragswaren zu vereinbarten Einkaufspreisen im eigenen Namen und auf eigene Rechnung und räumte jedem Lieferwerk Meistbegünstigung ein. Die Einkaufspreise der ZVN (Ab-Werk-Preise) waren allen Betroffenen gegenüber gleich hoch.
In Abwendung der von ihm 15 Jahre lang vertretenen sog. Gegenstandstheorie hat das **Bundeskartellamt** die Vertriebskooperation als Verstoß gegen § 1 GWB untersagt (§ 37 a Abs. 1 GWB). Das **Kammergericht** hatte in der Vertriebskooperation ein «kombiniertes System von Horizontal- und Vertikalabsprachen» gesehen, durch welche einheitliche Ab-Werk-Preise an die Stelle des Wettbewerbs i. S. des Strebens um Verkaufsabschlüsse mit Baustoffhändlern getreten seien. Der **Bundesgerichtshof** hat bei der rechtlichen Prüfung ebenfalls auf den wirtschaftlichen Zusammenhang der Horizontal- und Vertikalabsprachen abgestellt, da dieser bei einer Prüfung der Tatbestandsmerkmale des § 1 GWB nicht außer acht gelassen werden könne:[22]

«Ob Vertikalverträge aufgrund des wirtschaftlichen Zusammenhangs gerade in ihrer Verbindung mit einem Horizontalvertrag einen kartellrechtlichen Tatbestand erfüllen, kann nicht unabhängig von ihrer wirtschaftlichen Funktion in eben diesem Zusammenhang allein nach dem Willen der Beteiligten bestimmt werden. Das Beschwerdegericht hat daher übereinstimmend mit dem BKartA die durch die Verkaufsgesellschaft in Verbindung mit den vorliegenden Vertriebs- und Lieferverträgen ins Werk gesetzte Vertriebskooperation zutreffend als ‹System von Horizontal- und Vertikalabsprachen› einer zusammenfassenden Prüfung unterzogen. Im vorliegenden Fall ist die Verbindung insbesondere dadurch gekennzeichnet, daß die Vertriebsgesellschaft jedem ihrer Gesellschafter bei einem angetragenen Vertriebsvertrag oder einem einzelnen Kaufangebot Meist-

---

[19] Vgl. ZVN II, in: WuW/E BGH 1367 ff.

[20] Vgl. Monopolkommission, Sondergutachten 7: Mißbräuche der Nachfragemacht und Möglichkeiten zu ihrer Kontrolle im Rahmen des Gesetzes gegen Wettbewerbsbeschränkungen, Baden-Baden 1977, Tz. 177 ff.

[21] Vgl. ZVN I, in: WuW/E BGH 967 ff.

[22] ZVN II, in: WuW/E BGH 1369 f.

begünstigung gewähren muß, im Ergebnis also von jedem Gesellschafter, der überhaupt über die Vertriebsgesellschaft absetzt, die Waren zum gleichen Preis abnehmen muß.»

Der BGH bestätigte die Rechtsauffassung des Bundeskartellamtes und des Kammergerichts, wonach die Vertriebskooperation geeignet sei, die Marktverhältnisse durch Beschränkung des Wettbewerbs i. S. von § 1 GWB zu beeinflussen; denn der Verkauf zu gleichen Preisen ergebe sich notwendig aus dem Zusammenwirken der in dem Gesellschaftsvertrag und den einzelnen Vertriebsverträgen vereinbarten Pflichten. Zur Kernfrage des Verfahrens, ob das Tatbestandsmerkmal in § 1 GWB «durch Beschränkung des Wettbewerbs» erfordere, daß der Vertrag die Verpflichtung zu einem wettbewerbsbeschränkenden Verhalten enthalte, führte der BGB grundsätzlich aus:[23]

«§ 1 GWB erfaßt als zentrale Vorschrift über Kartellverträge und Kartellbeschlüsse nach der Anlage des Gesetzes solche Wettbewerbsbeschränkungen, die rechtsgeschäftlichem Handeln zuzurechnen sind und nicht kraft Zustands bestehen. Unter diesem Blickpunkt können rechtsgeschäftliche Vereinbarungen (Einigung) über Wettbewerbsbeschränkungen als Zweck eines Vertrages auch dann erheblich sein, wenn sich die Vertragsteilnehmer nicht auch zur Durchführung eines solchen mit dem Vertrag gemeinsam angestrebten (weiteren) Zwecks *verpflichten.* Die Einigung über einen nach dem Inhalt des Rechtsgeschäfts bezweckten Erfolg braucht nicht aus Rechtsgründen notwendig, wie die Rechtsbeschwerde meint, Gegenstand einer vertraglichen *Bindung* zu sein.»

Im Hinblick auf den konkreten Fall stellte der BGH[24] fest, daß die Gründung und Aufrechterhaltung der ZVN nicht nur rein faktisch zu einem Zustand mit bestimmten Wettbewerbsbeschränkungen führe, sondern

«daß die Betroffenen jedenfalls auch zu diesem Zweck die Vertriebsgesellschaft aufrechterhalten, indem sie im Hinblick auf die mit Sicherheit zu erwartende rationale Handlungsweise eines jeden Gesellschafters mit einem hinreichenden Absatz über die gemeinsame Vertriebsgesellschaft rechneten. . . . Bezweckten die Vertragsschließenden, wie hier tatrichterlich festgestellt ist, mit den gemeinsamen Einrichtungen den preiskonformen Absatz eines für die Eignung zur Marktbeeinflussung hinreichenden Teils ihrer Produkte, so ist es unerheblich, daß die Andienung nicht, wie bei der Syndikatgesellschaft, in die Vertragsverpflichtung einbezogen worden ist, eine solche Verpflichtung vielmehr durch die gemeinsame Erwartung auf das von den gemeinsamen Zielvorstellungen her gesehen kaufmännisch vernünftige Verhalten eines jeden Vertragsbeteiligten ersetzt wird. In diesem Fall ist die Eignung der Verträge zur Marktbeeinflussung *durch Wettbewerbsbeschränkung* nicht behoben. Angesichts des gemeinsamen mit den Verträgen verfolgten Zwecks kann schließlich auch kein Beteiligter in Zweifel gewesen sein, daß die Eignung der Verträge zur Marktbeeinflussung auf der Wettbewerbsbeschränkung beruht, die mit dem gemeinsamen Absatz nach Art der eingegangenen Verträge verbunden ist.»

Fall Tubenhersteller (1972)[25]

Ein weiterer Fall der mittelbaren Wettbewerbsbeschränkung sind die identifizierenden Preismeldestellen, open price systems, bei denen Gegenstand bzw. Inhalt des Vertrages die Erhöhung der Markttransparenz über abgeschlossene Geschäftsvorfälle durch Meldung an eine zentrale Informationsstelle und Rückmeldung – automatisch oder auf Anfrage – an alle Mitbewerber ist. Zweck bzw. Wirkung eines solchen open price system besteht darin, auf Märkten mit homogenen Massengütern den Grad der Interdependenz

[23] ZVN II, in: WuW/E BGH 1371 f.
[24] ZVN II, in: WuW/E BGH 1372 f.
[25] Vgl. Tubenhersteller, in: WuW/E OLG 1253 ff.; übereinstimmend auch der BGH im Falle Aluminium-Halbzeug, in: WuW/E BGH 1337 ff.

zwischen denUnternehmen derart zu steigern, daß eine Situation wie im engen Oligopol entsteht, in welchem wegen sehr hoher Interdependenz und Interessensymmetrie ein individueller Wettbewerb nicht mehr wahrscheinlich und wirtschaftlich vernünftig ist. Der entscheidende Unterschied zu der Situation des engen Oligopols als einer faktischen Wettbewerbsbeschränkung i. S. des § 22 Abs. 2 GWB besteht allerdings darin, daß diese Situation künstlich mit Hilfe eines Vertrages, der die Markttransparenz und damit den Grad der Interdependenz steigert, herbeigeführt wird[26]. Der im Jahre 1972 vom **Kammergericht** entschiedene Fall Tubenhersteller exemplifiziert die ökonomische und rechtliche Problematik:

Die wichtigsten Hersteller von Aluminium-Tuben haben 1955 einen Marktinformationsvertrag geschlossen, um zu verhindern, daß Abnehmer die Wettbewerber gegeneinander ausspielen, indem sie unter Hinweis auf angebliche Unterangebote ständig neue Preiszugeständnisse zu erwirken suchen. Der Vertrag bestimmte, daß alle Vertragsangebote innerhalb von 4 Tagen einer zentralen Meldestelle mit allen Einzelheiten angezeigt und von dieser den anderen Vertragsbeteiligten auf Anfrage bekannt gegeben werden. Im Jahr 1965 trat die zwei Jahre zuvor gegründete Tubenfabrik X dem Marktinformationsvertrag bei. X versuchte durch erhebliche Preiszugeständnisse in den Markt einzudringen. Als die Mitbewerber hiervon aufgrund des Meldeverfahrens Kenntnis erhielten, kam es 1967/68 zur Reaktion mehrerer Mitbewerber gegenüber X. Der «Störenfried» wurde von Unteraufträgen und der weiteren Teilnahme an dem Marktinformationsverfahren ausgeschlossen.

An dem Marktinformationsverfahren nahmen 17 Unternehmen teil, die etwa 70 % des Marktes für Aluminiumtuben kontrollierten; sie versuchten, das Marktinformationsverfahren damit zu rechtfertigen, daß lediglich die Markttransparenz gefördert werde, die für jeden Leistungsvergleich und damit für wirksamen Wettbewerb erforderlich sei. Bessere Markttransparenz würde den Preiswettbewerb nicht dämpfen, sondern ihn verschärfen. Im übrigen liege kein Verstoß gegen das Kartellverbot des § 1 GWB vor, weil die Vertragsteilnehmer weder ausdrücklich noch stillschweigend irgendwelche Verpflichtungen hinsichtlich der Preispolitik übernommen hätten (Gegenstandstheorie). Zudem bestünden Überkapazitäten, die die marktstarken Abnehmer dazu benutzen würden, um die Anbieter gegenseitig auszuspielen. Ein Marktinformationsvertrag erhalte insofern mittelständische Wirtschaftszweige. Demgegenüber hat das Kammergericht in dem identifizierenden Marktinformationsvertrag eine Beschränkung der wettbewerbsrelevanten Handlungsfreiheit erblickt:[27]

«Ohne eine derartige Vereinbarung kann jeder Wettbewerber jedem Abnehmer individuelle Preis- und Rabattangebote machen, ohne diese Bedingungen zu veröffentlichen oder einzelnen Konkurrenten oder einer Treuhandstelle bekanntzugeben. Der Kartellsenat weiß aufgrund verschiedener Beschwerdeverfahren, daß viele Hersteller ihre individuelle Preis- und Rabattgestaltung als Geschäftsgeheimnis betrachten, das der Konkurrenz nicht zugänglich gemacht werden darf. Verständlicher Grund für dieses Verhalten ist die Tatsache, daß sie die Preismodalitäten als wesentliches Wettbewerbsmittel einsetzen und daß sie verhindern wollen, daß Konkurrenten auf ihre Kosten Absatzvorteile erringen, indem sie schnellstens in die Preisgestaltung eintreten oder sie noch überbieten. Das Wettbewerbsmittel des günstigen Preises ist aus der verbreiteten Sicht vieler Unternehmer besonders erfolgsversprechend, wenn es der Konkurrenz, also den Herstellern vergleichbarer Güter, nicht sofort und allgemein bekannt werden kann, sondern sich erst allmählich,

[26] Vgl. dazu Schmidt, Ingo, Markttransparenz als Voraussetzung für Wettbewerbsbeschränkungen, in: Wirtschaft und Wettbewerb 13. Jg. (1963), S. 97 ff., und die sich daran anschließende wettbewerbspolitische und wettbewerbsrechtliche Diskussion in den Zeitschriften Wirtschaft und Wettbewerb, Der Betrieb, Der Betriebs-Berater sowie Wettbewerb in Recht und Praxis.

[27] Tubenhersteller, in: WuW/E OLG 1256.

insbesondere durch Verlautbarungen der Abnehmer, herumspricht. Die mit günstigen Preisen angestrebte Absatzausweitung kann um so eher erreicht werden, je länger sie verborgen bleibt. Die Teilnehmer eines Marktinformationsvertrages verzichten vertraglich auf diesen sogenannten Geheimwettbewerb, der eine übliche Form vorstoßenden Wettbewerbs ist (Hoppmann, in: WuW 66, 108, s. auch Phlips, in: WuW 64, 210).»

Damit weist das Kammergericht darauf hin, daß time lags in der Anpassung Voraussetzung für wirksame, vorstoßende Wettbewerbshandlungen sind; diese These der Wettbewerbstheorie wird durch den Mechanismus der Preismeldestellen exemplifiziert, bei denen das time lag verkürzt und damit die Möglichkeiten zu vorstoßendem Wettbewerb eingeengt werden.

Ähnlich wie die Europäische Kommission[28] hat das Kammergericht die Unsicherheit über das Verhalten der Konkurrenten als ein wesentliches Wettbewerbselement betont; es erblickte eine Beschränkung des vorstoßenden Wettbewerbs darin, daß durch das Transparentmachen vertraulicher Geschäftsdaten Verhältnisse wie in einem engen Oligopol i. S. des § 22 Abs. 2 GWB geschaffen werden, wo bei Homogenität der Güter und Transparenz der Marktdaten vorstoßende Wettbewerbshandlungen wirtschaftlich nicht erfolgversprechend sind und daher unterbleiben:[29]

«Ein Hersteller, der mit einer derartigen Entwicklung rechnet, hat naturgemäß weniger Neigung zu solchen Vorstößen, weil sie im Falle des Nachziehens der Konkurrenz keinen fühlbaren Wettbewerbsvorsprung auslösen, sondern ihn lediglich zwingen würden, künftig wiederum gewinnschmälernde Zugeständnisse zu machen. Unter diesen Umständen läßt er es lieber sein und versucht, andere Wettbewerbsmittel, wie gute Qualität, schnelle Lieferung u. ä. einzusetzen. Diese typische Verhaltensweise ist auf oligopolistischen Märkten, wo den wenigen Anbietern die Preise der Mitbewerber für marktgleichwertige Güter allgemein bekannt sind, zutreffend erkannt worden und nicht mehr umstritten. ... Der Markt für Aluminiumtuben ist mit seinen 29 Anbietern seiner Struktur nach (noch) nicht oligopolistisch. Der vorliegende Marktinformationsvertrag, durch den Angebote (und Vertragsabschlüsse) mit sämtlichen Einzelheiten binnen vier Tagen gemeldet und auf konkrete Anfrage anderen Vertragsteilnehmern bekannt gegeben werden, schafft aber *durch Vereinbarung* hinsichtlich des vorstoßenden Preiswettbewerbs ähnliche Verhältnisse (vgl. hierzu Hoppmann, WuW 66, 119). Jeder Vertragsteilnehmer weiß, daß seine Preisangebote usw. jedem anderen Vertragspartner schnellstens in vollem Umfang bekannt gegeben werden können und daß die anderen bei interessanten Aufträgen nachziehen werden. Nach Ziff. 2 und 3 des Vertrages gilt dies selbst für individuelle Nachlässe durch Rabatte oder Sonderkonditionen, die im Oligopol durchaus erfolgversprechend eingesetzt werden können. Da er unter diesen Umständen durch Preissenkungen keine Gewinnchancen von einer gewissen Nachhaltigkeit erwarten kann, sondern möglicherweise eine allgemeine Verschlechterung der Angebotssituation mit allgemeinen Gewinnreduzierungen, die auch ihn betreffen würden, auslöst, setzt er dieses Wettbewerbsmittel mit Sicherheit auch dann nicht ohne weiteres in vollem Umfang ein, wenn seine Kostensituation dies gestatten würde.»

---

[28] Vgl. z. B. Bleiweiß, in: WuW/E EV 792 ff., wo von Minderung oder Ausschluß der Risiken gesprochen wird, die sich aus der Unkenntnis über die Mengen- und Marktpolitik der Mitbewerber ergeben.

[29] Tubenhersteller, in: WuW/E OLG 1260 f.

Daher sah das Kammergericht den Marktinformationsvertrag der Aluminiumtuben-Hersteller als eine mittelbare Beschränkung des Wettbewerbs und damit einen Verstoß gegen das Kartellverbot des § 1 GWB an.

Die Preismeldestellen, die in ähnlicher Form zuerst in den USA und England aufgetreten sind, sind ein gutes Beispiel für die im 1. Kap. dargestellte Gegengiftthese, wonach die Einführung eines zusätzlichen Vollkommenheitsfaktors, das ist die Markttransparenz, die Wettbewerbsintensität in homogenen Oligopolen vermindert.[30]

Mit den Fällen ZVN II, Tubenhersteller und Aluminium-Halbzeug ist die enge Gegenstandstheorie mit ihrer Überbetonung vertraglicher Pflichten ad acta gelegt.[31] Vielmehr kommt es nach der neueren BGH-Rechtsprechung nicht darauf an, ob die Wettbewerbsbeschränkung Gegenstand bzw. Inhalt des Vertrages ist, sondern ob ein übereinstimmender Wille («Einigung») feststellbar ist, mit Hilfe des Vertrages eine Wettbewerbsbeschränkung herbeizuführen («Zweck»). Ob eine derartige mittelbare Wettbewerbsbeschränkung, bei welcher die Entschließungsfreiheit mittelbar beschränkt wird, bezweckt ist, hängt davon ab, ob sich bei rationalem Verhalten der Vertragspartner aus der konkreten Vertragsgestaltung in Verbindung mit der jeweiligen Marktstruktur i.w.S. eine Wettbewerbsbeschränkung «notwendig» ergibt.[32]

III. Zur wettbewerbspolitisch adäquaten Erfassung der Verhandlungsstrategie

Grundsätzlich muß das Kartellverbot des § 1 GWB als ein geeignetes wettbewerbsrechtliches Instrument angesehen werden, die Wirksamkeit des Wettbewerbs zu sichern. Dazu haben die Entwicklung eines funktionalen Unternehmensbegriffes, die Ergänzung des vertraglichen Kartellverbotes um das aufeinander abgestimmte Verhalten in § 25 Abs. 1 GWB sowie die Absage der BGH-Rechtsprechung an die enge Gegenstandstheorie und damit die Möglichkeit zur Erfassung von nur mittelbaren Beschränkungen der Entschließungsfreiheit (Torsosyndikate und Preismeldestellen) beigetragen.

Ungeklärt ist zur Zeit noch die Erfassung der Einkaufsgemeinschaften des Handels, die aufgrund der BGH-Rechtsprechung an und für sich unter das Kartellverbot des § 1 GWB fallen[33] mit der Möglichkeit, derartige Einkaufsgenossenschaften nach § 5 b GWB zu legalisieren. Diese Schlußfolgerung aus der neueren BGH-Rechtsprechung ist jedoch vom Bundeskartellamt – offensichtlich aus politischer Rücksichtnahme auf die Genossenschaftsbewegung – nicht gezogen worden. Das Bundeskartellamt hat sich in seiner Pressemitteilung Nr. 52/78 nur sehr sibyllinisch dahingehend geäußert, daß die Einkaufskooperation kleiner und mittlerer Unternehmen grundsätzlich positiv beurteilt wird, diese positive Beurteilung jedoch in Frage gestellt werde, wenn die Einkaufsgenos-

---

[30] Vgl. den instruktiven Beitrag von Eddy, Arthur Jerome, The New Competition, 4th ed., Chicago 1915, auszugsweise abgedruckt in: Barnikel, Hans-Heinrich (Hrsg.), Theorie und Praxis der Kartelle, Darmstadt 1972, S. 281 ff.

[31] Vgl. Möschel, Wernhard, Abschied von der Gegenstandstheorie in § 1 GWB, in: NJW 1975, S. 94 ff.

[32] Der Streit Zweck- oder Folgetheorie ist noch nicht entschieden. Wettbewerbspolitisch geht es bei diesen beiden Theorien darum, was leichter zu beweisen ist: der Zweck oder die Wirkung eines Vertrages. Vgl. dazu auch Emmerich, op. cit., S. 59.

[33] So auch Monopolkommission, Sondergutachten 7, op. cit., Tz. 177 ff.

senschaften «die rechtliche oder wirtschaftliche Freiheit ihrer Mitglieder oder Lieferanten übermäßig beschränken oder durch hohe Marktanteile entscheidende Machtpositionen aufbauen». Das Amt verkennt mit dieser Verlautbarung, daß § 1 GWB keine derartige qualitative rule of reason enthält, diese vielmehr erschöpfend in den §§ 2–8, hier § 5 b GWB geregelt ist. Die Chance, etwas gegen die Nachfragemacht der Handelsketten durch größenmäßige Begrenzung bei ihrer Legalisierung nach § 5 b GWB zu tun, wird leider vertan.

Mit dieser grundsätzlich positiven Würdigung des Kartellverbots als wettbewerbsrechtlichen Instruments ist allerdings noch nichts über Notwendigkeit und Berechtigung des Ausnahmekatalogs der §§ 2–8 GWB gesagt[34], wenngleich auch hier Bundeskartellamt und Gerichte es in der Hand haben, durch eine entsprechende Rechtsprechung diese Ausnahmen auf einen vernünftigen Kern zu reduzieren. Ein positives Beispiel dafür ist die veränderte Beschlußpraxis des Bundeskartellamtes gegenüber Gesamtumsatzrabattkartellen, die neuerdings nicht mehr legalisiert werden.

Übungsfragen zum 11. Kapitel:

1. Was verstehen Sie unter Verhandlungsstrategie?
2. Durch welche Tatbestandmerkmale sind Kartelle im Sinne des § 1 GWB charakterisiert?
3. Skizzieren Sie verschiedene Koordinierungsformen unternehmerischen Verhaltens, und erörtern Sie, inwieweit diese Koordinierungsformen ein Verstoß gegen das Kartellverbot sind.
4. Vergleichen Sie die unter 3. genannten Verhaltensweisen mit dem bloßen Parallelverhalten im engen Oligopol.
5. Erläutern Sie, inwiefern der Teerfarben-Fall ein gutes Beispiel für die Schwierigkeit der Abgrenzung von Vertrag, aufeinander abgestimmtem Verhalten und bloßem gleichförmigem Verhalten ist.
6. Welche Konsequenz hat der deutsche Gesetzgeber aus dem Teerfarbenfall gezogen?
7. Skizzieren Sie den Unternehmensbegriff im GWB.
8. Skizzieren Sie die drei Theorien über das Verhältnis von Wettbewerbsbeschränkung zu Vertrag oder Beschluß.
9. Zeigen Sie am Beispiel des Falles Zementverkauf Niedersachsen, welche praktische Bedeutung die Gegenstands-, Zweck- und Folgetheorie haben.
10. Was verstehen Sie unter einem open price system und welche Wirkung haben diese identifizierenden Preismeldestellen?
11. Zeigen Sie am Beispiel des Falles Tubenhersteller die ökonomische und rechtliche Problematik von identifizierenden Preismeldestellen auf.
12. Inwiefern sind Preismeldestellen ein gutes Beispiel der «Gegengiftthese»?
13. Nehmen Sie Stellung zum gegenwärtigen Stand der Erfassung der Verhandlungsstrategie.

---

[34] Vgl. dazu umfassend das Gutachten des Wissenschaftlichen Beirats beim Bundeswirtschaftsministerium, als Anlage zu: Bericht über Änderungen des Gesetzes gegen Wettbewerbsbeschränkungen, in: BTDr IV/617, S. 88 ff.

Weiterführende Literaturhinweise zum 11. Kapitel:

Barnikel, Hans-Heinrich (Hrsg.), Theorie und Praxis der Kartelle, Darmstadt 1972.

Christl, Artur, Die Rabattkartelle. Untersuchung einiger Entwicklungs- und Strukturmerkmale, in: Zehn Jahre Bundeskartellamt. Beiträge zu Fragen und Entwicklungen auf dem Gebiet des Kartellrechts, Köln, Berlin, Bonn, München 1968, S. 115 ff.

Emmerich, Volker, Kartellrecht mit einer Einführung in das Recht des unlauteren Wettbewerbs, 3. Aufl., München 1979, S. 45–164.

ders., Fälle zum Wahlfach Recht des Unlauteren Wettbewerbs und Kartellrecht, München 1975, S. 36–77.

ders., Das Wirtschaftsrecht der öffentlichen Unternehmen, Bad Homburg, Berlin, Zürich 1969.

Gutachten des Wissenschaftlichen Beirats beim Bundeswirtschaftsministerium, als Anlage zu: Bericht über Änderungen des Gesetzes gegen Wettbewerbsbeschränkungen, in: BTDr IV/617, S. 88 ff.

Hoppmann, Erich, Wettbewerbspolitik und Exportkartelle, in: Jahrbuch für Nationalökonomie und Statistik Bd. 173 (1961), S. 343–382.

ders. (Hrsg.), Rationalisierung durch Kartelle? Schriften des Vereins für Socialpolitik, Neue Folge Bd. 62, Berlin 1971.

OECD, Aggregated Rebate Cartels. Report of the Committee of Experts on Restrictive Business Practices, Paris 1972.

Segelmann, Frank, Wettbewerb und Rationalisierung unter Berücksichtigung der Syndikate und Spezialisierungskartelle, in: Zehn Jahre Bundeskartellamt. Beiträge zu Fragen und Entwicklungen auf dem Gebiet des Kartellrechts, Köln, Berlin, Bonn, München 1968, S. 137 ff.

Ulmer, Peter, Fälle und Entscheidungen zum deutschen und europäischen Kartellrecht, 2. Aufl., Frankfurt/M. 1975, S. 1–76.

12. Kapitel: Die wettbewerbspolitische Erfassung der Behinderungsstrategie, exemplifiziert an Fall-Entscheidungen

I. Einleitung

Wie im 6. Kap. ausgeführt, werden unter Behinderungsstrategien im weitesten Sinne alle Verhaltensweisen von Einzelunternehmen oder Unternehmensgruppen verstanden, die objektiv dazu geeignet sind, tatsächliche oder potentielle Mitbewerber (horizontal) sowie Lieferanten oder Abnehmer (vertikal) in ihrer formalen Handlungs- und/oder materialen Entschließungsfreiheit beim Einsatz eines oder mehrerer Aktionsparameter rechtlich oder faktisch zu beschränken (Individualschutz) und/oder die Wirksamkeit des Wettbewerbsmechanismus (Institutionsschutz) zu beeinträchtigen.

Die Erfassung der Behinderungsstrategie soll wiederum anhand von Entscheidungen exemplifiziert werden, wobei insbesondere auf die Behinderung von Konkurrenten durch marktbeherrschende Einzelunternehmen oder Unternehmensgruppen, Boykott und Lieferverweigerung, Preisdiskriminierung sowie Ausschließlichkeits- und Kopplungsverträge eingegangen werden soll.[1]

II. Der Behinderungsmißbrauch marktbeherrschender Unternehmen i. S. des § 22 GWB[2]

Der Schutzzweck des § 22 GWB geht dahin, die fehlende Kontrolle marktbeherrschender Unternehmen durch den Wettbewerb als anonymem Kontroll- und Steuerungsmechanismus durch eine korrektive Mißbrauchsaufsicht der Kartellbehörden zu ersetzen, d. h., schwächere Marktteilnehmer (das sind Mitbewerber bzw. Lieferanten oder Abnehmer) vor Marktmacht zu schützen. Gem. § 22 Abs. 4 GWB hat die Kartellbehörde gegenüber marktbeherrschenden Unternehmen das Recht, ein mißbräuchliches Verhalten zu untersagen und Verträge für unwirksam zu erklären, soweit diese Unternehmen ihre marktbeherrschende Stellung auf dem Markt für diese oder andere Waren oder gewerblichen Leistungen (relevanter Markt) mißbräuchlich ausnutzen. Der anonyme Marktmechanismus soll also gesichert und gegen restriktive Praktiken jeglicher Art geschützt werden, die eine marktbeherrschende Stellung begründen oder zementieren.

Wie im 8. Kap. ausgeführt, ist die Marktbeherrschung i. S. des § 22 GWB durch das Fehlen von wesentlichem Wettbewerb bzw. das Vorhandensein einer überragenden Marktstellung im Verhältnis zu den Mitbewerbern definiert. Im Rahmen der Zweiten

---

[1] Vgl. zur Analyse dieser Tatbestandsgruppe Emmerich, Volker, Kartellrecht mit einer Einführung in das Recht des unlauteren Wettbewerbs, 3. Aufl., München 1979, S. 144 ff.; Schmidt, Ingo, US-amerikanische und deutsche Wettbewerbspolitik gegenüber Marktmacht, Berlin 1973, S. 87–94 und 184 – 387, und Zohlnhöfer, Werner, Wettbewerbspolitik im Oligopol. Erfahrungen der amerikanischen Antitrustpolitik, Basel, Tübingen 1968, S. 62 – 114, mit weiterführenden Literaturhinweisen.

[2] Vgl. Schmidt, Ingo, op. cit., S. 186 – 229, und Zohlnhöfer, op. cit., S. 62 – 73.

GWB-Novelle im Jahre 1973 sind eine Reihe von Legalvermutungen in Form von Marktanteilskriterien eingeführt worden, um den unbestimmten Rechtsbegriff Marktbeherrschung i. S. des § 22 GWB justitiabler zu machen. Im Rahmen der Vierten GWB-Novelle im Jahre 1980 ist der Behinderungsmißbrauch beispielhaft konkretisiert worden als eine Beeinträchtigung der «Wettbewerbsmöglichkeiten anderer Unternehmen in einer für den Wettbewerb auf dem Markt erheblichen Weise ohne sachlich gerechtfertigten Grund», um damit auch den unbestimmten Rechtsbegriff Mißbrauch justitiabler zu machen.

Die Tatsache, daß in den über 20 Jahren seit Inkrafttreten des Gesetzes gegen Wettbewerbsbeschränkungen im Jahre 1958 nur sehr wenige förmliche Entscheidungen[3] im Hinblick auf die Behinderung von Konkurrenten ergangen sind, bestätigt die außerordentlich großen Schwierigkeiten der Konkretisierung der beiden unbestimmten Rechtsbegriffe: Marktbeherrschung und Mißbrauch. Aus den 60er Jahren sind es die Entscheidungen Meto-Handpreisauszeichner und Sportartikelmesse[4], aus den 70er Jahren die Fälle Deutscher Fußballbund[5], Springer/Tagesspiegel[6], Rama-Mädchen[7], Sonntag Aktuell[8] und Effem-Tierfertignahrung[9]. Das Problem der Behinderung von Mitbewer-

---

[3] Eine Reihe von Verwaltungsverfahren ist allerdings ohne Entscheidung der Kartellbehörden abgeschlossen worden, weil die Betroffenen den Mißbrauch abstellten.

[4] Vgl. Meto-Handpreisauszeichner, in: WuW/E OLG 995 ff., und Sportartikelmesse II, in: WuW/E BGH 1027 ff. Im letzteren Fall ging es um den Vorwurf der mißbräuchlichen Ausnutzung der marktbeherrschenden Stellung der einzigen Messe für Wintersportartikel dadurch, daß nur diejenigen Hersteller zugelassen wurden, die ausschließlich über den Fachhandel vertrieben und keine Direktgeschäfte mit Endverbrauchern abschlossen.

Darüber hinaus hat das Bundeskartellamt im Jahre 1967 ein Mißbrauchsverfahren gegen die vier vertikal integrierten internationalen Mineralölkonzerne ESSO, SHELL, BP und DEA/Texaco wegen einer Behinderung der freien Tankstellen durch eine verhältnismäßig geringe Belieferung eingeleitet. Dieses Verfahren wurde ohne Mißbrauchsverfügung eingestellt, da die Mineralölgesellschaften eine Diskriminierung bei der Versorgung aller ihrer Kunden vermieden (vgl. Tätigkeitsbericht BKartA 1967, in: BTDr V/2841, S. 41 f.). Vgl. auch den ähnlich gelagerten Fall Agip aus dem Jahre 1974, in: WuW/E BKartA 1494 ff., OLG 1497 ff. und 1499 ff.

[5] Vgl. Deutscher Fußballbund, in: WuW/E OLG 1429 ff. In diesem Fall ging es um die Ausrüstung der von dem Deutschen Fußballbund aufgestellten Mannschaften ausschließlich mit adidas-Fußballstiefeln, wodurch der kleinere Mitbewerber Puma behindert bzw. diskriminiert wurde.

[6] Vgl. Springer/Tagesspiegel, in: WuW/E OLG 1767 ff. In diesem Fall hob das Kammergericht eine einstweilige Anordnung der Landeskartellbehörde Berlin auf, mit welcher der Axel Springer-Verlags AG verboten worden war, bei (freiwilliger) Kombination von Anzeigen in der (marktbeherrschenden) Berliner Morgenpost und in dem neu eingeführten Berliner Lokalteil der «WELT» die Anzeigen in der «WELT» spürbar zu verbilligen. Wenngleich das KG in einer derartigen Kopplung von Leistungen zu einem verbilligten Gesamtpreis eine leistungsfremde Maßnahme erblickte, verneinte es den Mißbrauch, da eine schwere Beeinträchtigung der Marktstruktur nicht drohe.

[7] Vgl. Rama-Mädchen, in: WuW/E OLG 1983 ff.

[8] Vgl. Sonntag Aktuell, in: WuW/E OLG 2148 ff. In diesem Fall hob das KG eine einstweilige Anordnung des BKartA auf, mit welcher dem Gemeinschaftsunternehmen Stuttgarter Presseunion untersagt werden sollte, die Zeitung «Sonntag Aktuell» ohne zusätzliches Entgelt und nur gekoppelt an die Abonnenten ihrer Wochenzeitungen zu vertreiben. Das KG bezeichnete dieses Verhalten als wettbewerbskonform, zumal es der Abwehr von Substitutionswettbewerb in Gestalt der Herausgabe einer «Bild»-Lokalausgabe für den Stuttgarter Raum und der Zustellung von «Welt am Sonntag» frei Haus durch den Springer Konzern diente.

[9] Vgl. Effem-Tierfertignahrung, in: WuW/E BKartA 1817 ff.

bern soll anhand der Fälle Meto-Handpreisauszeichner, Rama-Mädchen und Effem-Tierfertignahrung exemplifiziert werden.

Fall Meto-Handpreisauszeichner (1969)[10]

Im Meto Fall ging es um die Frage, ob ein Hersteller von Handpreisauszeichnern seine Maschinen nur unter der Bedingung verkaufen durfte, daß der Käufer sich verpflichtete, seinen gesamten Etikettenbedarf für fünf Jahre ausschließlich von der Firma Meto zu beziehen (Kopplungsbindung). Die Feststellung der marktbeherrschenden Stellung war eng mit der Frage der Marktabgrenzung verknüpft. Das **Kammergericht** ging in seinem rechtskräftig gewordenen Beschluß von einer sachlichen Abgrenzung des relevanten Marktes aufgrund des Verwendungszweckes (Bedarfsmarktkonzept) aus, wonach

«sämtliche Erzeugnisse, die sich nach ihrer Eigenschaften, ihrem wirtschaftlichen Verwendungszweck und ihrer Preislage so nahe stehen, daß der verständige Verbraucher sie als für die Deckung eines bestimmten Bedarfs geeignet in berechtigter Weise abwägend miteinander vergleicht und als gegeneinander austauschbar ansieht, marktgleichwertig (sind)»[11].

Im Hinblick auf das Kriterium der funktionellen Austauschbarkeit lehnte es das Gericht aufgrund zahlreicher Zeugenvernehmungen ab, elektrisch betriebene Standgeräte wegen des weit höheren Preises als gleichwertig anzusehen, da kein verständiger Durchschnittsinteressent diese Geräte als Vergleichsprodukte in Betracht zieht, wenn er kleine und mittlere Mengen von verschiedenen Waren mit Etiketten mit wechselnden Angaben versehen will und für diesen Bedarf leichte, transportable Auszeichnungsgeräte für nur 150,– bis 400,– DM auf dem Markt sind. Das Kammergericht erkannte daher als marktgleichwertig nur Geräte in der den Meto-Handpreisauszeichnern vergleichbaren Preislage bis zu 400,– DM an. Andere Preisauszeichnungsmethoden wurden als unzureichende Substitute abgelehnt.
Das Kammergericht bejahte die marktbeherrschende Stellung der Firma Meto für ihre Handpreisauszeichner aus zwei Gründen:

- Meto kontrollierte 1967 93 % des Marktes für Handpreisauszeichner, bei Einbeziehung des Absatzes von Etikettendruck- und Etikettenspendegeräten in der vergleichbaren Preislage von 150 bis 400 DM rund 89 % des Marktes.
- Ferner schloß das Gericht aus der Art und Weise restriktiver Praktiken zur Abwehr der Etikettenkonkurrenz auf das Fehlen von wesentlichem Wettbewerb und daher das Vorliegen von Marktbeherrschung:[12]

«Alle diese Maßnahmen, insbesondere die Drohung, den Benutzern von Fremdetiketten keinen neuen Preisauszeichner zu liefern und die völlige – auch entgeltliche – Verweigerung des Reparaturdienstes zeigen, daß die Beschwerdeführerin nicht die üblichen Rücksichten zu nehmen braucht, die ein wesentlichem Wettbewerb ausgesetzter Hersteller seinen Abnehmern gegenüber aufbringen muß, wenn er sich am Markt behaupten will.»

Der Mißbrauch wurde darin gesehen, daß die Firma Meto ihre Handpreisauszeichner nur unter der Bedingung verkaufte, daß die Käufer einer fünfjährigen Ausschließlichkeitsbindung zustimmten, ihre Etiketten nur von der Firma Meto zu beziehen (Kopplungsbindung). Nach Ansicht des Bundeskartellamtes wurden durch diese Kopplungsbindung ihre Abnehmer auf dem beherrschten Markt für Handpreisauszeichnungsgeräte und ihre Mitbewerber auf dem Drittmarkt für Etiketten in ihrer Handlungsfreiheit beeinträchtigt. Wenn auf dem Markt für Handpreisauszeichnungs-

[10] Vgl. Meto-Handpreisauszeichner, in: WuW/E OLG 995 ff.
[11] Meto-Handpreisauszeichner, in: WuW/E OLG 995 f.
[12] Meto-Handpreisauszeichner, in: WuW/E OLG 998.

geräte wesentlicher Wettbewerb bestehen würde, wären die Abnehmer nicht bereit, sich zum fünfjährigen Bezug der 30 bis 40 % überteuerten Etiketten der Firma Meto zu verpflichten (Als-ob-Gedanke). Durch die Ausschließlichkeitsvereinbarung werde außerdem dritten Unternehmen der Zugang zum Etikettenmarkt versperrt. Die Verwendung der Meto-Etiketten sei auch nicht unabdingbare Voraussetzung für das technisch einwandfreie Funktionieren der «Jedermann-Preisauszeichner», da jetzt gleichwertige Etiketten am Markt seien. Die Preisdifferenz von 30 bis 40 % zwischen den Meto-Etiketten und denen von Außenseitern stehe in einem krassen Mißverhältnis zu dem geleisteten Kundendienst, zumal nur solche Mängel kostenlos beseitigt würden, die bei sachgemäßem Gebrauch der Geräte eintreten, während sonstige Reparaturleistungen bezahlt werden müßten.

Das Kammergericht hat daher die Rechtsauffassung des Bundeskartellamtes bestätigt und interessante Ausführungen zur Verfassungsmäßigkeit der generellen Mißbrauchsklausel des § 22 Abs. 4 GWB und zu den Maßstäben, nach denen die Frage des Mißbrauchs zu beurteilen ist, gemacht: Danach unterscheide sich diese Generalklausel in ihrem Wesen nicht von anderen in unserer Rechtsordnung enthaltenen Generalklauseln (z. B. §§ 157, 242 BGB – Verkehrssitte, Treu und Glauben; §§ 138, 826 BGB, 1 UWG – gute Sitten). Derartige Bestimmungen seien überall erforderlich, wo der Gesetzgeber eine Fülle besonders vielgestalteter Einzelfälle erfassen muß, die keine vorausschauende, allgemein gültige Abgrenzung zulassen, sondern allenfalls im Laufe der Zeit durch die Entwicklung typischer Fallgruppen ausgefüllt werden könnten. Durch die Bestimmungen des Grundgesetzes, insbesondere die Art. 2 Abs. 1, Art. 3 Abs. 1 und Art. 20 Abs. 2 und 3 GG, werde dies nicht mißbilligt, solange die Generalklauseln in Übereinstimmung mit der verfassungsmäßigen Ordnung und entsprechend der Zielsetzung des Gesetzes, in denen sie enthalten sind, ausgelegt würden.

Die Maßstäbe für die Frage des Mißbrauchs will das Kammergericht aus den Ordnungsprinzipien einer Wettbewerbswirtschaft ableiten. Danach soll wirtschaftliche Macht dort beseitigt werden, wo sie die Wirksamkeit des Wettbewerbs und die ihm innewohnenden Tendenzen zur Leistungssteigerung beeinträchtigt und die bestmögliche Versorgung der Verbraucher in Frage stellt. Dazu gehöre es in erster Linie, für andere Unternehmen den Zugang zum Markt offenzuhalten.

Das Kammergericht sah im konkreten Fall den Mißbrauch in zwei Punkten:

- Mißbrauch auf dem Gerätemarkt durch die fünfjährige Ausschließlichkeitsverpflichtung der Abnehmer, ihre Etiketten nur von Meto zu einem um 30 bis 40 % überhöhten Preis zu beziehen. Das Kammergericht weist in seinem Beschluß darauf hin, daß der verständige Durchschnittsverbraucher derart langfristige Bezugsbindungen im allgemeinen nur ungern eingehe, insbesondere wenn billigere Konkurrenzangebote am Markt seien.
  «Er nimmt diese ungewöhnliche, von der Beschwerdeführerin mit außerordentlichem Nachdruck durchgesetzte Bezugsbindung im vorliegenden Fall nur auf sich, weil er ihre als besonders handlich, zweckmäßig, das Konkurrenzangebot überragend angesehenen Geräte andernfalls nicht kaufen kann und weil die Beschwerdeführerin etwa erforderliche Reparaturen an ihren Geräten selbst gegen Bezahlung nicht durchführt, wenn der Benutzer andere Etiketten verwendet hat.»[13]
  Auf diese Art und Weise habe sich die Firma Meto erhebliche, langfristig steigende Einnahmen aus dem Absatz von Haftetiketten gesichert, obwohl sie geringere Leistungen anbietet als die Konkurrenz, da ihre Etiketten teurer sind.
- Mißbrauch auf dem Drittmarkt für Haftetiketten, da durch die Kopplungsbindung andere Hersteller von Haftetiketten von einem Teil des Etikettenmarktes völlig ausgeschlossen werden. In Anlehnung an die Grundsätze des § 18 GWB vertritt das Kammergericht die Auffassung, daß eine Beeinträchtigung Dritter durch das Verhalten eines marktbeherrschenden Unternehmens gegeben ist, wenn sie wesentlich ist. Als wesentlich wird bereits eine spürbare Beeinflussung der Wettbewerbslage durch das Verhalten eines marktbeherrschenden Unternehmens an-

[13] Meto-Handpreisauszeichner, in: WuW/E OLG 999.

gesehen. Ausgehend von dem Grundsatz, daß die Märkte offengehalten werden müssen, und Kopplungsverträge eine typische Form von Machtmißbrauch zur Zementierung einer marktbeherrschenden Stellung darstellen, dürften an die Wesentlichkeit keine zu hohen Anforderungen gestellt werden. Im konkreten Fall war dabei für die spürbare Beeinträchtigung der Handlungsfreiheit Dritter von Bedeutung, daß der Etikettenumsatz wertmäßig höher war als der Geräteumsatz.

Rechtfertigungsgründe für diese Kopplungsbindung und die dadurch ausgelösten Wettbewerbsbeschränkungen wurden vom Kammergericht verneint. Das Kammergericht kam nach ausführlicher Würdigung der geltend gemachten Rechtfertigungsgründe (kostenloser Wartungs- und Reparaturdienst sowie Qualität der sonstigen auf dem Markt befindlichen Haftetiketten) zu dem Ergebnis, daß laufende Wartungsarbeiten durch die Vertreter der Beschwerdeführerin, ein kostenloser Reparaturdienst nach Ablauf der Garantiezeit von sechs Monaten und die ausschließliche Benutzung von Jedermann-Etiketten zur Erhaltung einer durchschnittlichen Anforderungen entsprechenden Gebrauchsfähigkeit der Jedermann-Preisauszeichner nicht erforderlich seien.

Mit diesen vom Kammergericht aufgestellten Grundsätzen der Offenhaltung der Märkte und der Unzulässigkeit einer spürbaren Beeinflussung der Wettbewerbslage dürften die Chancen für marktbeherrschende Unternehmen, ihre Marktstellung durch Kopplungsverträge abzusichern oder auf Drittmärkte auszudehnen, sehr gering sein.

Fall Rama-Mädchen (1978)[14]

Im Fall Rama-Mädchen ging es um die Beurteilung der Treuerabattaktion einer Tochtergesellschaft des Unilever Konzerns für Rama-Margarine. Das Unternehmen hatte auf den Deckeln des 500 g-Bechers mit folgendem Text geworben:

«Für 12 Rama-Mädchen gibt's 3,– DM in bar! Lohn für treue Rama-Kunden. 12 Rama-Mädchen aus dem Deckel des 500 g-Bechers ausschneiden, in einen ausreichend frankierten Briefumschlag stecken und bis spätestens 22. Juli 1978 einsenden an Rama-Treue-Aktion, Postfach 50 10 20, Hamburg 50. Sie erhalten dann 3,– DM in bar zurück.»

Das **Bundeskartellamt** hatte diese Rama-Treueaktion im Wege der einstweiligen Anordnung untersagt, da es darin den Mißbrauch einer marktbeherrschenden Stellung i. S. des § 22 GWB erblickte. Das Kammergericht hob die einstweilige Anordnung auf, da das Unternehmen zwar eine beherrschende Stellung auf dem relevanten Markt für Margarine besaß, die Treuerabattaktion als solche jedoch nicht mißbräuchlich i. S. des § 22 GWB war.

Die Frage der marktbeherrschenden Stellung war wiederum eng mit der Frage der relevanten Marktabgrenzung verknüpft. Das **Kammergericht** sah in ständiger Rechtsprechung *den* Markt als sachlich relevant an, der alle gleichartigen Waren umfaßt, «die sich aus der Sicht des verständigen Verbrauchers nach ihren Eigenschaften, ihrem Verwendungszweck und ihrer Preislage so nahe stehen, daß sie ohne weiteres miteinander austauschbar sind»[15].
Der Butter- und Margarinemarkt wurden als zwei getrennte Märkte angesehen, weil sie in vielen Fällen aus sachlichen (Gesundheit, Verwendung zum Braten) oder preislichen Gründen (Butter ist doppelt so teuer) nicht als austauschbar angesehen werden.
Die beherrschende Stellung auf dem Margarinemarkt begründete das Kammergericht mit einer Kontrolle von 55 % des sachlich relevanten Marktes sowie dem großen Abstand zu den beiden folgenden Wettbewerbern mit Marktanteilen von 14,3 und 12,6 %. Dieser Abstand sei so groß, daß die beiden folgenden Mitbewerber den überragenden Handlungsspielraum des Marktbeherrschers nicht beseitigen könnten.

---

[14] Vgl. Rama-Mädchen, in: WuW/E OLG 1983 ff.
[15] Rama-Mädchen, in: WuW/E OLG 1984.

Das Bundeskartellamt hatte in der auf 4 Monate befristeten Treuerabattaktion: Auszahlung von 3,– Mark in bar entsprechend ca. 12,5 % des durchschnittlichen Einzelhandelsverkaufspreises an den Verbraucher bei Kaufnachweis von 12 Packungen à 500 g, eine quantitativ erheblich ins Gewicht fallende Beeinträchtigung der Absatzmöglichkeiten der kleineren Mitbewerber gesehen, die zudem nicht leistungsbezogen sei. Für eine erhebliche Behinderung der kleineren Mitbewerber sprach zudem, daß diese wegen des Fehlens eines ausreichenden Werbebudgets nicht in der Lage waren, entsprechende Gegenmaßnahmen einzuleiten.
Nach Ansicht des Kammergerichts soll die Mißbrauchsaufsicht verhindern, daß ein marktbeherrschendes Unternehmen durch Ausnutzung seines vom Wettbewerb nicht wirksam kontrollierten Gestaltungsspielraums ein Verhalten zu Lasten Dritter zeige, das zu einer Verschlechterung der Marktstruktur oder zu nicht wettbewerbsgerechten Ergebnissen führe. Hierbei komme es nicht auf eine mißbilligende Bewertung des kontrollierten Verhaltens, sondern auf die wettbewerbsfremde oder wettbewerbsgefährdende Auswirkung an. Für den Behinderungsmißbrauch sei im konkreten Fall daher darauf abzustellen, ob die Ausnutzung der marktbeherrschenden Stellung den Zugang zu dem Markt erschwere oder die Wettbewerber behindere.
Das Kammergericht qualifizierte die Treuerabattaktion als eine Form des Nichtleistungswettbewerbs, die auf die Verbraucher eine zusätzliche unsachliche Beeinflussung (im Sinne eines Kaufzwanges) ausübe. «Da jedoch einem marktbeherrschenden Unternehmen der Gebrauch seiner Marktmacht und die Teilnahme am Wettbewerb mit diesen wettbewerbsrechtlich an sich zulässigen Mitteln nicht generell untersagt werden kann, ist die Mißbrauchsaufsicht auf solche Maßnahmen der marktbeherrschenden Unternehmen zu beschränken, die die Gefahr einer weiteren Verschlechterung der Marktstruktur darstellen»[16].

Angesichts der Höhe des Treuerabatts von – nach Berechnungen des Kammergerichts – nur 10,7 % und der zeitlichen Begrenztheit der Werbeaktion verneinte das Kammergericht die Gefahr, daß kleinere Mitbewerber vom Markt verdrängt werden. Die einstweilige Anordnung des Bundeskartellamtes wurde daher vom Kammergericht aufgehoben.

Fall Effem-Tierfertignahrung (1979)[17]

Im Falle Effem, einer Tochtergesellschaft des US-Konzern Mars, Inc., ging es um die Beurteilung des Rabattsystems eines Herstellers von Tierfertignahrung, der seinen Abnehmern einen gestaffelten Jahresumsatzbonus gewährt. Dabei bildet nicht die jeweilige Höhe der Einzelaufträge, sondern der innerhalb eines Jahres erzielte Gesamtumsatz die Grundlage für die Bonusvergütung. Fraglich war, ob das Rabattsystem eine Diskriminierung i. S. des § 26 Abs. 2 GWB und zugleich den Mißbrauch einer marktbeherrschenden Stellung i. S. des § 22 GWB darstellt.

Das **Bundeskartellamt** ging von einer marktbeherrschenden Stellung von Effem auf den Märkten für Hunde- und Katzenfertigfutter i. S. des § 22 Abs. 1 GWB aus. Der Markt für Tierfertigfutter sei im Hinblick auf Eigenschaften, Verwendungszweck und Preislage von anderen Futtermitteln hinreichend abgegrenzt und stelle daher einen eigenen relevanten Markt dar:

«Für viele Verbraucher bietet Fertigfutter einen entscheidenden Vorzug, weil es als Naß- und Feuchtfutter keiner Zubereitung bedarf und auch, soweit es in Form von Trockenfutter verwendet wird, lediglich durch Zugabe von Wasser ohne weiteren Arbeitsaufwand an Heimtiere gefüttert werden kann. Fertigfutter erspart damit die Aufbewahrung oft übel riechender Schlachtabfälle und den sonst erforderlichen zeitaufwendigen Zubereitungsprozeß. Darüber hinaus bietet Fertigfutter infolge der langen Lagerfähigkeit Vorteile bei der Bevorratung.» . . . Zudem enthält Fertigfutter «als Alleinfutter alle für die gesunde tierische Ernährung notwendigen Bestandteile. Diesen Gesichtspunkt stellt Effem auch in seiner Werbung mit dem Slogan ‹Die Garantie, gesund zu füt-

---

[16] Rama-Mädchen, in: WuW/E OLG 1985.
[17] Vgl. Effem-Tierfertignahrung, in: WuW/E BKartA 1817 ff.

tern› heraus. Für unerfahrene Tierhalter liegt hierin ein wichtiger Vorzug des Fertigfutters. ... Was die Verbraucherpreise für Fertigfutter und andere für die Tierfütterung geeignete Nahrungsmittel betrifft, so ist zwar Fertigfutter nicht generell billiger ... Aus Verbrauchersicht entscheidend ist indessen die Tatsache, daß sich die Preiswürdigkeit von Fertigfutter ständig gegenüber anderen Nahrungsmitteln verbessert.»[18]

Das Bundeskartellamt bejahte eine überragende Marktstellung von Effem auf den relevanten Märkten für Hunde- und Katzenfertigfutter, da Effem außer einem Marktanteil von etwa 70% über eine große Finanzkraft als Tochterunternehmen der internationalen Mars-Gruppe und einen guten Zugang zu den Absatzmärkten verfügte. Die einzigen beiden Wettbewerber von Bedeutung: Latz Purina und Glücksklee, verfügten dagegen über wesentlich geringere Marktanteile und ungünstigere Marktzutrittsmöglichkeiten aufgrund eines kleineren Werbevolumens und einer geringeren Sortimentsbreite. Insofern besaß Effem eindeutig eine dominierende Stellung, die ihm einen weiten Verhaltensspielraum gegenüber seinen Konkurrenten einräumte.
Das Bundeskartellamt bejahte einen Verstoß gegen das Diskriminierungsverbot für marktbeherrschende Unternehmen i. S. des § 26 Abs. 2 GWB, da von der progressiven Bonusstaffel eine Sogwirkung zum verstärkten Bezug von Effem-Produkten ausgehe. Effem versuchte, sein Bonussystem damit zu rechtfertigen, daß mit dem Bonus ein Anreiz zu größeren Bestellmengen gegeben sei und dadurch Vertriebs- und Verwaltungskosten eingespart würden; der Jahresumsatzbonus stelle insofern ein Entgelt für die kostensenkenden Leistungen der Großabnehmer dar. Das Bundeskartellamt machte demgegenüber geltend, daß die Bonusvergütung nicht auf die Höhe des Einzelauftrages und damit eventuelle Kostenersparnisse, sondern auf den innerhalb eines Jahres erzielten Gesamtumsatz abstelle. Der Jahresumsatzbonus von Effem sei insofern mit einem Treuerabatt vergleichbar:

«Zwar verliert der Abnehmer beim Jahresumsatzbonus von Effem – anders als bei dem auf Vereinbarung beruhenden ‹Treuerabatt› – nicht die gesamte Vergütung, wenn er vom Mitbewerber bezieht, er läuft aber Gefahr, durch das Nichterreichen von für die Bonusgewährung vorausgesetzten Umsatzgrenzen erhebliche wirtschaftliche Nachteile zu erleiden. Dies läuft im Ergebnis auf eine mit wirtschaftlichen Mitteln bewirkte Bindung hinaus, die für den Wettbewerb schädliche Wirkungen nach sich zieht. Insofern besteht zwischen einer Treuerabattvereinbarung und dem von Effem gewährten Jahresumsatzbonus kein gravierender Unterschied.»[19]

Das Bundeskartellamt weist in diesem Zusammenhang auf die entsprechende Beschlußpraxis des Europäischen Gerichtshofes hin, der Treuerabattvereinbarungen u. a. unter dem Gesichtspunkt der Abnehmerdiskriminierung als mißbräuchliche Ausnutzung einer marktbeherrschenden Stellung i. S. von Art. 86 EWGV angesehen habe.[20] Zudem begünstige die progressive Bonusstaffel Großabnehmer in sachlich nicht gerechtfertigter Weise. In diesem Zusammenhang stellt das Bundeskartellamt heraus, daß seines Erachtens an die sachliche Rechtfertigung der Ungleichbehandlung von Abnehmern um so höhere Anforderungen zu stellen sind, je größer die Marktmacht des differenzierenden Unternehmens ist.

[18] Effem-Tierfertignahrung, in: WuW/E BKartA 1818.
[19] Effem-Tierfertignahrung, in: WuW/E BKartA 1822.
[20] Vgl. Europäische Zuckerindustrie, in: WuW/E EWG/MUV 347 ff., 371, und La Roche-Vitamine, in: WuW/E EWG/MUV 447 ff., 457, wo der EuGH die mißbräuchliche Ausnutzung einer beherrschenden Stellung im Sinne von Art. 86 EWGV angenommen hat, wenn ein «Unternehmen die Abnehmer nicht durch eine förmliche Verpflichtung bindet, sondern kraft Vereinbarung mit den Abnehmern, oder *einseitig* Treuerabatte gewährt, also Nachlässe, deren Gewährung voraussetzt, daß der Kunde – unabhängig von dem größeren oder geringeren Umfang seiner Käufe – seinen Gesamtbedarf oder einen wesentlichen Teil hiervon ausschließlich bei dem Unternehmen in beherrschender Stellung deckt» (Hervorhebung durch Verfasser).

Das Bundeskartellamt bejahte den Mißbrauch einer marktbeherrschenden Stellung i. S. des § 22 GWB auf den Fertigfuttermärkten für Hunde und Katzen. Die Grenzen der Handlungsfreiheit eines marktbeherrschenden Unternehmens sah das Bundeskartellamt in der Unbilligkeit des den Wettbewerber behindernden Verhaltens. Die Unbilligkeit der Behinderung erfordere nach stdg. BGH-Rechtsprechung eine Abwägung zwischen den Interessen des Marktbeherrschers und des Behinderten unter Berücksichtigung der auf die Freiheit des Wettbewerbs gerichteten Zielsetzung des GWB. Die Mißbrauchsaufsicht i. S. des § 22 GWB habe insofern zum Ziel,

«einer verhaltensbedingten weiteren Verschlechterung der Marktstruktur entgegenzuwirken und zu verhindern, daß bestehende marktbeherrschende Stellungen entgegen den Zielsetzungen des GWB weiter verstärkt werden».[21]

Insofern sei der Mißbrauchsbegriff des § 22 Abs. 4 GWB – jedenfalls soweit es sich um den Behinderungswettbewerb handele – inhaltsgleich mit dem Verbot der unbilligen Behinderung in § 26 Abs. 2 Satz 1 GWB. Bei der Interessenabwägung sei von erheblicher Bedeutung, ob das Verhalten des Marktbeherrschers dem Leistungswettbewerb oder dem Nicht-Leistungswettbewerb zuzuordnen sei. Von der progressiven Bonusstaffel gehe eine Sogwirkung zum verstärkten Bezug von Effem-Produkten aus. Dadurch werden insbesondere kleine und neu auf den Markt stoßende Anbieter in ihren Wettbewerbsmöglichkeiten unbillig behindert. Diese Anbieter müssen nicht nur die gleichen Konditionen wie Effem bieten, sondern den Abnehmern zusätzlich auch den teilweise erheblichen Bonusverlust für den Verzicht auf den Bezug beim Marktbeherrscher Effem ausgleichen. Der Bonus stelle somit im Verhältnis zu den Mitbewerbern ein Mittel des Nicht-Leistungswettbewerbs dar.

Das Bundeskartellamt sah daher in der Gewährung des Jahresumsatzbonus eine mißbräuchliche Ausnutzung der Marktstellung von Effem auf den beherrschten Märkten für Katzen- und Hundefertigfutter und begründete das mit den überwiegenden Interessen der aktuellen und potentiellen Mitbewerber an der wettbewerblichen Handlungsfreiheit auf den Fertigfuttermärkten und dem Interesse der Abnehmer an diskriminierungsfreien Einkaufskonditionen.

Das **Kammergericht** hat im November 1980 die Entscheidung des Bundeskartellamtes grundsätzlich bestätigt; die Entscheidung des **BGH** bleibt abzuwarten.

III. Boykott und Lieferverweigerung[22]

Wie im 6. Kap. ausgeführt, können insbesondere bei marktstarken Unternehmen Boykott und Lieferverweigerung zum absatzpolitischen Instrument werden, um Abnehmer oder Zulieferanten zu einer bestimmten Preis- oder Vertriebspolitik als den beiden Hauptmotiven einer Liefersperre zu veranlassen.[23] Die Frage der Zulässigkeit derartiger

[21] Effem-Tierfertignahrung, in: WuW/E BKartA 1825.

[22] Vgl. Belke, Rolf, Die Geschäftsverweigerung im Recht der Wettbewerbsbeschränkungen. Eine vergleichende Untersuchung zum deutschen und französischen Recht, Tübingen 1966; Emmerich, op. cit., S. 193 – 215, und Schmidt, Ingo, op. cit., S. 88 – 90 und 230 – 282, mit weiterführenden Literaturhinweisen.

[23] Vgl. OECD, Refusal to sell. Report of the Committee of Experts on Restrictive Business Practices, Paris 1969, S. 17 ff., wo hinsichtlich der Motivation der Sperren drei Fallgruppen unterschieden werden:
- Sperren zur Beschränkung der Vertriebswege,
- Sperren zur vertikalen Preisbeeinflussung und
- Anstiftung zur Sperre durch Händler (secondary boycott), eine Fallgruppe, die gerade im Hinblick auf neue Vertriebsformen (Discounter etc.) große Bedeutung besitzt.

Boykotts oder Lieferverweigerungen richtet sich im deutschen Kartellrecht nach einer Reihe von Bestimmungen, die den Grundsatz der Vertragsfreiheit einschränken.

1. Veranlassung zur Liefer- oder Bezugssperre

Da der nach den §§ 1 und 25 Abs. 1 GWB zu beurteilende kollektive Gruppenboykott keine besonderen Probleme aufwirft, soll im folgenden nur auf die Anstiftung zum Boykott i. S. des § 26 Abs. 1 GWB eingegangen werden.

Die Anstiftung zum Boykott i. S. des § 26 Abs. 1 GWB geht von einer Dreiecksbeziehung dergestalt aus, daß ein Boykott dann vorliegt, wenn derjenige, der die Sperre durchführt, auf Veranlassung eines Dritten handelt. Beteiligt sind also in der Regel drei Personen: derjenige, der ein drittes Unternehmen zur Sperre veranlaßt (Verrufer A), derjenige, an den sich die Aufforderung zur Sperre richtet und der sie durchführt (Adressat oder Ausführer B), und derjenige, der von der Sperre betroffen ist (Verrufener C). Die Veranlassung zur Sperre durch das vertikale Zusammenwirken von A und B verleiht dem Boykott insofern ein kollektives Moment:

Verrufer A
↓
Ausführer B → C als Verrufener

Wenngleich die Anstiftung zum Boykott ein beliebtes Mittel ist, um wettbewerbsaktive Unternehmen zu sperren, d. h., nicht mehr an sie zu liefern bzw. von ihnen zu beziehen, ist der § 26 Abs. 1 GWB in der Vergangenheit weitgehend wirkungslos geblieben; er ist daher im Rahmen der Zweiten GWB-Novelle im Jahre 1973 und der Vierten GWB-Novelle im Jahre 1980 verschärft worden:

– Im Jahre 1973 ist die bloße Aufforderung zum Boykott, unabhängig davon, ob der Adressat dieser Aufforderung Folge geleistet hat oder nicht, verboten worden.
– Im Jahre 1980 ist das Erfordernis eines Wettbewerbsverhältnisses zwischen dem Verrufer A und dem Boykottierten C entfallen.

Dagegen setzt die Anstiftung zum Boykott i. S. des § 26 Abs. 1 GWB nach wie vor voraus, daß der Verrufer in der *Absicht* gehandelt hat, den Boykottierten unbillig zu beeinträchtigen, wofür es auf eine Interessenabwägung des Auffordernden einerseits und des Boykottierten andererseits unter Berücksichtigung der auf den Schutz der Freiheit des Wettbewerbs gerichteten Zielsetzung des GWB ankommt. Die nachstehenden Fälle exemplifizieren die wettbewerbspolitische Problematik dieser Vorschrift.

Fall Interfunk (1977)[24]

Das geschäftsführende Vorstandsmitglied einer Einkaufsgenossenschaft von Einzelhändlern hatte am 19. September 1975 in einem Rundschreiben darauf hingewiesen, daß die Grundig AG nicht zur Belieferung der allkauf-Märkte verpflichtet und es für die allkauf-Märkte auch zumutbar sei, auf Grundig-Erzeugnisse zu verzichten. Ein weiteres Schreiben vom 24. September 1975 enthielt die Aufforderung an die Grundig AG, die Lieferentscheidung zugunsten der allkauf-Märkte zu revidieren.

[24] Vgl. Interfunk, in: WuW/E OLG 1965 ff.

Das **Kammergericht** wertete diese Schreiben als eine Aufforderung an die Grundig AG, die Belieferung der allkauf-Märkte abzubrechen, und sah darin eine unbillige Beeinträchtigung der Wettbewerber, da eine rechtlich an sich zulässige Ausschließlichkeitsbindung der Firma Grundig AG, nur an Fachhändler zu liefern, nicht bestand:

Die Einzelhändler «konnten daher allenfalls verlangen, daß sie den gleichen Bedingungen beim Bezug von Grundig-Erzeugnissen unterlägen wie ihre Wettbewerber oder daß sich diese Wettbewerber denselben Einschränkungen zu unterwerfen hätten. Nach der von der Grundig AG praktizierten Vertriebsbindung war aber die Belieferung nicht nur für Fachgeschäfte vorbehalten, sondern auch für Fachabteilungen. Über solche Abteilungen können aber gerade Unternehmen verfügen, die eine breitere Angebotspalette als der Fachhandel aufweisen, wie insbesondere Warenhäuser und Verbrauchermärkte. Sie sind ihrer Struktur nach durchaus ‹Gemischtwaren-Betriebe›; die Belieferung solcher Unternehmen, wenn dort Fachabteilungen vorhanden waren, stellte demnach keinen Verstoß gegen die Vertriebsbindung und damit auch keine Treuewidrigkeit gegenüber den der Vertriebsbindung unterworfenen Vertragspartnern der Grundig AG dar. . . . Nach den Bedingungen der Vertriebsbindung konnten sie beliefert werden; da die Grundig AG Unternehmen mit Fachabteilungen auch tatsächlich belieferte, erlitten die allkauf-Märkte durch eine Nichtbelieferung einen Wettbewerbsnachteil im Verhältnis zu vergleichbaren Unternehmen. Ob es für sie zumutbar wäre, auf Grundig-Erzeugnisse zu verzichten, ist unerheblich.»[25]

Das Kammergericht setzte daher gegen das geschäftsführende Vorstandsmitglied der Einkaufsgenossenschaft eine Geldbuße wegen einer Aufforderung zum Boykott i. S. des § 26 Abs. 1 GWB fest.

Fall Werbeaktion mit Kaffeegeschirren (1978)[26]

Die Tchibo-Kaffeerösterei bietet in ihren Filialgeschäften seit Jahren in wechselnder Folge branchenfremde Waren wie Filme, Haushaltsgegenstände oder Bücher zu günstigen Preisen zum Kauf an. Ursprünglich war der Verkauf an den gleichzeitigen Erwerb von Kaffee gekoppelt; ab 1975 ging Tchibo aufgrund der BGH-Rechtsprechung dazu über, derartige Waren ungekoppelt zu verkaufen.

Anfang 1977 wollte Tchibo eine Werbeaktion durchführen, in die Kaffeegeschirre von 23 Porzellanherstellern einbezogen werden sollten; zu diesem Zweck hatte Tchibo die Porzellanhersteller gebeten, jeweils 10 Kaffeegeschirre eines Dekors kostenlos für eine Verlosung unter den Teilnehmern der Werbeaktion zur Verfügung zu stellen.

Ein Fachverband richtete daraufhin folgendes Schreiben an die einzelnen Porzellanhersteller:[27]

« . . . Auch wenn den Ausführungen von Tschibo in dem Punkt zuzustimmen ist, daß von dieser Aktion eine gewisse Werbewirkung ausgeht, muß sich für den GPK-Fachhandel und seine Partner die Frage stellen, ob eine Verbindung des Namens führender Porzellanhersteller mit dem von Tschibo günstig ist. Der Bundesverband glaubt, diese Frage verneinen zu können, da die Schäden, die dem Fachhandel durch die Lockvogelangebote der Kaffeefilialisten, also auch von Tschibo, zugefügt werden, erheblich sind. Nach Ansicht unserer Mitgliedsfirmen verträgt sich hochwertiges Porzellan nicht mit Schleuderangeboten von Haushalts- und Geschenkartikeln, wie sie auch von Tschibo praktiziert werden . . .

Der GPK-Fachhandel glaubt, daß durch eine Beteiligung dem Namen Ihres Hauses mit Sicherheit mehr Schaden als Nutzen entstünde und bittet Sie, diese Meinung bei Ihrer Entscheidung zu berücksichtigen.

Im übrigen weisen wir darauf hin, daß für ähnliche, allerdings vom Fachhandel gesteuerte Aktionen bei unseren Mitgliedsfirmen jederzeit Bereitschaft besteht.»

---

[25] Interfunk, in: WuW/E OLG 1965.

[26] Vgl. Werbeaktion mit Kaffeegeschirren, in: WuW/E OLG 2067 ff.

[27] Werbeaktion mit Kaffeegeschirren, in: WuW/E OLG 2067.

Die Firma Tchibo verlangte von dem Fachverband, daß er es unterlasse, an Porzellanhersteller derartige Schreiben zu richten. Das **OLG Hamburg** sah in der Aufforderung des Fachverbandes an die Porzellanhersteller einen Aufruf zum Boykott der Firma Tchibo:[28]

«Aufforderung des Bekl(agten) ging jedoch nicht allein dahin, der Kl(ägerin) für ihre Werbeaktion keine Kaffeegeschirre – kostenlos – zur Verfügung zu stellen, sondern allgemein dahin, die Kl. nicht zu beliefern. . . . Der Bekl. war . . . erkennbar besorgt, daß die Porzellanhersteller . . . zukünftig Waren an die Kl. liefern könnten, die diese dann zu besonders günstigen Preisen weiter veräußern würde, und daß dadurch der Fachhandel geschädigt werden könnte. . . . Das beanstandete Schreiben diente seinem Inhalt nach dazu, aus konkretem Anlaß die Porzellanhersteller im Interesse der Einzelhändler zur Fachhandelstreue aufzufordern, und sollte sie demgemäß veranlassen, allgemein nur den Fachhandel, dagegen nicht Kaffeefilialisten wie die Kl. zu beliefern und gewissermaßen als Vorstufe hierzu – der Kl. auch nicht die gewünschten Kaffeegeschirre für die Werbeaktion – kostenlos – zur Verfügung zu stellen.»

Das OLG Hamburg sah in dem beanstandeten Schreiben einen Verstoß gegen das Boykottverbot i. S. des § 1 UWG und des § 26 Abs. 1 GWB.[29] Der Fachverband habe die Porzellanhersteller in der Absicht, das Unternehmen Tchibo unbillig zu behindern, zu einer Liefersperre aufgefordert. Die Unbilligkeit der Beeinträchtigung stellte das Gericht aufgrund einer Interessenabwägung zwischen dem berechtigten Interesse von Tchibo an ungestörter Wettbewerbstätigkeit und dem Grundrecht der Meinungsfreiheit gemäß Art. 5 Abs. 1 Satz 1 GG des Fachverbandes fest. Die Aufforderung zum Boykott diente nach Auffassung des Gerichts weder der Abwehr eines rechtswidrigen Angriffs (sog. Abwehrboykott) noch der Wahrnehmung sonstiger berechtigter Interessen; der Boykott war auch nicht durch das Grundrecht der Meinungsfreiheit (Mittel des geistigen Meinungskampfes) gedeckt. Der beklagte Fachverband habe daher in der Absicht gehandelt, die Klägerin Tchibo unbillig zu beeinträchtigen.
Dem Unterlassungsanspruch der Firma Tchibo, derartige Schreiben an die Porzellanhersteller zu richten, wurde daher stattgegeben.

Neben der – kollektive Züge aufweisenden – Anstiftung zum Boykott i. S. des § 26 Abs. 1 GWB spielen individuelle Liefersperren im Wirtschaftsleben eine große Rolle. Die Vertragsfreiheit von Unternehmen wird im Hinblick auf die Verhängung von individuellen Liefersperren durch verschiedene Vorschriften eingeengt, die die Lieferverweigerung zum Zwecke der vertikalen Preisbeeinflussung (§ 25 Abs. 2 GWB) oder der Beschränkung der Vertriebswege (§ 26 Abs. 2 GWB) verbieten; darüber hinaus findet die Generalklausel des § 22 GWB Anwendung.

2. Lieferverweigerung zur vertikalen Preisbeeinflussung

Die individuelle Liefersperre zur Preisbeeinflussung verstößt gegen das Verbot des § 25 Abs. 2 GWB, wonach die Anordnung oder Anwendung von wirtschaftlichem, gesellschaftlichem oder sonstigem Druck verboten ist, um andere Unternehmen zu einem Verhalten zu veranlassen, das nach dem GWB nicht zum Gegenstand einer vertraglichen Bindung gemacht werden darf. Der Schutzzweck dieser Vorschrift geht dahin, der Umgehung kartellrechtlicher Verbote durch Druck- und Lockmittel vorzubeugen; denn die tatsächliche Entschließungsfreiheit der Unternehmen und damit der Grad der Wettbe-

---

[28] Werbeaktion mit Kaffeegeschirren, in: WuW/E OLG 2069 f.

[29] Vgl. auch den Fall Denkzettel-Aktion, in: WuW/E BGH 1666 ff., in welchem die wettbewerbswidrige Organisation eines Boykotts durch das Presseorgan «markt intern» nach § 1 UWG beurteilt wurde.

werbsintenstität können durch derartige Druckmaßnahmen im Ergebnis genauso beeinträchtigt werden wie durch vertragliche Bindungen i. S. der §§ 1 oder 15 GWB.[30] Die wettbewerbspolitische Bedeutung des Verbotes der Lieferverweigerung mit dem Ziel der Preisbeeinflussung besteht daher in der Aufrechterhaltung und Sicherung der Entschließungsfreiheit der Abnehmer und des Händlerpreiswettbewerbs auf den nachgelagerten Wirtschaftsstufen. Die Entscheidungen Saba und Architektenkammer sollen die wettbewerbspolitische Problematik exemplifizieren.[31]

Fall Saba (1965)[32]

Im Bußgeldverfahren Saba hatte ein Hersteller von Rundfunkgeräten einen Einzelhändler in eine dem Fachhandel zugeleitete Sperrliste aufgenommen, um diesen Einzelhändler – ein sogenanntes Niedrigpreisgeschäft – künftig zur Einhaltung der empfohlenen Richtpreise zu veranlassen. Der **Bundesgerichtshof** hielt die Zufügung von Nachteilen durch eine Liefersperre nur dann für unzulässig, wenn damit eine Einwirkung auf die *zukünftige* Entschließungsfreiheit eines anderen Unternehmens verfolgt werde. Eine *endgültige* Sperre «als eine Art Vergeltung» gegen einen Händler, dessen Verkaufspolitik den Vorstellungen des Herstellers nicht entspricht, verstoße nicht gegen § 25 Abs. 2 GWB. Dagegen sei eine Liefersperre unzulässig, wenn «dadurch der gesperrte Einzelhändler zu künftigem Wohlverhalten im Sinne des Herstellers veranlaßt werden» soll, also eine *zukünftige* Willensbeugung bezweckt werde. Dabei lehnte es der BGH ab, einen allgemeinen wirtschaftlichen Erfahrungssatz dergestalt zugrunde zu legen, «daß Liefersperren der Hersteller gegen Niedrigpreisgeschäfte stets auf deren Preisbildung beruhen», da auch sonstige Fragen der Marktpflege (z. B. Vertrieb nur über Händler mit Serviceleistungen) eine Rolle spielen könnten.
Mit dieser Entscheidung hat der BGH völlig auf die subjektive Willensrichtung des Sperrenden abgestellt, womit sich reichhaltige Möglichkeiten zur Umgehung durch Verschleierung der wahren Absichten ergeben. Ein juristisch gut beratenes Unternehmen kann ohne vorherige Abmahnung und ohne Bekanntgabe an die übrigen Händler[33] eine sog. endgültige Liefersperre aussprechen, die wettbewerbspolitisch das gleiche Ergebnis hätte: Lieferstop für dynamische Händler, Zementierung der Handelswege und Beschränkung des Preiswettbewerbs.

---

[30] Während das Druckverbot des § 25 Abs. 2 GWB die Umgehung (unzulässiger) vertraglicher Bindungen z. B. i. S. der §§ 1 oder 15 GWB durch Beeinflussung der Entschließungsfreiheit Dritter erfaßt, verbietet § 25 Abs. 3 GWB, andere Unternehmen zu einer Beteiligung an bestimmten **zulässigen** Formen wettbewerbsbeschränkenden Verhaltens zu zwingen. So ist z. B. der Zwang zum Beitritt zu einem nach § 8 GWB legalisierten Ministerkartell verboten (sog. Organisationszwang); vgl. dazu den Fall Rote Liste, in: WuW/E OLG 2210 ff.

[31] Vgl. auch den Fall Laboruntersuchungen, in: WuW/E OLG 1687 ff., in welchem zwei gewerbliche Laboratorien durch die Androhung des Boykotts ihrer Produkte dazu veranlaßt werden sollten, die Tätigkeit einer Tochtergesellschaft auf einem bestimmten Markt einzustellen und dort keine Werbung mehr zu betreiben. Der BGH hat die Rechtsbeschwerde ohne nähere Begründung zurückgewiesen.

[32] Vgl. Saba, in: WuW/E BGH 704 ff.

[33] Vgl. den Fall Anzeige, in: WuW/E OLG 867 ff., wo das OLG Koblenz einen wirtschaftlichen Erfahrungssatz dergestalt aufgestellt hat, daß auch eine endgültige Sperre, die ein preisempfehlender Hersteller gegen einen Einzelhändler aus Preisgründen verhängt *und* dem einschlägigen Groß- und Einzelhandel (quasi als Abschreckung) mitteilt, wegen der selbstverständlichen Auswirkungen auf die Endverbraucherpreise gegen das Verbot des § 25 Abs. 2 GWB verstößt.

Fall Architektenkammer (1976)[34]

In diesem Fall geht es um den Versuch einer öffentlich-rechtlich organisierten Architektenkammer, staatlich festgesetzte Gebührenhöchstsätze in wettbewerbsbeschränkender Weise als Mindestsätze durchzusetzen. Zu diesem Zweck bedrohte die Architektenkammer ihre Mitglieder und Dritte, wie die Stadt Wolfsburg und den Landkreis Harburg, mit Berufsgerichtsverfahren und Schadensersatzansprüchen. Die **Landeskartellbehörde Niedersachsen** sah in diesem Verhalten der Architektenkammer den Versuch, ihre Mitglieder und Dritte durch die Anwendung von Druck i. S. des § 25 Abs. 2 GWB zu veranlassen, die Höchstpreise der Gebührenordnung für Architekten (GOA) nicht zu unterschreiten und nicht an Architektenwettbewerben teilzunehmen, die diesen Grundsätzen nicht entsprechen. Nach Ansicht der Landeskartellbehörde Niedersachsen hat die Architektenkammer damit Empfehlungen i. S. des § 38 Abs. 1 Nr. 11 GWB ausgesprochen, die eine Umgehung des Kartellverbotes nach § 1 GWB durch gleichförmiges Verhalten bewirkt haben.
Der **Bundesgerichtshof** hat – in Fortführung seiner Rechtsprechung zum funktionellen Unternehmensbegriff – die Architektenkammer insoweit als Unternehmen i. S. des GWB angesehen, als sie Leistungen der in der GOA beschriebenen Art anbietet und damit mit anderen Architekten oder Dritten in Preiswettbewerb tritt. Der BGH hat den Verstoß gegen das Druckverbot des § 25 Abs. 2 GWB wie folgt begründet:

«Diese Bestimmung dient der Aufrechterhaltung des Wettbewerbs, indem sie die unternehmerische Entscheidungsfreiheit gegen bestimmte Einflußnahmen anderer Unternehmen oder Vereinigungen von Unternehmen schützt und der Gefahr vorbeugt, daß Verbote des GWB durch Anwendung von Druck und Lockmitteln umgangen werden. ... Es genügt – sofern die übrigen Voraussetzungen des § 25 Abs. 2 GWB gegeben sind –, wenn dem Adressaten ein Übel zugefügt oder in Aussicht gestellt wird, das bei objektiver Beurteilung geeignet ist, seinen Willen zu beeinflussen und ihn zu einem wettbewerbsbeschränkenden Verhalten i. S. dieser Vorschrift zu bestimmen. ... In dem systematisch wiederholten, mit dem Inaussichtstellen und der Einleitung von gerichtlichen Maßnahmen verbundenen Verlangen, die Höchstpreise der GOA nicht zu unterschreiten, ist deshalb auch insoweit eine ernste Bedrohung der Entschließungsfreiheit der angesprochenen Kreise zu erblicken, als die Befürchtung vor weiteren nachteiligen Folgen und Unannehmlichkeiten erweckt wird, wenn die Forderung der Beschwerdef(ührer) unbeachtet bleibt: ... Den Mitgliedern der Beschwerdef. wird es dadurch erschwert, im Wettbewerb den Preis als Mittel zur Erzielung von Aufträgen einzusetzen.»[35]

Der Bundesgerichtshof hat daher die Untersagungsverfügung der Landeskartellbehörde Niedersachsen bestätigt. Er hat in den Empfehlungen der Architektenkammer einen Verstoß gegen das Empfehlungsverbot des § 38 Abs. 1 Nr. 11 GWB erblickt, welches durch die Anwendung von Druck i. S. des § 25 Abs. 2 GWB umgangen werden sollte.

3. Lieferverweigerung zur Beschränkung der Vertriebswege

Neben dem Motiv der Preisbeeinflussung spielt bei der individuellen Lieferverweigerung das Ziel der Beschränkung der Vertriebswege eine dominierende Rolle. Während die Anbieter von Konsumgütern des täglichen Bedarfs mit relativ niedrigen Preisen in der Regel danach streben, ihre Produkte über so viele Händler wie möglich zu verkaufen, verfolgen die Anbieter von langlebigen Gebrauchsgütern mit höheren Preisen in der Re-

[34] Vgl. Architektenkammer, in: WuW/E BGH 1474 ff.
[35] Architektenkammer, in: WuW/E BGH 1478 f.

gel eine davon abweichende selektive Vertriebspolitik[36], die eine Reihe von wettbewerbspolitischen Problemen bei der Abwägung der gesamtwirtschaftlichen Vor- und Nachteile einer solchen Absatzstrategie aufwirft[37].

Die Lieferverweigerung zur Sicherung des Allein- oder Selektivvertriebs unterliegt dem Diskriminierungsverbot des § 26 Abs. 2 GWB, welches marktbeherrschenden und preisbindenden Unternehmen sowie (legalisierten) Kartellen die unbillige Behinderung und sachlich nicht gerechtfertigte unterschiedliche Behandlung von anderen Unternehmen verbietet. Durch die Zweite GWB-Novelle im Jahre 1973 ist der Kreis der Normadressaten um solche Unternehmen und Vereinigungen von Unternehmen erweitert worden, von denen «Anbieter oder Nachfrager einer bestimmten Art von Waren oder gewerblichen Leistungen in der Weise abhängig sind, daß ausreichende und zumutbare Möglichkeiten, auf andere Unternehmen auszuweichen, nicht bestehen». Damit sollte eine Schutzlücke geschlossen werden, die sich aus **bestimmten Formen der Abhängigkeit** ergibt:

- Die sog. sortimentsbedingte Abhängigkeit, d. h. das Angewiesensein vieler Groß- und Einzelhändler auf bekannte Markenartikel.
- Die sog. nachfragebedingte Abhängigkeit, d. h. die Abhängigkeit zahlreicher kleinerer und mittlerer Lieferanten von großen Abnehmern (Problem der Nachfragemacht).
- Die sog. mangelbedingte Abhängigkeit, d. h. die Abhängigkeit einstufiger Hersteller von ihren mehrstufigen, vertikal integrierten Konkurrenten mit Zugang zu den Rohstoffquellen (z. B. Mineralölhersteller).
- Die sog. unternehmensbedingte Abhängigkeit, d. h. den Fall, daß sich ein Unternehmen aufgrund langjähriger Geschäftsbeziehungen derart auf ein anderes Unternehmen eingestellt hat, daß ihm eine Umstellung in Produktion oder Vertrieb nur unter sehr großen Schwierigkeiten möglich ist.

Der Schutzzweck dieser Vorschrift geht jedoch unverändert dahin, bei Trägern wirtschaftlicher Macht den Mißbrauch dieser Macht – durch Beeinträchtigung der wirtschaftlichen Bewegungsfreiheit anderer Unternehmen – zu verhüten.

Parallel zu dem speziellen Diskriminierungsverbot des § 26 Abs. 2 GWB greift für marktbeherrschende Unternehmen die Generalklausel des § 22 GWB ein, sofern sich eine individuelle Liefersperre als Ausnutzung einer marktbeherrschenden Stellung darstellt. Die wettbewerbspolitische Problematik einer individuellen Liefersperre marktbeherrschender Unternehmen bzw. von Unternehmensgruppen ist anhand der Fälle Sportartikelmesse und Benzinpreise deutlich geworden.[38]

Die im Rahmen der 2. GWB-Novelle im Jahre 1973 erfolgte Einführung des Abhängigkeitstatbestandes in § 26 Abs. 2 Satz 2 GWB hat zunehmend dazu geführt, daß die Rechtsprechung auch im Falle marktstarker Unternehmen dazu neigt, einen Kontrahie-

[36] OECD, Refusal to sell . . ., op. cit., S. 17 par. 15: «Suppliers of the latter goods very often find it desirable to introduce a systematic marketing policy designed to limit the channels of distribution. With such a selective sales system suppliers believe they can compete most effectively with their competitors by offering the goods to their chosen dealers at constant quality, prices and terms of sale, whilst ensuring that the end consumer enjoys an advisory service and other sales services. With such selective distribution the supplier thinks he can achieve maximum sales.»

[37] Vgl. dazu das 6. Kap. über die wettbewerbspolitischen Wirkungen von Behinderungsstrategien im weiteren Sinne.

[38] Vgl. Sportartikelmesse II, in: WuW/E BGH 1027 ff., und Erstes Benzinpreisverfahren, in: Tätigkeitsbericht BKartA für das Jahr 1967, in: BTDr V/2841, S. 41.

rungszwang auszusprechen. Die neuesten BGH-Entscheidungen in den Fällen Allkauf-Nordmende und Revell-Plastics exemplifizieren diese wettbewerbspolitische Entwicklung.

Fall Allkauf/Nordmende (1979)[39]

Im Fall Allkauf/Nordmende hatte ein SB-Verbrauchermarkt, der Fachabteilungen für Unterhaltungselektronik unterhielt, die Firma Nordmende auf Weiterbelieferung verklagt. Die Klägerin Allkauf hatte unter anderem beantragt festzustellen, daß die Beklagte Nordmende verpflichtet sei, die Klägerin mit allen von ihr angebotenen Nordmende-Erzeugnissen zu den gleichen Konditionen zu beliefern, die sie Einzelhändlern einräume. Dieser Anspruch auf Lieferpflicht wurde auf § 26 Abs. 2 Satz 2 GWB gestützt. Dabei war strittig, ob die Allkauf SB-Warenhäuser von der Firma Nordmende abhängig i. S. dieser Vorschrift sind oder nicht.

Der **Bundesgerichtshof** charakterisierte den durch die Zweite Novelle von 1973 geänderten Normzweck des § 26 Abs. 2 Satz 2 GWB wie folgt:[40]

«(D)ie Erweiterung des Adressatenkreises des Diskriminierungsverbotes solle Störungen des freien Wettbewerbs durch marktstarke Unternehmen verhindern, soweit diese Störungen durch einen Mißbrauch der wirtschaftlichen Macht hervorgerufen werden. Erfaßt werden sollen damit vor allem solche Unternehmen, die zwar nicht marktbeherrschend sind, die im Einzelfalle aber gegenüber einzelnen Unternehmen eine so starke Stellung am Markt haben, daß diese – zur Vermeidung einer erheblichen Beeinträchtigung ihrer Wettbewerbsfähigkeit – auf die Geschäftsbeziehungen mit diesem Unternehmen angewiesen sind, weil keine ausreichenden und zumutbaren Möglichkeiten bestehen, auf andere Unternehmen auszuweichen.
Ob Ausweichmöglichkeiten in diesem Sinne bestehen, beurteilt sich zunächst danach, welche Möglichkeiten auf dem relevanten Markt überhaupt vorhanden sind, auf entsprechende Geschäftsbeziehungen mit anderen Unternehmen auszuweichen . . . Insbesondere können Geltung und Ansehen einer bestimmten Ware auch bei vorhandenem wesentlichem Wettbewerb und einer Vielzahl von Anbietern so bedeutend sein, daß das Fehlen dieser Ware im Angebot eines Handelsunternehmens, bei dem der Verkehr das Angebot als selbstverständlich voraussetzt, zu einem Verlust an Ansehen und zu einer gewichtigen Beeinträchtigung der Wettbewerbsfähigkeit führt.»

Der Bundesgerichtshof begründete im konkreten Fall die Abhängigkeit der Allkauf-SB-Warenhäuser von der Firma Nordmende i. S. des § 26 Abs. 2 Satz 2 GWB damit, daß auf dem Markt für Unterhaltungselektronik ein Händlersortiment von mehreren Markenherstellern Voraussetzung für die Wettbewerbsfähigkeit sei. Ein derartiges Sortiment umfasse bei kleinen Fachgeschäften 4–5 und bei größeren Fachgeschäften (Jahresumsatz mehr als 1 Mio DM) 9–10 Marken. Im Interesse seiner Wettbewerbsfähigkeit müsse ein Händler zwar keine bestimmten, wohl aber *mehrere* allgemein anerkannte Marken führen. Die Klägerin werde von allen deutschen Markenherstellern – mit Ausnahme des Marktführers Grundig – nicht oder nicht vollständig beliefert; damit sei nicht sichergestellt, daß sie ein angemessenes Sortiment im Interesse der Herstellung und Unterhaltung ihrer Wettbewerbsfähigkeit anbieten könne. Die Anbieterstruktur war durch eine Marktführerschaft von Grundig mit 25 % Marktanteil, einem Marktanteil von Nordmende mit 11 % und Marktanteilen der übrigen Hersteller von 11, 8, 7 und 3 % charakterisiert, während sich die restlichen 35 % auf weitere Wettbewerber verteilten. Abgesehen von dem Marktführer Grundig weigerten sich die übrigen 13 Unternehmen, ihr Gesamtprogramm an die Klägerin zu liefern. Damit erhob sich die Frage, *von wem* die Firma Allkauf abhängig i. S. des § 26 Abs. 2 Satz 2 GWB war. Der BGH ließ es dahingestellt, ob der nicht belieferte Händler von *allen* Anbietern abhängig ist,

---

[39] Vgl. Allkauf/Nordmende, in: WuW/E BGH 1567 ff.; vgl. zur neuesten BGH-Rechtsprechung Markert, Kurt, Lieferverweigerung eines Markenartikelherstellers gegenüber Selbstbedienungs-Verbrauchermärkten, in: Der Betriebs-Berater 1979, S. 797 ff.

[40] Allkauf/Nordmende, in: WuW/E BGH 1568.

deren Markenwaren für die zur Wettbewerbsfähigkeit erforderliche Sortimentsbreite notwendig sind und ob demgemäß der Händler eine Auswahl unter der Vielzahl der Anbieter treffen könne:

«Steht, wie hier, fest, daß keiner dieser Anbieter bereit ist, die Nachfrage des Unternehmens zu befriedigen, ist eine Abhängigkeit jedenfalls grundsätzlich gegenüber den Anbietern zu bejahen, welche die stärkste Stellung am Markt haben. Den bedeutendsten Anbietern von Markenwaren kann es unter diesen Umständen nicht gestattet sein, den Nachfrager auf andere Markenwaren zu verweisen.
Eine solche Auslegung des § 26 Abs. 2 Satz 2 GWB trägt der Zielsetzung des Diskriminierungsverbots, die Märkte offenzuhalten, Rechnung, und vermeidet bei Märkten der hier gegebenen Struktur das unhaltbare Ergebnis, daß die Anbieter den abhängigen Nachfrager immer auf andere Anbieter verweisen mit der Folge, daß dem Händler der Markt verschlossen bleibt. Sie allein steht auch im Einklang mit der erklärten Absicht des Gesetzgebers, für die Anbieter solcher Markenwaren, die ein Händler, wenn er wettbewerbsfähig sein will, im Sortiment führen muß, eine Lieferpflicht zu begründen.»[41]

Der BGH verwies den Fall zur Sachverhaltsaufklärung an das OLG Düsseldorf zurück, welches zu prüfen habe, ob die Nichtbelieferung der Allkauf-SB-Warenhäuser durch Nordmende sachlich gerechtfertigt sei. Im Rahmen der sachlichen Rechtfertigung wird sich das OLG Düsseldorf mit dem Einwand zu befassen haben, wonach Nordmende durch die Belieferung von modernen Großbetriebsformen des Einzelhandels seinerseits in die Gefahr geraten könne, Abnehmer aus dem Kreis des traditionellen Fachhandels zu verlieren und damit letztlich selbst in die Abhängigkeit einer kleineren Zahl größerer Abnehmer (Nachfragemacht) zu geraten.

Die neuesten Entscheidungen (Allkauf-Nordmende und Revell Plastics) verdeutlichen die Position des BGH, der eine Lieferpflicht nur in dem Fall bejaht, daß die Wettbewerbsfähigkeit eines Unternehmens von einer entsprechenden Sortimentsbreite abhängt.

IV. Preisdiskriminierung[42]

Während die Diskriminierung durch Boykott und Lieferverweigerung im vorangegangenen Abschnitt behandelt worden ist, soll in diesem Abschnitt im Rahmen der Tatbestandsgruppe des Behinderungswettbewerbs auf die Frage der wettbewerbspolitischen Beurteilung der Preisdifferenzierung auf unvollkommenen Märkten und die Rechtsprechung zum Verbot der Preisdiskriminierung i. S. des § 26 Abs. 2 GWB eingegangen werden. Wie im 6. Kap. ausgeführt, sind Preisdifferenzierungen einer Wettbewerbswirtschaft wesensimmanent und werden erst dann zu einer Gefahr, wenn sie von marktmächtigen Unternehmen angewendet werden. Dementsprechend gilt das Preisdiskriminierungsverbot des § 26 Abs. 2 GWB nur für marktbeherrschende und preisbindende Unternehmen sowie Kartelle als mutmaßlichen Inhabern wirtschaftlicher Macht.

---

[41] Allkauf/Nordmende, in: WuW/E BGH 1569. Vgl. auch den Fall Revell Plastics, in: WuW/E BGH 1620 ff., in welchem der BGH eine Belieferungspflicht des Spielwarenherstellers Revell Plastics gegenüber einem SB-Verbrauchermarkt verneinte, da letzterer kein Vollsortiment i. S. einer Fachabteilung anstrebte, sondern nur sog. ‹Renner› führte.

[42] Vgl. Belke, op. cit., S. 292 ff.; Emmerich, op. cit., S. 195 – 215; Schmidt, Ingo, op. cit., S. 90–92 und 283 – 310, und Zohlnhöfer, op. cit., S. 74 – 94, mit weiterführenden Literaturhinweisen.

Das Diskriminierungsverbot des § 26 Abs. 2 GWB hat dabei den doppelten Schutzzweck der Sicherung des Wettbewerbs als Individualschutz im Sinne einer Gleichheit der Marktchancen gleichartiger Unternehmen gegenüber den Normadressaten dieser Vorschrift und als Institutionsschutz im Sinne der Aufrechterhaltung des Wettbewerbs als anonymen Kontroll- und Steuerungsmechanismus unserer marktwirtschaftlichen Ordnung. Dieser doppelte wettbewerbspolitische Schutzzweck ergibt sich nach ständiger höchstrichterlicher Rechtsprechung aus den Tatbestandsmerkmalen «unbillige Behinderung» bzw. «sachlich nicht gerechtfertigte unterschiedliche Behandlung», wonach es – unter Berücksichtigung der auf die Freiheit des Wettbewerbs gerichteten Zielsetzung des Gesetzes – entscheidend auf die Abwägung der beiderseitigen wirtschaftlichen Interessen des diskriminierenden und des diskriminierten Unternehmens ankommt.

Bei der folgenden Untersuchung der Auswirkungen von Preisdifferenzierungen auf den Wettbewerb und deren rechtlicher Beurteilung soll zwischen dem Wettbewerb unter Verkäufern (first line competition) und dem Wettbewerb unter Käufern (second line competition) unterschieden werden.

1. Der Schutz des Wettbewerbs auf der Verkäuferebene

Im Hinblick auf den Schutz des Wettbewerbs auf der Verkäuferebene verbietet § 26 Abs. 2 GWB marktbeherrschenden und preisbindenden Unternehmen sowie Kartellen als mutmaßlichen Trägern wirtschaftlicher Macht die unbillige Behinderung anderer Unternehmen in einem Geschäftsverkehr, der gleichartigen Unternehmen üblicherweise zugänglich ist. Unter Behinderung von Konkurrenten ist dabei eine Einflußnahme auf die wirtschaftliche Entschließungsfreiheit und u. U. die Freiheit der Preisgestaltung zu verstehen. Anders als in den USA mit dem generellen Preisdiskriminierungsverbot nach sec. 2 Clayton Act ist jedoch die Zahl der Fälle, in denen die Kartellbehörden mit einer Behinderung von Konkurrenten durch Preisdifferenzierung befaßt waren, verschwindend gering, was auch an der Begrenzung des Normadressatenkreises liegen dürfte. Zudem hat das Bundeskartellamt schon frühzeitig die Position eingenommen, daß die Erreichung eines Wettbewerbsvorsprunges durch billigere Preise ein grundsätzlich erwünschtes Marktverhalten ist, das rechtlich nicht als Behinderung i. S. des § 26 Abs. 2 GWB zu werten ist; nur bei Vorliegen besonderer Umstände werde eine Preisdifferenzierung zu einer unbilligen Behinderung.

Im Fall von (noch) zugelassenen Gesamtumsatzkartellen, die einen Gesamtumsatzrabatt für die Bezüge bei allen Kartellmitgliedern gewähren, besteht in der Regel ein starker Anreiz für die Abnehmer, ihre Bezüge auf diese Hersteller zu konzentrieren, um in den Genuß höherer Rabatte zu kommen. Für Kartellaußenseiter und newcomers ergibt sich daraus eine nachhaltige Sogwirkung, die sie in ihrer wirtschaftlichen Entscheidungsfreiheit und insbesondere der Freiheit der Preisgestaltung beeinträchtigt, da sie ihren Abnehmern höhere Rabatte gewähren müssen, um den Nachteil, den ihre Abnehmer durch den Verzicht auf die Auftragskonzentration bei den Mitgliedern des Rabattkartells erleiden, auszugleichen.

Die Gesamtumsatzrabattierung ist in ihrem Wesen dem Treuerabatt verwandt. Das Bundeskartellamt hat daher in der Rabattdifferenzierung durch die Nicht-Mitzählung der Außenseiterbezüge bei der Berechnung des Gesamtumsatzrabattes eine unbillige Behinderung von Mitbewerbern i. S. des § 26 Abs. 2 GWB gesehen und daher grundsätzlich die Mitzählung von Außenseiterbezügen bei einer Gesamtumsatzrabattierung verlangt.

In den Fällen Rama-Mädchen und Effem-Tierfertignahrung[43], die oben im Abschnitt über den Behinderungsmißbrauch marktbeherrschender Unternehmen dargestellt worden sind, hat das Bundeskartellamt dementsprechend den Sogeffekt eines individuellen Gesamtumsatzrabattverfahrens durch ein marktbeherrschendes Unternehmen auch als eine unbillige Behinderung von Mitbewerbern i. S. des § 26 Abs. 2 GWB angesehen.

Die sehr geringe Zahl der Entscheidungen dokumentiert, daß das Bundeskartellamt – anders als etwa die Federal Trade Commission in Washington – hinsichtlich des Schutzes des Wettbewerbs auf der Verkäuferebene (first line competition) von Anfang an vorrangig auf den Schutz des Wettbewerbs als Kontroll- und Steuerungsmechanismus (Institutionsschutz) abgestellt hat.

2. Der Schutz des Wettbewerbs auf der Käuferebene

Bei der Beschränkung des Wettbewerbs mittels Preisdifferenzierung auf vor- oder nachgelagerten Wirtschaftsstufen ist zwischen der Veranlassung durch die Verkäufer (Diskriminierung i. e. S.) und der Veranlassung durch die Käufer (Nachfragemacht) zu unterscheiden.

a) Veranlassung durch die Verkäufer (Anbietermacht)

Eine Beschränkung des Wettbewerbs mittels Preisdifferenzierung auf vor- oder nachgelagerten Wirtschaftsstufen ist marktbeherrschenden und preisbindenden Unternehmen sowie Kartellen (den sog. Normadressaten) als sachlich nicht gerechtfertigte unterschiedliche Behandlung gleichartiger Unternehmen nach § 26 Abs. 2 GWB verboten. Schutzobjekt des Diskriminierungsverbotes i. e. S. sind also vor- oder nachgelagerte Wirtschaftsstufen, deren Marktchancen nicht durch diskriminierende Maßnahmen ihrer Marktpartner beeinträchtigt werden dürfen. Im Gegensatz zu dem Tatbestand der unbilligen Behinderung von Mitbewerbern durch Preisdifferenzierung liegen im Hinblick auf den Schutz des Wettbewerbs auf vor- oder nachgelagerten Wirtschaftsstufen eine ganze Reihe von Entscheidungen oder Stellungnahmen der Kartellbehörden vor.[44]

Dabei stand bis in die jüngste Vergangenheit beim Schutz des Käuferwettbewerbs (second line competition) im Gegensatz zum first line competition der Individualschutz im Vordergrund; der Institutionsschutz wurde lediglich verbal bejaht, praktisch bei der Abwägung jedoch nicht berücksichtigt. So haben die Gerichte bis in die jüngste Vergangenheit alle vernünftigen kaufmännischen oder betriebswirtschaftlichen Erwägungen des Herstellers als sachliche Rechtfertigung einer unterschiedlichen Behandlung angesehen; d. h., die notwendige Interessenabwägung zwischen dem diskriminierenden und dem diskriminierten Unternehmen ging in aller Regel zugunsten des diskriminierenden Unternehmen aus, das folglich in der Gestaltung seiner Absatzorganisation praktisch keinen Beschränkungen unterlag.[45] Der in dem abstrakten Leitsatz von den Gerichten be-

---

[43] Vgl. Rama-Mädchen, in: WuW/E OLG 1983 ff., und Effem-Tierfertignahrung, in: WuW/E BKartA 1817 ff.

[44] Vgl. Schmidt, Ingo, op. cit., S. 302 f., und Emmerich, op. cit., S. 213 f.

[45] Vgl. die grundlegende Kritik von Pickel, Walter, Diskriminierung durch preisbindende Unternehmen. Üblicherweise zugänglicher Geschäftsverkehr und Interessenabwägung, in: Der Betriebs-Berater 20. Jg. (1965), S. 651 ff.

schworene Gesichtspunkt der Sicherung der Freiheit des Wettbewerbs im Interesse der Offenhaltung der Märkte und der Verhinderung der Zementierung der Vertriebswege hat in der Rechtsprechung praktisch keine Rolle gespielt. Erst in jüngster Zeit hat sich mit der Entscheidung des Bundesgerichtshofes im Fall Asbach ein gewisser Wandel in der Interessenabwägung und in der Berücksichtigung des Institutionsschutzgedankens abgezeichnet.

Fall Asbach (1976)[46]

Im Fall Asbach ging es um die rechtliche Beurteilung einer Rabattdifferenzierung für Bedienungsfachgroßhändler und andere Großhändler. Die Firma Asbach hatte im Jahre 1973 5.064 Großhändler mit Asbach Uralt beliefert, darunter 233 Selbstbedienungsgroßhändler. Sie gewährte allgemein einen Rabatt von 5 % und ein Skonto von 3 %. Ein Kreis von 1.527 sog. Bedienungsfachgroßhändlern, die ausschließlich gastronomische Betriebe beliefern und betreuen sollen, erhielt darüber hinaus einen zusätzlichen Rabatt von 5 %. Um in den Genuß dieses zusätzlichen Rabattes zu kommen, mußte der betreffende Großhändler mit der Firma Asbach einen sog. Asbach-Bedienungsgroßhändler-Vertrag abschließen. Da der Beschwerdeführer die Unterzeichnung eines derartigen Vertrages abgelehnt hatte, verweigerte die Firma Asbach den Zusatzrabatt von 5 %. Das **Bundeskartellamt** sah in dieser Verweigerung eine sachlich nicht gerechtfertigte unterschiedliche Behandlung zwischen Asbach-Bedienungsfachgroßhändlern und ca. 1.800 Fachgroßhändlern bei der Gewährung von Provisionen.

Das **Kammergericht** hatte die Untersagungsverfügung des Bundeskartellamtes aufgehoben und die sachliche Rechtfertigung für die unterschiedliche Behandlung darin gesehen, daß der durch die Zusatzprovision begünstigte Großhandel im Vergleich zum übrigen Großhandel besondere Leistungen erbringe. Damit hatte das Kammergericht die bis dahin gültige Rechtsprechung fortgeführt, wonach eine unterschiedliche Behandlung gleichartiger Unternehmen dann gerechtfertigt werden kann, wenn der Lieferant einem Abnehmer einen Vorteil zugesteht, der dem Ausgleich einer besonderen Leistung dient. Der Bundesgerichtshof verwarf jedoch diese herkömmliche Interessenabwägung als unzureichend und leitete damit eine neue Rechtsprechung ein.

Der **BGH** sah die beherrschende Stellung von Asbach Uralt darin, daß Asbach Uralt auf dem Markt für gehobene Weinbrände einen Marktanteil von etwa 37 % erlangt habe, eine Ware von hohem Bekanntheitsgrad und besonderem Image darstelle und daher von etwa 75 % der gastronomischen Betriebe geführt werde. Angesichts einer derartigen Marktgeltung sei ein Spirituosengroßhändler darauf angewiesen, diese Marke in seinem Sortiment zu führen; das Ausweichen auf andere Alternativen sei für ihn nicht zumutbar. Im Hinblick auf ein konkurrenzfähiges Sortiment sei ein Verzicht auf Asbach Uralt nicht möglich.

Zu der vom Kammergericht vorgenommenen traditionellen Interessenabwägung führte der BGH kritisch aus:

«Das Beschwerdegericht hat bei der notwendigen Abwägung der beiderseitigen Interessen . . . einseitig auf die Belange der Rechtsbeschwerdegegnerin abgestellt und außerdem die auf die Freiheit des Wettbewerbs gerichtete Zielsetzung des Gesetzes nicht berücksichtigt. Im Rahmen des § 26 Abs. 2 GWB ist zwar das Interesse der Markenartikelhersteller, ihre Absatzorganisation durch Sicherstellung eines erhöhten Kundendienstes und einer individuellen Werbung optimal zu gestalten

[46] Vgl. Asbach, in: WuW/E BGH 1429 ff.

und entsprechende Maßnahmen zur Förderung des Absatzes auf wichtigen Teilmärkten (hier der Gastronomie) zu ergreifen, als schutzwürdig anzuerkennen. Es kommt aber auch, was das Beschwerdegericht bisher nicht hinreichend gewürdigt hat, auf eine Bewertung der Interessen der Großhändler an, die als Wettbewerber der begünstigten Großhändler betroffen werden. Bei der gebotenen Abwägung kann nicht unberücksichtigt bleiben, daß die vom Zusatzrabatt Ausgeschlossenen nicht nur finanzielle Nachteile erleiden, sondern auch im Wettbewerb jedenfalls insoweit erheblich behindert sind, als der Absatz an die Gastronomie in Frage steht.
Das Beschwerdegericht hat es auch unterlassen, die für die Interessenabwägung erforderlichen Feststellungen zu der Frage zu treffen, worin die entscheidenden Bedingungen des Asbach-Fachgroßhändler-Vertrages liegen, die zu der unterschiedlichen Behandlung führen, und wie sich diese Bedingungen auf dem Markte auswirken. Es hätte hierbei insbesondere erörtern müssen, welche Bedeutung für den Wettbewerb auf der Großhandelsstufe die Höhe des Sonderrabattes und die Tatsache hat, daß die Rechtsbeschwerdegegnerin den Sonderrabatt nur solchen Großhändlern gewährt, die ‹ausschließlich› Gastronomiebetriebe beliefern; insoweit erhebt sich mit Rücksicht auf die der Zielsetzung des Gesetzes widersprechenden Wirkungen weiter die Frage, ob sie das erstrebte Ziel nicht durch eine andere, den Wettbewerb weniger beeinträchtigende Ausgestaltung der Vertragsbedingungen hätte erreichen können.»[47]

Zu der Frage der sachlichen Rechtfertigung der unterschiedlichen Rabattgewährung, die in der Vergangenheit relativ großzügig gehandhabt wurde, nahm der BGH wie folgt Stellung:[48]

«Für die Entscheidung der Frage, unter welchen Voraussetzungen und in welcher Höhe eine unterschiedliche Rabattgewährung sachlich nicht mehr gerechtfertigt ist, gibt es zwar keinen absoluten Bewertungsmaßstab. Daraus folgt jedoch nicht, daß die Entscheidung hierüber allein in das Ermessen des Unternehmens gestellt werden kann, das den Rabatt gewährt. Es bedarf vielmehr auch insoweit einer eigenständigen Beurteilung durch den Richter anhand des Maßstabes, der sich aus § 26 Abs. 2 GWB ergibt. Der zur Entscheidung berufene Richter wird hierbei allerdings zu berücksichtigen haben, daß die Grenzwerte nicht genau festliegen und insoweit ein (Ermessens-)spielraum in Betracht kommt.»

Der BGH sah in dem Verhalten der Firma Asbach eine unbillige Behinderung bzw. eine sachlich nicht gerechtfertigte Behandlung i. S. des § 26 Abs. 2 GWB.

Mit dieser Entscheidung ist erstmals eine Korrektur der in der Vergangenheit sehr einseitig erfolgten Interessenabwägung vorgenommen worden. Es bleibt abzuwarten, ob damit eine grundsätzliche Änderung in der Rechtsprechung der Oberlandesgerichte und des BGH bei der vom Verkäufer veranlaßten Preisdiskriminierung eintreten wird.

b) Veranlassung durch die Käufer (Nachfragemacht)[49]

Die von einem Nachfrager im Sinne des Normadressatenkreises des § 26 Abs. 2 GWB veranlaßte Preisdifferenzierung durch einen Anbieter, der seinerseits nicht unter den Normadressatenkreis des § 26 Abs. 2 GWB fällt, kann als eine mittelbare Behinderung der Konkurrenten des Nachfragers angesehen werden, und unterliegt damit dem Diskri-

---

[47] Asbach, in: WuW/E BGH 1432.
[48] Asbach, in: WuW/E BGH 1435.
[49] Vgl. Emmerich, op. cit., S. 210 f., mit weiterführenden Literaturhinweisen, und Monopolkommission, Sondergutachten 7: Mißbräuche der Nachfragemacht und Möglichkeiten zu ihrer Kontrolle im Rahmen des Gesetzes gegen Wettbewerbsbeschränkungen, Baden-Baden 1977, Tz. 211 – 235. Vgl. zum Gutachten der Monopolkommission auch Eckstein, Wolfram, Nachfragemacht und Diskriminierung im GWB: Zur Untersuchung der Monopolkommission, in: Zeitschrift für Betriebswirtschaft 1979, S. 429 ff.

minierungsverbot des § 26 Abs. 2 Satz 1 GWB. Die auf Veranlassung des Nachfragers vorgenommene Preisdifferenzierung des Abnehmers (sog. *Nachfragemacht*) ist wettbewerbspolitisch außerordentlich umstritten, da es sich grundsätzlich um Preisnachlässe i. w. S. handelt, die normalerweise Ausdruck von wirksamen Preiswettbewerb sind und erst bei Hinzutreten besonderer Umstände als unbillige Behinderung von Mitbewerbern angesehen werden können.

Demgegenüber hat der Regierungsentwurf zur Vierten GWB-Novelle in § 26 Abs. 2 Satz 3 GWB eine neue Legalvermutung hinsichtlich eines vertikalen Abhängigkeitsverhältnisses und in einem neuen Absatz 3 ein Verbot der Veranlassung der Diskriminierung durch marktbeherrschende Unternehmen eingeführt.

– § 26 Abs. 2 Satz 3 GWB enthält eine neue Legalvermutung, wonach ein Anbieter von einem Nachfrager abhängig ist, «wenn dieser Nachfrager bei ihm zusätzlich zu den verkehrsüblichen Preisnachlässen oder sonstigen Leistungsentgelten regelmäßig besondere Vergünstigungen erlangt, die gleichartigen Nachfragern nicht gewährt werden». Die Monopolkommission[50] hatte sich gegen diesen Vorschlag gewandt, da § 26 Abs. 2 Satz 3 GWB n. F. auch Diskriminierungen erfassen würde, die mit keiner Beschränkung des Wettbewerbs verbunden sind. Die Implikationen eines (in jedem Fall abzulehnenden) allgemeinen Diskriminierungsverbotes würden durch den Fortfall des Wettbewerbsbezuges verstärkt werden. Im Grundsatz muß der Auffassung der Monopolkommission gefolgt werden, daß keinerlei Gründe ersichtlich sind, Nachfragemacht anders zu beurteilen als Anbietermacht. Sofern ein Machtgefälle und damit eine wirtschaftliche Abhängigkeit der Anbieter von Nachfragern behauptet wird[51], kann dem bei der Auslegung der unbestimmten Rechtsbegriffe bereits nach bisher geltendem Recht Rechnung getragen werden. Es handelt sich offenbar mehr um ein Problem der Rechtsprechung, die nicht in der Lage ist, unterschiedliche ökonomische Sachverhalte unter unbestimmte Rechtsbegriffe zu subsumieren.
– Der neue § 26 Abs. 3 GWB verbietet die Veranlassung von Diskriminierungen durch marktstarke Nachfrager. Die Monopolkommission[52] hatte diesen Novellierungsvorschlag für überflüssig erklärt, da «eine von einem marktstarken Nachfrager veranlaßte Diskriminierung durch einen Anbieter, der seinerseits § 26 Abs. 2 nicht unterfällt, ... als mittelbare Diskriminierung der Konkurrenten sowohl des Nachfragers als auch des Anbieters verboten sein» kann.

[50] Vgl. Monopolkommission, Sondergutachten 7, op. cit., Tz. 26.

[51] Vgl. Hansen, Knud, Probleme der Nachfragemacht aus der Sicht des Bundeskartellamtes, in: Die Betriebswirtschaft 39. Jg. (1979), S. 551 ff., der unter anderem auf die geringere Produktionsflexibilität der Anbieter im Vergleich zu der höheren Sortimentsflexibilität der Nachfrager und einen tendenziellen Angebotsüberhang hinweist; zudem ist ein Verbrauchsverzicht des Handels – durch Nichtordnen von Gütern – leichter zu leisten als ein Produktionsverzicht.

[52] Vgl. Monopolkommission, Sondergutachten 7, op. cit., Tz. 24.

V. Ausschließlichkeits- und Kopplungsbindungen[53]

Ausschließlichkeits- und Kopplungsbindungen unterliegen einer Mißbrauchsaufsicht der Kartellbehörden. Neben der Generalklausel des § 22 GWB mit der Möglichkeit, die mißbräuchliche Ausnutzung einer marktbeherrschenden Stellung zu untersagen, findet die Spezialvorschrift des § 18 GWB Anwendung. Nach § 18 GWB können die Kartellbehörden Ausschließlichkeits- und Kopplungsbindungen für unwirksam erklären, wenn dadurch:

- eine für den Wettbewerb auf dem Markt erhebliche Zahl von Unternehmen gleichartig gebunden und in ihrer Wettbewerbsfreiheit unbillig eingeschränkt ist oder
- für andere Unternehmen der Marktzutritt unbillig beschränkt oder
- durch das Ausmaß solcher Beschränkungen der Wettbewerb auf dem Markt für diese oder andere Waren oder gewerbliche Leistungen wesentlich beeinträchtigt wird.

Schutzobjekt der Mißbrauchsaufsicht über derartige Verträge ist demnach sowohl die Handlungsfreiheit tatsächlicher oder potentieller Anbieter als auch der Schutz des Wettbewerbsmechanismus vor wesentlichen Beeinträchtigungen.

Wie im 6. Kap. ausgeführt, können vier Typen von Bindungen unterschieden werden:

- Verwendungsbeschränkungen i. S. von § 18 Abs. 1 Nr. 1 GWB;
- Ausschließlichkeitsbindungen i. S. von § 18 Abs. 1 Nr. 2 GWB;
- Alleinvertriebsbindungen i. S. von § 18 Abs. 1 Nr. 3 GWB und
- Kopplungsverträge i. S. von § 18 Abs. 1 Nr. 4 GWB.

Der wichtigste in § 18 GWB erfaßte Fall betrifft die sog. Ausschließlichkeitsbindungen i. S. einer Verpflichtung, keine anderen Waren oder Leistungen von Dritten zu beziehen (Alleinbezugsbindung des Händlers) oder an Dritte abzugeben (Alleinabsatzbindung des Lieferanten). Derartige Ausschließlichkeitsbindungen sind insbesondere auf den Märkten für Bier, Kraftfahrzeuge und Kraftfahrzeugteile sowie Mineralölprodukte verbreitet, wenngleich nur sehr wenige Mißbrauchsverfahren der Kartellbehörden durchgeführt worden sind. Die Fälle Kfz-Pflegemittel, VW-Identteile und Kombinationstarif exemplifizieren die wettbewerbspolitische Problematik derartiger Bindungen.

Fälle Kfz-Pflegemittel (1968)[54]

Gegenstand des Rechtsstreites war eine von den vier Mineralölkonzernen: ARAL, SHELL, GASOLIN und BP, den Tankstellen auferlegte Verpflichtung, die zum Autopflegeprogramm gehörenden Kfz-Pflegemittel von den Mineralölkonzernen zu beziehen und an Dritte abzugeben. Die Tankstellen sind in der Bundesrepublik im Hinblick auf die Verfügungsgewalt über den Grund und Boden zu 40 % gesellschaftseigen und zu 60 % partnereigen. Anders als bei Treib- und Schmierstoffen erfolgt der Vertrieb von Kfz-Pflegemitteln fast ausnahmslos auf Eigenhändlerbasis. Dennoch bestritten die Mineralölkonzerne die Möglichkeit der Anwendung des § 18 GWB, da der Vertrieb von Kfz-Pflegemitteln Teil des umfassenderen Handelsvertreterverhältnisses im Sinne von § 84 HGB sei, das den Tankstellen eine besondere agenturrechtliche Treuepflicht im Sinne des § 86 Abs. 1 HGB auferlege.

---

[53] Vgl. Schmidt, Ingo, op. cit., S. 92 – 95 und 311 – 342; Emmerich, Volker, op. cit., S. 129 – 145, und Zohlnhöfer, op. cit., S. 94 – 104, mit weiterführenden Literaturhinweisen. Vgl. auch Monopolkommission, Sondergutachten 7, op. cit., Tz. 132 – 173, wo die Probleme der Zulieferindustrie am Beispiel der Kraftfahrzeugindustrie behandelt werden.

[54] Vgl. Kfz-Pflegemittel, in: WuW/E BKartA 1199 ff.

Das **Bundeskartellamt** gab zwar zu erkennen, daß § 18 GWB grundsätzlich auch auf Handelsvertreterverträge angewendet werden könne, im vorliegenden Fall werde das Pflegemittelgeschäft jedoch auf Eigenhändlerbasis mit vollem Risiko beim Tankstellenpartner betrieben, so daß § 18 GWB auf jeden Fall anwendbar sei.
Nach Ansicht des BKartA kann sich die Interessenwahrungspflicht des Handelsvertreters nicht auf Waren beziehen, die nicht Gegenstand des Handelsvertreterverhältnisses sind. Das Amt erklärte daher die Ausschließlichkeitsbindung für unwirksam, soweit die Tankstellenpartner darin beschränkt wurden, andere Waren (Kfz-Pflegemittel anderer Herkunft) von Dritten zu beziehen oder an Dritte abzugeben (§ 18 Satz 1 Nr. 2 GWB).
Das Bundeskartellamt bejahte sowohl die wesentliche Beeinträchtigung des Wettbewerbs als auch die unbillige Beschränkung des Zuganges zum Markt für Kfz-Pflegemittel. Dabei wurden nicht die Alleinvertriebsbindungen der einzelnen Mineralölkonzerne für sich allein, sondern die Verbreitung derartiger Ausschließlichkeitsbindungen auf dem Markt für Kfz-Pflegemittel zugrunde gelegt. Von 46 200 Tankstellen mit insgesamt 40% Marktanteil für Kfz-Pflegemittel wurden 38 000 Tankstellen mit ca. 32% Marktanteil durch die Alleinbezugsbindung erfaßt und damit dem Wettbewerb der Kfz-Pflegemittelproduzenten um potentielle Nachfrager verschlossen. Im Hinblick auf die vom Gesetz geforderte wesentliche Beeinträchtigung des Wettbewerbs war auch die starke Marktposition der Mineralölkonzerne gegenüber den Tankstellenpartnern zu berücksichtigen.
Die unbillige Beschränkung des Marktzutrittes für dritte Unternehmen begründete das Bundeskartellamt im Rahmen der dabei vorzunehmenden Interessenabwägung wie folgt:[55]

«Die (vom Markt für den Vertrieb von Kfz-Pflegemitteln ausgeschlossenen) Unternehmen werden in ihren Angebotsmöglichkeiten so erheblich eingeschränkt . . ., daß die entgegenstehenden Interessen der X AG und der übrigen Mineralölgesellschaften zurücktreten müssen, zumal auch die Allgemeinheit und die übrigen Marktteilnehmer ein gerechtfertigtes Interesse daran haben, daß der Pflegemittelmarkt offen bleibt und die wirtschaftliche Abhängigkeit des Tankstellenpartners gegenüber den Mineralölgesellschaften nicht noch weiter verstärkt wird.»

Die Mineralölkonzerne werden nach Ansicht des Bundeskartellamtes auch durch die Mißbrauchsverfügungen nicht gehindert, ihr eigenes Pflegemittelprogramm an den Tankstellen anzubieten, sie müßten sich jedoch durch Preiswürdigkeit und Qualität ihrer Produkte, nicht aber durch Wettbewerbsbeschränkung am Markt durchsetzen.
In der Verhandlung vor dem **Kammergericht** Berlin wurden die Verfahren in der Hauptsache für erledigt erklärt, da sich drei der betroffenen Mineralölgesellschaften bereit erklärt hatten, ihren Tankstellenpartnern mitzuteilen, daß die strittigen Verträge *keine* Alleinbezugsbindungen enthalten.

Fall VW-Identteile (1980)[56]

In diesem Fall hatte Volkwagen seine Vertragshändler und Vertragswerkstätten mittels vertraglicher Bindungen veranlaßt, zu Reparaturzwecken für VW-PKWs im wesentlichen nur VW-Originalersatzteile zu verwenden. Strittig war in dem vorliegenden Fall, ob durch eine derartige Ausschließlichkeitsbindung i. S. des § 18 GWB die von VW abhängigen Vertragshändler und -werkstätten sowie die mit VW auf dem Großhandelsmarkt für VW-Ersatzteile konkurrierenden Teilehersteller und Teilegroßhändler unbillig behindert wurden.

Das **Bundeskartellamt** sah VW als marktbeherrschend auf dem Markt für die Lieferung von VW-Ersatzteilen an PKW-Einzelhändler und PKW-Reparaturunternehmen (Großhandelsmarkt) i. S. des § 22 Abs. 1 Nr. 2 GWB an. Als relevanter Markt wurde der Markt für diejenigen Ersatzteile angesehen, die für Reparaturen von VW-Fahrzeugen geeignet sind, da andere Teile aus der Sicht

[55] Kfz-Pflegemittel, in: WuW/E BKartA 1211.
[56] Vgl. VW-Identteile, in: WuW/E BKartA 1781 ff. und OLG 2247 ff.

der nachfragenden PKW-Händler und -reparaturunternehmen nicht austauschbar sind. Die überragende Marktstellung von VW auf dem relevanten Markt ergab sich nach Ansicht des Bundeskartellamtes aus dem überragenden Marktanteil und der starken Zersplitterung des übrigen Angebots; darüber hinaus war die Marktstellung von VW durch seine überragende Finanzkraft und das starke Markenimage geprägt. Die Marktbeherrschung ergab sich nach Ansicht des Bundeskartellamtes auch daraus, daß die Nachfrager für VW-Ersatzteile über keine ausreichenden und zumutbaren Ausweichmöglichkeiten auf andere Anbieter von Ersatzteilen i. S. des § 26 Abs. 2 Satz 2 GWB verfügten.

Das Amt wertete die vertragliche Bindung, nur VW-Originalersatzteile zu verwenden, als eine unbillige Behinderung anderer Unternehmen. Behindert würden einmal die Hersteller von VW-Ersatzteilen sowie die Teilegroßhändler, weil ihnen die Absatzmöglichkeiten an VW-Betriebe nahezu völlig versperrt würden. Auch die VW-Vertragshändler und -werkstätten würden dadurch behindert, daß ihnen die direkte Bezugsmöglichkeit vom Hersteller oder Teilegroßhandel versperrt werde. Die Unbilligkeit der Behinderung sah das Bundeskartellamt darin, daß bei einer Abwägung der Interessen von VW und der VW-Betriebe an der Aufrechterhaltung dieser Bindung und dem Interesse der behinderten Teilehersteller und -großhändler sowie einzelner VW-Betriebe an deren Aufhebung und dem öffentlichen Interesse an einem möglichst frei zugänglichen Ersatzteilmarkt das wettbewerbliche Interesse jedenfalls insoweit überwiegt, als es sich um sog. Identteile handelt, die nicht für Garantie- und Kulanzarbeiten der VW-Betriebe verwendet werden. Zumindest insoweit sei die Bindung zur Durchsetzung der berechtigten Interessen von VW unzulässig.

Das **Kammergericht** hat die Entscheidung des Bundeskartellamtes grundsätzlich bestätigt. Die Volkswagen AG wurde als ein marktstarkes Unternehmen i. S. von § 26 Abs. 2 Satz 2 GWB angesehen, da die VW-Betriebe als Nachfrager der für sie unverzichtbaren VW- und Audi-Originalersatzteile von VW abhängig sind; insoweit bestünden keine ausreichenden und zumutbaren Ausweichmöglichkeiten. Das Gericht sah in der Bezugs- und Verwendungsbeschränkung für die Identteile eine unbillige Behinderung der Ersatzteilhersteller, Ersatzteilgroßhändler und der VW-Betriebe i. S. von § 26 Abs. 2 GWB. Dem Vorwurf der unbilligen Behinderung stehe auch nicht entgegen, daß die Mehrzahl der VW-Betriebe die Bezugsbindung nicht als behindernd, sondern als vorteilhaft ansehe. Das Merkmal der Behinderung sei nicht subjektiv danach auszufüllen, was der Betroffene selbst als ein günstiges Wettbewerbsverhalten ansehe; vielmehr sei es objektiv aus der Sicht der Freiheit des Wettbewerbs zu beurteilen, ob die Wettbewerbsmöglichkeiten beschränkt würden. Die Entscheidung des Bundesgerichtshofes steht noch aus.

Mit der Entscheidung VW-Identteile bahnt sich auch im Hinblick auf die Erfassung von Ausschließlichkeitsbindungen eine wettbewerbspolitisch positiv zu beurteilende Entwicklung an.

Die Frage der Kopplung von sachlich oder handelsüblich nicht zugehörigen Waren hat in den Fällen Meto-Handpreisauszeichner, der im Abschnitt über den Behinderungsmißbrauch marktbeherrschender Unternehmen i. S. des § 22 GWB ausführlich dargestellt worden ist, Kfz-Pflegemittel und Kombinationstarif eine Rolle gespielt.

Fälle Meto-Handpreisauszeichner und Kfz-Pflegemittel[57]

Im Meto Fall wurde einem marktbeherrschenden Hersteller von Handpreisauszeichnern, wie sie insbesondere in Selbstbedienungsgeschäften Verwendung finden, untersagt, seinen Abnehmern eine über 6 Monate hinausgehende Bezugsbindung von Haftetiketten aufzuerlegen. Die Kopplung zwischen der Abgabe des sehr gefragten Handpreisauszeichners und dem Bezug von – sachlich und handelsüblich nicht zugehörigen – Waren, den Haftetiketten, wurde als mißbräuchliche Ausnutzung einer marktbeherrschenden Stellung auf dem Gerätemarkt und dem Drittmarkt für Haftetiketten angesehen.

---

[57] Vgl. Meto-Handpreisauszeichner, in: WuW/E OLG 995 ff., und Kfz-Pflegemittel, in: WuW/E BKartA 1199 ff.

In den Fällen Kfz-Pflegemittel sah das Kartellamt nicht nur eine mißbräuchliche Alleinbezugsbindung i. S. von § 18 Abs. 1 Nr. 2 GWB, sondern auch eine mißbräuchliche Kopplung i. S. des § 18 Abs. 1 Nr. 4 GWB durch die Verpflichtung, andere – sachlich oder handelsüblich nicht zugehörige – Waren (Kfz-Pflegemittel) abzunehmen. Angesichts der Verbreitung derartiger Kopplungsbindungen auf dem Markt für Kfz-Pflegemittel und der starken Position der Ölgesellschaften gegenüber den von ihnen abhängigen Tankstellenpartnern bejahte das Bundeskartellamt, daß durch diese Kopplungsbindung sowohl der Wettbewerb wesentlich beeinträchtigt wird als auch dritte Unternehmen hinsichtlich des Zugangs zum Markt für Kfz-Pflegemittel unbillig beschränkt werden.

Fall Kombinationstarif (1979)[58]

In diesem Fall ging es um die Beurteilung eines kombinierten Anzeigentarifes der Stuttgarter Zeitung und der Stuttgarter Nachrichten, die in ihrem Hauptverbreitungsgebiet, dem Stadtkreis Stuttgart, eine marktbeherrschende Stellung i. S. des § 22 GWB besitzen (räumliche Marktabgrenzung). Hinsichtlich der sachlichen Marktabgrenzung ließ das **OLG Stuttgart** es offen,

«ob es überhaupt einen einheitlichen Anzeigenmarkt gibt und ob nicht für einzelne Anzeigentypen (z. B. Heiratsanzeigen oder Gebrauchtwagenanzeigen) wegen der Möglichkeit, auf das Stuttgarter Wochenblatt auszuweichen, Sondermärkte ohne Marktbeherrschung der beiden großen Stuttgarter Zeitungen bestehen».[59]

Das OLG Stuttgart wertete den von den beiden Tageszeitungen angebotenen neuen Kombinationstarif als ein Kopplungsgeschäft, das dadurch gekennzeichnet sei, daß Abnehmer gezwungen werden, beim Erwerb einer Ware eine andere – eigentlich nicht gewollte – Ware mitzubeziehen:

«Jeder Interessent, der eine Anzeige in der Stuttgarter Zeitung oder in den Stuttgarter Nachrichten aufgeben möchte, muß auch die jeweils andere in Stuttgart erscheinende Zeitung der Stuttgarter Zeitungsverlag GmbH belegen. Dadurch werden ihm die Wahlmöglichkeiten beschnitten. Das von den B(eschwerde) F(ührern) gegen das Vorliegen eines Kopplungsgeschäfts vorgebrachte Argument, es werde lediglich ein einheitlicher Anzeigenteil zweier Zeitungen verkauft, vermag nicht zu überzeugen. Ein Kopplungsgeschäft liegt auch dann vor, wenn mehrere gleichartige Leistungen (Anzeigen) verschiedener Verlage oder verschiedener Verlagsobjekte (Zeitungen) miteinander gekoppelt werden.»[60]

Das Gericht wertete Kopplungsgeschäfte, bei denen für den Anzeigeninteressenten, der lediglich *eine* der beiden großen Stuttgarter Zeitungen belegen will, eine – im Vergleich zu der vor dem 1. Januar 1979 möglichen Einzelbelegung – Verteuerung von ca. 40 % eintritt, als typische Fälle von Machtmißbrauch i. S. von § 22 Abs. 4 GWB, weil dadurch eine marktbeherrschende Stellung zementiert und der Wettbewerb von morgen abgewürgt würde.
Das Gericht verneinte jedoch, daß der praktizierte Kombinationstarif einen unzulässigen Behinderungsmißbrauch darstelle. Unter Berufung auf den Fall Rama-Mädchen[61] stellte das OLG Stuttgart fest, daß auch einem marktbeherrschenden Unternehmen der Gebrauch seiner Marktmacht und die Teilnahme am Wettbewerb nicht generell untersagt werden könne; vielmehr seien nur solche Einschränkungen des Restwettbewerbs als Behinderungsmißbrauch zu werten, durch die eine schwere Beeinträchtigung der Marktstruktur drohe. Zwar wirke sich der neue Kombinationstarif negativ auf die Marktstruktur aus, jedoch lasse sich im gegenwärtigen Stadium nicht sicher abschätzen, ob dies auch tatsächlich der Fall ist.
Das Gericht stellte ferner interessante Überlegungen an, ob der Vorwurf der mißbräuchlichen Ausnutzung einer marktbeherrschenden Stellung durch Ausbeutungs- bzw. Behinderungsmiß-

---

[58] Vgl. Kombinationstarif, in: WuW/E OLG 2126 ff.
[59] Kombinationstarif, in: WuW/E OLG 2127 f.
[60] Kombinationstarif, in: WuW/E OLG 2128.
[61] Vgl. Rama-Mädchen, in: WuW/E OLG 1983 ff.

brauch deshalb entfallen könne, weil für die Einführung des gemeinsamen Anzeigentarifs ein wirtschaftlicher Rechtfertigungsgrund (z. B. Sanierungsbedürfnis oder Rationalisierungseffekt) bestehe; denn der Stuttgarter Zeitungskonzern hatte die Schaffung eines gemeinsamen Anzeigenteils mit höheren Preisen damit zu rechtfertigen versucht, daß die Stuttgarter Nachrichten sanierungsbedürftig seien:

«Soweit sich die B(eschwerde) F(ührer) zur Rechtfertigung der Einführung des Kombinationstarifs auf Art. 5 GG (Erhaltung der Pressevielfalt in Stuttgart) berufen, erscheint nach Ansicht des Senats eine differenziertere Betrachtungsweise angebracht: Während man diesem Gesichtspunkt im Bereich des sog. Ausbeutungsmißbrauchs eher eine rechtfertigende Wirkung wird beimessen können, scheint im Falle des Behinderungsmißbrauchs eine Berufung auf Art. 5 GG kaum möglich zu sein. Denn Art. 5 GG gibt kein Recht, zur Sanierung eines konzernangehörigen Zeitungsverlages andere Zeitungsunternehmen vom Markt zu verdrängen oder in ihrer Existenz zu bedrohen.»[62]

Da das Gericht sich nicht in der Lage sah, mit Sicherheit zu beurteilen, ob der Kombinationstarif eine Mißbrauchsverfügung nach § 22 Abs. 5 GWB rechtfertigt, hob es die einstweilige Anordnung der Landeskartellbehörde Baden-Württemberg auf.

VI. Zur wettbewerbspolitisch adäquaten Erfassung der Behinderungsstrategie

Bei der Darstellung der Erfassung der Behinderungsstrategie ist von vier Tatbestandsgruppen ausgegangen worden:
- Dem Behinderungsmißbrauch marktbeherrschender Unternehmen i. e. S. (Behinderung von Konkurrenten),
- dem Boykott und der Lieferverweigerung,
- der Preisdiskriminierung und
- dem Ausschließlichkeits- und Kopplungsverhalten.

In dieser Reihenfolge soll eine kurze Bewertung des wettbewerbsrechtlichen Instrumentariums zur Erfassung der Behinderungsstrategie vorgenommen werden.

1. Behinderungsmißbrauch marktbeherrschender Unternehmen

Die Darstellung der wichtigsten Fälle zeigt, daß sich – abgesehen von dem nicht durch eine formelle Verfügung abgeschlossenen Mißbrauchsverfahren gegen die vier internationalen vertikal integrierten Mineralölkonzerne wegen diskriminierenden Lieferverhaltens – alle Mißbrauchsverfügungen nur gegen Einzelunternehmen gerichtet haben. Daraus kann der Schluß gezogen werden, daß es bisher noch nicht gelungen ist, marktbeherrschende Unternehmens*gruppen* unter das Gesetz zu subsumieren.

[62] Kombinationstarif, in: WuW/E OLG 2129.

Die neuere Beschlußpraxis des Bundeskartellamtes und die Rechtsprechung des Kammergerichts zerlegen den objektiven Mißbrauchsbegriff i. S. des § 22 Abs. 4 GWB in zwei Komponenten:[63]

- nicht-leistungsgerechtes Verhalten und
- eine nicht unerhebliche und nicht nur vorübergehende Verschlechterung der Marktstruktur (= Mißbrauch i. e. S.).

(1) Der **Begriff des Leistungswettbewerbs** ist weder ökonomisch noch juristisch hinreichend operational bzw. justitiabel; d. h., die Auslegung des Mißbrauchsbegriffes wird durch die Einführung dieses vom Gesetz nicht vorgesehenen Merkmales erschwert. Abgesehen von der Beeinträchtigung der ohnehin geringen Rechtssicherheit, erscheint das zusätzliche Abstellen auf die Leistungsgerechtigkeit bzw. Nicht-Leistungsgerechtigkeit des Verhaltens auch nicht sachgerecht. Der Wirtschaftsausschuß des Deutschen Bundestages hat daher in seinem Bericht zur Vierten GWB-Novelle darauf hingewiesen, daß bei einem so hohen Grad von Marktmacht, wie er in § 22 GWB vorausgesetzt wird, die Gefahr einer weiteren Verschlechterung der wettbewerblichen Marktstrukturen *auch* durch Verhaltensweisen begründet werden kann, die auf Wettbewerbsmärkten unbedenklich und insbesondere auch *nicht leistungswidrig* i. S. etwa des § 28 Abs. 2 GWB sind.[64] Auch das Kammergericht hat eingeräumt, daß ein an und für sich leistungsgerechtes Verhalten in den Händen eines marktbeherrschenden Unternehmens zu einer entsprechenden Verschlechterung der Marktstruktur und damit einem Mißbrauch i. S. des § 22 GWB führen kann. Daher ist nicht recht ersichtlich, was mit der Einführung des – von jedem anders ausgelegten – Begriffes der Leistungsgerechtigkeit gewonnen werden soll.

(2) In einer deutlichen Kritik an der bisherigen Beschlußpraxis des Kammergerichts, das die Mißbrauchsverfügungen des Bundeskartellamtes fast immer im Hinblick auf den Mißbrauchsvorwurf aufgehoben hat, betont der **Wirtschaftsausschuß des Deutschen Bundestages** die Notwendigkeit, *gegen* ein Verhalten von *marktbeherrschenden Unternehmen*, das

> «erfahrungsgemäß nach Art und Ausmaß, insbesondere wegen der in der Ausnutzung von Marktmacht generell liegenden Risiken für den Wettbewerb, eine weitere Verschlechterung der Wettbewerbsbedingungen für andere Unternehmen als naheliegend erscheinen läßt»[65]

präventiv vorzugehen.

Im Hinblick auf die notwendige Interessenabwägung, stellt der Wirtschaftsausschuß noch einmal klar, daß bei der Prüfung,

> «ob ein sachlich gerechtfertigter Grund vorliegt, . . . unter *vorrangiger* Berücksichtigung der auf die Sicherung von Wettbewerbsstrukturen ausgerichteten Zielsetzung der Mißbrauchsaufsicht

---

[63] Vgl. Ulmer, Peter, Der Begriff «Leistungswettbewerb» und seine Bedeutung für die Anwendung von GWB- und UWG-Tatbeständen, in: Gewerblicher Rechtsschutz und Urheberrecht 79. Jg. (1977), S. 565 ff., der sich für eine Erweiterung des Mißbrauchsbegriffes i. e. S. um das Kriterium der Leistungsgerechtigkeit ausgesprochen hat. Dagegen Möschel, Wernhard, Pressekonzentration und Wettbewerb, Tübingen 1978, S. 20 und 95 ff., der auf den Mangel an inhaltlicher Bestimmtheit dieses Begriffes hinweist.

[64] Vgl. Beschlußempfehlung und Bericht des Ausschusses für Wirtschaft zu dem von der Bundesregierung eingebrachten Entwurf eines Vierten Gesetzes zur Änderung des Gesetzes gegen Wettbewerbsbeschränkungen, in: BTDr 8/3690, S. 25.

[65] Beschlußempfehlung und Bericht des Ausschusses . . ., supra, S. 25.

die Interessen der betroffenen Wettbewerber mit denen des marktbeherrschenden Unternehmens abzuwägen» sind.[66]

(3) Die **Monopolkommission** hat in ihrem 2. Hauptgutachten die restriktive **Auslegung des Mißbrauchsbegriffes** i. S. des § 22 GWB zutreffend wie folgt kritisiert:[67]

«Die sich jetzt abzeichnende Auslegung des Mißbrauchsbegriffs läuft im Ergebnis darauf hinaus, die Beschränkung des Wettbewerbs mit nicht leistungsgerechten Mitteln bis zur Grenze der Monopolisierung zu tolerieren und die Mißbrauchsaufsicht erst dann eingreifen zu lassen, wenn durch ein bestimmtes Marktverhalten eines Marktbeherrschers der Wettbewerb nahezu zum Erliegen gekommen ist. Denn nur dann wird sich in Fällen der vorliegenden Art der Nachweis der Gefahr einer nicht unerheblichen Verschlechterung der Marktstruktur führen lassen.»

2. Boykott und Lieferverweigerung

Der Grundsatz der Vertragsfreiheit ist im GWB im Hinblick auf die Zulässigkeit von Boykotten und Lieferverweigerungen durch eine Reihe von Bestimmungen eingeschränkt.

(1) Während die **Aufforderung zur Liefer- und Bezugssperre** (sog. secondary boycott) grundsätzlich als rechts- und sittenwidrig i. S. der §§ 823 Abs. 1 oder 826 BGB bzw. der §§1 oder 14 UWG angesehen wird (Ausnahme ist nur der sog. Abwehrboykott als Mittel zur Verteidigung gegen rechtswidrige Angriffe), ist die Aufforderung zur Liefer- oder Bezugssperre nach § 26 Abs. 1 GWB nur dann verboten, wenn sie in der *Absicht* vorgenommen wird, bestimmte Unternehmen unbillig zu beeinträchtigen. Dabei weist insbesondere der Nachweis der rechtswidrigen Absicht, einem inneren Tatbestandsmerkmal, erhebliche Beweiswürdigungsprobleme für die Tatsachenfeststellung auf, da die Feststellung der einfachen Kausalität zwischen der Zufügung eines Nachteils und dem Verhalten des Benachteiligten dafür nicht ausreicht, sondern eine subjektive Zielsetzung hinzutreten muß. Das Verbot in § 26 Abs. 1 GWB ist daher enger als die grundsätzliche Mißbilligung aller Boykotte in der UWG-Rechtsprechung.

(2) Individuelle **Liefersperren marktbeherrschender Unternehmen** zur vertikalen Preisbeeinflussung oder zur Beschränkung der Vertriebswege werden von der Generalklausel des § 22 GWB erfaßt, wenn sie sich als mißbräuchliche Ausnutzung von Marktmacht darstellen. Die Schwierigkeiten bei der Anwendung dieser Rechtsvorschrift liegen nach Einführung von Legalvermutungen für das Marktbeherrschungskriterium heute im wesentlichen bei der restriktiven Auslegung der Mißbrauchsklausel und der dabei vorzunehmenden Interessenabwägung durch das BKartA und die Gerichte, wobei nach wie vor die Handlungsfreiheit und die wirtschaftlichen Interessen des marktbeherrschenden Unternehmens überbetont werden.

(3) Die individuelle **Liefersperre zur Preisbeeinflussung** verstößt gegen das generelle Druckverbot des § 25 Abs. 2 GWB, wodurch die Entschließungsfreiheit auf den nachgelagerten Wirtschaftsstufen aufrechterhalten und gesichert werden soll. Dabei muß es sich um Mittel handeln, die die Entschließungsfreiheit des Abnehmers zu beeinträchtigen geeignet sind, was im konkreten Fall durch einen Vergleich der Lage des Abnehmers

[66] Beschlußempfehlung und Bericht des Ausschusses . . ., supra, S. 25 (Hervorhebung durch Verfasser).

[67] Monopolkommission, 2. Hauptgutachten 1976/77: Fortschreitende Konzentration bei Großunternehmen, Baden-Baden 1978, Tz. 353 ff., 366.

vor und nach Zufügung des Nachteiles bzw. des Vorteiles festgestellt werden kann. Auf jeden Fall ist in der Verhängung einer Liefersperre die intensivste und schwerwiegendste Form des wirtschaftlichen Druckes zu sehen. Ähnlich wie bei der Erfassung der Anstiftung zum Boykott in § 26 Abs. 1 GWB wirft der notwendige Nachweis der rechtswidrigen Absicht, einem sog. inneren Tatbestandsmerkmal, allerdings erhebliche Beweiswürdigungsprobleme für die Tatsachenfeststellung auf, was diese Vorschrift ebenfalls nicht besonders wirksam sein läßt.

Andererseits zeigt sich, daß die Unternehmen das generelle Druckverbot des § 25 Abs. 2 GWB im Falle einer dem Produzenten nicht genehmen Preispolitik dadurch zu umgehen versuchen, daß sie das fragliche Unternehmen (endgültig) nicht mehr beliefern, so daß sie dann nur noch dem eingeschränkten Diskriminierungsverbot des § 26 Abs. 2 GWB unterliegen.

(4) Die **Lieferverweigerung zur Beschränkung der Vertriebswege** ist aber nur marktbeherrschenden und preisbindenden Unternehmen sowie legalisierten Kartellen verboten, soweit dadurch andere Unternehmen unbillig behindert oder sachlich nicht gerechtfertigt unterschiedlich behandelt werden. Damit soll bei Trägern wirtschaftlicher Macht ein Mißbrauch dieser Macht durch Beeinträchtigung der wirtschaftlichen Bewegungsfreiheit anderer Unternehmen verhindert werden. Bei der Frage der unbilligen Behinderung bzw. sachlich nicht gerechtfertigten unterschiedlichen Behandlung kommt es nach ständiger Rechtsprechung – unter Berücksichtigung der auf die Freiheit des Wettbewerbs gerichteten Zielsetzung des GWB – entscheidend auf eine Abwägung der beiderseitigen, sich im Einzelfall gegenüberstehenden wirtschaftlichen Individualinteressen des diskriminierten und des diskriminierenden Unternehmens an.

Dabei ist bis in die jüngste Vergangenheit der Gesichtspunkt des Institutionsschutzes und damit einer besseren oder billigeren Verbraucherversorgung bei der Interessenabwägung praktisch nicht zum Tragen gekommen. Vielmehr ist die Vertragsfreiheit der Normadressaten im Rahmen der Interessenabwägung überbetont und damit der Institutionsschutzgedanke vernachlässigt worden. Erst mit der Erweiterung des Kreises der Normadressaten durch den Abhängigkeitstatbestand des § 26 Abs. 2 Satz 2 GWB sowie der neuesten Rechtsprechung im Fall Allkauf-Nordmende[68] bahnt sich eine Entwicklung an, die in stärkerem Maße die Interessen der diskriminierten Unternehmen an einer Belieferung im Interesse ihrer Wettbewerbsfähigkeit berücksichtigt.[69] Dabei tendiert die neueste BGH-Rechtsprechung offenbar dazu, die Tatbestandsmerkmale der Abhängigkeit und der Gleichartigkeit weit auszulegen, während die Besonderheiten der Branche und des Einzelfalles im Rahmen der Interessenabwägung berücksichtigt werden.

---

[68] Vgl. Allkauf/Nordmende, in: WuW/E BGH 1567 ff.

[69] Vgl. die Grundsätze des BKartA zur Anwendung des erweiterten Diskriminierungsverbotes im Tätigkeitsbericht 1976, in: BTDr 8/704, S. 30 f., wo im Hinblick auf eine Lieferpflicht darauf abgestellt wird, ob der Händler die Waren in seinem Sortiment führen müsse, um auf dem betreffenden Markt wettbewerbsfähig zu sein. Deshalb komme es darauf an, ob die Vollständigkeit einer oder mehrerer führender Marken im Sortiment auf Grund der typischen Verbrauchererwartungen auf dem betreffenden Markt Voraussetzung für die Wettbewerbsfähigkeit des Händlers ist.

3. Preisdiskriminierung

Die Preisdifferenzierung kann in den Händen von marktbeherrschenden und preisbindenden Unternehmen sowie Kartellen als mutmaßlichen Trägern wirtschaftlicher Macht dazu dienen, den Wettbewerb durch unbillige Behinderung oder sachlich nicht gerechtfertigte unterschiedliche Behandlung anderer Unternehmen i. S. des § 26 Abs. 2 GWB zu beschränken. Die dabei im Rahmen des Diskriminierungsverbotes vorzunehmende Interessenabwägung zwischen den Interessen des behindernden und des behinderten Unternehmens unter Berücksichtigung der auf die Freiheit des Wettbewerbs gerichteten Zielsetzung des GWB hat i. d. R. nicht zu wettbewerbspolitisch befriedigenden Ergebnissen geführt.

(1) Vielmehr wird beim Schutz des Verkäuferwettbewerbs (**first line competition**) die Vertragsfreiheit der Normadressaten im Rahmen der Interessenabwägung überbetont und damit der Institutionsschutzgedanke weitgehend nicht berücksichtigt.[70] Zwar sind auch marktstarke Unternehmen i. S. des Normadressatenkreises des § 26 Abs. 2 GWB grundsätzlich in der Gestaltung ihrer Absatzpolitik frei, jedoch müssen im Rahmen der Interessenabwägung auch die legitimen Interessen der durch das Diskriminierungsverbot geschützten Unternehmen einbezogen werden; dabei muß sich ein Unternehmen um so größere Einschränkungen seiner Handlungsfreiheit gefallen lassen, je mächtiger es ist.

(2) Dagegen steht beim Schutz des Käuferwettbewerbs (**second line competition**) im Gegensatz zum first line competition der Individualschutz im Vordergrund, wobei in der Vergangenheit eine herstellerfreundliche Interessenabwägung insoweit vorgenommen wurde, als fast jede vernünftige kaufmännische oder betriebswirtschaftliche Erwägung des Produzenten als ein sachlicher Rechtfertigungsgrund angesehen wurde; damit war jedes Unternehmen im Regelfall in der Gestaltung seiner Absatzpolitik völlig frei. Im Falle Asbach[71] hat erstmals eine grundsätzliche Korrektur in der Interessenabwägung stattgefunden, wonach in Zukunft auch die Interessen des behinderten Unternehmens sowie der Gesichtspunkt des Institutionsschutzes (Freiheit des Wettbewerbs) stärker zu berücksichtigen sind.

(3) Es ist bisher auch nicht gelungen, durch **marktmächtige Nachfrager erzwungene Diskriminierungen** unter das Gesetz zu subsumieren, obwohl es die unbestimmten Rechtsbegriffe in § 26 Abs. 2 GWB grundsätzlich erlaubt hätten, die Besonderheiten des Nachfragewettbewerbes (tendenzieller Nachfrageüberhang und damit Einschränkung des Wettbewerbs der Nachfrager sowie eine geringere Flexibilität der Anbieter im Hinblick auf Produktionsumstellungen als des Handels im Hinblick auf Änderungen des Sortiments) zu berücksichtigen. Die von marktmächtigen Nachfragern ausgehenden Diskriminierungen hätten daher auch nach geltendem Recht erfaßt werden können, ohne daß es dazu der Einführung der neuen Abhängigkeitsvermutung in § 26 Abs. 2 Satz 3 und des Verbotes zur Veranlassung von Preisdiskriminierungen in Abs. 3 GWB bedurft hätte.

---

[70] Die Rechtsprechung des KG in den Fällen Springer/Tagesspiegel, Rama-Mädchen und Sonntag Aktuell ist dafür exemplarisch. Lediglich der vom Bundeskartellamt entschiedene und vom Kammergericht Ende 1980 grundsätzlich bestätigte Fall Effem-Tierfertignahrung kann als ein Schritt in die richtige Richtung gedeutet werden.

[71] Vgl. Asbach, in: WuW/E BGH 1429 ff.

4. Ausschließlichkeits- und Kopplungsbindungen

Die wettbewerbspolitischen Kriterien, die für die Feststellung der Mißbräuchlichkeit von Ausschließlichkeits- und Kopplungsverträgen verwendet werden, sind weitgehend die gleichen:

- Die Marktstellung des bindenden Unternehmens,
- die Verbreitung derartiger Bindungen auf dem relevanten Markt, die im Hinblick auf das Ausmaß der Behinderung dritter Unternehmen beim Marktzutritt von Bedeutung ist (sog. Marktschließungseffekt), sowie
- die Dauer der Verträge und der Grad der Ausschließlichkeit bzw. Kopplung.

Wenngleich insbesondere Ausschließlichkeitsbindungen auf den Märkten für Bier, Kraftfahrzeuge und Mineralölprodukte sehr weit verbreitet sind und dazu dienen, vor- und nachgelagerte Märkte nach den wirtschaftlichen Interessen des bindenden Unternehmens zu organisieren, indem tatsächlichen oder potentiellen Konkurrenten der Zugang zum Markt versperrt wird und dadurch Absatzmärkte gesichert und Risiken auf die Vertragspartner überwälzt werden, muß die Zahl der auf § 18 bzw. 22 GWB gestützten Mißbrauchsverfahren als vergleichsweise minimal bezeichnet werden. D.h., die Kontrolle von Ausschließlichkeits- und Kopplungsbindungen ist nahezu wirkungslos geblieben. Die im Hinblick auf die Unbilligkeit der Beschränkung notwendige Interessenabwägung zwischen dem bindenden und dem gebundenen Unternehmen unter Berücksichtigung der auf die Freiheit des Wettbewerbs gerichteten Zielsetzung des GWB funktioniert offensichtlich nicht, da die Rechtsprechung dazu neigt, die wirtschaftlichen Interessen des bindenden Unternehmens in den Vordergrund zu stellen und nur in Extremfällen zu intervenieren. Damit stellt sich bei der Rechtsanwendung das gleiche Problem wie bei allen anderen Tatbestandsgruppen des Behinderungswettbewerbs:

Das Interesse des behindernden Unternehmens wird i.d.R. als vorrangig gegenüber den Interessen des behinderten Unternehmens angesehen; dem Schutzzweck der entsprechenden GWB-Vorschriften wird damit allerdings nicht Genüge getan. Der vom Kammergericht entschiedene Fall VW-Identteile läßt allerdings wettbewerbspolitisch hoffen.

Übungsfragen zum 12. Kapitel:

1. Welchen Schutzzweck hat § 22 GWB, und welche Maßnahmen kann die Kartellbehörde gegenüber marktbeherrschenden Unternehmen bei Verletzung des Schutzzweckes verhängen?
2. Was ist unter «Marktbeherrschung» i.S. des § 22 GWB zu verstehen?
3. Wie ist der unbestimmte Rechtsbegriff «Mißbrauch» in § 22 GWB konkretisiert worden?
4. Skizzieren Sie den Fall Meto-Handpreisauszeichner und die Entscheidungen des Bundeskartellamtes und des Kammergerichts.
5. Welche Stellung hat das Kammergericht im Fall Meto-Handpreisauszeichner zur Verfassungsmäßigkeit der generellen Mißbrauchsklausel des § 22 Abs. 4 GWB und zu den Maßstäben, nach denen die Frage des Mißbrauchs zu beurteilen ist, bezogen?
6. Erläutern Sie die wettbewerbspolitische Problematik der Sogwirkung einer progressiven Bonusstaffel in den Fällen Rama-Mädchen und Effem-Tierfertigungnahrung.
7. Warum wird die Vertragsfreiheit der Unternehmen im Hinblick auf kollektive und individuelle Boykotte oder Lieferverweigerungen im deutschen Kartellrecht eingeschränkt?
8. Charakterisieren Sie die Anstiftung zum Boykott i.S. des § 26 Abs. 1 GWB in wettbewerbspolitischer und -rechtlicher Hinsicht.
9. Erörtern Sie die wettbewerbspolitische Problematik der individuellen Lieferverweigerung zur vertikalen Preisbeeinflussung und deren Erfassung im GWB.

10. Exemplifizieren Sie die wettbewerbspolitische Problematik der individuellen Liefersperre zur Preisbeeinflussung anhand der Entscheidungen Saba und Architektenkammer.
11. Erörtern Sie die wettbewerbspolitische Problematik der individuellen Lieferverweigerung zur Beschränkung der Vertriebswege und deren Erfassung im GWB.
12. Diskutieren Sie am Beispiel Allkauf-Nordmende, in welchen Fällen ein Kontrahierungszwang wettbewerbspolitisch notwendig erscheint.
13. Inwiefern kann eine Preisdifferenzierung wettbewerbspolitische Probleme aufwerfen, wenn man davon ausgeht, daß Preisdifferenzierungen einer Wettbewerbswirtschaft wesensimmanent sind?
    Warum ist das Diskriminierungsverbot des § 26 Abs. 2 GWB – abweichend von sec. 2 Clayton Act – auf Träger wirtschaftlicher Macht beschränkt?
14. Welche Auswirkungen hat eine Preisdifferenzierung auf den Wettbewerb unter Verkäufern (first line competition) und wie sind diese Auswirkungen rechtlich zu erfassen bzw. zu beurteilen?
15. Welche Auswirkungen hat eine Preisdifferenzierung auf den Wettbewerb unter den Verkäufern (second line competition), die vom Verkäufer veranlaßt wird?
    Wägen Sie die Interessen des diskriminierenden und des diskriminierten Unternehmens im Falle Asbach ab, und gehen Sie dabei auch auf die unterschiedlichen Positionen der an dem Verfahren beteiligten Gerichte ein.
16. Diskutieren Sie die unterschiedlichen Positionen, die gegenüber einer auf Veranlassung des Nachfragers erfolgten Preisdifferenzierung vertreten werden. Ist es gerechtfertigt, Nachfragemacht anders zu beurteilen als Anbietermacht?
17. Unter welchen Voraussetzungen können Ausschließlichkeits- und Kopplungsbindungen von den Kartellbehörden für unwirksam erklärt werden? Welche Rechtsvorschriften kommen dabei zur Anwendung?
18. Exemplifizieren Sie am Beispiel der Fälle Kfz-Pflegemittel und VW-Identteile die wettbewerbspolitische Problematik sog. Ausschließlichkeitsbindungen.
19. Beurteilen Sie die wettbewerbspolitische Wirkung von Kopplungsbindungen anhand der Fälle Meto-Handpreisauszeichner, Kfz-Pflegemittel und Kombinationstarif.
20. Nehmen Sie eine kurze Bewertung des wettbewerbsrechtlichen Instrumentariums zur Erfassung der vier Tatbestandsgruppen der Behinderungsstrategie vor, das sind:
    - Der Behinderungsmißbrauch marktbeherrschender Unternehmen gegenüber Konkurrenten,
    - der Boykott und die Lieferverweigerung,
    - die Preisdiskriminierung und
    - das Ausschließlichkeits- und Kopplungsverhalten.

    Was hat sich bei allen vier Tatbestandsgruppen als der entscheidende Punkt im Verhältnis von behinderndem und behinderten Unternehmen herausgeschält?

Weiterführende Literaturhinweise zum 12. Kapitel:

Baur, Jürgen F., Der Mißbrauch im deutschen Kartellrecht, Tübingen 1972.

Belke, Rolf, Die Geschäftsverweigerung im Recht der Wettbewerbsbeschränkungen. Eine vergleichende Untersuchung zum deutschen und französischen Recht, Tübingen 1966.

Emmerich, Volker, Kartellrecht mit einer Einführung in das Recht des unlauteren Wettbewerbs, 3. Auflage, München 1979, S. 70 f., 129 – 144, 183 – 193 und 193 – 215.

ders., Fälle zum Wahlfach Recht des Unlauteren Wettbewerbs und Kartellrecht, München 1975, S. 77 – 100.

Jansen, Udo, Die Kopplungsverträge im Recht der Wettbewerbsbeschränkungen – Eine rechtstatsächliche und rechtsvergleichende Untersuchung zum amerikanischen, deutschen und europäischen Recht, Bad Homburg v. d. H., Berlin, Zürich 1968.

Möschel, Wernhard, Der Oligopolmißbrauch im Recht der Wettbewerbsbeschränkungen, Tübingen 1974, S. 34 ff. und 184 ff.

Monopolkommission, Sondergutachten 1: Anwendung und Möglichkeiten der Mißbrauchsaufsicht über marktbeherrschende Unternehmen seit Inkrafttreten der Kartellgesetznovelle, Baden-Baden 1975.

dies., Sondergutachten 7: Mißbräuche der Nachfragemacht und Möglichkeiten zu ihrer Kontrolle im Rahmen des Gesetzes gegen Wettbewerbsbeschränkungen, Baden-Baden 1977, Tz. 132 – 173 und 211 – 235.

OECD, Refusal to sell. Report of the Committee of Experts on Restrictive Business Practices, Paris 1969.

Schmidt, Ingo, US-amerikanische und deutsche Wettbewerbspolitik gegenüber Marktmacht. Eine vergleichende Untersuchung und kritische Analyse der Rechtsprechung gegenüber Tatbeständen des externen und internen Unternehmenswachstums sowie des Behinderungswettbewerbs, Berlin 1973, S. 87 – 94 und 184 – 342.

Schüller, Alfred, Vermachtungserscheinungen im tertiären Sektor, in: ORDO Bd. XIX (1968), S. 171 ff.

Ulmer, Peter, Fälle und Entscheidungen zum deutschen und europäischen Kartellrecht, 2. Aufl., Frankfurt/M. 1975, S. 77 – 83 und 99 – 120.

Zohlnhöfer, Werner, Wettbewerbspolitik im Oligopol. Erfahrungen der amerikanischen Antitrustpolitik, Basel, Tübingen 1968, S. 62 – 114.

13. Kapitel: Die wettbewerbspolitische Erfassung der Konzentrationsstrategie, exemplifiziert an Fall-Entscheidungen

I. Einleitung

Wie in Teil 2 ausgeführt, wird unter Konzentrationsstrategie die faktische Beschränkung der wettbewerbsrelevanten Handlungs- oder Entschließungsfreiheit in bezug auf einen oder mehrere Aktionsparameter aufgrund einer Verminderung der Zahl der wettbewerbspolitischen Entscheidungsträger durch externes oder überproportionales internes Unternehmenswachstum verstanden.

Im Hinblick auf die Erfassung und Kontrolle derartiger «Wettbewerbsbeschränkungen durch Zustand» sind grundsätzlich zwei verschiedene wettbewerbspolitische und -rechtliche Ansätze möglich:

- Inkaufnahme der Herausbildung nicht-kompetitiver Marktstrukturen durch externes oder internes Unternehmenswachstum und eine bloße ex post-Mißbrauchsaufsicht, die die Marktergebnisse nach einem Als-ob-Maßstab korrigieren soll (regulation approach) oder
- Aufrechterhaltung einer kompetitiven Marktstruktur durch Fusionskontrolle (bzw. Entflechtung), die eine korrektive Mißbrauchsaufsicht überflüssig macht (structure approach).

Bis zur 2. GWB-Novelle im Jahr 1973 ist in Deutschland Marktmacht nicht per se als schlecht betrachtet worden, sondern lediglich der Mißbrauch dieser Marktmacht. Dementsprechend enthielt das GWB nur eine Mißbrauchsaufsicht über marktbeherrschende Unternehmen i. S. des § 22 GWB, wonach die Behinderung von Mitbewerbern (sog. Behinderungsmißbrauch – s. 12. Kap.) sowie die Ausbeutung vor- oder nachgelagerter Wirtschaftsstufen (sog. Ausbeutungsmißbrauch) qua Mißbrauchsverfügung von den Kartellbehörden untersagt werden konnte.[1] Diese Philosophie hat erst im Jahre 1973 in der 2. GWB-Novelle ihren Niederschlag gefunden, als eine Kontrolle von großen Zusammenschlüssen eingeführt wurde, die das Entstehen oder die Verstärkung einer marktbeherrschenden Stellung i. S. des § 22 GWB erwarten lassen. Damit wird nunmehr das Entstehen von Marktmacht mittels Großfusion zumindest als gefährlich betrachtet.

---

[1] Bei der Unterscheidung zwischen Behinderungs- und Ausbeutungsmißbrauch darf allerdings nicht außer acht gelassen werden, daß:

- beide Formen häufig zusammen auftreten (sog. Strukturmißbrauch, z. B. im Falle einer regionalen Preisdifferenzierung oder Kopplungs- und Ausschließlichkeitsbindungen, die zu überhöhten Preisen für die Abnehmer führen) bzw.
- ein Ausbeutungsmißbrauch häufig auf einem früheren Behinderungsmißbrauch beruht, der zu einer Wettbewerbsbeschränkung durch Zustand geführt hat; Ausbeutungsmißbrauch kann allerdings *auch* die Folge einer unkontrollierten Konzentrationsstrategie sein.

II. Erfassung des Ausbeutungsmißbrauchs marktbeherrschender Unternehmen[2]

Nach § 22 GWB kann die Kartellbehörde marktbeherrschenden Unternehmen ein mißbräuchliches Verhalten untersagen, um die sog. Ausbeutung vor- oder nachgelagerter Wirtschaftsstufen (vertikal) zu verhindern. Dabei geht es um eine Korrektur der Marktergebnisse durch eine ex post-Mißbrauchsaufsicht nach einem hypothetischen Als-ob-Maßstab. Da Wettbewerb *u. a. auch* ein Entdeckungsverfahren ist, dessen Ergebnisse nicht vorhersehbar sind, kann das Wertungskriterium eines Als-ob wesentlichen Wettbewerbs nur indirekt mit Hilfe verschiedener Ansätze konkretisiert werden:[3]

(1) Beim **räumlichen Vergleichsmarktkonzept**[4] werden die Preise oder Marktergebnisse eines marktbeherrschenden Unternehmens für *gleiche* Güter und Leistungen auf zwei räumlich getrennten Märkten miteinander verglichen, wobei der Vergleichsmarkt durch wirksamen Wettbewerb oder zumindest ein maius an Wettbewerb gekennzeichnet sein muß. Es handelt sich also um räumlich getrennte inländische oder ausländische Märkte (räumliche Preisdifferenzierung).

Das Problem bei diesem Ansatz besteht darin, daß die die Marktergebnisse beeinflussenden Faktoren (z. B. Kosten, Bedarfsstruktur, konjunkturelle Lage, Produktionstechnik) – abgesehen von der unterschiedlichen Wettbewerbsintensität – vergleichbar sein müssen. Wenn Unterschiede zwischen diesen die Marktergebnisse bestimmenden Faktoren auf den zu vergleichenden Märkten vorliegen, dann müssen diese – meistens nur schwer zu quantifizierenden – Unterschiede zugunsten der der Mißbrauchsaufsicht unterworfenen Unternehmen zu werten sein, um rechtlich vernachlässigt werden zu können.

---

[2] Vgl. Emmerich, Volker, Kartellrecht mit einer Einführung in das Recht des unlauteren Wettbewerbs, 3. Aufl., München 1979, S. 164 ff., insbesondere 189 ff., sowie Schmidt, Ingo, Relevanter Markt, Marktbeherrschung und Mißbrauch in § 22 GWB und Art. 86 EWGV, in: Wirtschaft und Wettbewerb Jg. 15 (1965), S. 453 ff., und ders., US-amerikanische und deutsche Wettbewerbspolitik gegenüber Marktmacht, Berlin 1973, S. 164 – 178, mit weiterführenden Literaturhinweisen.

Vgl. dazu auch Monopolkommission, Sondergutachten 1: Anwendung und Möglichkeiten der Mißbrauchsaufsicht über marktbeherrschende Unternehmen seit Inkrafttreten der Kartellgesetznovelle, Baden-Baden 1975, Tz. 35 – 38; dies., 2. Hauptgutachten: Fortschreitende Konzentration bei Großunternehmen, Baden-Baden 1978, Tz. 370 – 400, und dies., 3. Hauptgutachten 1978/79: Fusionskontrolle bleibt vorrangig, Baden-Baden 1980, Tz. 434 – 457.

[3] So auch Tätigkeitsbericht BKartA 1974, in: BTDr 7/3791, S. 12 ff.

[4] Das räumliche Vergleichsmarktkonzept ist z. B. in folgenden Fällen zur Anwendung gekommen:

- Zeitgleiche Summenmessung (1964), in: WuW/E BGH 655 ff.
- Rechtselbische Zementpreise (1965), in: WuW/E BGH 667 ff.; dabei handelte es sich um den Fall einer sachlich nicht gerechtfertigten regionalen Preisdifferenzierung durch ein marktbeherrschendes Syndikat links und rechts der Elbe.
- Stromtarife (1972), in: WuW/E BGH 1221 ff.; in diesem Fall ging es – ähnlich wie im Fall Zeitgleiche Summenmessung – um mißbräuchlich überhöhte Preise eines Stromversorgungsunternehmens, wobei die Frage kostenstruktureller Unterschiede eine besondere Rolle spielte. Vgl. zum Fall Stromtarif auch Markert, Kurt, Kostenkontrolle bei Mißbrauchsaufsicht über marktbeherrschende Unternehmen, in: Der Betriebs-Berater 1974, S. 580 ff.
- Streckenmonopol Autobahntankstellen (1979), in: WuW/E OLG 2135 ff. Das Streckenmonopol der Deutschen Fina wurde zwar bejaht, jedoch der Mißbrauchsvorwurf (sog. 2-Pfennig-Abstand-Regel) bezweifelt.

(2) Beim **zeitlichen Vergleichsmarktkonzept**[5] werden die Preise oder Marktergebnisse ein und desselben Marktes in zwei Perioden mit unterschiedlicher Wettbewerbsintensität verglichen, wobei sich das gleiche Problem wie bei dem räumlichen Vergleichsmarktkonzept ergibt, daß in den beiden Zeitperioden – abgesehen von der unterschiedlichen Wettbewerbsintensität – die die Marktergebnisse beeinflussenden Faktoren vergleichbar sein müssen, was in der Regel voraussetzt, daß die beiden zu vergleichenden Perioden nicht zu weit auseinander liegen (zeitliche Preisdifferenzierung i. w. S.).[6]

(3) Beim **sachlichen Vergleichsmarktkonzept**[7] werden die Preise oder Marktergebnisse eines marktbeherrschenden Unternehmens

- für *gleiche* Güter oder Leistungen auf zwei Märkten, die aus den verschiedensten Gründen sachlich getrennt sind und unterschiedliche Wettbewerbsintensitäten aufweisen, miteinander verglichen (sachliche Preisdifferenzierung z. B. zwischen Krankenhausapotheken und privaten Apotheken beim Kauf von Arzneimitteln) oder
- mit den Preisen oder Marktergebnissen von Unternehmen verglichen, die *gleichartige* Güter oder Leistungen unter den Bedingungen wirksamen Wettbewerbs oder zumindest eines maius an Wettbewerbsintensität gegenüber dem Markt ohne wirksamen Wettbewerb anbieten bzw. nachfragen.

Auch bei diesem Ansatz stellt sich das Problem der Vergleichbarkeit der die Marktergebnisse beeinflussenden Faktoren.

(4) Bei Fehlen eines räumlichen, zeitlichen oder sachlichen Vergleichmarktes könnte ein **Gewinnspannenkonzept** Verwendung finden, wie es der Europäische Gerichtshof in der Chiquita-Entscheidung verwendet hat.[8] Dabei könnten die Gewinne des marktbeherrschenden Unternehmens für sein Erzeugnis mit den Gewinnen anderer Unternehmen verglichen werden, die diese für vergleichbare Produkte unter den Bedingungen wirksamen Wettbewerbs erzielen.

Der Versuch, wettbewerbsgerechte Gewinnspannen wenigstens annähernd durch einen Vergleich mit den Gewinnspannen ähnlicher Industriezweige zu ermitteln, ist jedoch

---

[5] Das zeitliche Vergleichsmarktkonzept (before and after theory) ist z. B. in folgenden Fällen zur Anwendung gekommen:

- Erstes Benzinpreisverfahren (1967), in: Tätigkeitsbericht BKartA 1967, in: BTDr V/2841, S. 12 f. und 41 f. In diesem Fall ging es um den Vorwurf eines Preismißbrauches gegen die vier vertikal integrierten Ölgesellschaften, die nach der Suezkrise 1967 wegen der gestiegenen Transportkosten ihre Tankstellenpreise sukzessive um fünf Pfennige erhöht und diese Preise später auch dann nicht gesenkt hatten, als sich spätestens im Oktober 1967 die Versorgungslage des deutschen Marktes wieder normalisiert und die Auswirkungen der Krise auf die Kosten gemindert hatten.
- Zweites Benzinpreisverfahren (1974), in: WuW/E OLG 1467 ff.

[6] Vgl. Albach, Horst, Als-Ob-Konzept und zeitlicher Vergleichsmarkt, Tübingen 1976.

[7] Das sachliche Vergleichsmarktkonzept hat z. B. in folgenden Fällen Anwendung gefunden:

- Vitamin B 12 (1976), in: WuW/E BGH 1435 ff.; vgl. dazu Tätigkeitsbericht BKartA 1974, supra, S. 10 ff. und 62 ff., und Tätigkeitsbericht BKartA 1976, in: BTDr 8/704, S. 24 ff. und 62 ff. In diesem Fall ging es um mißbräuchlich überhöhte Preise im Vergleich:
  - zu den Preisen anderer Anbieter gleichartiger Güter im Bereich der öffentlichen Apotheken,
  - zu den Preisen, die die Firma Merck von Krankenhaus-Vollapotheken bzw.
  - von Schweizer Abnehmern verlangte.

  Die Mißbrauchsverfügung des BKartA wurde vom BGH mangels Marktbeherrschung aufgehoben.
- Valium (1976/1980), in: WuW/E BGH 1445 ff. und 1678 ff.

[8] Vgl. Chiquita Bananen, in: WuW/E EWG/MUV 425 ff.

problematisch, da die Gefahr besteht, daß Kostenüberhöhungstendenzen auf Märkten ohne wirksamen Wettbewerb berücksichtigt und abgegolten werden. Vielmehr kann ein Mißbrauch auch dann vorliegen, wenn bei gleichen Gewinnspannen infolge eines geringeren Rationalisierungsgrades des marktbeherrschenden Unternehmens dessen Preise über den Vergleichspreisen liegen.[9]

Anstelle eines Gewinnspannenvergleichs könnte auch daran gedacht werden, die Rentabilität des investierten Kapitals zu vergleichen.

(5) Welche der hier kurz dargestellten **Methoden** im einzelnen verwendet wird, um eine Als-ob-performance zu konkretisieren, hängt von den Bedingungen und vorhandenen Daten im Einzelfall ab. Grundsätzlich muß jede Methode als zulässig angesehen werden, die Rückschlüsse auf das Ergebnis bei wirksamem Wettbewerb erlaubt.

Die Meinungsverschiedenheiten in der Literatur über Zulässigkeit und Notwendigkeit einer performance-Kontrolle haben ihren Ursprung in unterschiedlichen ordnungspolitischen Vorstellungen und Zweifeln hinsichtlich der Effizienz einer derartigen Mißbrauchsaufsicht.[10]

Die wettbewerbspolitische Problematik der Erfassung des sog. Ausbeutungsmißbrauchs im Rahmen der Mißbrauchsaufsicht soll anhand der Verfahren gegen die Mineralölwirtschaft und die pharmazeutische Industrie exemplifiziert werden.

Fall Zweites Benzinpreisverfahren (1974)[11]

Ähnlich wie während der Suezkrise im Jahre 1967 hatten sich in der Zeit vom Oktober 1973 bis Frühjahr 1974 Versorgungsengpässe gezeigt, die sowohl zu starken Preissteigerungen als auch zu Verknappungserscheinungen führten, was die Einführung eines mehrmaligen Sonntagsfahrverbotes zur Folge hatte. Das Ausmaß dieser Krise wurde nicht nur der Politik der Ölförderländer, sondern auch der monopolistischen Preispolitik der internationalen Mineralölkonzerne angelastet.

So hatten die führenden Mineralölunternehmen in der Bundesrepublik in der Zeit von Oktober 1973 bis Frühjahr 1974 ihre Tankstellenpreise für Vergaserkraftstoffe um 13 Pfennige und

[9] Man könnte allerdings daran denken, den *Kostenüberhöhungsfaktor* zu ermitteln, indem man die Einstandspreise für die Produktionsmittel (Löhne, Rohstoffe, Kapitalkosten etc.) auf beiden Märkten mit den Selbstkosten auf beiden Märkten vergleicht; ergeben sich – bei sonst gleichen Bedingungen – erhebliche Abweichungen der Selbstkosten auf beiden Märkten, so sind diese auf einen geringeren Rationalisierungsgrad infolge fehlenden Wettbewerbs als Anspornprinzip zurückzuführen. Der so ermittelte Kostenüberhöhungsfaktor hätte dann bei der Ermittlung des Wettbewerbspreises außer Ansatz zu bleiben. In diesem Zusammenhang hat der Bundesgerichtshof z. B. bei der Mißbrauchsaufsicht über ein Zementsyndikat davon gesprochen, daß nur *betriebsnotwendige Kosten,* wie sie auch bei wirksamem Wettbewerb entstehen und abgegolten werden würden, anerkannt werden können.

[10] Vgl. Hoppmann, Erich, Preiskontrolle und Als-ob-Konzept, Tübingen 1974, und Schmidtchen, Dieter, Ausbeutung aufgrund einer Wettbewerbsbeschränkung durch Zustand? Kritische Analyse der theoretischen Grundlagen einer freiheitsgefährdenden Wettbewerbspolitik, in: ORDO Bd. 30 (1980), S. 273 ff.

[11] Vgl. Zweites Benzinpreisverfahren, in: WuW/E OLG 1467 ff.; vgl. dazu Tätigkeitsbericht BKartA 1974, supra, S. 10 ff. und 42 ff., sowie Kirberger, Wolfgang, und Peter Oberender, Die Benzinpreiserhöhung im Frühjahr 1974 (I) und (II), in: WiSt 8. Jg. (1979), S. 137 ff. und 191 ff.

Vgl. zu den Wettbewerbsproblemen der Mineralölwirtschaft auch Barnikel, Hans-Heinrich, Probleme der kartellrechtlichen Mißbrauchsaufsicht in der Mineralölwirtschaft in der BRD, in: Wettbewerbsprobleme der Mineralölwirtschaft im Schatten des OPEC-Kartells, hrsg. von Röper, Burkhardt, Berlin 1979, S. 108 ff.

gleichzeitig die Verbraucherpreise für leichtes Heizöl um etwa 14 Pfennige je Liter heraufgesetzt, was mit entsprechend gestiegenen Beschaffungskosten für Rohöl und Mineralölfertigprodukte von ausländischen Schwesterfirmen begründet wurde. Gleichzeitig wurde jedoch bekannt, daß die Muttergesellschaften insbesondere im 4. Quartal 1973 sehr hohe Gewinne (bis zu 300 % mehr als im Vorjahr!) hatten, die insbesondere auf dem europäischen Markt angefallen waren[12]. Ferner wurde durch die Veröffentlichung einer internationalen Fachzeitschrift bekannt, daß die Kosten für eine stark nachgefragte Rohölsorte um höchstens DM 120,– je t gestiegen waren, während die Mineralölunternehmen ihre Tankstellenpreise für Vergaserkraftstoffe um DM 160,– je t erhöht hatten.

Angesichts dieser widersprüchlichen Informationen über die Kosten- und Gewinnentwicklung sowie der Preispolitik der multinationalen Unternehmen leitete das **Bundeskartellamt** gegen die sechs großen damals in der Bundesrepublik tätigen Mineralölunternehmen: Texaco, BP, Shell und Esso sowie Gelsenberg und VEBA (ARAL), ein Verfahren wegen des Verdachts des Mißbrauchs einer marktbeherrschenden Stellung durch Fordern zu hoher Preise i. S. des § 22 GWB ein. Im Rahmen dieses Mißbrauchsverfahrens setzte das Bundeskartellamt für Ende März/Anfang April 1974 eine öffentliche Anhörung i. S. des § 53 Abs. 3 GWB an, um das Preisgeschehen auf den Mineralölmärkten transparenter zu machen.

In diesem Hearing wandten sich die betroffenen Unternehmen sowohl gegen den Vorwurf der Marktbeherrschung, die das Bundeskartellamt zumindestens während der Knappheitsperiode als gegeben angenommen hatte, als auch gegen den Mißbrauchsverdacht. Sie versuchten dem mit detaillierten Kostenrechnungen zu begegnen, wonach die Preiserhöhungen nicht einmal ausreichten, die nach der letzten Rohölverteuerung eingetretenen Kostensteigerungen abzudecken. Die Unternehmen hielten es angesichts der nur in geringen Grenzen beeinflußbaren Kuppelproduktion auch für gerechtfertigt, Mindererlöse bei unter besonderem Wettbewerbsdruck stehenden Produkten durch höhere Preise bei anderen Erzeugnissen auszugleichen (Mischkalkulation als Rechtfertigung für überhöhte Preise). Die Mineralölunternehmen wandten sich auch gegen die als sog. Sockeltheorie bezeichnete Methode des BKartA, die durch einen Kosten-Erlös-Vergleich zwischen Krisensituation und normalen Wettbewerbslagen festgestellten Zusatzgewinne als Mißbrauch zu werten, weil dadurch Verluste der Vorjahre festgeschrieben werden würden. Das Bundeskartellamt stand angesichts der Kuppelproduktion vor dem Problem einer verursachungsgerechten Zurechnung der Kosten auf die einzelnen Erzeugnisse, wobei es den von den Unternehmen in der Vergangenheit zugrunde gelegten Kostenverteilungsschlüssel akzeptierte.

Das Hearing brachte keine Aufklärung in der Kernfrage, wie sich die Rohölbeschaffungskosten der Muttergesellschaften tatsächlich entwickelten, zumal es keine echten Marktpreise für Rohöl gibt – sieht man einmal von dem Spotmarkt Rotterdam ab. Insofern konnte der Verdacht des Bundeskartellamtes, daß die konzerninternen Verrechnungspreise als ein Instrument zur Gewinnverlagerung zwischen Muttergesellschaft und ausländischen Tochtergesellschaften dienen (wofür die enormen Gewinnsteigerungen der Muttergesellschaften sprachen), nicht belegt werden. In der Zwischenzeit trat jedoch eine Veränderung der Marktverhältnisse ein: rasch sinkende Notierungen in Rotterdam führten zu beträchtlichen Ermäßigungen der inländischen Tankstellenpreise. Das Bundeskartellamt stellte daher das Mißbrauchsverfahren ein.

---

[12] Die gleiche Entwicklung findet sich auch während der 3. Erdölkrise im Jahr 1979/80, als die ebenfalls sehr starken Preissteigerungen für Benzin und Heizöl wiederum mit den angeblich stark gestiegenen Kosten begründet wurden, gleichzeitig jedoch aus der Wirtschaftspresse Berichte über eine sprunghafte Gewinnerhöhung der ausländischen Muttergesellschaften bekannt wurden.

Angesichts der schlechten Erfahrungen während der 2. Erdölkrise im Jahre 1973/74 hat das Bundeskartellamt bei dieser 3. Versorgungskrise auf die Einleitung eines formellen Mißbrauchsverfahrens nach § 22 GWB verzichtet, da die Rechtskraft einer Mißbrauchsverfügung erst so spät eintreten würde, daß die sich ständig ändernden Daten und die spezifischen Verhältnisse auf den Mineralölmärkten den zugrundeliegenden Sachverhalt entfallen ließen, so daß eine solche Verfügung zwangsläufig aufgehoben werden würde.

Einige Tage nach Abschluß der Hearings wiesen die Mineralölgesellschaften auf die Notwendigkeit weiterer Benzinpreiserhöhungen hin, da der Absatz von leichtem Heizöl stagniere und die Heizölpreise erheblich zurückgegangen seien. Die daher notwendige Einschränkung der Raffineriekapazität mache den Import von teurem Benzin notwendig. Am 10. April erhöhten die BP und – ihr sofort folgend – die Texaco ihre Benzinpreise in sog. Verbrauchsschwerpunkten um 1 Pfennig pro Liter. Esso und Shell folgten dieser Preiserhöhung am 16. April 1974. Das Bundeskartellamt kündigte BP und Texaco sowie Esso und Shell an, die am 10. April 1974 vorgenommenen Benzinpreiserhöhungen durch einstweilige Anordnung i. S. des § 56 GWB für mißbräuchlich zu erklären.

Daraufhin nahm die deutsche Shell AG den Benzinpreis vorläufig für die Dauer von 4 Wochen um 1 Pfennig zurück; Esso wollte die erst bei 5 % der Tankstellen wirksam gewordenen Preiserhöhungen auf diesem Stand einfrieren. Da BP und Texaco an ihrer Preispolitik festhielten, erging gegen die beiden Gesellschaften die angekündigte einstweilige Anordnung i. S. des § 56 GWB, worin die Unternehmen aufgefordert wurden, ihre Tankstellenpreise für Benzin auf den Stand vor dem 9. April zurückzunehmen. Wenige Tage später fanden nochmals öffentliche mündliche Verhandlungen i. S. des § 53 Abs. 3 GWB statt, um die Entscheidung in der Hauptsache vorzubereiten. Da Texaco der einstweiligen Anordnung weitgehend nachkam, wurde das Mißbrauchsverfahren gegen dieses Unternehmen eingestellt. BP wurde dagegen durch Mißbrauchsverfügung die Erhöhung der Preise für Vergaserkraftstoffe untersagt; diese Verfügung wurde nach § 63 a GWB für sofort vollziehbar erklärt.

Das **Bundeskartellamt** sah in seiner Mißbrauchsverfügung BP gemeinsam mit den 4 anderen führenden Mineralölkonzernen (Texaco, Esso, Shell und ARAL) als marktbeherrschende Oligopolgruppe i. S. des § 22 Abs. 2 GWB an, die gegenüber anderen (kleineren) Anbietern eine überragende Marktstellung mit knapp 75 % Marktanteil besitze. Damit seien die Voraussetzungen der Oligopolvermutung i. S. des § 22 Abs. 2 Satz 1 Nr. 2 b GWB erfüllt. Darüber hinaus wurde das tatsächliche Fehlen von wesentlichem Wettbewerb vom Bundeskartellamt mit folgenden Punkten begründet:

- die durchweg gleichförmige Preispolitik in den vergangenen Monaten,
- die überproportionale Preiserhöhung bei Vergaserkraftstoffen Anfang des Jahres und
- die weitgehende Abhängigkeit der meisten Mineralölhandelsunternehmen von den 5 führenden Unternehmen.

Der Mißbrauchsvorwurf wurde vom Bundeskartellamt wie folgt begründet:

- Die Gewinnausweise vergleichbarer internationaler Mineralölgesellschaften hätten für das 1. Quartal 1974 keine ungedeckten Kostenüberhänge erkennen lassen,
- zusätzliche Kostensteigerungen seien bei den Lieferfirmen von BP bis dahin nicht eingetreten und
- die isolierte Preiserhöhung bei Benzin sei – entgegen dem Preistrend bei den übrigen Mineralölprodukten – nur aufgrund der marktbeherrschenden Stellung erfolgt, wodurch die Mischkalkulation als Rechtfertigungsgrund zurückgewiesen wurde.

Das Bundeskartellamt begründete die Notwendigkeit einer sofortigen Vollziehung der Mißbrauchsverfügung mit Verbraucherschutzinteressen gegenüber mißbräuchlich überhöhten Preisen. Das **Kammergericht** stellte demgegenüber in seinem Beschluß vom 14. 5. 1974 die aufschiebende Wirkung der Beschwerde wieder her, da weder das tatsächliche Fehlen von wesentlichem Wettbewerb noch der Nachweis eines mißbräuchlich überhöhten Preises hinreichend begründet seien. Andererseits bestätigte das Kammergericht die Auffassung des Bundeskartellamtes, daß angesichts der veröffentlichten Zahlen über die erheblichen Gewinnsteigerungen der Muttergesellschaft ein gewisser Mißbrauchsverdacht bestehen bleibe.

Am 7. 8. 1974 hat das Bundeskartellamt alle Verfahren gegen die Mineralölindustrie eingestellt, weil zu jener Zeit die Marktentwicklung wiederum weitgehend vom Wettbewerb bestimmt wurde.

Preismißbrauchsverfahren sind – außer gegen die Mineralölindustrie – auch gegen die pharmazeutische Industrie (Merck und Hoffmann-La Roche) durchgeführt worden. Dabei sind eine Reihe von ökonomisch und rechtlich interessanten Fragen hinsichtlich der Möglichkeit des Rückschlusses von einem Mißbrauch auf das Fehlen von wesentlichem Wettbewerb und die relevante Marktabgrenzung aufgeworfen worden. Die Fälle sind insofern ein Paradebeispiel für die zirkulare Verknüpfung zwischen den drei maßgeblichen Tatbestandsmerkmalen des § 22 GWB: der sachlichen Abgrenzung des relevanten Marktes, dem Nachweis des Fehlens von wesentlichem Wettbewerb (= Vorliegen von Marktbeherrschung) und der mißbräuchlichen Ausnutzung der marktbeherrschenden Stellung. Darüber hinaus ging es um die Bewertung der verschiedenen Aktionsparameter im Hinblick auf einen wirksamen Wettbewerbsdruck, der das Verhalten der Unternehmen am Markt kontrolliert und damit zu einer Realisierung der vorgegebenen ökonomischen Wettbewerbsfunktionen beiträgt.

Die Arzneimittelmärkte sind durch eine Reihe von Besonderheiten charakterisiert:

- Es bestehen sehr große Marktunvollkommenheiten infolge der merklich beschränkten Marktübersicht angesichts der Vielzahl der angebotenen Arzneispezialitäten, des Fehlens eines eigenen finanziellen Interesses der Ärzte, der Verschreibungspraxis nach bestimmten Marken, des Auftretens der Krankenkassen als mittelbare Nachfrager für einen großen Teil der Arzneimittel sowie des unbedingten Vorranges eines tatsächlichen oder vermeintlichen therapeutischen Wertes gegenüber finanziellen Erwägungen. Diese market imperfections haben zu einer preisunelastischen Nachfrage geführt, die den preispolitischen Spielraum der Unternehmen erhöht.
- Der teilweise starke Nicht-Preiswettbewerb mit den Aktionsparametern Forschung, Qualität und Werbung hat offensichtlich keine Rückwirkungen auf das Verhalten der Arzneimittelproduzenten; er ist nicht in der Lage, die Kontrollfunktion des Preiswettbewerbs im Hinblick auf Kosten und Preise zu ersetzen, so daß den Arzneimittelherstellern bei dem Vertrieb über öffentliche Apotheken langfristig die Aufrechterhaltung von Preisen möglich ist, die erheblich über den Preisen liegen, die sich bei wirksamem Wettbewerb bilden würden.
- Ein Vergleich der Preise bestimmter Arzneimittelgruppen (Penicillin, Vitamin C-Tabletten, Antirheumatika etc.) im Bereich der Krankenhausapotheken mit den öffentlichen Apotheken ergibt Preisdifferenzen von ca. 100 bis 300 % je nach Arzneimittelgruppe; diese wurden vom Bundeskartellamt als Indiz für ein mißbräuchliches Marktergebnis gewertet, was nur solche Unternehmen erzielen könnten, die keinem wesentlichem Wettbewerb ausgesetzt sind.
- Dieses Ausmaß der Preisüberhöhung steht auch in keinem angemessenen Verhältnis zum Forschungsaufwand, der bei großen Arzneimittelfirmen nur ca. 10 % vom Umsatz beträgt, während 25 bis 40 % des Umsatzes auf Verkaufs- und Werbeförderungsausgaben entfallen.

Das Bundeskartellamt ging in den Pharmazeutikaverfahren von der Überlegung aus, daß in den Fällen, in denen nach einer Analyse von relevantem Markt, Marktstruktur und Marktverhalten Zweifel am Vorliegen einer marktbeherrschenden Stellung i. S. des § 22 GWB bestehen bleiben, diese Zweifel durch eine Analyse des Marktergebnisses behoben werden können. Der Fall Valium exemplifiziert diese Überlegungen.

Fall Valium (1980)[13]

Das **Bundeskartellamt** hatte Hoffmann-La Roche im Jahre 1974 durch Mißbrauchsverfügung aufgegeben, seine Herstellerabgabepreise für Valium um 40 % und für Librium um 35 % zu senken. Bei der Abgrenzung des relevanten Marktes war das Bundeskartellamt von dem Markt für Tranquilizer ausgegangen, auf dem Hoffmann-La Roche Marktanteile von 53,3 % beim Absatz über öffentliche Apotheken und von ca. 85 % beim Absatz über Krankenhäuser kontrollierte; damit lag Hoffmann-La Roche erheblich über der Marktbeherrschungsvermutung des § 22 Abs. 3 Nr. 1 GWB von einem Drittel. Das Bundeskartellamt hatte die Preisgestaltung von La Roche bei Valium und Librium als mißbräuchlich angesehen, da die Preise erheblich über den Preisen lagen, die sich bei wesentlichem Wettbewerb gebildet hätten. Diese Aussage wurde durch einen internationalen Preisvergleich mit den EG-Staaten belegt. So lagen beispielsweise die deutschen Valium-Preise um rd. 50 % über denen in Frankreich und Italien und betrugen rd. das dreifache der Preise in Großbritannien vor der Preissenkungsanordnung der Britischen Regierung vom April 1973.
Das **Kammergericht** hatte im Jahre 1976 den Beschluß des Bundeskartellamtes teilweise abgeändert und Hoffmann-La Roche untersagt, für die Präparate Valium und Librium höhere Herstellerabgabepreise als 72 % der seinerzeit geforderten Preise zu verlangen. Der **Bundesgerichtshof** war in seiner 1. Entscheidung im Jahre 1976 der Auffassung des Kammergerichts gefolgt, daß Hoffmann-La Roche auf dem relevanten Markt für Psychopharmaka, der aufgrund der funktionellen Austauschbarkeit aus der Sicht der Verbrauchsdisponenten abzugrenzen sei, eine überragende Marktstellung im Verhältnis zu seinen Mitbewerbern i. S. von § 22 Abs. 1 Nr. 2 GWB habe. Der BGH beanstandete jedoch die Ermittlung des mutmaßlichen Wettbewerbspreises (auf der Grundlage des herangezogenen Vergleichsmarktes) in einzelnen Punkten als rechtsfehlerhaft und wies das Verfahren zwecks weiterer Tatsachenfeststellungen an das Kammergericht zurück. Dabei entwickelte der BGH folgendes Kalkulationsschema einer Mißbrauchsgrenze:[14]

	Preis eines Patentverletzers auf dem regionalen Vergleichsmarkt (im Ausland)
+	Zuschlag für gesetzestreue Billiganbieter
=	Wettbewerbspreis des Billiganbieters auf dem Vergleichsmarkt
+	Zuschlag für Marktstrukturunterschiede zwischen Vergleichsmarkt und untersuchtem Markt (einschließlich Währungsdifferenzen)
+	Zuschlag für altrenommiertes Unternehmen
+	Zuschlag für forschendes Unternehmen
=	wettbewerbsanaloger Preis auf dem untersuchten Markt
+	Erheblichkeitszuschlag
=	Mißbrauchsgrenze

Das **Kammergericht** hatte im Jahre 1978 – aufgrund neuer Beweiserhebung und erneuter Verhandlung – Hoffmann-La Roche untersagt, für die Präparate Valium und Librium höhere Herstellerabgabepreise als 76 % der jetzigen Preise zu fordern. Das Kammergericht war in seiner Ent-

[13] Vgl. Valium, in: WuW/E BGH 1445 ff. und 1678 ff.; vgl. dazu Tätigkeitsbericht BKartA 1974, supra, S. 10 f. und 62 ff., sowie Tätigkeitsbericht BKartA 1976, supra S. 24 ff. und 62 ff. Vgl. auch Schmidt, Ingo, Die Zusammenhänge von relevantem Markt, Marktbeherrschung und Marktergebnis am Beispiel der Mißbrauchsaufsicht des Bundeskartellamtes bei Arzneimitteln, in: Jahrbücher für Nationalökonomie und Statistik Bd. 190 (1976), S. 67 ff., zur Kritik an diesem Verfahren und Oberender, Peter, Die pharmazeutische Industrie in der Bundesrepublik Deutschland. Eine Fallstudie zur Wettbewerbssituation auf der Angebotsseite des Arzneimittelmarktes, in: Jahrbuch für Sozialwissenschaft Bd. 28 (1977), S. 163 ff.

[14] Vgl. Albach, Horst, Zur Messung von Marktmacht und ihres Mißbrauchs, in: Wirtschaft und Wettbewerb Jg. 28 (1978), S. 537 ff., 545.

scheidung nunmehr von einer gemeinsamen Beherrschung des Marktes für Tranquilizer durch die Firmen Hoffmann-La Roche, Thomae, Gödecke, Mack und Wyeth i. S. des § 22 Abs. 3 Nr. 2 lit. b GWB ausgegangen, da die Unternehmensgruppe mehr als zwei Drittel des Marktes kontrollierte. Nach Ansicht des Kammergerichts schloß das Vorliegen eines beachtlichen Forschungs-, Innovations- und Qualitätswettbewerbs zwischen diesen Unternehmen die Marktbeherrschung nicht aus, da der Preis von allen Oligopolunternehmen nicht als Wettbewerbsmittel eingesetzt wurde, so daß zwar Marktanteilsverschiebungen zwischen den führenden Unternehmen aufgrund des Nicht-Preiswettbewerbs eintreten konnten, der von den Oligopolunternehmen geforderte Produktpreis aber oberhalb des wettbewerbsanalogen Preises verblieb. Interne Marktanteilsverschiebungen innerhalb der Oligopolgruppe – bedingt durch Innovations-, Qualitäts- und Werbungswettbewerb – könnten die Marktgegenseite nicht vor überhöhten Preisen und Konditionen schützen, da jedem Oligopolunternehmen bewußt sei, daß es durch Preissenkungen nur eine Verschlechterung seiner Erlössituation, aber keinen nennenswerten Marktanteilsgewinn erreiche, der die Erlösverschlechterung lohne. Die Unternehmen der Oligopolgruppe hätten – abgesehen von der Legalvermutung – daher insgesamt eine überragende Marktstellung im Verhältnis zu den übrigen Unternehmen und zur Marktgegenseite.
Den Mißbrauchsvorwurf begründete das Kammergericht durch einen Rückgriff auf die Preise des niederländischen Arzneimittelherstellers Centrafarm, der den Preis als Wettbewerbsmittel auf dem holländischen Markt für Psychopharmaka einsetzte. Dabei ging das Kammergericht von den Durchschnittserlösen der Firma Centrafarm aus, berücksichtigte höhere Kosten für die Kleinpakkungen von Hoffmann-La Roche sowie einen Forschungs-, Renner- und strukturellen Zuschlag sowie schließlich den vom BGH erforderten Erheblichkeitszuschlag. Unter Berücksichtigung all dieser Zuschläge hat das Kammergericht die Mißbrauchsgrenze für Valium und Librium auf 76 % der zur Zeit geforderten Preise festgelegt.
Der **Bundesgerichtshof** ließ in seiner entgültigen Entscheidung im Jahre 1980 dahingestellt, ob das Kammergericht zu Recht von einer marktbeherrschenden Oligopolgruppe i. S. des § 22 Abs. 2 GWB ausgegangen ist, da die angefochtenen Beschlüsse schon deshalb keinen Bestand hätten, weil eine mißbräuchliche Preisgestaltung von Hoffman-La Roche nicht festgestellt werden konnte. Der BGH wies darauf hin, daß Voraussetzung für die Anwendung des Vergleichsmarktkonzepts sei, daß die Besonderheiten des zum Vergleich dienenden Marktes durch Zu- oder Abschläge ausgeglichen werden könnten. Der ausländische Markt müsse deshalb im wesentlichen vergleichbar sein. Würden die Preise nur eines einzigen Unternehmens auf dem ausländischen Markt herangezogen, so dürften die notwendigen Zu- oder Abschläge aber nicht ein solches Ausmaß erreichen, daß der ermittelte Wettbewerbspreis sich überwiegend auf die geschätzten Zu- oder Abschläge stütze.
Der BGH sah im vorliegenden Fall diese Voraussetzungen als nicht erfüllt an und begründete das wie folgt:
- Auf dem niederländischen Markt gebe es seit 1977 eine Preisverordnung, die Preiserhöhungen nur bei nachgewiesenen Kostensteigerungen gestatte.
- Anders als in der Bundesrepublik Deutschland dürfe der Apotheker in Holland die vom Arzt verordnete kleinere Menge einer Großpackung entnehmen, die er zu günstigeren Preisen – je nach Mengenabnahme mit Rabatten – einkaufe.
- Die Firma Centrafarm habe mit ihrem Tranquilizerprodukt im Jahre 1977 nur einen Umsatz von rd. DM 170.000 erzielt. Ein solcher Jahresumsatz sei zu geringfügig, um als ausreichende Vergleichsgrundlage zu dienen.

Der Bundesgerichtshof hob daher die Mißbrauchsverfügung des Bundeskartellamtes mangels einer geeigneten Vergleichsgrundlage auf.

III. Erfassung des externen Unternehmenswachstums[15]

Die schlechten Erfahrungen mit dem regulation approach im Hinblick auf die Korrektur der Marktergebnisse nach einem Als-ob-Maßstab unterstreichen die Bedeutung des structure approach, der auf die Aufrechterhaltung kompetitiver Marktstrukturen mittels Fusionskontrolle zielt und damit die Notwendigkeit einer Mißbrauchsaufsicht auf unumgängliche Fälle reduzieren soll.

Seit der 2. GWB-Novelle im Jahre 1973 (vgl. 8. Kap.) kann das Bundeskartellamt Fusionen nach § 24 Abs. 1 und 2 GWB untersagen, wenn:

- es sich um einen Zusammenschluß i. S. des § 23 Abs. 2 GWB handelt und die Toleranzklausel des § 24 Abs. 8 GWB nicht eingreift (sog. *Aufgreifkriterien*), sowie
- zu erwarten ist, daß durch den Zusammenschluß eine marktbeherrschende Stellung i. S. des § 22 GWB entsteht oder verstärkt wird, es sei denn, die beteiligten Unternehmen weisen ihrerseits nach, «daß durch den Zusammenschluß auch Verbesserungen der Wettbewerbsbedingungen eintreten und daß diese Verbesserungen die Nachteile der Marktbeherrschung überwiegen» (sog. *Eingreifkriterien*).

Ein vom Bundeskartellamt nach § 24 Abs. 1 und 2 GWB untersagter Zusammenschluß kann nach § 24 Abs. 3 GWB vom Bundesminister für Wirtschaft erlaubt werden, «wenn im Einzelfall die Wettbewerbsbeschränkung von gesamtwirtschaftlichen Vorteilen des Zusammenschlusses aufgewogen wird oder der Zusammenschluß durch ein überragendes Interesse der Allgemeinheit gerechtfertigt ist; hierbei ist auch die Wettbewerbsfähigkeit der beteiligten Unternehmen auf Märkten außerhalb des Geltungsbereiches dieses Gesetzes zu berücksichtigen» (sog. *Ministerfusion*).

Die wettbewerbspolitische Problematik der Erfassung der Konzentrationsstrategie mit Hilfe des structure approach soll an Hand einer Reihe von Fällen exemplifiziert werden, wobei der im 6. Kap. vorgenommenen Unterscheidung in horizontale, vertikale und konglomerate Zusammenschlüsse gefolgt werden soll.

1. Horizontale Zusammenschlüsse

Horizontale Zusammenschlüsse sind im 8. Kap. als Zusammenschlüsse definiert worden, die zwischen vormals selbständigen Wirtschaftssubjekten, die auf dem gleichen sachlich und räumlich relevanten Markt tätig sind, stattfinden. Die Fälle VEBA/BP und Tonolli-Braubach sollen die Schwierigkeiten der Erfassung horizontaler Zusammenschlüsse und zugleich die Problematik der sog. Ministerfusion exemplifizieren.

[15] Vgl. Emmerich, op. cit., S. 218 ff.; ders., Die bisherige Praxis der Fusionskontrolle (I), (II) und (III), in: Die Aktiengesellschaft 23. Jg. (1978), S. 85 ff., 118 ff. und 150 ff.; Die neueste Praxis der Fusionskontrolle (I) und (II), in: Die Aktiengesellschaft 24. Jg. (1979), S. 6 ff. und 40 ff., und Die Fusionskontrolle bis zur 4. Novelle (I) und (II), in: Die Aktiengesellschaft 25. Jg. (1980), S. 205 ff. und 240 ff., mit weiterführenden Literaturhinweisen.

Vgl. auch Monopolkommission, 1. Hauptgutachten 1973/75: Mehr Wettbewerb ist möglich, Baden-Baden 1976, Tz. 845 – 966; dies., 2. Hauptgutachten 1976/77: Fortschreitende Konzentration bei Großunternehmen, Baden-Baden 1978, Tz. 401 – 494, und dies., 3. Hauptgutachten 1978/79: Fusionskontrolle bleibt vorrangig, Baden-Baden 1980, Tz. 458 – 574.

Fall VEBA/BP (1979)[16]

Gegenstand des Verfahrens war der Verkauf der Gelsenberg AG durch die VEBA an die BP zum 31. 12. 1978. Die Geschäftstätigkeit der Gelsenberg AG erstreckte sich auf das Halten von Beteiligungen an Unternehmen in der Mineralölverarbeitung, im Handel mit Brennstoffen und Mineralölprodukten sowie auf dem Gasmarkt. U. a. erwarb BP eine 25 %ige Beteiligung an der Ruhrgas AG.

Als Gegenleistung wurde der VEBA ein langfristiger Ölliefervertrag zu konkurrenzfähigen Bedingungen angeboten und ein Kaufpreis von 800 Mio DM gezahlt. Der Ölliefervertrag über bis zu 3 Mio t Rohöl pro Jahr, der bis zum Jahr 2000 laufen soll, würde nach Ansicht der VEBA 19 % der Rohölversorgung ihrer deutschen Raffinierien decken (= 3 % des deutschen Gesamtbedarfs).

Das **Bundeskartellamt** hatte den Zusammenschluß zwischen der Deutschen BP AG und der VEBA AG untersagt, weil dadurch die überragende Marktstellung der Ruhrgas AG auf dem relevanten Gasmarkt verstärkt würde und auch nicht zu erwarten sei, daß durch den Zusammenschluß Verbesserungen der Wettbewerbsbedingungen einträten, welche die Nachteile überwiegen würden. Auf die Verstärkung einer marktbeherrschenden Stellung der Gruppe der vier umsatzstärksten Unternehmen für Mineralölprodukte (marktbeherrschendes Oligopol i. S. von § 22 Abs. 2 GWB) ging das Bundeskartellamt nicht ein, da innerhalb der Oligopolgruppe lediglich ein Austausch von Marktanteilen stattfand und insofern keine Verstärkung der überragenden Stellung der Oligopolgruppe bewirkt wurde.
Das Bundeskartellamt teilte den sachlich relevanten Gasmarkt in drei Stufen auf: die Produktionsstufe, die Handelsstufe und die Verbraucherstufe, wobei die Ruhrgas AG auf allen drei Stufen tätig ist, was das nachstehende Schaubild der Monopolkommission verdeutlicht:[17]

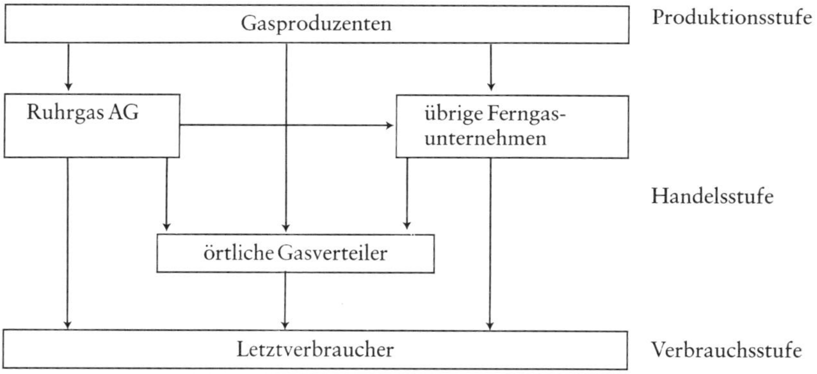

Die Einbettung der Ruhrgas AG in das System der Lieferbeziehungen
Quelle: Entscheidung des Bundeskartellamtes

---

[16] Vgl. VEBA/BP, in: WuW/E BKartA 1719 ff. und BWM 165 ff.; Monopolkommission, Sondergutachten 8: Zusammenschlußvorhaben der Deutschen BP AG und der VEBA AG, Baden-Baden 1979.

[17] Vgl. Monopolkommission, Sondergutachten 8, op. cit., S. 28.

Das Schaubild auf der Vorseite zeigt, daß die Ruhrgas AG auf der Handelsstufe sogar mehrmals als Anbieter auftritt und hier der umsatzstärkste Anbieter ist (1977 erzielte sie 5,4 Milliarden Umsatzerlöse und damit das 2,5fache des nächstgrößeren sowie das 6fache des darauf folgenden Unternehmens). Das Bundeskartellamt schloß auf eine überragende Marktstellung der Ruhrgas AG auch aufgrund des herausragenden Zuganges zu den Absatz- und Beschaffungsmärkten, da die Ruhrgas zwischen 80 und 100 % des Bedarfs von sieben der elf inländischen Ferngasunternehmen deckt sowie der größte Importeur mit 2/3 des gesamten Gasimportes ist. Damit ist die Ruhrgas Lieferant und Wettbewerber zugleich, was die Bedeutung ihrer Marktposition unterstreicht.
Die Verstärkung der überragenden Marktstellung der Ruhrgas AG gegenüber ihren Wettbewerbern auf der Handelsstufe begründete das Bundeskartellamt wie folgt:

- Fortfall der Deutschen BP AG als potentiellem Wettbewerber, der insbesondere über ausländische Gasressourcen verfüge und angesichts des expandierenden Gasmarktes und der noch nicht erschlossenen Gebiete des inländischen Marktes als potentieller Wettbewerber anzusehen sei. Der Zusammenschluß eines derart potentiellen Wettbewerbers mit einem Unternehmen mit überragender Marktstellung führe zu einer Verschlechterung der Wettbewerbsvoraussetzungen.
- Verstärkung der überragenden Marktstellung der Ruhrgas AG durch den erleichterten Zugang zu den Gasvorkommen der BP-Gruppe. Damit Erweiterung des Handlungsspielraumes der Ruhrgas AG und Verkürzung der Beschaffungsmöglichkeiten ihrer Mitbewerber.
- Abschwächung des langfristig wirksamen Substitutionswettbewerbs zwischen Heizöl und Erdgas, da Mineralölkonzerne, die sowohl Heizöl als auch Erdgas anbieten, wegen der doppelten Erlösminderung nicht an einem Preiswettbewerb zwischen den Energieträgern interessiert seien. Somit würde der bisher verbleibende Substitutionswettbewerb, der durch die bereits in der Ruhrgas AG vertretenen internationalen Mineralölgesellschaften ohnehin schon geschwächt ist, vollständig wegfallen, die Interessen aller auf dem deutschen Markt führenden Mineralölgesellschaften würden insoweit gleichgerichtet sein. Der preispolitische Spielraum der Ruhrgas AG würde auch in dieser Hinsicht vergrößert werden, weil der Wettbewerbseinfluß des Heizöls auf die Höhe der Gaspreise in allen Marktstufen vermindert werden würde.

Das Bundeskartellamt verneinte auch eine Verbesserung der Wettbewerbsbedingungen, die die Nachteile der Marktbeherrschung überwiegen: Es widerspreche allgemeiner wirtschaftlicher Erfahrung, daß zwischen der Muttergesellschaft (BP) und der Tochtergesellschaft (Ruhrgas AG) ein Wettbewerb auftreten werde.
Nach der Untersuchung des Zusammenschlusses durch das Bundeskartellamt beantragten die Deutsche BP AG und die VEBA AG beim Bundesminister für Wirtschaft die Erlaubnis zu einem Zusammenschluß gemäß § 24 Abs. 3 GWB (sog. Ministerfusion). Der Bundesminister für Wirtschaft holte ein Gutachten der **Monopolkommission** ein, die zwar den gesamtwirtschaftlichen Vorteil einer Erhöhung der Versorgungssicherheit betonte, jedoch auf die Beschränkung des Substitutionswettbewerbs hinwies, da durch den Beteiligungserwerb der Deutschen BP AG an der Ruhrgas AG in Höhe von 25 % den Öl- und Gasgesellschaften die Kapitalmehrheit zufallen würde. Da der Erhaltung des Substitutionswettbewerbs zwischen den einzelnen Energieträgern gesamtwirtschaftlich jedoch besonders große Bedeutung zukomme, schlug die Monopolkommission vor, den an die Deutsche BP AG zu veräußernden Ruhrgas-Anteil auf 9 % zu begrenzen und damit zu verhindern, daß die langfristige Geschäftspolitik der Ruhrgas AG in Zukunft in den Einflußbereich der Unternehmen mit Erdöl- und Erdgasinteressen gelangt. Die Monopolkommission empfahl, die beantragte Erlaubnis nach § 24 Abs. 3 GWB nicht zu erteilen, da die damit verbundene Wettbewerbsbeschränkung nicht durch gesamtwirtschaftliche Vorteile oder durch ein überragendes Interesse der Allgemeinheit gerechtfertigt sei.
Der **Bundesminister für Wirtschaft** erteilte im Hinblick auf die mittel- und langfristige Absicherung der Energieversorgung die Erlaubnis zu dem Zusammenschluß; die Risiken für die Wettbewerbsstruktur auf dem Energiemarkt versuchte das BMWi mit Hilfe einer Reihe von gravierenden Auflagen und Beschränkungen abzuwehren:

(1) VEBA wurde aufgegeben, ihre Restbeteiligung von 3,71 % an der Ruhrgas AG den anderen Gesellschaftern der Ruhrgas AG anzubieten, so daß eine Majorisierung der Ruhrgas AG durch die Mineralöl-/Erdgasinteressen nicht möglich ist.
(2) Der BP wurde aufgegeben, ihre von der Gelsenberg gehaltene Beteiligung an der Ruhrgas AG in Höhe von 25 % des Grundkapitals bis auf einen Rest von 9 % zu veräußern; diese Anteile dürften dabei nicht an Unternehmen veräußert werden, die Primärenergie-Interessen vertreten.
(3) Der BP wurde ferner aufgegeben, mit der Ruhrgas AG keine Abgrenzungen der Versorgungsgebiete zu vereinbaren.

Die Erteilung der Ministererlaubnis im vorliegenden Fall hat offensichtlich auch für das BMWi im Grenzbereich der Untersagung gelegen, was durch die relativ umfangreichen Auflagen und Beschränkungen zum Ausdruck kommt. Der behauptete Zielkonflikt zwischen Wettbewerbsbeschränkung und Sicherung der Energieversorgung ist allerdings von den Unternehmen ein Jahr später selbst ad absurdum geführt worden; BP kürzte die Erdöllieferungen und VEBA erklärte, diese Lieferungen nicht zu benötigen!

Fall Tonolli/Braubach (1980)[18]

Das **Bundeskartellamt** hatte im Jahr 1979 den Erwerb einer 50 %igen Beteiligung an der Blei- und Silberhütte Braubach GmbH durch die Tonolli International B.V. (Tonolli), Amsterdam, untersagt, weil nach Auffassung des Amtes zu erwarten war, daß durch den Zusammenschluß auf dem relevanten Bleimarkt die bereits vorhandene marktbeherrschende Stellung des Dyopols verstärkt werde, das von der Metallgesellschaft und Preussag gebildet werde; eine überwiegende Verbesserung der Wettbewerbsbedingungen sei nicht feststellbar.

Das Vorliegen einer marktbeherrschenden Stellung i. S. des § 22 Abs. 2 GWB begründete das Bundeskartellamt wie folgt:
- Metallgesellschaft und Preussag erfüllen mit Marktanteilen von 25 % und 40 % (insgesamt also 65 %) die Marktbeherrschungsvermutung des § 22 Abs. 3 Nr. 2 a GWB (wenn «drei oder weniger Unternehmen zusammen einen Marktanteil von 50 v. H. oder mehr haben»).
- Wesentlicher Produktwettbewerb könne wegen der DIN-Normung nicht stattfinden.
- Wesentlicher Preiswettbewerb sei nicht feststellbar, da sich die Preisbildung an den zweimal täglich festgesetzten Preisen der Londoner Metallbörse orientiere, die als Grundpreis für die Preisbildung dienen (Aufschläge zwischen 0,7 und 1 %). Die gemeinsame Übernahme der Londoner Notierung als Grundpreis sei eine Form branchenüblichen Parallelverhaltens zweier Anbieter:

«Im Grundsatz handeln Metallgesellschaft und Preussag jedoch gleichartig im Bewußtsein ihrer gleichgerichteten Interessen als Bleiproduzenten und ihrer gegenseitigen Abhängigkeit beim Einsatz der wettbewerblichen Aktionsparameter. Ein solches bewußtes Parallelverhalten ist für oligopolistisch strukturierte Märkte, auf denen homogene Güter gehandelt werden, eine typische, auf der Reaktionsverbundenheit der Anbieter beruhende Verhaltensweise.»[19]

---

[18] Vgl. Tonolli/Braubach, in: WuW/E BKartA 1799 ff. und OLG 2234 ff.; vgl. auch den ähnlich gelagerten Fall Haindl/Holtzmann, in: WuW/E BKartA 1475 ff., in welchem es um die Verstärkung eines marktbeherrschenden Oligopols auf dem relevanten Markt für Zeitungsdruckpapier ging, die vom BKartA rechtskräftig untersagt wurde.
[19] Tonolli/Braubach, in: WuW/E BKartA 1801.

Im Hinblick auf die Wesentlichkeit des Wettbewerbs verlangte das Bundeskartellamt den aktiven Einsatz des Wettbewerbsparameters Preis im Kampf um neue Abnehmer und damit zusätzliche Marktanteile. Dies sei im vorliegenden Fall nicht gegeben. Der Einsatz anderer Aktionsparameter wie Service, Konditionen etc. schließe die Annahme fehlenden Wettbewerbs für das Innenverhältnis des Dyopols nicht aus, wenn der Preis von den Oligopolunternehmern nicht als Wettbewerbsmittel eingesetzt werde.

– Das marktbeherrschende Dyopol Metallgesellschaft/Preussag habe im Außenverhältnis eine überragende Marktstellung gegenüber den kleineren Mitbewerbern, was sich aus einem Vergleich der Marktanteile, der Finanzkraft, des Zugangs zu den Beschaffungsmärkten und der Verflechtung mit anderen Unternehmen ergebe. Alle am Markt auftretenden Umschmelzbleiproduzenten seien mittelständische Unternehmen, während das Dyopol aus zwei mehrfachen Umsatzmilliardären bestehe, an denen deutsche Großbanken beteiligt seien.

Im Hinblick auf die Verstärkung der ohnehin vorhandenen marktbeherrschenden Stellung des Dyopols Metallgesellschaft/Preussag auf dem Bleimarkt ging das Bundeskartellamt davon aus, «daß um so geringere Anforderungen an das Ausmaß der Verstärkung einer marktbeherrschenden Stellung im Sinne einer Verschlechterung der wettbewerblichen Strukturen zu stellen sind, je höher der Grad der Konzentration auf einem bestimmten Markt ist. Der inländische Markt für Blei ist bereits derart konzentriert, daß wesentlicher Wettbewerb nicht mehr festzustellen ist. Jede weitere Einschränkung des noch bestehenden Restwettbewerbs führt daher zu einer Verschlechterung der Wettbewerbsstruktur».[20]

Das **Kammergericht** hob die Entscheidung des Bundeskartellamtes auf, da seines Erachtens nicht zu erwarten ist, daß durch den angezeigten Zusammenschluß eine marktbeherrschende Stellung entsteht oder verstärkt wird. Das Kammergericht begründete seine Entscheidung wie folgt:

– Da die Preussag sowohl die Monopolvermutung des § 22 Abs. 3 Satz 1 Nr. 1 GWB als auch zusammen mit weiteren Anbietern wahlweise die Oligopolvermutung des § 22 Abs. 3 Satz 1 Nr. 2 a *oder* Nr. 2 b GWB erfülle, könne es in dem vorliegenden Fall, bei dem eine Vermutung gegen die andere spreche, nicht dem jeweiligen Stand der Ermittlungen überlassen bleiben, welche Vermutung sich leichter widerlegen lasse, um der anderen Geltung zu schaffen. Es müsse vielmehr eine von jeder Vermutung unabhängige Feststellung getroffen werden, ob eine marktbeherrschende Stellung in dem einen oder anderen Sinne tatsächlich vorhanden sei oder verstärkt werde.

– Das gleichförmige Verhalten bei der Preisbildung durch das Dyopol Metallgesellschaft/Preussag sei kein Nachweis für ein marktbeherrschendes Oligopol; tatsächlich finde zwischen den beiden Unternehmen wesentlicher Wettbewerb statt, der allerdings durch die Besonderheiten des Marktes begrenzt sei, so daß nicht alle Wettbewerbsparameter zum Einsatz kommen könnten. Für die Annahme eines marktbeherrschenden Oligopols sei es vielmehr erforderlich, daß die Unternehmen auf wettbewerbliche Verhaltensweisen aufgrund einer Reaktionsverbundenheit verzichten und sich gerade auf diese Weise eine besondere Marktposition erhalten oder verschaffen.

– Der der inländischen Preisbildung zugrundegelegte Londoner Börsenpreis sei ein durch Angebot und Nachfrage bewirkter Preis, an dessen Zustandekommen auch deutsche Anbieter (Metallgesellschaft und Preussag) beteiligt seien; er werde zudem von inländischen Nachfragern – sei es zur Kontrolle der inländischen Angebote oder zum Kauf über die Börse – genutzt.

Das Kammergericht faßte seine Überlegungen zum Wettbewerb im Oligopol wie folgt zusammen: «Soweit durch die übereinstimmende Verwendung der (Londoner) Notierung und den Umfang der Prämien ein Geheimwettbewerb nicht geführt wird, beruht das auf der Markttransparenz, der aus der Homogenität des Produkts und der allgemeinen Kenntnis des Börsenpreises folgt, nicht aber auf einem Gruppenbewußtsein, aus dem heraus aggressive Preiswettbewerbshandlungen unterlassen werden.»[21]

---

[20] Tonolli/Braubach, in: WuW/E BKartA 1803.

[21] Tonolli/Braubach, in: WuW/E OLG 2234 ff.

Das Kammergericht lehnte auch die Auffassung des Bundeskartellamtes ab, daß eine ohnehin schon vorhandene marktbeherrschende Position durch den Zusammenschluß verstärkt werde. Nach Ansicht des Kammergerichts ist vielmehr darauf abzustellen, ob die Verstärkung der Marktstellung *eines* Oligopolmitglieds *auch* die Position des Gesamtoligopols verbessere; der vom Wettbewerb nicht mehr genügend kontrollierte Verhaltensspielraum der gesamten Oligopolgruppe müsse erweitert werden.

Es bleibt abzuwarten, wie der **Bundesgerichtshof** das Verhältnis der Legalvermutungen zueinander bzw. das Vorliegen oder Nicht-Vorliegen von wesentlichem Wettbewerb im Oligopol beurteilen wird; die Spuren der Fensterglas Entscheidung schrecken allerdings.[22]

2. Vertikale Zusammenschlüsse

Vertikale Zusammenschlüsse sind im 6. Kap. als Zusammenschlüsse vormals selbständiger Wirtschaftssubjekte definiert worden, die auf verschiedenen Wirtschaftsstufen tätig sind und in einer Käufer-Verkäufer-Beziehung stehen. Anhand der Fälle VEBA/Gelsenberg und Bayer/Metzeler sollen die wettbewerbspolitischen Probleme der Erfassung vertikaler Zusammenschlüsse exemplifiziert werden.

Fall VEBA/Gelsenberg (1974)[23]

Die Bundesregierung hatte in ihrem Energieprogramm von 1973 im Interesse der Sicherung der langfristigen Mineralölversorgung die Neugruppierung der deutschen Mineralölinteressen als notwendig bezeichnet. In Verfolgung dieser Zielsetzung hatte der Bundesminister für Finanzen von der Rheinisch-Westfälischen Elektrizitätswerk AG (RWE) eine Beteiligung von 48,3 % des Nennkapitals der Gelsenberg AG erworben, so daß der Bund unter Berücksichtigung des Zukaufs weiterer Aktien der Gelsenberg AG zu einer Beteiligung von 51,3 % am Gelsenberg-Kapital gekommen wäre.

Das **Bundeskartellamt** hatte die vorgesehene Übertragung der Beteiligung der RWE an der Gelsenberg auf den Bund als einen Zusammenschluß von Unternehmen i. S. des GWB angesehen und unter Berücksichtigung von unmittelbaren und mittelbaren Beteiligungen des Bundes (z. B. an der VEBA und deren Tochtergesellschaften) untersagt, da durch diesen Zusammenschluß auf einer Reihe von Märkten marktbeherrschende Stellungen entstehen oder verstärkt werden würden (Märkte für Elektrizität, Handel mit festen Brennstoffen, Binnenschiffahrt und zwei chemische Produkte).
Im Mineralölbereich ergebe sich durch den vorgesehenen Zusammenschluß eine Verschlechterung der Wettbewerbsbedingungen auf dem Markt für leichtes Heizöl. Dieser Markt werde von einer Unternehmensgruppe kontrolliert, zu welcher die Unternehmen ESSO, SHELL, BP, der Bund mit VEBA, FRISIA und den Saarbergwerken sowie Texaco mit 51,5 % Marktanteil gehörten. Aus verschiedenen marktstrukturellen Gründen bestehe zwischen diesen Unternehmen weder ein Wettbewerb im Innenverhältnis noch sei die Gruppe im Außenverhältnis wesentlichem Wettbewerb ausgesetzt. Diese marktbeherrschende Stellung i. S. des § 22 Abs. 2 GWB werde verstärkt durch eine Erhöhung des Marktanteils der Oligopolgruppe von 51,5 auf 58,4 %; zugleich werde durch den Zusammenschluß von VEBA und Gelsenberg die beherrschende Stellung des Bundes verstärkt.

---

[22] Vgl. den Fall Fensterglas VI, in: WuW/E BGH 907 ff., in welchem es um den Ausschluß des letzten wirksamen Wettbewerbs durch ein Rabattkartell in einem engen Oligopol ging.

[23] Vgl. VEBA/Gelsenberg, in: WuW/E BKartA 1457 ff. und BWM 147 ff.; Monopolkommission, Sondergutachten 2: Wettbewerbliche und strukturelle Aspekte einer Zusammenfassung von Unternehmen im Energiebereich (VEBA/Gelsenberg), Baden-Baden 1975.

Die gleichen Überlegungen würden auch für den Markt für schweres Heizöl gelten, auf welchem das marktbeherrschende Oligopol 64,6 % des Marktes kontrolliere und damit die Legalvermutung i. S. des § 22 Abs. 3 Nr. 2 GWB erfülle.
Das Bundeskartellamt ließ offen, ob durch den Zusammenschluß eine Verbesserung der Wettbewerbsbedingungen eintreten würde oder nicht:[24]

«Zwar ist nicht auszuschließen, daß sich die Wettbewerbsbedingungen auf inländischen Märkten für Mineralölprodukte durch den beabsichtigten Zusammenschluß verbessern, indem VEBA die Kapazitäten von Gelsenberg zuwachsen und bei der Zugangsmöglichkeiten zu den Beschaffungsmärkten verbessert würden. Es ist aber auch möglich, daß der vorgesehene Zusammenschluß zu einer Verschlechterung der Wettbewerbsbedingungen auf inländischen Märkten für Mineralölprodukte führen würde, indem sich die Reaktionsverbundenheit innerhalb des bereits jetzt bestehenden engen Oligopols der Anbieter durch die Verbindung von VEBA und Gelsenberg verstärken würde.»

Bei einer Abwägung im Rahmen des § 24 Abs. 1 GWB müsse außer Betracht bleiben, inwieweit die deutsche Verhandlungsposition bei der Nachfrage auf dem internationalen Rohölmarkt durch den Zusammenschluß verbessert werde, da das Bundeskartellamt nur eine Verbesserung der Wettbewerbsbedingungen innerhalb des Geltungsbereiches des GWB überprüfen könne. Die Abwägungsklausel des § 24 Abs. 1 GWB sei insofern enger als die des § 24 Abs. 3 GWB im Rahmen der Ministererlaubnis.
Das Bundeskartellamt ging daher davon aus, daß auf den genannten Märkten das Entstehen oder Verstärken beherrschender Stellungen zu erwarten sei, wobei s. E. gewisse objektive Anhaltspunkte für die betreffenden Auswirkungen genügten.
Der **Bundesminister für Wirtschaft** hat den Zusammenschluß gem. § 24 Abs. 3 GWB genehmigt und diese Ministererlaubnis im wesentlichen wie folgt begründet:
- Durch den Zusammenschluß werde die Energieversorgung gesichert, woran die Allgemeinheit ein überragendes Interesse habe.
- Der Bundesregierung fehle ein leistungsfähiges deutsches Mineralölunternehmen, das unter Berücksichtigung seiner finanziellen Möglichkeiten und Kapazitäten befähigt sei, die deutschen Interessen auf dem internationalen Erdölmarkt wirksam zur Geltung zu bringen. Insofern verbessere der Zusammenschluß sowohl die Aussichten für erfolgreiche Verhandlungen mit den erdölfördernden Ländern über gesicherte Bezugsmengen als auch für eine unmittelbare Beteiligung an Großprojekten.
- Durch die Erlaubnis zum Zusammenschluß werde auch die marktwirtschaftliche Ordnung nicht gefährdet; denn durch den Zusammenschluß VEBA/Gelsenberg entstehe im Mineralölbereich nur ein Unternehmen, das im Weltmaßstab zu den mittleren Unternehmen rechne.

Obwohl die **Monopolkommission** vom Bundesminster für Wirtschaft nicht mit der Erstattung eines Sondervotums beauftragt worden war, hat sie nach eigenem Ermessen ein Gutachten erstellt und darin folgende Positionen vertreten:
- Eine Konkretisierung der Gemeinwohlklausel sei nur unter Zugrundelegung der von den zuständigen Verfassungsorganen formulierten Politik möglich; insofern sei das im Energieprogramm der Bundesrepublik von 1973 festgelegte Ziel einer langfristigen Mineralölversorgung zu akzeptieren.
- Die Zusammenschlußerlaubnis des Ministers dürfe sich allerdings nur soweit erstrecken, wie dies zur Erreichung des Gemeinwohl-Ziels erforderlich sei. Dies sei ausschließlich im Mineralölbereich der Fall, wo die Auffassung des BMWi nicht zu widerlegen sei, daß auf dem internationalen Rohölmarkt ein deutsches Unternehmen nur dann die erforderliche Verhandlungsstärke habe, wenn es eine gewisse Mindestgröße und staatliche Kapitalbeteiligung besitze. Das Ziel der Sicherung der Rohölversorgung hätte sich allerdings auch mit einem minus an Marktstrukturverschlechterung erreichen lassen, wenn der Zusammenschluß von vornherein auf die Gelsenberg AG und VEBA-Chemie AG beschränkt worden wäre.

[24] VEBA/Gelsenberg, in: WuW/E BKartA 1465.

– Die Monopolkommission sah eine Gefährdung der marktwirtschaftlichen Ordnung i. S. des § 24 Abs. 3 Satz 2 GWB dann als gegeben an,

«wenn über die Beschränkung des Wettbewerbs auf einzelnen Produktmärkten hinaus auf umfassenden und gesamtwirtschaftlich wichtigen Bedarfsmärkten auch der langfristige Investitions- und Innovationswettbewerb beschränkt wird. Ein gesamtwirtschaftlich besonders wichtiger Bedarfsmarkt ist der Energiemarkt. Um sicherzustellen, daß die Substitutionsprozesse zwischen den in Teilbereichen konkurrierenden Energieträgern Mineralölerzeugnisse und Elektrizität über den Markt erfolgen, empfiehlt die Mehrheit der Kommission, vor allem die PREUSSENELEKTRA AG aus der erweiterten VEBA AG auszugliedern.»[25]

Der Fall VEBA/Gelsenberg wirft eine Reihe von interessanten Fragen auf:

- Die Notwendigkeit und Berechtigung der Tätigkeit der öffentlichen Hand in einer Reihe von Wirtschaftsbereichen, die noch dazu zu erheblichen Wettbewerbsbeschränkungen führt (!).
- Die Anwendung des GWB auf den Bund als Eigentümer von Unternehmen; im Rahmen dieses Zusammenschlußvorhabens hat sich gezeigt, daß einige Vertreter der öffentlichen Hand offenbar der Auffassung zuneigen, daß die öffentliche Hand nicht den Fusionskontrollvorschriften des GWB unterliegt (!).
- Der vertikale Aspekt dieses Falles: Sicherung der nationalen Energieversorgung durch den Aufbau eines großen Konzern, ist angesichts der Entwicklung in den OPEC-Staaten nicht zum Tragen gekommen; es war nicht möglich, sich in Libyen oder anderen Ländern den Zutritt zu Mineralölquellen zu sichern, was Voraussetzung für den Aufbau eines unabhängigen international wettbewerbsfähigen Erdölkonzerns gewesen wäre.

Fall Bayer/Metzeler (1975)[26]

Die Bayer AG hat im Jahre 1975 die Metzeler-Gruppe erworben, wobei vertikale Aspekte im Vordergrund standen, da die Bayer AG als Hersteller und Zulieferant von Roh- und Hilfsstoffen sowie Halbfertigprodukten gegenüber der Metzeler-Gruppe als Nachfrager auftrat. Das Bundeskartellamt wertete den Zusammenschluß je nach den betroffenen Produktionsbereichen: Kautschuk, Hartschaum und Weichschaum, unterschiedlich:

(1) Auf den Märkten des gesamten **Kautschuk-Sektors** – Synthesekautschuk bei Bayer, Kautschukverarbeitung bei Metzeler – war nach Auffassung des Bundeskartellamtes die Entstehung oder Verstärkung einer marktbeherrschenden Stellung nicht zu erwarten, weshalb der Erwerb der Metzeler-Kautschuk AG durch die Bayer AG nicht zu untersagen war.
(2) Auf den Märkten für **PU-Hartschaum-Rohstoffe** wurde dagegen die marktbeherrschende Stellung von Bayer durch den Erwerb der Correcta/VKI-Gruppe für die Zukunft abgesichert und damit verstärkt. Diesen Nachteilen auf den Rohstoffmärkten standen jedoch Verbesserungen der Angebotsstruktur und der Wettbewerbsbedingungen auf den Märkten für Isoliermaterialien, Isoliertechnik und Montage bei Großobjekten gegenüber, die die Nachteile der Marktbeherrschung auf den Rohstoffmärkten nach Auffassung des Bundeskartellamtes überwogen. Der Erwerb der Correcta/VKI-Gruppe durch die Bayer AG wurde daher ebenfalls nicht untersagt.
(3) Dagegen verstärkte die Bayer AG durch den Erwerb der Metzeler Schaum-GmbH ihre marktbeherrschende Stellung beim Angebot von **Weichschaum-Rohstoffen und PU-Textilbeschichtungsmassen;** auch die Metzeler-Schaum GmbH hatte durch den Zusammenschluß eine überragende Marktstellung gegenüber ihren Mitbewerbern beim Absatz von Weichschaum erlangt und ihre überragende Marktstellung bei PU-Kunstleder verstärkt. Das **Bundeskartellamt** begründete das Vorliegen der Untersagungsvoraussetzungen wie folgt:

[25] Monopolkommission, Sondergutachten 2, op. cit., S. 12.
[26] Vgl. Bayer/Metzeler, in: Tätigkeitsbericht BKartA 1975, in: BTDr 7/5390, S. 40 ff.

- Bayer sei der Welt größter Hersteller von Rohstoffen für die PU-Weichschaumerzeugung und erfülle die Monopolvermutung des § 22 Abs. 3 Nr. 1 GWB (Kontrolle von 1/3 des Marktes). Gegenüber den anderen Rohstoffanbietern habe Bayer eine marktbeherrschende Stellung, die insbesondere auf seinem technologischen Vorsprung beruhe. Bayer sei weltweit der einzige Anbieter eines breiten Sortiments aller PUR-Rohstoffe und einer umfassenden Palette von Roh- und Hilfsstoffen, die als erprobtes Programm aufeinander abgestimmter Komponenten vom Verarbeiter eingesetzt werden. Da das Ergebnis des Verschäumungsvorgangs schon durch geringfügige Qualitätsänderungen und Abweichungen in der chemischen Zusammensetzung der Rohstoffe gefährdet sei, müßten die einzusetzenden Rohstoffe in ihren Reaktionsaktivitäten genau aufeinander abgestimmt und auf gegenseitige Verträglichkeit überprüft sein. Das Bundeskartellamt sah daher in der Verbindung des in F & E auf dem PU-Sektor weltweit führenden Herstellers Bayer mit einem der größten europäischen Verarbeiter (Metzeler) die Absicherung eines Wettbewerbsvorsprunges vor den Mitanbietern:[27]

  «Darüber hinaus wirken sich alle Wettbewerbsvorteile von Metzeler auf dem nachgelagerten Markt, wie sie durch den Zusammenschluß mit Bayer entstehen, für Bayer mittelbar auch als eigene Wettbewerbsvorteile gegenüber den anderen Anbietern auf der vorgelagerten Stufe aus. Diese Wechselwirkung und die vorher dargestellten Vorteile, die Bayer aus der Zusammenarbeit mit Metzeler ziehen kann, versetzen Bayer in die Lage, die Ausdehnung anderer Rohstoffanbieter zu erschweren.»

- Die Metzeler Schaum GmbH sei der größte Anbieter auf dem Weichschaummarkt, auf dem acht Unternehmen einen Marktanteil von 85 % halten. Jedoch sei Metzeler als einziger Hersteller mit einem bedeutenden PUR-Rohstoffhersteller verbunden, wodurch der Verhaltensspielraum von Metzeler erheblich erweitert werde. Metzeler gewinne besseren Zugang zum technischen Wissen von Bayer, wodurch seine Möglichkeiten zur Innovation und Investition erheblich vergrößert würden. Der preispolitische Spielraum der Metzeler GmbH werde durch Preisvorteile beim Rohstoffbezug erweitert:[28]

  «Insofern kann auch jetzt schon davon ausgegangen werden, daß Metzeler durch die Verbindung mit Bayer im Verhältnis zu seinen Wettbewerbern eine überragende Marktstellung erlangt, obwohl nicht nachzuweisen ist, daß Metzeler die damit verbundene Erweiterung des Verhaltensspielraumes auch in naher Zukunft tatsächlich ausnutzen wird. . . . Keiner der Wettbewerber von Metzeler ist nach der Verbindung von Metzeler mit Bayer in bezug auf Finanzkraft, Forschungskapazität und Zugang zu den Beschaffungsmärkten mit dem zusammengeschlossenen Unternehmen vergleichbar. Die Chance der Wettbewerber für einen erfolgreichen nachstoßenden Wettbewerb wird durch diesen Ressourcenzuwachs verringert. Zugleich werden die Marktzutrittschranken für potentielle Wettbewerber erheblich erhöht.»

Der Fall Bayer/Metzeler dokumentiert die im 6. Kap. dargestellte Behinderung von tatsächlichen oder potentiellen Mitbewerbern, die nicht über die Vorteile der Integration verfügen, und ist insofern ein Paradebeispiel für die wettbewerbsbeschränkenden Wirkungen einer vertikalen Fusion.

Wenngleich das Bundeskartellamt eine Verbesserung der Wettbewerbsbedingungen (Abwägungsklausel) verneinte, wurde der Zusammenschluß dennoch nicht untersagt. Vielmehr begnügte sich das Bundeskartellamt mit einer Zusage der Bayer AG, die Metzeler Schaum GmbH oder wenigstens die Mehrheitsbeteiligung an ihr an Dritte abzugeben. Diese erstaunliche Entscheidung wurde von dem Bundeskartellamt mit dem Zeitgewinn begründet:

«Da durch eine Entflechtungszusage von Bayer den wettbewerbsrechtlichen Bedenken des Bundeskartellamtes zumindest ebenso wirksam und schnell Rechnung getragen wird wie durch ein Entflechtungsverfahren nach Untersagungsverfügung, hat das Bundeskartellamt von dem Erlaß einer Untersagungsverfügung nach § 24 Abs. 2 Satz 1 abgesehen.»[29]

---

[27] Bayer/Metzeler, in: Tätigkeitsbericht BKartA 1975, supra, S. 41.
[28] Bayer/Metzeler, in: Tätigkeitsbericht BKartA 1975, supra, S. 41.
[29] Bayer/Metzeler, in: Tätigkeitsbericht BKartA 1975, supra, S. 41 f.

Da das Instrument der Entflechtungszusage als öffentlich-rechtlicher Vertrag im GWB nicht vorgesehen ist, hat sich im Hinblick auf die Anwendung dieses Instruments eine erhebliche Kontroverse entwickelt.[30] Emmerich [31] sieht die Gefahren einer derartigen Zusagenpraxis in der Privilegierung von Großunternehmen und in dem Fehlen eines Sanktionsmechanismus, der die tatsächliche Einhaltung der Zusagen der Unternehmen gewährleistet.

Diese Kritik hat dadurch an Gewicht gewonnen, daß sich das Bundeskartellamt im Jahre 1980 angesichts einer veränderten Marktsituation veranlaßt gesehen hat, von der gerichtlichen Durchsetzung der Entflechtungszusage im Falle Bayer/Metzeler abzusehen.

3. Konglomerate Zusammenschlüsse

Konglomerate Zusammenschlüsse sind im 6. Kap. negativ definiert worden als Zusammenschlüsse vormals selbständiger Wirtschaftseinheiten, die weder auf dem gleichen relevanten Markt tätig sind (horizontal) noch in einem Käufer-Verkäuferverhältnis (vertikal) stehen. Bei dem Versuch einer positiven Definition konnten drei Untergruppen konglomerater Zusammenschlüsse unterschieden werden:

- **Markterweiterungs-Zusammenschlüsse** als Grenzfälle horizontaler Zusammenschlüsse, bei denen die fusionierenden Unternehmen entweder gleichartige Produkte für räumlich getrennte Märkte (market extension merger) oder unterschiedliche Produkte mit einer gewissen Produktions- oder Absatzflexibilität für räumlich einheitliche oder zumindest sich überschneidende Märkte (product extension merger) herstellen.
- **Marktverkettungs-Zusammenschlüsse** (reciprocal dealings) als Grenzfälle vertikaler Zusammenschlüsse, bei denen eines der beteiligten, vormals selbständigen Unternehmen entweder Kunde eines Kunden oder Lieferant eines Lieferanten eines anderen beteiligten Unternehmens ist.
- **Marktdiversifikations-Zusammenschlüsse** (pure conglomerates) als eine Art negativer Restgröße, wenn weder ein Markterweiterungs- noch ein Marktverkettungszusammenschluß vorliegen.

Die wettbewerbspolitische Problematik der Erfassung konglomerater Zusammenschlüsse soll anhand des Falles Fichtel & Sachs/GKN exemplifiziert werden.

---

[30] Vgl. Monopolkommission, 1. Hauptgutachten 1973/75, op. cit., Tz. 936 ff., und dies., 2. Hauptgutachten 1976/77, op. cit., Tz. 439 ff., 479.

Vgl. auch die Rechtsbeschwerde der Metzeler GmbH gegen die Zusagenpraxis und die Nicht-Untersagung des Zusammenschlusses durch das BKartA, in: WuW/E BGH 1556 ff. Der BGH verlangte für derartige Zusagen die Zustimmung des Veräußerers, dessen Interessen bei der Gesamtwürdigung zu berücksichtigen seien.

[31] Vgl. Emmerich, op. cit., S. 275, und Monopolkommission, 3. Hauptgutachten 1978/79, op. cit., Tz. 543 f.

Fall Sachs/GKN (1978)[32]

Der Britische Konzern GKN, der 297 im Mehrheitsbesitz stehende weltweit verstreute Tochtergesellschaften kontrollierte, hatte im Jahr 1975 beabsichtigt, 75 % der Aktien der Sachs AG zu einem Preis von 327,6 Mio DM zu erwerben. Die Sachs AG war u. a. an dem Schweinfurter Unternehmen Fichtel & Sachs AG, der Deutschen Star/Kugelhalter GmbH und der Schrottverwertungs GmbH beteiligt.

Das **Bundeskartellamt** hatte im Jahre 1976 den angemeldeten Erwerb von Anteilen an der Sachs AG durch GKN untersagt, da die marktbeherrschende Stellung der Sachs-Tochter Fichtel & Sachs für Kupplungsdruckplatten und Kupplungsscheiben verstärkt werde. Die Sachs AG habe nicht nur wegen des langfristig hohen Marktanteils von ca. 70 %, sondern auch wegen ihres hervorragenden Zuganges zum Absatzmarkt, der durch hohe Qualität, Lieferzuverlässigkeit und langjährige Lieferbeziehungen gestützt werde, eine überragende Marktstellung. Diese bereits vorhandene marktbeherrschende Stellung werde durch den Zusammenschluß verstärkt, da die Sachs AG dann zu dem erheblich finanzkräftigeren GKN-Konzern gehören würde. Damit werde insbesondere die Chance für potentielle Wettbewerber, in die genannten relevanten Märkte einzutreten, weiter erschwert, da diese mit einem erheblich vergrößerten Abwehrpotential (infolge der größeren Finanzkraft) rechnen müßten. Dabei müsse nicht im einzelnen dargetan werden, daß die fusionierenden Unternehmen *tatsächlich* die Absicht hätten, die zusätzlichen finanziellen Mittel zur Verdrängung tatsächlicher oder Abschreckung potentieller Wettbewerber auf dem beherrschten Markt einzusetzen.
Das **Kammergericht** ging zwar auch von einer marktbeherrschenden Stellung der Sachs AG aus, vertrat aber die Meinung, daß eine Verstärkung der vorhandenen marktbeherrschenden Stellung durch den Zusammenschluß nicht zu erwarten sei. Ein Ressourcenzuwachs könne zwar eine spürbare Vergrößerung des Verhandlungsspielraums zur Folge haben, eine derartige Prognose sei jedoch nicht beweisbar; vielmehr müßten sich die abstrakten Möglichkeiten zu einem gesteigerten Grad von Wahrscheinlichkeit verdichten. Das Kammergericht lehnte dabei die Auffassung der Monopolkommission ab, wonach bereits in der Addition von Finanzkraft und Marktbeherrschung grundlegende Gefahren für den Wettbewerb zu erblicken seien.[33] Allgemeine wirtschaftliche Zusammenballung werde von dem geltenden Recht nicht erfaßt; vielmehr komme es darauf an, ob der Zuwachs an Finanzkraft tatsächlich eingesetzt werde und ob Auswirkungen auf den fraglichen Märkten zu erwarten seien.
Der **Bundesgerichtshof** hob die Entscheidung des Kammergerichts auf und untersagte den Zusammenschluß, schloß sich dabei allerdings nicht der Begründung des Bundeskartellamtes an, daß aus einem Zuwachs an Finanzkraft auf eine Verstärkung der marktbeherrschenden Stellung infolge einer Erhöhung des Abschreckungspotenitals gegenüber potentiellen Wettbewerbern geschlossen werden könne. Er begründete seine Untersagung vielmehr wie folgt:

– Zweck der Fusionskontrolle sei es, eine Verschlechterung der strukturellen Wettbewerbsbedingungen zu verhindern, was durch einen Vergleich der Wettbewerbsvoraussetzungen *vor* dem Zusammenschluß und *nach* dem Zusammenschluß erfolgen könne (before and after theory). Daraus sei eine Vorausschau auf die künftige Wettbewerbsentwicklung möglich und auch nötig, wozu nach Auffassung des BGH eine hohe Wahrscheinlichkeit genüge (damit Absage an eine mit an Sicherheit grenzende Wahrscheinlichkeit).

[32] Vgl. Sachs/GKN, in: WuW/E BGH 1501 ff.; vgl. auch den ähnlich gelagerten Fall Johnson/Hahn, in: WuW/E BKartA 1561 ff., in welchem es um die Verstärkung der beherrschenden Stellung auf dem Markt für Tampons ging, da dem deutschen Unternehmen Carl Hahn GmbH, Düsseldorf, durch den Zusammenschluß Ressourcen zuwachsen würden, die seinen Verhaltensspielraum auf den beherrschten Märkten vergrößern bzw. die Marktzutrittsschranken erhöhen würden. Die Untersagungsverfügung des Bundeskartellamts wurde vom Kammergericht aus formellen Gründen aufgehoben, da die Untersagungsfrist von 1 Jahr nicht eingehalten worden war (WuW/E OLG 1712 ff.).

[33] Vgl. Monopolkommission, 1. Hauptgutachten 1973/75, op. cit., Tz. 916 und 951.

- Entscheidend sei die Wirkung des Zusammenschlusses auf die aktuellen und potentiellen Wettbewerber auf den beiden relevanten Märkten. Dabei sei wichtig, ob die Fichtel & Sachs AG nach der Fusion aufgrund der stärkeren Finanzkraft «eher und nachhaltiger» zur Abwehr eines Preiswettbewerbs motiviert und entschlossen sei als dies bei Aufrechterhaltung ihrer Selbständigkeit der Fall ist.
- Als entscheidend sah der BGH den unmittelbaren Einfluß des Zusammenschlusses auf die Vorstellung der aktuellen und potentiellen Mitbewerber über das mutmaßliche weitere Marktverhalten des erworbenen Unternehmens an.
- Eine wesentliche Verstärkung der marktbeherrschenden Stellung sei nicht erforderlich, da die Eingriffsschwelle des § 24 Abs. 1 von vornherein so hoch gesetzt worden sei, daß eine wesentliche Veränderung von Marktstrukturmerkmalen die Funktionsfähigkeit des Wettbewerbs ernsthaft gefährden würde.

Der Fall Sachs/GKN, der sich als ein product extension merger charakterisieren läßt, hat keine grundsätzliche Klärung der Frage der Erfassung konglomerater Unternehmen gebracht. Der BGH hat vielmehr ausdrücklich die Auffassung des Bundeskartellamtes und der Monopolkommission abgelehnt, daß aus der Verbindung von Marktbeherrschung plus Finanzkraft auf eine Verstärkung der marktbeherrschenden Stellung zu schließen sei; vielmehr sei der konkrete Nachweis erforderlich, daß tatsächliche oder potentielle Konkurrenten veranlaßt werden, sich vom Preiswettbewerb oder vom Eintritt in den relevanten Markt zurückzuhalten. Der Gesetzgeber hat daher im Rahmen der Vierten GWB-Novelle eine neue Legalvermutung in § 23 a Abs. 1 Nr. 2 GWB eingeführt, wonach das Entstehen oder Verstärken einer überragenden Marktstellung vermutet wird, wenn die am Zusammenschluß beteiligten Unternehmen Umsatzerlöse von mindestens 12 Milliarden DM und mindestens zwei am Zusammenschluß beteiligte Unternehmen Umsatzerlöse von jeweils mindestens 1 Milliarde DM haben.

IV. Zur wettbewerbspolitisch adäquaten Erfassung der Konzentrationsstrategie

Das deutsche Gesetz gegen Wettbewerbsbeschränkungen bedient sich zur Erfassung der Konzentrationsstrategie einer Kombination von regulation approach und structure approach; d. h., einerseits wird das Verhalten von Unternehmen, die nicht mehr durch wirksamen Wettbewerb kontrolliert werden, im Einzelfall durch eine ex post-Mißbrauchsaufsicht der Kartellbehörden kontrolliert, andererseits wird im Rahmen der Fusionskontrolle versucht, kompetitive Marktstrukturen aufrecht zu erhalten. Anders als im US-amerikanischen Antitrustrecht (vgl. sec. 2 Sherman Act) fehlt allerdings die Möglichkeit der Entflechtung zur Wiederherstellung kompetitiver Strukturen.

1. Erfassung des Ausbeutungsmißbrauchs

Die Erfahrungen mit den Mißbrauchsverfahren gegen die Mineralölindustrie und die pharmazeutische Industrie zeigen, daß die Tatbestandsmerkmale relevanter Markt und marktbeherrschende Stellung bzw. überragende Marktstellung nach Einführung der Legalvermutungen hinreichend justitiabel sind; lediglich im Hinblick auf die Erfassung marktbeherrschender Oligopolgruppen i. S. des § 22 Abs. 2 GWB verbleiben noch Zweifel, ob das geltende Recht ausreichend justitiabel ist.

Sieht man einmal von der schwer zu quantifizierenden fleet-in-being-Wirkung ab, so war die Mißbrauchsaufsicht der Kartellbehörden im Hinblick auf die Erfassung des sog. Ausbeutungsmißbrauchs (d.h. Schutz vor- oder nachgelagerter Wirtschaftsstufen im Hinblick auf zu niedrige oder zu hohe Preise o. ä.) weitgehend unwirksam, da der unbestimmte Rechtsbegriff «Mißbrauch» nicht operationalisiert werden konnte und damit nicht justitiabel war; die sehr restriktive Rechtsprechung hat mit der Einführung von zahlreichen Zuschlägen wesentlich dazu beigetragen.

Der Gesetzgeber hat daher im Rahmen der Vierten GWB-Novelle die Erfassung des sog. Ausbeutungsmißbrauches mit Hilfe des Konzeptes eines Als-ob-wirksamen Wettbewerbs im Gesetz verankert, indem der Mißbrauchsbegriff beispielhaft konkretisiert wurde. Danach liegt ein Mißbrauch i. S. von § 22 Abs. 4 GWB insbesondere dann vor,

«wenn ein marktbeherrschendes Unternehmen als Anbieter oder Nachfrager einer bestimmten Art von Waren oder gewerblichen Leistungen

1. . . . (Def. des Behinderungsmißbrauchs, Anm. d. Verf.)
2. Entgelte oder sonstige Geschäftsbedingungen fordert, die von denjenigen abweichen, die sich bei wirksamem Wettbewerb mit hoher Wahrscheinlichkeit ergeben würden; hierbei sind insbesondere die Verhaltensweisen von Unternehmen auf vergleichbaren Märkten mit wirksamem Wettbewerb zu berücksichtigen;
3. ungünstigere Entgelte oder sonstige Geschäftsbedingungen fordert, als sie das marktbeherrschende Unternehmen selbst auf vergleichbaren Märkten von gleichartigen Abnehmern fordert, es sei denn, daß der Unterschied sachlich gerechtfertigt ist.»

Die Vierte Kartellnovelle hat im Hinblick auf den unbestimmten Rechtsbegriff Mißbrauch erhebliche Fortschritte gebracht:

- Explizite Verankerung des von der Freiburger Schule entwickelten Als-ob-Prinzips im Gesetz, womit die teilweise geltend gemachten rechtlichen Bedenken und Angriffe gegen jegliche performance-Kontrolle gegenstandslos sein dürften.
- Die Konkretisierung des Als-ob-Maßstabes durch das sachliche und räumliche Vergleichsmarktkonzept ist nicht abschließend, sondern nur beispielhaft («insbesondere»).
- Für die Feststellung des Mißbrauchs reicht bereits ein hoher Wahrscheinlichkeitsgrad aus, was tendenziell zu niedrigeren Sicherheitszuschlägen führen dürfte.
- Das Gesetz qualifiziert jede – und nicht nur eine wesentliche – Abweichung von Als-ob-Marktergebnissen als Mißbrauch, so daß den vom BGH eingeführten Erheblichkeitszuschlägen der rechtliche Boden entzogen sein dürfte.

Andererseits stimmt bedenklich, daß der Bericht des Wirtschaftsausschusses[34] wiederum sehr stark die vom BGH eingeführten sog. Sicherheitszuschläge bei der Berechnung des Als-ob-Preises betont, die den Unterschieden zwischen dem wettbewerblichen Vergleichsmarkt und dem für die Mißbrauchsaufsicht relevanten Markt Rechnung tragen sollen. Da sich angesichts der Schwierigkeiten und Unsicherheiten bei der Beweiswürdigung schon bei der Feststellung des Vergleichspreises implizit erhebliche Zuschläge ergeben, scheint es nicht gerechtfertigt, darauf noch ein zweites Mal weitere Sicherheitszuschläge zu erheben. Derartige Formulierungen laufen auf eine Privilegierung marktbeherrschender Unternehmen hinaus, die von der ratio legis des § 22 GWB nicht gedeckt ist. Der Ausschußbericht spiegelt insofern die offensichtlich divergierenden Auffassungen seiner Mitglieder wieder.

[34] Vgl. Beschlußempfehlung und Bericht des Ausschusses für Wirtschaft zu dem von der Bundesregierung eingebrachten Entwurf eines Vierten Gesetzes zur Änderung des GWB, in: BTDr 8/3690, S. 25.

Es bleibt daher abzuwarten, ob in Zukunft die Erfassung des Ausbeutungsmißbrauches erfolgreicher ist als in der Vergangenheit. Angesichts der Tatsache, daß der Gesetzgeber nunmehr klar zu erkennen gegeben hat, daß und auf welche Art und Weise der Ausbeutungsmißbrauch erfaßt werden soll, kann eine größere Sicherheit der Richter bei der Anwendung dieser Rechtsvorschrift erwartet werden, die auch im Einzelfall zu akzeptablen Ergebnissen führt. Andererseits dürfte klar sein, daß die staatliche performance-Kontrolle, die im Einzelfall die unsichtbare Hand des Wettbewerbs ersetzen soll, immer nur ein unzureichender Ersatz in extrem gelagerten Fällen bleiben wird.

2. Erfassung des externen Unternehmenswachstums

Die eingehendste Kritik an der Praxis der Fusionskontrolle hat in den vergangenen Jahren die von Amts wegen dazu berufene Monopolkommission geübt.[35] Ihre Kritik hat wesentlich dazu beigetragen, daß das fusionsrechtliche Instrumentarium im Rahmen der Vierten GWB-Novelle in einer Reihe von Punkten verbessert worden ist.[36] Im Einklang mit der Monopolkommission ist die Bundesregierung im Rahmen der Vierten GWB-Novelle davon ausgegangen, daß die Fusionskontrolle in dem wichtigen Bereich der horizontalen Zusammenschlüsse aufgrund der Legalvermutungen des § 22 Abs. 3 GWB hinreichend funktioniert und eine spürbare Verringerung der Konzentrationstendenzen bewirkt habe; dagegen fehlten entsprechende Legalvermutungen für vertikale und konglomerate Zusammenschlüsse, was zu einer asymmetrischen Behandlung von horizontalen Zusammenschlüssen einerseits und vertikalen sowie konglomeraten Zusammenschlüssen andererseits geführt habe.

Insgesamt sind seit Einführung der Fusionskontrolle im Jahre 1973 3.418 Zusammenschlüsse angezeigt worden, von denen 1.818 nach § 24 Abs. 1 GWB geprüft wurden und 1.600 nach § 24 Abs. 8 GWB (sog. Toleranzklausel) von der Fusionskontrolle freigestellt waren (Stand vom 30. 9. 1980). Lediglich 30 – vorwiegend horizontale – Zusammenschlüsse sind *rechtskräftig* untersagt worden, womit allerdings die im Vorfeld aufgegebenen Fusionsvorhaben nicht erfaßt sind. Die nachstehende Tabelle gibt einen instruktiven Überblick über die Entwicklung der Fusionskontrollverfahren nach § 24 GWB.

Aufgrund der durch die 4. GWB-Novelle im Jahre 1980 eingeführten zusätzlichen Legalvermutungen i. S. des § 23 a GWB, der Herabsetzung der Toleranzgrenzen i. S. des § 24 Abs. 8 GWB und der Ausdehnung der präventiven Fusionskontrolle i. S. des § 24 a Abs. 1 GWB ist in Zukunft eine wirksamere Kontrolle von Zusammenschlüssen zu erwarten.

a) Spezielle Legalvermutungen für Fusionskontrolle

Der neue § 23 a GWB sieht widerlegbare Vermutungen für verschiedene Zusammenschlußtatbestände vor, womit zumindest im Ansatz – unter Berufung auf die unterschiedliche ratio legis der Mißbrauchsaufsicht i. S. des § 22 GWB und der Fusionskon-

[35] Vgl. Monopolkommission, 1. Hauptgutachten 1973/75, op. cit., Tz. 909 ff., insbesondere 951 ff.; dies., 2. Hauptgutachten 1976/77, op. cit., Tz. 401 ff., insbesondere 463 ff., und dies., 3. Hauptgutachten 1978/79, op. cit., Tz. 458 ff.

[36] Vgl. Schmidt, Ingo, Inwieweit verbessert die Vierte Kartellnovelle das wettbewerbspolitische Instrumentarium?, in: List-Forum Bd. 10 (1979/80), S. 325 ff.

Tab. 4: Übersicht über die Verfahren nach § 24 GWB

a) Stand 31.12.1979 b) Zugang 1980 c) Stand 30.09.1980

		Insgesamt	davon							Kontrollfälle	Verfahrensstand			
			nach nicht untersagten Anmeldungen			nicht kontrollpflichtig					rechtliche und wirtschaftliche Prüfung	keine Untersagung		Untersagung
						insgesamt	davon: § 24 Abs. 8 Nr. 1	Nr. 2	Nr. 3 + 4 a.F. Nr. 3 n.F.			insgesamt	davon: ohne Monatsbrief	
Anzeigen vollzogener Zusammenschlüsse (§ 23)	a)	2 940	409			1 373	217	1 143	13	1 158	180	963		15
	b)	478	77			227	18	203	6	174	–	168		2
	c)	3 418	486			1 600	235	1 346	19	1 332	184	1 131		17
		Insgesamt	davon			davon: sonstige Erledigung								
			zwingend Nr. 1	Nr. 2	freiwillig	insgesamt	davon: Aufgabe des Vorhabens	nicht kontrollpflichtig	Vollzug vor Abschluß der Prüfung					
Anmeldungen von Zusammenschlußvorhaben § 24 a)	a)	554	–	381	173	57	31	19	7	497	20	467	306	10
	b)	149	74	47	28	14	7	5	2	135	–	94	70	3
	c)	703	74	428	201	71	38	24	9	632	58	561	376	13
						Prüfungen nach § 24			a)	1 655	200	1 430	306	25
									b)	309	–	262	70	5
									c)	1 964	242	1 692	376	30

trolle i. S. des § 24 GWB – eine Differenzierung der Eingriffsschwelle vorgenommen wird. Allerdings hat sich die Bundesregierung nicht zu einer echten **Abkopplung** der Fusionskontrolle von der Mißbrauchsaufsicht über marktbeherrschende Unternehmen mit unterschiedlichen Eingreifkriterien verstanden. Im einzelnen handelt es sich um folgende Legalvermutungen:

- § 23 a Abs. 1 Nr. 1 a GWB (sog. **Mittelstandsmarktvermutung**) enthält eine Legalvermutung für das Vorliegen einer überragenden Marktstellung im Falle des Zusammenschlusses eines finanzstarken Großunternehmens mit zwei Milliarden DM oder mehr Umsatzerlösen mit einem anderen Unternehmen, das auf einem mittelständischen Markt tätig ist; das sind Märkte, auf denen kleine und mittlere Unternehmen insgesamt einen Marktanteil von mindestens zwei Dritteln und die am Zusammenschluß beteiligten Unternehmen insgesamt einen Marktanteil von mindestens fünf Prozent haben.
- § 23 a Abs. 1 Nr. 1 b GWB (**Kombination von Unternehmensgröße mit bereits bestehender Marktbeherrschung**) enthält eine Legalvermutung für das Vorliegen einer überragenden Marktstellung im Falle des Zusammenschlusses eines finanzstarken Großunternehmens mit mindestens zwei Milliarden DM oder mehr Umsatzerlösen und einem anderen Unternehmen, das auf einem oder mehreren Märkten marktbeherrschend ist, auf denen insgesamt 150 Mio DM oder mehr umgesetzt worden sind.

Diese beiden Ressourcenvermutungen mit dem zwei Milliarden DM-Kriterium erfassen im Ergebnis die 60 größten deutschen Unternehmen.

- § 23 a Abs. 1 Nr. 2 GWB (sog. **Elefantenhochzeit**) enthält eine Legalvermutung für das Vorliegen einer überragenden Marktstellung in dem Fall, daß mindestens zwei der an einem Zusammenschluß beteiligten Unternehmen Umsatzerlöse von jeweils mindestens einer Milliarde DM haben und die Umsatzerlöse insgesamt mindestens zwölf Milliarden DM betragen. Damit sollen wettbewerbsgefährdende konglomerate Zusammenschlüsse wie Fichtel & Sachs/GKN erfaßt werden.
- § 23 a Abs. 2 GWB (sog. **Oligopolvermutung**) enthält eine Legalvermutung mit Beweislastumkehr zwecks besserer Erfassung enger Oligopole. Danach gilt eine Gesamtheit von Unternehmen dann als marktbeherrschend im Sinne des § 22 Abs. 2 bzw. 3 GWB, wenn die drei größten Unternehmen fünfzig Prozent oder die fünf größten Unternehmen zwei Drittel des Marktes kontrollieren, es sei denn, die Unternehmen weisen ihrerseits nach, daß auch nach dem Zusammenschluß die Wettbewerbsbedingungen zwischen ihnen wesentlichen Wettbewerb erwarten lassen.
  Diese Legalvermutung mit Umkehr der Beweislast muß als der ordnungspolitisch bedeutsamste Teil der Vierten Kartellnovelle angesehen werden, da sie das Entstehen wettbewerbspolitisch unerwünschter enger Oligopole, die durch eine zu starke Interdependenz und damit eine faktische Beschränkung des Wettbewerbs i. S. des § 22 Abs. 2 GWB gekennzeichnet sind, in Zukunft verhindern kann.

b) Herabsetzung der Toleranzgrenzen

Die Bundesregierung ist in der Vierten GWB-Novelle davon ausgegangen, daß sich die zusätzliche Begrenzung der Fusionskontrolle im Rahmen des § 24 Abs. 8 Satz 1 Nr. 2 bis 4 (sog. Toleranzgrenzen im Hinblick auf Anschlußklausel, Regionalklausel und Bagatellmarktklausel) als verfehlt erwiesen hat, weil diese Klausel zahlreiche in ihren Auswirkungen gesamtwirtschaftlich bedeutsame Zusammenschlüsse jeder Prüfung entzogen hat. Die Bundesregierung hat daher die Toleranzgrenzen wie folgt geändert:

- Nach der sog. **VEBA-Anschlußklausel** des § 24 Abs. 8 Satz 1 Nr. 2 GWB werden Umsatzmilliardäre in Zukunft nur noch dann von der Zusammenschlußkontrolle freigestellt, wenn das erworbene Unternehmen weniger als vier Millionen DM Jahresumsatz hat (Bagatellgrenze).
- Die sog. **Regionalklausel** in § 24 Abs. 8 Satz 1 Nr. 3 GWB a. F. ist gestrichen worden, da auch regionale Zusammenschlüsse gesamtwirtschaftlich von erheblicher Bedeutung sein können.
- Die sog. **Bagatellmarktklausel** des § 24 Abs. 8 Satz 1 Nr. 3 GWB n. F. ist durch Einführung einer Fünfjahresklausel dergestalt verändert worden, daß zukunftsträchtige Märkte, die noch in der Entwicklungs- oder Experimentierphase sind und auf denen daher noch keine nennenswerten Umsätze erzielt werden, nicht mehr von der Zusammenschlußkontrolle freigestellt sind.

Das Herabsetzen der Toleranzgrenzen des § 24 Abs. 8 Satz 1 GWB muß im Hinblick auf die Notwendigkeit eines möglichst frühzeitig einsetzenden Schutzes kompetitiver Marktstrukturen begrüßt werden. Entsprechend der Regelung in sec. 7 Clayton Act sollten auch nach deutschem Recht grundsätzlich alle Zusammenschlüsse untersagt werden können, die eine wesentliche Beeinträchtigung der Wettbewerbsbedingungen erwarten lassen. Die vorgeschlagenen Änderungen können daher als ein Schritt in die richtige Richtung gewertet werden, wenn sie auch insbesondere im Hinblick auf die Begrenzung der Fusionskontrolle auf Zusammenschlüsse mit insgesamt mehr als 500 Mill. DM Umsatz noch weit hinter der Regelung des sec. 7 Clayton Act zurückbleiben. Das dürfte maßgeblich darauf zurückzuführen sein, daß in Deutschland immer noch ein unzureichendes Bewußtsein dafür vorhanden ist, daß wettbewerbsbeschränkende Fusionen grundsätzlich genauso zu behandeln sind wie wettbewerbsbeschränkende Absprachen – ja im Hinblick auf die Irreversibilität strenger behandelt werden müßten.

c) Ausdehnung der präventiven Fusionskontrolle

Der Bereich der präventiven Fusionskontrolle mit der Verpflichtung zur *vorherigen* Anmeldung ist auf Zusammenschlüsse erweitert worden, an denen ein Doppelumsatzmilliardär beteiligt ist (bisher nur strikt präventive Fusionskontrolle für Zusammenschlüsse zwischen zwei Umsatzmilliardären). Damit wird zumindest teilweise den schlechten Erfahrungen mit der im übrigen geltenden ex post-Kontrolle und den damit verbundenen Schwierigkeiten einer späteren Entflechtung von untersagten Fusionen Rechnung getragen. Angesichts des nominalen Umsatzwachstums wird damit der Kreis derjenigen Unternehmen, die in Zukunft einer ex ante-Kontrolle unterliegen, ständig wachsen.

d) Einschränkung von Ministerfusionen?

Dem Druck der Lobby auf die Erteilung sog. Ministerfusionen i. S. des § 24 Abs. 3 GWB ist auch mit der Vierten GWB-Novelle kein wirksamer Riegel vorgeschoben worden. So ist der Vorschlag, den von einer Ministerfusion betroffenen Unternehmen und Personenvereinigungen i. S. des § 51 GWB ein Beteiligungsrecht mit der Möglichkeit der Beschwerde und Rechtsbeschwerde an Kammergericht und BGH zu geben, nicht aufgegriffen worden, wenngleich mit Sicherheit zu erwarten gewesen wäre, daß die Auffassungen der von einer Ministerfusion Betroffenen zu Fragen der Gesamtwirtschaft und des Gemeinwohls erheblich von denen der fusionierenden Unternehmen abweichen.

e) Ausblick auf die künftige Fusionskontrolle

Die Vierte Kartellnovelle hat mit Sicherheit eine erhebliche Verbesserung des fusionsrechtlichen Instrumentariums gebracht, dessen Umsetzung und Realisierung allerdings sehr stark von der Beschlußpraxis des Bundeskartellamts und der Rechtsprechung der Gerichte abhängig sein wird. Die Erfahrung hat gezeigt, daß manche Rechtsvorschriften nur deshalb novelliert werden müssen, weil die Rechtsprechung nicht in der Lage ist, den objektiven Gesetzeswortlaut in Einklang mit der ratio legis zu interpretieren[37].

Mit Sicherheit nicht gelöst worden sind im Rahmen der Vierten Kartellnovelle jedoch folgende Fragenkomplexe:

- Eine klare **Differenzierung der Eingreifkriterien** im Hinblick auf den Behinderungs- und Ausbeutungsmißbrauch bzw. Fusionskontrolle und de lege ferenda Entflechtung.
  Während der Ausbeutungmißbrauch in ökonomischer Sicht eine weitgehende Beherrschung und Kontrolle des Marktes voraussetzt, ist der Behinderungsmißbrauch auch schon im Vorfeld der Marktbeherrschung festzustellen. Der Behinderungsmißbrauch muß jedoch im Interesse der Aufrechterhaltung kompetitiver Marktstrukturen möglichst frühzeitig verhindert bzw. unterbunden werden (sog. incipiency doctrine im amerikanischen Antitrustrecht). Bei einer derartig generellen Erfassung des Behinderungsmißbrauchs würden sich im GWB drei Eingriffsschwellen ergeben:
  - Im Hinblick auf den Behinderungsmißbrauch keine Begrenzung des Normadressatenkreises (vgl. sec. 5 FTC Act),
  - wesentliche Beeinträchtigung der Wettbewerbsbedingungen als Untersagungskriterium für Fusionen im Sinne des § 24 (vgl. sec. 7 Clayton Act) und
  - Marktbeherrschung als Fehlen von wesentlichem Wettbewerb im Sinne des § 22 GWB als Voraussetzung für die Erfassung von Ausbeutungsmißbrauch bzw. de lege ferenda Eingreifkriterium im Falle von Entflechtungen.[38]
- Die Vierte Novelle hat leider den Vorschlag, der **Monopolkommission** ein gesetzliches **Auskunfts- und Enquêterecht** zu geben, nicht aufgegriffen. Die Monopolkommission hat zu Recht darauf hingewiesen, daß ein derartiges Recht eine Voraussetzung für eine wirksame Arbeit der Kommission ist, da ohne empirisches Material und entsprechende Daten eine abgewogene Beurteilung der Lage und Vorschläge für zu treffende Maßnahmen schwierig sind.
- Im Einklang mit der Monopolkommission[39] sollten die Verfahrensvorschriften über die Fusionskontrolle so ergänzt werden, «daß das Bundeskartellamt berechtigt ist, von der Untersagung des Zusammenschlusses abzusehen, wenn infolge von **Auflagen** eine marktbeherrschende Stellung nicht entsteht oder verstärkt wird oder die Wettbewerbsbedingungen so verbessert werden, daß diese Verbesserung die Nachteile der Marktbeherrschung überwiegen». De lege lata darf nur der Bundeswirtschaftsminister Auflagen im Falle von Ministerfusionen erteilen, dagegen nicht das Bundeskartellamt, das sich mit sog. Zusagen der fusionierenden Unternehmen behilft.

---

[37] Vgl. die Mosaiktheorie im Falle Fensterglas VI, die die Einführung von Legalvermutungen in den § 22 GWB nötig machte, den zivilrechtlichen Vertragsbegriff im Falle Teerfarben (Folge: § 25 Abs. 1 GWB) oder die Nichtanmeldung von reinen Eportkartellen im Falle Mannesmann (Folge: § 12 Abs. 2 GWB).

[38] Vgl. den Vorschlag der Monopolkommission, 3. Hauptgutachten 1978/79: Fusionskontrolle bleibt vorrangig, Baden-Baden 1980, Tz. 662 – 804, zur Einführung einer Entflechtung.

[39] Vgl. Monopolkommission, 1. Hauptgutachten 1973/75, op. cit., Tz. 134.

Übungsfragen zum 13. Kapitel:

1. Welche wettbewerbspolitischen und -rechtlichen Ansätze sind im Hinblick auf die Erfassung und Kontrolle einer «Wettbewerbsbeschränkung durch Zustand» (Konzentrationsstrategie) möglich?
2. Skizzieren Sie die wettbewerbspolitische und -rechtliche Entwicklung der Erfassung und Kontrolle von «Wettbewerbsbeschränkungen durch Zustand» vor und nach der 2. GWB-Novelle von 1973.
3. Erläutern Sie die Möglichkeiten der Kartellbehörde, den Ausbeutungsmißbrauch marktbeherrschender Unternehmen zu erfassen. Gehen Sie dabei insbesondere auf die Vergleichsmarktkonzeption und die Problematik dieser Konzepte ein.
4. Erläutern Sie, wie beim Fehlen von Vergleichsmärkten eine performance-Kontrolle durchgeführt werden könnte.
5. Die Fälle Zweites Benzinpreisverfahren (1974) und Valium (1978) haben einige grundsätzliche Probleme bei der Erfassung des Ausbeutungsmißbrauchs marktbeherrschender Unternehmen aufgezeigt. Nehmen Sie dazu Stellung, und zeigen Sie auf, inwiefern die 4. GWB-Novelle dieser Problematik gerecht wird.
6. Erklären Sie die im Zusammenhang mit der Erfassung des externen Unternehmenswachstums relevanten Begriffe Aufgreifkriterien, Eingreifkriterien und «Ministerfusion».
7. Welche Erkenntnisse hat der Gesetzgeber aus den horizontalen Zusammenschlüssen VEBA/BP (1979) und Tonolli/Braubach (1980) gezogen?
8. Welche Fragen haben die vertikalen Zusammenschlüsse VEBA/Gelsenberg (1974) und Bayer/Metzeler (1975) aufgeworfen?
9. Welche drei Untergruppen konglomerater Zusammenschlüsse können unterschieden werden?
10. Skizzieren Sie die unterschiedlichen Entscheidungen im Fall Sachs/GKN (1978) von Bundeskartellamt, Kammergericht und Bundesgerichtshof, und versuchen Sie zu skizzieren, wie nach Ihrer Meinung nach der 4. GWB-Novelle eine Entscheidung aussehen könnte.
11. Diskutieren Sie, ob nach der Erfahrung mit den Mißbrauchsverfahren gegen die Mineralölindustrie und die pharmazeutische Industrie die GWB-Novelle eine wettbewerbspolitisch adäquate Erfassung des Ausbeutungsmißbrauchs ermöglicht.
12. Stellen Sie die Verbesserungen der Erfassung des externen Unternehmenswachstums durch die 4. GWB-Novelle ausführlich dar.
13. Welche Fragenkomplexe sind im Rahmen der 4. GWB-Novelle noch nicht gelöst worden?

Weiterführende Literaturhinweise zum 13. Kapitel:

Baur, Jürgen F., Der Mißbrauch im deutschen Kartellrecht, Tübingen 1972, S. 198 ff. und 226 ff.

Emmerich, Volker, Kartellrecht mit einer Einführung in das Recht des unlauteren Wettbewerbs, 3. Aufl., München 1979, S. 164 ff., insbes. 189 ff., und 218 ff.

ders. Die bisherige Praxis der Fusionskontrolle (I), (II) und (III), in: Die Aktiengesellschaft 23. Jg. (1978), S. 85 ff., 118 ff. und 150 ff.

ders., Die neueste Praxis zur Fusionskontrolle (I) und (II), in: Die Aktiengesellschaft 24. Jg. (1979), S. 6 ff. und 40 ff.

ders., Die Fusionskontrolle bis zur 4. Novelle (I) und (II), in: Die Aktiengesellschaft 25. Jg. (1980), S. 205 ff. und 240 ff.

Markert, Kurt, Mißbrauchsaufsicht über Anbieter und Nachfrager 1978/79, in: Schwerpunkte des Kartellrechts 1978/79: Verwaltungs- und Rechtsprechungspraxis, FIW-Schriftenreihe Heft 91, Köln, Berlin, Bonn, München 1980, S. 87 ff.

Möschel, Wernhard, Entflechtungen im Recht der Wettbewerbsbeschränkungen. Eine vergleichende rechtspolitische Studie, Tübingen 1979.

Monopolkommission, Sondergutachten 1: Anwendung und Möglichkeiten der Mißbrauchsaufsicht über marktbeherrschende Unternehmen seit Inkrafttreten der Kartellgesetznovelle, Baden-Baden 1975, Tz. 35 – 38.

dies., 1. Hauptgutachten 1973/75: Mehr Wettbewerb ist möglich, Baden-Baden 1976, Tz. 844 und 845 – 966.

dies., 2. Hauptgutachten 1976/77: Fortschreitende Konzentration bei Großunternehmen, Baden-Baden 1978, Tz. 370 – 400 und 401 – 494.

dies., 3. Hauptgutachten 1978/79: Fusionskontrolle bleibt vorrangig, Baden-Baden 1980, Tz. 434–457 und 458 – 661.

Oberender, Peter, Die pharmazeutische Industrie in der Bundesrepublik Deutschland. Eine Fallstudie zur Wettbewerbssituation auf der Angebotsseite des Arzneimittelmarktes, in: Jahrbuch für Sozialwissenschaft Bd. 28 (1977), S. 163 ff.

Röper, Burkhardt (Hrsg.), Wettbewerbsprobleme der Mineralölwirtschaft im Schatten des OPEC-Kartells, Schriften des Vereins für Socialpolitik NF Bd. 101, Berlin 1979.

ders. (Hrsg.), Wettbewerb in der pharmazeutischen Industrie, Schriften des Vereins für Socialpolitik NF Bd. 107, Berlin 1980.

Schmidt, Ingo, Relevanter Markt, Marktbeherrschung und Mißbrauch in § 22 GWB und Art. 86 EWGV, in: Wirtschaft und Wettbewerb Jg. 15 (1965), S. 453 ff.

ders., US-amerikanische und deutsche Wettbewerbspolitik gegenüber Marktmacht, Berlin 1973, S. 164–178.

ders., Inwieweit verbessert die Vierte Kartellnovelle das wettbewerbspolitische Instrumentarium?, in: List Forum Bd. 10 (1979/80), S. 325 ff.

Schmidtchen, Dieter, Ausbeutung aufgrund einer Wettbewerbsbeschränkung durch Zustand? Kritische Analyse der theoretischen Grundlagen einer freiheitsgefährdenden Wettbewerbspolitik, in: ORDO Bd. 30 (1980), S. 273 ff.

Anlage 1:

Überblick über die wichtigsten materiell-rechtlichen Vorschriften des deutschen, amerikanischen und europäischen Kartellrechts

1. Deutsches Gesetz gegen Wettbewerbsbeschränkungen (GWB)

Kartellverträge und Kartellbeschlüsse

§ 1 **(Unwirksamkeit wettbewerbsbeschränkender Vereinbarungen)**
(1) Verträge, die Unternehmen oder Vereinigungen von Unternehmen zu einem gemeinsamen Zweck schließen, und Beschlüsse von Vereinigungen von Unternehmen sind unwirksam, soweit sie geeignet sind, die Erzeugung oder die Marktverhältnisse für den Verkehr mit Waren oder gewerblichen Leistungen durch Beschränkung des Wettbewerbs zu beeinflussen. Dies gilt nicht, soweit in diesem Gesetz etwas anderes bestimmt ist.
(2) Als Beschluß einer Vereinigung von Unternehmen gilt auch der Beschluß der Mitgliederversammlung einer juristischen Person, soweit ihre Mitglieder Unternehmen sind.

§ 2 **(Konditionenkartelle)** (1) § 1 gilt nicht für Verträge und Beschlüsse, die die einheitliche Anwendung allgemeiner Geschäfts-, Lieferungs- und Zahlungsbedingungen einschließlich der Skonti zum Gegenstand haben. Die Regelungen dürfen sich nicht auf Preise oder Preisbestandteile beziehen.

(2) Bei der Anmeldung nach § 9 Abs. 2 ist nachzuweisen, daß die Lieferanten und Abnehmer, die durch die Verträge oder Beschlüsse der in Absatz 1 bezeichneten Art betroffen werden, in angemessener Weise gehört worden sind. Ihre Stellungnahmen sind der Anmeldung beizufügen.
(3) Verträge und Beschlüsse der in Absatz 1 bezeichneten Art werden nur wirksam, wenn die Kartellbehörde innerhalb einer Frist von drei Monaten seit Eingang der Anmeldung nicht widerspricht. Der Widerspruch kann nur darauf gestützt werden, daß die Voraussetzungen des § 12 Abs. 1 gegeben sind.

§ 3 **(Rabattkartelle)** (1) § 1 gilt nicht für Verträge und Beschlüsse über Rabatte bei der Lieferung von Waren, soweit diese Rabatte ein echtes Leistungsentgelt darstellen und nicht zu einer ungerechtfertigt unterschiedlichen Behandlung von Wirtschaftsstufen oder von Abnehmern der gleichen Wirtschaftsstufe führen, die gegenüber den Lieferanten die gleiche Leistung bei der Abnahme von Waren erbringen.
(2) Bei der Anmeldung nach § 9 Abs. 2 ist nachzuweisen, daß die Voraussetzungen des Absatzes 1 vorliegen und daß die Wirtschaftsstufen gehört worden sind, für die die Rabattregelung gelten soll. Ihre Stellungnahmen sind der Anmeldung beizufügen.
(3) Verträge und Beschlüsse der in Absatz 1 bezeichneten Art werden nur wirksam, wenn die Kartellbehörde innerhalb einer Frist von drei Monaten seit Eingang der Anmeldung nicht widerspricht. Die Kartellbehörde hat zu widersprechen, wenn

1. nicht nachgewiesen ist, daß die in Absatz 1 bezeichneten Voraussetzungen vorliegen und daß die Wirtschaftsstufen gehört worden sind, für die die Rabattregelung gelten soll, oder
2. der Vertrag oder Beschluß offensichtlich schädliche Wirkungen für den Ablauf von Erzeugung oder Handel oder für die angemessene Versorgung der Verbraucher hat, insbesondere die Aufnahme der gewerblichen Tätigkeit in einer Wirtschaftsstufe erschwert, oder
3. Marktbeteiligte innerhalb eines Monats nach Bekanntmachung der Anmeldung (§ 10 Abs. 1) nachweisen, daß sie durch den Vertrag oder Beschluß ungerechtfertigt unterschiedlich behandelt werden.

(4) Die Kartellbehörde kann nach Ablauf der in Absatz 3 Satz 1 genannten Frist Verträge und Beschlüsse im Sinne des Absatzes 1 für unwirksam erklären, wenn einer der in Absatz 1 oder 3 genannten Gründe vorliegt.

§ 4 **(Strukturkrisenkartelle)**
Die Kartellbehörde kann im Falle eines auf nachhaltiger Änderung der Nachfrage beruhenden Absatzrückganges auf Antrag die Erlaubnis zu einem Vertrag oder Beschluß der in § 1 bezeichneten Art für Unternehmen der Erzeugung, Herstellung, Bearbeitung oder Verarbeitung erteilen, wenn der Vertrag oder Beschluß notwendig ist, um eine planmäßige Anpassung der Kapazität an den Bedarf herbeizuführen, und die Regelung unter Berücksichtigung der Gesamtwirtschaft und des Gemeinwohls erfolgt.

§ 5 **(Rationalisierungskartelle)**
(1) § 1 gilt nicht für Verträge und Beschlüsse, die lediglich die einheitliche Anwendung von Normen oder Typen zum Gegenstand haben. Der Anmeldung nach § 9 Abs. 2 ist die Stellungnahme eines Rationalisierungsverbandes beizufügen. Rationalisierungsverbände im Sinne dieses Gesetzes sind Verbände, zu deren satzungsmäßigen Aufgaben es gehört, Normungs- und Typungsvorhaben durchzuführen oder zu prüfen und dabei die Lieferanten und Abnehmer, die durch die Vorhaben betroffen werden, in angemessener Weise zu beteiligen.
(2) Die Kartellbehörde erteilt auf Antrag die Erlaubnis zu einem Vertrag oder Beschluß der in § 1 bezeichneten Art, wenn die Regelung der Rationalisierung wirtschaftlicher Vorgänge dient und geeignet ist, die Leistungsfähigkeit oder Wirtschaftlichkeit der beteiligten Unternehmen in technischer, betriebswirtschaftlicher oder organisatorischer Beziehung wesentlich zu heben und dadurch die Befriedigung des Bedarfs zu verbessern. Der Rationalisierungserfolg soll in einem angemessenen Verhältnis zu der damit verbundenen Wettbewerbsbeschränkung stehen.

(3) Soll der Vertrag oder Beschluß die Rationalisierung in Verbindung mit Preisabreden oder durch Bildung von gemeinsamen Beschaffungs- oder Vertriebseinrichtungen (Syndikaten) verwirklichen, darf die Erlaubnis nur erteilt werden, wenn der Rationalisierungszweck auf andere Weise nicht erreicht werden kann und wenn die Rationalisierung im Interesse der Allgemeinheit erwünscht ist. Der Rationalisierungserfolg soll in einem angemessenen Verhältnis zu der damit verbundenen Wettbewerbsbeschränkung stehen.
(4) Verträge und Beschlüsse, die in den in Satz 2 bezeichneten Wirtschaftsbereichen einheitliche Methoden der Leistungsbeschreibung oder Preisaufgliederung festlegen, fallen nicht unter § 1, wenn sie keine Festlegung von Preisen oder Preisbestandteilen enthalten. Dies gilt für Wirtschaftsbereiche, in denen bei Ausschreibungen Waren oder gewerbliche Leistungen nur auf Grund von Beschreibungen angeboten werden können, die eine Prüfung der Beschaffenheit bei Vertragsabschluß nicht ermöglichen.

§ 5 a **(Spezialisierungskartelle)**
(1) § 1 gilt nicht für Verträge und Beschlüsse, die die Rationalisierung wirtschaftlicher Vorgänge durch Spezialisierung zum Gegenstand haben, wenn sie einen wesentlichen Wettbewerb auf dem Markt bestehen lassen. Satz 1 ist auch anzuwenden, wenn der Vertrag oder Beschluß die Spezialisierung in Verbindung mit Abreden der in § 5 Abs. 2 oder 3 bezeichneten Art verwirklichen soll und die Abreden zur Durchführung der Spezialisierung erforderlich sind.
(2) Bei der Anmeldung nach § 9 Abs. 2 ist nachzuweisen, daß die Voraussetzungen des Absatzes 1 vorliegen.
(3) Verträge und Beschlüsse der in Absatz 1 bezeichneten Art werden nur wirksam, wenn die Kartellbehörde innerhalb einer Frist von drei Monaten seit Eingang der Anmeldung nicht widerspricht. Die Kartellbehörde hat zu widersprechen, wenn nicht nachgewiesen ist, daß die in Absatz 1 bezeichneten Voraussetzungen vorliegen. Werden Änderungen oder Ergänzungen eines Vertrages oder Beschlusses der in Absatz 1 bezeichneten Art angemeldet, durch die der Kreis der beteiligten Unternehmen nicht verändert und die Spezialisierung nicht auf andere Waren oder Leistungen erstreckt wird, beträgt die in Satz 1 genannte Frist einen Monat.

§ 5 b **(Kooperation)**
(1) § 1 gilt nicht für Verträge und Beschlüsse, die die Rationalisierung wirtschaftlicher Vorgänge durch eine andere als die in § 5 a bezeichnete Art der zwischenbetrieblichen Zusammenarbeit zum Gegenstand haben, wenn dadurch der Wettbewerb auf dem Markt nicht wesentlich beeinträchtigt wird und der Vertrag oder Beschluß dazu dient, die Leistungsfähigkeit kleiner oder mittlerer Unternehmen zu fördern.
(2) § 5 a Abs. 2 und 3 gilt entsprechend.

§ 6 **(Ausfuhrkartelle)**
(1) § 1 gilt nicht für Verträge und Beschlüsse, die der Sicherung und Förderung der Ausfuhr dienen, sofern sie sich auf die Regelung des Wettbewerbs auf Märkten außerhalb des Geltungsbereichs dieses Gesetzes beschränken.
(2) Die Kartellbehörde hat auf Antrag die Erlaubnis zu einem Vertrag oder Beschluß der in § 1 bezeichneten Art zu erteilen, wenn eine in Absatz 1 bezeichnete Regelung auch den Verkehr mit Waren oder gewerblichen Leistungen innerhalb des Geltungsbereichs dieses Gesetzes umfaßt, soweit diese Regelung notwendig ist, um die erstrebte Regelung des Wettbewerbs auf den Märkten außerhalb des Geltungsbereichs dieses Gesetzes sicherzustellen. § 15 steht dem nicht entgegen. Dem Antrag ist eine Stellungnahme der betroffenen inländischen Erzeuger und Abnehmer beizufügen.
(3) Die Kartellbehörde darf eine Erlaubnis nach Absatz 2 nicht erteilen, wenn der Vertrag oder Beschluß oder die Art seiner Durchführung
1. die von der Bundesrepublik Deutschland in zwischenstaatlichen Abkommen anerkannten Grundsätze über den Verkehr mit Waren oder gewerblichen Leistungen verletzt oder
2. zu einer wesentlichen Beschränkung des Wettbewerbs innerhalb des Geltungsbereichs dieses Gesetzes führen kann und das Interesse an der Erhaltung des Wettbewerbs überwiegt.

(4) Die Kartellbehörde kann die Beteiligten zum Abschluß einer unter Absatz 2 fallenden Regelung innerhalb eines bestimmten Rahmens ermächtigen.

§ 7 **(Einfuhrkartelle)**
(1) Die Kartellbehörde kann auf Antrag die Erlaubnis zu einem Vertrag oder Beschluß der in § 1 bezeichneten Art erteilen, sofern die Regelung lediglich die Einfuhr in den Geltungsbereich dieses Gesetzes betrifft und die deutschen Bezieher keinem oder nur unwesentlichem Wettbewerb der Anbieter gegenüberstehen.
(2) § 6 Abs. 2 Satz 3 und Abs. 3 gilt entsprechend.

§ 8 **(Ministerkartelle)**
(1) Liegen die Voraussetzungen der §§ 2 bis 7 nicht vor, so kann der Bundesminister für Wirtschaft auf Antrag die Erlaubnis zu einem Vertrag oder Beschluß im Sinne des § 1 erteilen, wenn ausnahmsweise die Beschränkung des Wettbewerbs aus überwiegenden Gründen der Gesamtwirtschaft und des Gemeinwohls notwendig ist.
(2) Besteht eine unmittelbare Gefahr für den Bestand des überwiegenden Teils der Unternehmen eines Wirtschaftszweiges, so darf die Erlaubnis nach Absatz 1 nur erteilt werden, wenn andere gesetzliche oder wirtschaftspolitische Maßnahmen nicht oder nicht rechtzeitig getroffen werden können und die Beschränkung des Wettbewerbs geeignet ist, die Gefahr abzuwenden. Die Erlaubnis darf nur in besonders schwerwiegenden Einzelfällen erteilt werden.
(3) § 6 Abs. 2 Satz 3 gilt entsprechend.

Sonstige Verträge

§ 15 **(Nichtigkeit von Verträgen über Preisgestaltung oder Geschäftsbedingungen)**
Verträge zwischen Unternehmen über Waren oder gewerbliche Leistungen, die sich auf Märkte innerhalb des Geltungsbereichs dieses Gesetzes beziehen, sind nichtig, soweit sie einen Vertragsbeteiligten in der Freiheit der Gestaltung von Preisen oder Geschäftsbedingungen bei solchen Verträgen beschränken, die er mit Dritten über die gelieferten Waren, über andere Waren oder über gewerbliche Leistungen schließt.

§ 16 **(Zulässigkeit der Preisbindung bei Verlagserzeugnissen)**
§ 15 gilt nicht, soweit ein Unternehmen die Abnehmer seiner Verlagserzeugnisse rechtlich oder wirtschaftlich bindet, bei der Weiterveräußerung bestimmte Preise zu vereinbaren oder ihren Abnehmern die gleiche Bindung bis zur Weiterveräußerung an den letzten Verbraucher aufzuerlegen.

§ 17 **(Aufhebung der vertikalen Preisbindung durch die Kartellbehörde)**
(1) Die Kartellbehörde kann von Amts wegen und soll auf Antrag eines nach § 16 gebundenen Abnehmers die Preisbindung mit sofortiger Wirkung oder zu einem von ihr zu bestimmenden künftigen Zeitpunkt für unwirksam erklären und die Anwendung einer neuen, gleichartigen Preisbindung verbieten, wenn sie feststellt, daß
1. die Preisbindung mißbräuchlich gehandhabt wird oder
2. die Preisbindung oder ihre Verbindung mit anderen Wettbewerbsbeschränkungen geeignet ist, in einer durch die gesamtwirtschaftlichen Verhältnisse nicht gerechtfertigten Weise die gebundenen Waren zu verteuern oder ein Sinken ihrer Preise zu verhindern oder ihre Erzeugung oder ihren Absatz zu beschränken.

(2) Vor einer Verfügung nach Absatz 1 soll die Kartellbehörde das preisbindende Unternehmen auffordern, den beanstandeten Mißbrauch abzustellen.

§ 18 **(Aufhebung von Ausschließlichkeitsbindungen)**
(1) Die Kartellbehörde kann Verträge zwischen Unternehmen über Waren oder gewerbliche Leistungen mit sofortiger Wirkung oder zu einem von ihr zu bestimmenden künftigen Zeitpunkt für unwirksam erklären und die Anwendung neuer, gleichartiger Bindungen verbieten, soweit sie einen Vertragsbeteiligten

1. in der Freiheit der Verwendung der gelieferten Waren, anderer Waren oder gewerblicher Leistungen beschränken oder
2. darin beschränken, andere Waren oder gewerbliche Leistungen von Dritten zu beziehen oder an Dritte abzugeben, oder
3. darin beschränken, die gelieferten Waren an Dritte abzugeben, oder
4. verpflichten, sachlich oder handelsüblich nicht zugehörige Waren oder gewerbliche Leistungen abzunehmen, und soweit
   a) dadurch eine für den Wettbewerb auf dem Markt erhebliche Zahl von Unternehmen gleichartig gebunden und in ihrer Wettbewerbsfreiheit unbillig eingeschränkt ist oder
   b) dadurch für andere Unternehmen der Marktzutritt unbillig beschränkt oder
   c) durch das Ausmaß solcher Beschränkungen der Wettbewerb auf dem Markt für diese oder andere Waren oder gewerbliche Leistungen wesentlich beeinträchtigt wird.

(2) Als unbillig im Sinne des Absatzes 1 Buchstabe b ist nicht eine Beschränkung anzusehen, die im Verhältnis zu den Angebots- oder Nachfragemöglichkeiten, die den anderen Unternehmen verbleiben, unwesentlich ist.

Marktbeherrschende Unternehmen

§ 22 (Marktbeherrschendes Unternehmen; Befugnisse der Kartellbehörde)

(1) Ein Unternehmen ist marktbeherrschend im Sinne dieses Gesetzes, soweit es als Anbieter oder Nachfrager einer bestimmten Art von Waren oder gewerblichen Leistungen
1. ohne Wettbewerber ist oder keinem wesentlichen Wettbewerb ausgesetzt ist oder
2. eine im Verhältnis zu seinen Wettbewerbern überragende Marktstellung hat; hierbei sind außer seinem Marktanteil insbesondere seine Finanzkraft, sein Zugang zu den Beschaffungs- oder Absatzmärkten, Verflechtungen mit anderen Unternehmen sowie rechtliche oder tatsächliche Schranken für den Marktzutritt anderer Unternehmen zu berücksichtigen.

(2) Als marktbeherrschend gelten auch zwei oder mehr Unternehmen, soweit zwischen ihnen für eine bestimmte Art von Waren oder gewerblichen Leistungen allgemein oder auf bestimmten Märkten aus tatsächlichen Gründen ein wesentlicher Wettbewerb nicht besteht und soweit sie in ihrer Gesamtheit die Voraussetzungen des Absatzes 1 erfüllen.

(3) Es wird vermutet, daß
1. ein Unternehmen marktbeherrschend im Sinne des Absatzes 1 ist, wenn es für eine bestimmte Art von Waren oder gewerblichen Leistungen einen Marktanteil von mindestens einem Drittel hat; die Vermutung gilt nicht, wenn das Unternehmen im letzten abgeschlossenen Geschäftsjahr Umsatzerlöse von weniger als 250 Millionen Deutscher Mark hatte;
2. die Voraussetzungen des Absatzes 2 vorliegen, wenn für eine bestimmte Art von Waren oder gewerblichen Leistungen
   a) drei oder weniger Unternehmen zusammen einen Marktanteil von 50 vom Hundert oder mehr haben oder
   b) fünf oder weniger Unternehmen zusammen einen Marktanteil von zwei Dritteln oder mehr haben;

   die Vermutung gilt nicht, soweit es sich um Unternehmen handelt, die im letzten abgeschlossenen Geschäftsjahr Umsatzerlöse von weniger als 100 Millionen Deutscher Mark hatten.

Für die Berechnung der Marktanteile und der Umsatzerlöse gilt § 23 Abs. 1 Satz 2 bis 10 entsprechend.

(4) Die Kartellbehörde hat gegenüber marktbeherrschenden Unternehmen die in Absatz 5 genannten Befugnisse, soweit diese Unternehmen ihre marktbeherrschende Stellung auf dem Markt für diese oder andere Waren oder gewerbliche Leistungen mißbräuchlich ausnutzen.

Ein Mißbrauch im Sinne des Satzes 1 liegt insbesondere vor, wenn ein marktbeherrschendes Unternehmen als Anbieter oder Nachfrager einer bestimmten Art von Waren oder gewerblichen Leistungen

1. die Wettbewerbsmöglichkeiten anderer Unternehmen in einer für den Wettbewerb auf dem Markt erheblichen Weise ohne sachlich gerechtfertigten Grund beeinträchtigt;
2. Entgelte oder sonstige Geschäftsbedingungen fordert, die von denjenigen abweichen, die sich bei wirksamem Wettbewerb mit hoher Wahrscheinlichkeit ergeben würden; hierbei sind insbesondere die Verhaltensweisen von Unternehmen auf vergleichbaren Märkten mit wirksamem Wettbewerb zu berücksichtigen;
3. ungünstigere Entgelte oder sonstige Geschäftsbedingungen fordert, als sie das marktbeherrschende Unternehmen selbst auf vergleichbaren Märkten von gleichartigen Abnehmern fordert, es sei denn, daß der Unterschied sachlich gerechtfertigt ist.

(5) Die Kartellbehörde kann unter den Voraussetzungen des Absatzes 4 marktbeherrschenden Unternehmen ein mißbräuchliches Verhalten untersagen und Verträge für unwirksam erklären; § 19 gilt entsprechend. Zuvor soll die Kartellbehörde die Beteiligten auffordern, den beanstandeten Mißbrauch abzustellen.

(6) Soweit die Voraussetzungen des Absatzes 1 bei einem Konzernunternehmen im Sinne des § 18 des Aktiengesetzes vorliegen, stehen der Kartellbehörde die Befugnisse nach Absatz 5 gegenüber jedem Konzernunternehmen zu.

§ 23 **(Anzeigepflicht beim Zusammenschluß von Unternehmen)**

(1) Der Zusammenschluß von Unternehmen ist dem Bundeskartellamt unverzüglich anzuzeigen, wenn

1. im gesamten Geltungsbereich dieses Gesetzes oder in einem wesentlichen Teil desselben durch den Zusammenschluß ein Marktanteil von mindestens 20 vom Hundert erreicht oder erhöht wird oder ein beteiligtes Unternehmen auf einem anderen Markt einen Anteil von mindestens 20 vom Hundert hat oder
2. die beteiligten Unternehmen insgesamt zu einem Zeitpunkt innerhalb des letzten vor dem Zusammenschluß endenden Geschäftsjahres mindestens 10 000 Beschäftigte oder in diesem Zeitraum Umsatzerlöse von mindestens 500 Millionen Deutscher Mark hatten.

......

(2) Als Zusammenschluß im Sinne dieses Gesetzes gelten folgende Tatbestände:

1. Erwerb des Vermögens eines anderen Unternehmens ganz oder zu einem wesentlichen Teil durch Verschmelzung, Umwandlung oder in sonstiger Weise.
2. Erwerb von Anteilen an einem anderen Unternehmen, wenn die Anteile allein oder zusammen mit sonstigen, dem Unternehmen bereits gehörenden Anteilen
   a) 25 vom Hundert des stimmberechtigten Kapitals des anderen Unternehmens erreichen oder
   b) 50 vom Hundert des stimmberechtigten Kapitals des anderen Unternehmens erreichen oder
   c) dem Unternehmen eine Mehrheitsbeteiligung im Sinne des § 16 Abs. 1 des Aktiengesetzes gewähren.

   ......
3. Verträge mit einem anderen Unternehmen, durch die
   a) ein Konzern im Sinne des § 18 des Aktiengesetzes gebildet oder der Kreis der Konzernunternehmen erweitert wird oder
   b) sich das andere Unternehmen verpflichtet, sein Unternehmen für Rechnung des Unternehmens zu führen oder seinen Gewinn ganz oder zum Teil an das Unternehmen abzuführen oder
   c) dem Unternehmen der Betrieb des anderen Unternehmens ganz oder zu einem wesentlichen Teil verpachtet oder sonst überlassen wird.
4. Herbeiführung der Personengleichheit von mindestens der Hälfte der Mitglieder des Aufsichtsrats, des Vorstands oder eines sonstigen zur Geschäftsführung berufenen Organs von Unternehmen.
5. Jede sonstige Verbindung von Unternehmen, auf Grund deren ein oder mehrere Unternehmen unmittelbar oder mittelbar einen beherrschenden Einfluß auf ein anderes Unternehmen ausüben können.

......

§ 23 a **(Legalvermutungen für Zusammenschlußkontrolle)**

(1) Unbeschadet des § 22 Abs. 1 bis 3 wird für die Zusammenschlußkontrolle vermutet, daß durch den Zusammenschluß eine überragende Marktstellung entstehen oder sich verstärken wird, wenn

1. sich ein Unternehmen, das im letzten vor dem Zusammenschluß endenden Geschäftsjahr Umsatzerlöse von mindestens zwei Milliarden Deutscher Mark hatte, mit einem anderen Unternehmen zusammenschließt, das
   a) auf einem Markt tätig ist, auf dem kleine und mittlere Unternehmen insgesamt einen Marktanteil von mindestens zwei Dritteln und die am Zusammenschluß beteiligten Unternehmen insgesamt einen Marktanteil von mindestens fünf vom Hundert haben, oder
   b) auf einem oder mehreren Märkten marktbeherrschend ist, auf denen insgesamt im letzten abgeschlossenen Kalenderjahr mindestens 150 Millionen Deutscher Mark umgesetzt wurden oder
2. die am Zusammenschluß beteiligten Unternehmen im letzten vor dem Zusammenschluß endenden Geschäftsjahr insgesamt Umsatzerlöse von mindestens zwölf Milliarden Deutscher Mark und mindestens zwei der am Zusammenschluß beteiligten Unternehmen Umsatzerlöse von jeweils mindestens einer Milliarde Deutscher Mark hatten; die Vermutung gilt nicht, soweit der Zusammenschluß auch die Voraussetzungen des § 23 Abs. 2 Nr. 2 Satz 3 erfüllt und das Gemeinschaftsunternehmen nicht auf einem Markt tätig ist, auf dem im letzten Kalenderjahr mindestens 750 Millionen Deutscher Mark umgesetzt wurden.

(2) Für die Zusammenschlußkontrolle gilt auch eine Gesamtheit von Unternehmen als marktbeherrschend, wenn sie

1. aus drei oder weniger Unternehmen besteht, die auf einem Markt die höchsten Marktanteile und zusammen einen Marktanteil von 50 vom Hundert erreichen, oder
2. aus fünf oder weniger Unternehmen besteht, die auf einem Markt die höchsten Marktanteile und zusammen einen Marktanteil von zwei Dritteln erreichen,

es sei denn, die Unternehmen weisen nach, daß die Wettbewerbsbedingungen auch nach dem Zusammenschluß zwischen ihnen wesentlichen Wettbewerb erwarten lassen oder die Gesamtheit der Unternehmen im Verhältnis zu den übrigen Wettbewerbern keine überragende Marktstellung hat. Satz 1 gilt nicht, soweit es sich um Unternehmen handelt, die im letzten abgeschlossenen Geschäftsjahr Umsatzerlöse von weniger als 150 Millionen Deutscher Mark hatten oder wenn die am Zusammenschluß beteiligten Unternehmen insgesamt einen Marktanteil von nicht mehr als 15 vom Hundert erreichen. § 22 Abs. 2 und 3 Satz 1 Nr. 2 bleibt im übrigen unberührt.

(3) Bei der Berechnung der Umsatzerlöse und Marktanteile ist § 23 Abs. 1 Satz 2 bis 6 und 8 bis 10 anzuwenden.

§ 24 **(Zusammenschlußkontrolle)**

(1) Ist zu erwarten, daß durch einen Zusammenschluß eine marktbeherrschende Stellung entsteht oder verstärkt wird, so hat die Kartellbehörde die in den folgenden Bestimmungen genannten Befugnisse, es sei denn, die beteiligten Unternehmen weisen nach, daß durch den Zusammenschluß auch Verbesserungen der Wettbewerbsbedingungen eintreten und daß diese Verbesserungen die Nachteile der Marktbeherrschung überwiegen.

(2) Liegen die Voraussetzungen des Absatzes 1 vor, so untersagt das Bundeskartellamt den Zusammenschluß . . .

(3) **(Ministerfusion)** Der Bundesminister für Wirtschaft erteilt auf Antrag die Erlaubnis zu dem Zusammenschluß, wenn im Einzelfall die Wettbewerbsbeschränkung von gesamtwirtschaftlichen Vorteilen des Zusammenschlusses aufgewogen wird oder der Zusammenschluß durch ein überragendes Interesse der Allgemeinheit gerechtfertigt ist; hierbei ist auch die Wettbewerbsfähigkeit der beteiligten Unternehmen auf Märkten außerhalb des Geltungsbereiches dieses Gesetzes zu berücksichtigen. Die Erlaubnis darf nur erteilt werden, wenn durch das Ausmaß der Wettbewerbsbeschränkung die marktwirtschaftliche Ordnung nicht gefährdet wird. Die Erlaubnis kann mit Beschränkungen und Auflagen verbunden werden. Diese dürfen sich nicht darauf richten, die beteiligten Unternehmen einer laufenden Verhaltenskontrolle zu unterstellen. § 22 bleibt unberührt.

. . . . . .

(8) Die Absätze 1 bis 7 gelten nicht,

1. wenn die beteiligten Unternehmen insgesamt im letzten abgeschlossenen Geschäftsjahr Umsatzerlöse von weniger als 500 Millionen Deutscher Mark hatten oder
2. wenn sich ein Unternehmen, das nicht abhängig ist und im letzten abgeschlossenen Geschäftsjahr Umsatzerlöse von nicht mehr als 50 Millionen Deutscher Mark hatte, einem anderen Unternehmen anschließt, es sei denn, das eine Unternehmen hatte Umsatzerlöse von mindestens vier Millionen Deutscher Mark und das andere Unternehmen Umsatzerlöse von mindestens einer Milliarde Deutscher Mark, oder
3. soweit ein Markt betroffen ist, auf dem seit mindestens fünf Jahren Waren oder gewerbliche Leistungen angeboten werden und auf dem im letzten Kalenderjahr weniger als zehn Millionen Deutscher Mark umgesetzt wurden.

Bei der Berechnung der Umsatzerlöse ist § 23 Abs. 1 Satz 2 bis 10 anzuwenden.

(9) Absatz 8 Satz 1 Nr. 2 ist nicht anzuwenden, soweit durch den Zusammenschluß der Wettbewerb beim Verlag, bei der Herstellung oder beim Vertrieb von Zeitungen oder Zeitschriften oder deren Bestandteilen im Sinne des Absatzes 1 beschränkt wird.

§ 24 a **(Anmeldung von Zusammenschlußvorhaben)**

(1) Das Vorhaben eines Zusammenschlusses kann beim Bundeskartellamt angemeldet werden. Das Vorhaben ist beim Bundeskartellamt anzumelden, wenn

1. eines der am Zusammenschluß beteiligten Unternehmen im letzten abgeschlossenen Geschäftsjahr Umsatzerlöse von mindestens zwei Milliarden Deutscher Mark hatte oder
2. mindestens zwei der am Zusammenschluß beteiligten Unternehmen im letzten abgeschlossenen Geschäftsjahr Umsatzerlöse von jeweils einer Milliarde Deutscher Mark oder mehr hatten oder
3. der Zusammenschluß nach Landesrecht durch Gesetz oder sonstigen Hoheitsakt bewirkt werden soll.

. . . . . .

§ 24 b **(Monopolkommission)**

(1) Zur regelmäßigen Begutachtung der Entwicklung der Unternehmenskonzentration in der Bundesrepublik Deutschland und der Anwendung der §§ 22 bis 24 a wird eine Monopolkommission gebildet. Sie besteht aus fünf Mitgliedern, die über besondere volkswirtschaftliche, betriebswirtschaftliche, sozialpolitische, technologische oder wirtschaftsrechtliche Kenntnisse und Erfahrungen verfügen müssen . . .

Wettbewerbsbeschränkendes und diskriminierendes Verhalten

§ 25 **(Verbot eines aufeinander abgestimmten Verhaltens und wettbewerbsbeschränkender Maßnahmen)**

(1) Ein aufeinander abgestimmtes Verhalten von Unternehmen oder Vereinigungen von Unternehmen, das nach diesem Gesetz nicht zum Gegenstand einer vertraglichen Bindung gemacht werden darf, ist verboten.

(2) Unternehmen und Vereinigungen von Unternehmen dürfen anderen Unternehmen keine Nachteile androhen oder zufügen und keine Vorteile versprechen oder gewähren, um sie zu einem Verhalten zu veranlassen, das nach diesem Gesetz oder nach einer auf Grund dieses Gesetzes ergangenen Verfügung der Kartellbehörde nicht zum Gegenstand einer vertraglichen Bindung gemacht werden darf.

(3) Unternehmen und Vereinigungen von Unternehmen dürfen andere Unternehmen nicht zwingen,

1. einem Vertrag oder Beschluß im Sinne der §§ 2 bis 8, 29, 99 Abs. 2, § 100 Abs. 1 und 7, §§ 102 und 103 beizutreten oder
2. sich mit anderen Unternehmen im Sinne des § 23 zusammenzuschließen oder
3. in der Absicht, den Wettbewerb zu beschränken, sich im Markt gleichförmig zu verhalten.

§ 26 **(Verbot von Liefer- oder Bezugssperren; Diskriminierung)**
(1) Unternehmen und Vereinigungen von Unternehmen dürfen nicht ein anderes Unternehmen oder Vereinigungen von Unternehmen in der Absicht, bestimmte Unternehmen unbillig zu beeinträchtigen, zu Liefersperren oder Bezugssperren auffordern.
(2) Marktbeherrschende Unternehmen, Vereinigungen von Unternehmen im Sinne der §§ 2 bis 8, 99 Abs. 2, § 100 Abs. 1 und 7, §§ 102 bis 103 und Unternehmen, die Preise nach den §§ 16, 100 Abs. 3 oder § 103 Abs. 1 Nr. 3 binden, dürfen ein anderes Unternehmen in einem Geschäftsverkehr, der gleichartigen Unternehmen üblicherweise zugänglich ist, weder unmittelbar noch mittelbar unbillig behindern oder gegenüber gleichartigen Unternehmen ohne sachlich gerechtfertigten Grund unmittelbar oder mittelbar unterschiedlich behandeln. Satz 1 gilt auch für Unternehmen und Vereinigungen von Unternehmen, soweit von Ihnen Anbieter oder Nachfrager einer bestimmten Art von Waren oder gewerblichen Leistungen in der Weise abhängig sind, daß ausreichende und zumutbare Möglichkeiten, auf andere Unternehmen auszuweichen, nicht bestehen. Für das Untersagungsverfahren nach § 37 a Abs. 2 wird vermutet, daß ein Anbieter einer bestimmten Art von Waren oder gewerblichen Leistungen von einem Nachfrager abhängig im Sinne des Satzes 2 ist, wenn dieser Nachfrager bei ihm zusätzlich zu den verkehrsüblichen Preisnachlässen oder sonstigen Leistungsentgelten regelmäßig besondere Vergünstigungen erlangt, die gleichartigen Nachfragern nicht gewährt werden.
(3) Marktbeherrschende Unternehmen und Vereinigungen von Unternehmen im Sinne des Absatzes 2 Satz 1 dürfen ihre Marktstellung nicht dazu ausnutzen, andere Unternehmen im Geschäftsverkehr zu veranlassen, ihnen ohne sachlich gerechtfertigten Grund Vorzugsbedingungen zu gewähren. Satz 1 gilt auch für Unternehmen und Vereinigungen von Unternehmen im Sinne des Absatzes 2 Satz 2 im Verhältnis zu den von Ihnen abhängigen Unternehmen.

Wettbewerbsregeln

§ 28 **(Begriff der Wettbewerbsregeln; Eintragung in das Register für Wettbewerbsregeln)**
(1) Wirtschafts- und Berufsvereinigungen können für ihren Bereich Wettbewerbsregeln aufstellen.
(2) Wettbewerbsregeln im Sinne dieser Vorschriften sind Bestimmungen, die das Verhalten von Unternehmen im Wettbewerb regeln zu dem Zweck, einem den Grundsätzen des lauteren oder der Wirksamkeit eines leistungsgerechten Wettbewerbs zuwiderlaufenden Verhalten im Wettbewerb entgegenzuwirken und ein diesen Grundsätzen entsprechendes Verhalten im Wettbewerb anzuregen.
(3) Wirtschafts- und Berufsvereinigungen können bei der Kartellbehörde die Eintragung von Wettbewerbsregeln in das Register für Wettbewerbsregeln beantragen. Änderungen und Ergänzungen eingetragener Wettbewerbsregeln sind der Kartellbehörde mitzuteilen.

2. US-amerikanisches Antitrustrecht

Sherman Act

Sec. 1. Every contract, combination in the form of trust or otherwise, or conspiracy, in restraint of trade or commerce among the several States, or with foreign nations, is hereby declared to be illegal. Every person who shall make any contract or engage in any combination or conspiracy hereby declared to be illegal shall be deemed guilty of a felony and, on conviction thereof, shall be punished by fine not exceeding one million dollars if a corporation, or, if any other person, one hundred thousand dollars, or by imprisonment not exceeding three years, or by both said punishments, in the discretion of the court.
Sec. 2. Every person who shall monopolize, or attempt to monopolize, or combine or conspire with any other person or persons, to monopolize any part of the trade or commerce among the several States, or with foreign nations, shall be deemed guilty of a felony, and, on conviction thereof, shall

be punished by fine not exceeding one million dollars if a corporation, or, if any other person, one hundred thousand dollars, or by imprisonment not exceeding three years, or by both said punishments, in the discretion of the court.

Clayton Act

Sec. 2. (a) That it shall be unlawful for any person engaged in commerce, in the course of such commerce, either directly or indirectly, to discriminate in price between different purchasers of commodities of like grade and quality, . . . where the effect of such discrimination may be substantially to lessen competition or tend to create a monopoly in any line of commerce, or to injure, destroy, or prevent competition with any person who either grants or knowingly receives the benefit of such discrimination, or with customers of either of them: . . .
Sec. 3. That it shall be unlawful for any person engaged in commerce, in the course of such commerce, to lease or make a sale or contract for sale of goods, wares, merchandise, machinery, supplies or other commodities, whether patented or unpatented, for use, consumption or resale within the United States or any Territory thereof or the District of Columbia or any insular possession or other place under the jurisdiction of the United States, or fix a price charged therefor, or discount from or rebate upon, such price, on the condition, agreement or understanding that the lessee or purchaser thereof shall not use or deal in the goods, wares, merchandise, machinery, supplies, or other commodities of a competitor or competitors of the lessor or seller, where the effect of such lease, sale, or contract for sale or such condition, agreement or understanding may be to substantially lessen competition or tend to create a monopoly in any line of commerce.

Sec. 7. That no corporation engaged in commerce shall acquire, directly or indirectly, the whole or any part of the stock or other share capital and no corporation subject to the jurisdiction of the Federal Trade Commission shall acquire the whole or any part of the assets of another corporation engaged also in commerce, where in any line of commerce in any section of the country, the effect of such acquisition may be substantially to lessen competition, or to tend to create a monopoly.

Sec. 7A. (a) Except as exempted pursuant to subsection (c), no person shall acquire, directly or indirectly, any voting securities or assets of any other person, unless both persons (or in the case of a tender offer, the acquiring person) file notification pursuant to rules under subsection (d) (1) and the waiting period described in subsection (b) (1) has expired, if –
(1) the acquiring person, or the person whose voting securities or assets are being acquired, is engaged in commerce or in any activity affecting commerce;
(2) (A) any voting securities or assets of a person engaged in manufacturing which has annual net sales or total assets of $ 10.000.000 or more are being acquired by any person which has total assets or annual net sales of $ 100.000.000 or more;
(B) any voting securities or assets of a person not engaged in manufacturing which has total assets of $ 10.000.000 or more are being acquired by any person which has total assets or annual net sales of $100.000.000 or more; or
(C) any voting securities or assets of a person with annual net sales or total assets of $ 100.000.000 or more are being acquired by any person with total assets or annual net sales of $ 10.000.000 or more; and
(3) as a result of such acquisition, the acquiring person would hold –
(A) 15 per centum or more of the voting securities or assets of the acquired person, or
(B) an aggregate total amount of the voting securities and assets of the acquired person in excess of $ 15.000.000 . . .
(b) (1) The waiting period required under subsection (a) shall –
(A) begin on the date of the receipt by the Federal Trade Commission and the Assistant Attorney General in charge of the Antitrust Division of the Department of Justice (hereinafter referred to in this section as the «Assistant Attorney General») of –
(i) the completed notification required under subsection (a), or
(ii) if such notification is not completed, the notification to the extent completed and a statement

of the reasons for such noncompliance, from both persons, or, in the case of a tender offer, the acquiring person; and
(B) end on the thirtieth day after the date of such receipt (or in the case of a cash tender offer, the fifteenth day), or on such later date as may be set under subsection (e) (2) or (g) (2).
(2) The Federal Trade Commission and the Assistant Attorney General may, in individual cases, terminate the waiting period specified in paragraph (1) and allow any person to proceed with any acquistion subject to this section, and promptly shall cause to be published in the Federal Register a notice that neither intends to take any action within such period with respect to such acquisition.

FTC Act

Sec. 5. (a) (1) Unfair methods of competition in or affecting commerce, and unfair or deceptive acts or practices in or affecting commerce, are hereby declared unlawful.

3. Europäisches Wettbewerbsrecht (EWGV)

Art. 85 (1) (**Verbotene Vereinbarungen**) Mit dem Gemeinsamen Markt unvereinbar und verboten sind alle Vereinbarungen zwischen Unternehmen, Beschlüsse von Unternehmensvereinigungen und aufeinander abgestimmte Verhaltensweisen, welche den Handel zwischen Mitgliedstaaten zu beeinträchtigen geeignet sind und eine Verhinderung, Einschränkung oder Verfälschung des Wettbewerbs innerhalb des Gemeinsamen Marktes bezwecken oder bewirken, insbesondere
a) die unmittelbare oder mittelbare Festsetzung der An- oder Verkaufspreise oder sonstiger Geschäftsbedingungen;
b) die Einschränkung oder Kontrolle der Erzeugung, des Absatzes, der technischen Entwicklung oder der Investitionen;
c) die Aufteilung der Märkte oder Versorgungsquellen;
d) die Anwendung unterschiedlicher Bedingungen bei gleichwertigen Leistungen gegenüber Handelspartnern, wodurch diese im Wettbewerb benachteiligt werden;
e) die an den Abschluß von Verträgen geknüpfte Bedingung, daß die Vertragspartner zusätzliche Leistungen annehmen, die weder sachlich noch nach Handelsbrauch in Beziehung zum Vertragsgegenstand stehen.
(2) (**Nichtigkeit**) Die nach diesem Artikel verbotenen Vereinbarungen oder Beschlüsse sind nichtig.
(3) (**Ausnahmen**) Die Bestimmungen des Absatzes 1 können für nicht anwendbar erklärt werden auf
- Vereinbarungen oder Gruppen von Vereinbarungen zwischen Unternehmen,
- Beschlüsse oder Gruppen von Beschlüssen von Unternehmensvereinigungen,
- aufeinander abgestimmte Verhaltensweisen oder Gruppen von solchen,

die unter angemessener Beteiligung der Verbraucher an dem entstehenden Gewinn zur Verbesserung der Warenerzeugung oder -verteilung oder zur Förderung des technischen oder wirtschaftlichen Fortschritts beitragen, ohne daß den beteiligten Unternehmen
a) Beschränkungen auferlegt werden, die für die Verwirklichung dieser Ziele nicht unerläßlich sind, oder
b) Möglichkeiten eröffnet werden, für einen wesentlichen Teil der betreffenden Waren den Wettbewerb auszuschalten.

Art. 86 (**Mißbrauch der marktbeherrschenden Stellung**) Mit dem Gemeinsamen Markt unvereinbar und verboten ist die mißbräuchliche Ausnutzung einer beherrschenden Stellung auf dem Gemeinsamen Markt oder auf einem wesentlichen Teil desselben durch ein oder mehrere Unternehmen, soweit dies dazu führen kann, den Handel zwischen Mitgliedstaaten zu beeinträchtigen.
Dieser Mißbrauch kann insbesondere in folgendem bestehen:
a) der unmittelbaren oder mittelbaren Erzwingung von unangemessenen Einkaufs- oder Verkaufspreisen oder sonstigen Geschäftsbedingungen;
b) der Einschränkung der Erzeugung, des Absatzes oder der technischen Entwicklung zum Schaden der Verbraucher;

c) der Anwendung unterschiedlicher Bedingungen bei gleichwertigen Leistungen gegenüber Handelspartnern, wodurch diese im Wettbewerb benachteiligt werden;
d) der an den Abschluß von Verträgen geknüpften Bedingung, daß die Vertragspartner zusätzliche Leistungen annehmen, die weder sachlich noch nach Handelsbrauch in Beziehung zum Vertragsgegenstand stehen.

Anlage 2:

Verzeichnis der zitierten Fälle

Sachregister

C

D

E